文库

丛书主编 郑毅

成多禄集

翟立伟 成其昌 编注

吉林文史出版社

图书在版编目（CIP）数据

成多禄集 / 翟立伟, 成其昌编注. -- 长春 : 吉林
文史出版社, 2022.9
（长白文库）
ISBN 978-7-5472-8955-6

Ⅰ.①成… Ⅱ.①翟… ②成… Ⅲ.①成多禄
（1864—1928）−传记②诗集−中国−近代 Ⅳ.①K825.6
②I222.75

中国版本图书馆CIP数据核字(2022)第178698号

成多禄集

CHENGDUOLU JI

出 品 人: 张　强

编　　注: 翟立伟　成其昌

丛书主编: 郑　毅

副 主 编: 李少鹏

责任编辑: 戚　晔　吕　莹

装帧设计: 尤　蕾

封面设计: 王　哲

出版发行: 吉林文史出版社有限责任公司

电　　话: 0431-81629369

地　　址: 长春市福祉大路出版集团A座

邮　　编: 130117

网　　址: www.jlws.com.cn

印　　刷: 吉林省优视印务有限公司

开　　本: 170mm×240mm　1/16

印　　张: 34.5

字　　数: 640千字

版　　次: 2022年9月第1版　2022年9月第1次印刷

书　　号: ISBN 978-7-5472-8955-6

定　　价: 388.00元

"长白文库"编委会

（排名不分先后）

"长白文库"总序

　　中华优秀传统文化是中华民族的"根"和"魂",习近平总书记高度重视中华优秀传统文化,并将其作为治国理政的重要思想文化资源。"不忘本来才能开辟未来,善于继承才能更好创新。""优秀传统文化是一个国家、一个民族传承和发展的根本,如果丢掉了,就割断了精神命脉。"中华优秀传统文化具有多样性和地域性等特征,东北地域文化是多元一体的中华文化中的重要组成部分。吉林省地处东北地区中部,是中华民族世代生存融合的重要地区,素有"白山松水"之美誉,肃慎、扶余、东胡、高句丽、契丹、女真、汉族、满族、蒙古族等诸多族群自古繁衍生息于此,创造出多种极具地域特征的绚烂多姿的地方文化。为了"弘扬地方文化,开发乡邦文献",自20世纪80年代起,原吉林师范学院李澍田先生积极响应陈云同志倡导古籍整理的号召,应东北地区方志编修之急,服务于东北地方史研究的热潮,遍访国内百余家图书馆寻书求籍,审慎筛选具有代表性的著述文典300余种,编撰校订出版以"长白丛书"(以下简称"丛书")为名的大型东北地方文献丛书,迄今已近40载。历经李澍田先生、刁书仁和郑毅两位教授三任丛书主编,数十位古籍所前辈和同人青灯黄卷、兀兀穷年,诸多省内外专家学者的鼎力支持,"丛书"迄今已共计整理出版了110部5000余万字。"丛书"以"长白"为名,"在清代中叶以来,吉林省疆域迭有变迁,而长白山钟灵毓秀,巍然耸立,为吉林名山,从历史上看,不咸山于《山海经·大荒北经》中也有明确记录,把长白山当作吉林的象征,这是合情合理的。"("长白丛书"初版陈连庆先生序)

　　1983年吉林师范学院古籍研究所(室)成立,作为吉林省古籍整理与研究协作组常设机构和丛书的编务机构,李澍田先生出任所长。全国高校古籍整理工作委员会、吉林省教委和省财政厅都给予了该项目一定的支持。李澍田先生是"丛书"的创始人,他的学术生涯就是"丛书"的创业史。"丛书"能够在国内外学界有如此大的影响力,与李澍田先生的敬业精神和艰辛努力是分不开的。"丛书"创办之始,李澍田先生"邀集吉、长各地的中青年同志,乃至吉林的一些老同志,群策群力,分工合作"(初版陈序),寻访底本,凤兴夜寐逐字校勘、联络印刷单位、寻找合作方，因经常有生僻古字，先生不得不亲自到车间与排版工人拼字铸模；吉林文史出版社于永玉先生作为"丛书"的第一任责编，殚精竭虑地付出了很多努力，为"丛书"的完成出版作出了突出贡献；原古籍所衣兴国等诸位前辈同人在辅助李澍田先生编印"丛书"的过程中，一道解决了遇到的诸多问题、排除了诸多困难，是"丛书"草创时期的重要参与者。"丛书"自20世纪80年代出版发行以来，经历了铅字排版印刷、激光照排印刷、数字化出版等多个时期，"丛书"本身也称得上是改革开放以来中国印刷史的见证。由于"丛书"不同卷册在出版发行的不同历史时期，投入的人力、财力受当时的条件所限，每一种图书的质量都不同程度留有遗憾，且印数多则千册、少则数百册，历经数十年的流布与交换，有些图书可谓一册难求。

1994年，李澍田先生年逾花甲，功成身退，由刁书仁教授继任"丛书"主编。刁书仁教授"萧规曹随"，延续了"丛书"的出版生命，在经费拮据、古籍整理热潮消退、社会关注度降低的情况下，多方呼吁，破解困局，使得"丛书"得以继续出版，文化品牌得以保存，其功不可没。1999年原吉林师范学院、吉林医学院、吉林林学院和吉林电气化高等专科学校合并组建为北华大学，首任校长于庚蒲教授力主保留古籍所作为北华大学处级建制科研单位，使得"丛书"的学术研究成果得以延续保存。依托北华大学古籍所发展形成的专门史学科被学校确定为四个重点建设学科之一，在东北边疆史地研究、东北民族史研究方面形成了北华大学的特色与优势。

2002年，刁书仁教授调至扬州大学工作，笔者当时正担任北华大学图书馆馆长，在北华大学的委托和古籍所同人的希冀下，本人兼任古籍所所长、"丛书"主编。在北华大学的鼎力支持下，为了适应新时期形势的发展，出于拓展古籍研究所研究领域、繁荣学术文化、有利于学术交流以及人才培养工作的实际需要，原古籍研究所改建为东亚历史与文献研究中心，在保持原古籍整理与研究的学术专长的同时，中心将学术研究的视野和交流渠道拓展至东亚地域范围。同时，为努力保持"丛书"的出版规模，我们以出文献精品、重学术研究成果为工作方针，确保"丛书"学术研究成果的传承与延续。

在全方位、深层次挖掘和研究的基础上，整套"丛书"整理与研究成果斐然。"丛书"分为文献整理与东亚文化研究两大系列，内容包括史料、方志、档案、人物、诗词、满学、农学、边疆、民俗、金石、地理、专题论集12个子系列。"丛书"问世后得到学术界和出版界的好评，"丛书"初集中的《吉林通志》于1987年荣获全国古籍出版奖，三集中的《东三省政略》于1992年获国家新闻出版总署全国古籍整理图书奖，是当年全国地方文献中唯一获奖的图书。同年，在吉林省第二届社会科学成果评奖中，全套丛书获优秀成果二等奖，并被国家新闻出版总署列为"八五"计划重点图书。1995 年《中国东北通史》获吉林省第三届社会科学优秀成果二等奖。2005 年，《同文汇考中朝史料》获北方十五省（市、区）哲学社会科学优秀图书奖。

"丛书"的出版在社会各界引起很大反响，与当时广东出现的以岭南文献为主的《岭南丛书》并称国内两大地方文献丛书，有"北有长白，南有岭南"之誉。吉林大学金景芳教授认为"编辑'长白丛书'的贡献很大，从'辽海丛书'到'长白丛书'都证明东北并非没有文化"。著名明史学者、东北师范大学李洵教授认为："《长白丛书》把现在已经很难得的东西整理出来，说明东北文化有很高的水准，所以丛书的意义不只在于出了几本书，更在于开发了东北的文化，这是很有意义的，现在不能再说东北没有文化了。"美国学者杜赞奇认为"以往有关东北方面的材料，利用日文资料很多。而现在中文的'长白丛书'则很有利于提高中国东北史的研究"（在"长白丛书"出版十周年纪念会上的发言）。中国社会科学院边疆史地研究中心主任厉声研究员认为："'长白丛书'已经成为一个品牌，与西北研究同列全国之首。"（1999 年 12 月在"长白丛书"工作规划会议上的发言）目前，"长白丛书"已被收藏于日本、俄罗斯、美国、德国、英国、加拿大、澳大利亚、韩国及东南亚各国多所学府和研究机构，并深受海内外史学研究者的关注。

为了更好地传承和弘扬优秀地域文化，再现"丛书"在"面向吉林，服务桑梓"方面的传统与特色，2010 年前后，我与时任吉林文史出版社社长的徐潜先生就曾多次动议启动出版《长白丛书精品集》，并做了相应的前期准备工作，后因出版资助经费落实有困难而一再拖延。2020 年，以十年前的动议与前期工作为基础，在吉林省省级文化发展专项资金的资助下，北华大学东亚历史与文献研究中心与吉林文史出版社共同议定以《长白丛书》为文献基础，从"丛书"已出版的图书中优选数十种具有代表性的文献图书和研究著述合编为"长白文库"加以出版。

"长白文库"是在新的历史发展时期对"长白丛书"的一种文化传承和创新，"长白丛书"仍将以推出地方文化精华和学术研究精品为目标，延续东北地域文化的文脉。

"长白文库"以"长白丛书"刊印 40 年来广受社会各界关注的地方文化图书为入选标准，第一期选择约 30 部反映吉林地域传统文化精华的图书，充分展现白山松水孕育的地域传统文化之风貌，为当代传统文化传承提供丰厚的文化滋养，是一件功在当代、利在千秋的文化盛举。

盛世兴文，文以载道。保存和延续优秀传统文化的文脉，是人文社会科学研究者的社会责任和学术使命，"长白丛书"在创立之时，就得到省内外多所高校诸多学界前辈的关注和提携，"开发乡邦文献，弘扬地方文化"成为20世纪80年代一批志同道合的老一辈学者的共同奋斗目标，没有他们当初的默默耕耘和艰辛努力，就没有今天"长白丛书"这样一个存续40年的地方文化品牌的荣耀。"独行快，众行远"，这次在组建"长白文库"编委会的过程中，受邀的各位学者都表达了对这项工作的肯定和支持，慨然应允出任编委会委员，并对"长白文库"的编辑工作提出了诸多真知灼见，这是学界同道对"丛书"多年情感的流露，也是对即将问世的"长白文库"的期许。

感谢原吉林师范学院、现北华大学40年来对"丛书"的投入与支持，感谢吉林文史出版社历届领导的精诚合作，感谢学界同人对"丛书"的关心与帮助！

郑　毅

谨序于北华大学东亚历史与文献研究中心

2020 年 7 月 1 日

"长白丛书"序

　　吉林师范学院李澍田同志，悉心钻研历史，关心乡邦文献，于教学之余，搜罗有关吉林的书刊，上自古代，下迄辛亥，编为"长白丛书"，征序于予，辞不获命。爰缀了所知者书丁简端口：

　　昔孔子有言："夏礼吾能言之，杞不足征也。殷礼，吾能言之，宋不足征也。文献不足故也，足，则吾能征之矣。"说者以为："文，典籍也。献，贤也。"这是因为文献对于历史研究相辅相成，缺乏必要的文献，历史研究便无从措手。古代文献，如十三经、二十四史之属，久已风行海内外，家传户诵，不虞其失坠，而近代文献往往不易保存。清代学者章学诚对此曾大声疾呼，唤起人们的注意，于其名著《文史通义》中曾详言之。然而，保存文献并不如想象那么容易。贵远贱近，习俗移人，不以为意，随手散弃者有之。保管不善，毁于水火，遭老鼠批判者有之。而最大损失仍与政治原因有关。自清朝末叶以来，吉林困厄极矣，强邻环伺，国土日蹙，先有日、俄帝国主义战争，继有军阀割据，九一八事变后，又有敌伪十四年统治，国土沦陷，生民憔悴。在政权更迭之际，人民或不免于屠刀，图书文物更随时有遭毁弃和掠夺的命运。时至今日，清代文书档案几如凤毛麟角，九一八事变以前书刊也极为罕见。大抵有关抨击时政者最先毁弃，有关时事者则几无孑遗。欲求民国以来一份完整无缺的地方报纸已不可能，遑论其他。

　　中华人民共和国成立以来，百废俱兴，文教事业空前发展。而中经十年内乱，公私图书蒙受极大损失，断简残篇难以拾缀。吉林市旧家藏书，"文革"期间遭到洗劫，损失尤重。粉碎"四人帮"后，祖国复兴，文运欣欣向荣，在拨乱反正的号召下，由陈云同志倡导，大张旗鼓，整理古籍，一反民族虚无主义积习，尊重祖国悠久文化传统，为振兴中华，提供历史借鉴。值此大好时机，李澍田同志以一片爱国爱乡的赤子之心，广泛搜求有关吉林文史图书，不辞劳苦，历访东北各图书馆，并远走京沪各地，仆仆风尘，调查访问，即书而求人，因人而求书，在短短几年内，得书逾千，经过仔细筛选，择其有代表性者三百种，编为"长白丛书"。盖清代中叶以来，吉林省疆域迭有变迁，而长白山钟灵毓秀，巍然耸立，为吉林名山，从历史上看，不咸山于《山海经·大荒北经》中也有明确记录，把长白山当作吉林的象征，这是合情合理的。

"丛书"中所收著作，以清人作品为最多，范围极其广泛，自史书、方志、游记、档案、家谱以下，又有各家别集、总集之属。为网罗散佚，在宋、辽、金以迄明代的著作之外，又以文献征存、史志辑佚、金石碑传补其不足，取精用宏，包罗万象，可以说是吉林文献的总汇，对于保存文献，具有重大贡献。

回忆酝酿编余之际，李澍田同志奔走呼号，独力支撑，在无人、无钱的条件下，邀集吉长各地的中青年同志，乃至吉林的一些老同志，群策群力，分工合作，众志成城，大业克举。在整理文献的过程中，摸索出一套先进经验，培养出一支坚强队伍。这也是有志者事竟成的一个范例。

我与李澍田同志相处有年，编订此书之际，澍田同志虚怀若谷，对于书刊的搜求，目录的选定等方面多次征求意见。今当是书即将问世之际，深喜乡邦文献可以不再失坠，故敢借此机会聊述所怀。殷切希望读此书者，要从祖国的悲惨往事中，体会爱国家、爱乡土的心情，激发斗志，为"四化"多作贡献。也殷切希望读此书者，能够体会到保存文献之不易，使焚琴煮鹤的蠢事不要重演。

当然，有关吉林的文献并不以汉文书刊为限，在清代一朝就有大量的满文、蒙文的档案和图书，此外又有俄、日、英、美各国的档案和专著，如能组织人力，有计划、有步骤地进行整理，提要钩玄勒成专著，先整理一部分，然后逐渐扩大，这也是不朽的盛业，李君其有意乎？

吉林　陈连庆　谨序
一九八六年五月一日

成多禄遗像

（1864—1928）

北京澹园书斋——旧雨轩

吉林三杰图

（右：成多禄　中：宋小濂　左：徐鼐霖）

立腳怕隨流俗轉

當心學到古人難

鐵如口奇法家正

十二潔劉□

苏州网师园题诗刻石拓片

湘帆二兄左右顷

惠及家清書感、雖囑此字像

傳家之物似朱便輕以与人謹此頗拜謝

拜謝俟有便人即將原件奉還也素附

心交必不

罪我餘容續布一紙錢老到否念之此請

台安

弟祿再拜 初二日

成博好　成伯子　吉林成氏　竹山诗字之章

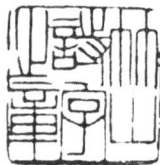

澹堪所作　澹堪居士　多禄之印　多禄

前　言

　　吉林乡邦文化，如松江之水，流长源远。至近代继而弘扬者，当推"吉林三杰"；三杰中，尤以成多禄为翘楚。成之诗，成之书，价重吉林，蜚声关东，名被海内，为时人所瞩目。然六十年来，先生之声名虽口碑于乡里，却难见诸文字，罕有专门研究者。前贤受此"冷遇"，作为乡人，焉尢惶愧之情？当我们着手整理先生遗作之时，仿佛搜寻失落的瑰宝，一种无法遏止的责任感，充塞于心。

　　成多禄（1864—1928年），字竹山（又作竹三、祝三、祝山、铸珊、竹珊），号澹堪（堪，又作厂、庵、盦），室园名先后有榆庐、小游仙山馆、澹园、十三古槐馆等雅号。祖居山西，清初由京师迁乌拉，后北迁其塔木，隶汉军正黄旗。

　　先生自幼颖慧，五岁始识字，八岁能吟咏，年十六应童子试，列为案首。二十二岁遴取为光绪乙酉科拔贡。因家境不顺，直至三十一岁始进京参加顺天乡试，但因患病晕场，从此绝意功名。

　　三十六岁出山，先后入盛京将军依克唐阿、齐齐哈尔副都统程德全幕主文案。以候选同知擢升首任绥化知府。

　　三年挂冠，遍游江南，以文会友。后游幕奉天、江苏。辛亥革命后归乡，被选为吉林省参议员、民国参议院议员、中东铁路理事会董事。晚年寓居北京。张作霖在京组织安国军政府时，被任为教育部审核处处长兼图书馆（今北京图书馆）副馆长。

　　先生一生淡于荣利，主要以诗歌、书法见重于世。

　　一生诗作不下千首。其诗格调高远，沉雄稳健。写民间疾苦、世上创痍，忧国忧民，拳拳之心跃然纸上；抒发澹泊豁舒之志、敦睦师友之谊，比比可见。先生最擅律诗，诗力深，诗艺精，诗律细，是北方诗坛主唱之一。一生先后参与组织吉林雪蕉诗社、松江修暇社，北京九九社、晚晴簃诗社、漫社、嘤社、谷社等，被誉为"诗社牛耳"。其品行高洁，性格温厚，敬师友，重交谊，深得同道仰重。

先生书法造诣颇深，取法欧、颜、苏、翁各体，不落窠臼，卓然成家，被今人称为东北四大书圣之一。其墨迹无论真书、行书、魏碑，以及传世较稀的草书、篆书，皆气势不凡，自成面目。其字体，不论小至蝇头，大至擘窠，均能挥洒自如，令人叹服。其匾额、楹联，在京、吉、奉、哈等地颇谓受推重。本书插页数帧，虽属吉光片羽，然亦可辨咸味而知大海矣。

先生生于吉林，卒于吉林，履屐所至，遍留声名：吉林拔萃，卜奎（齐齐哈尔）作幕，绥化主政，呼伦贝尔访友，奉天（沈阳）雅集，苏州题壁，北京唱和……塞北民风朴厚，江南山川秀丽，京华人文荟萃，无疑给先生以熏陶。先生作为一代才人，影响所及，远非吉林本乡。以此观之，出版《成多禄集》意义实非寻常。

在评介先生卓越才华的同时，亦当对其一生的思想变化及政治态度作一简析。

出山前，先生渴望在政治上有所作为和建树，"男儿生长天地间，不能为将宜为使"（《送刘仲兰之呼兰》）。

任绥化知府期间，励精图治，政声鹊起，初展政治抱负。

预感清祚将亡，拟作逸民，"狂澜既倒谁收拾，忍把朝衫换笠蓑"（《临别题宋铁梅兵备小照》）。

辛亥之际，适在江苏巡抚程德全幕中，尝两次上书，阻程背清。江苏独立，遂返东北，绝意仕途。

一九二五年，拒受国史馆典籍厅厅长之命并谓："吾入民国，未尝拜明令。"以清朝遗民自命。

晚年诗文以隐逸思想为主，间有眷顾亡清之情。

对于"五四新文化运动"时期废经抑孔，持有微词，"六籍命已危，从此天下裂"，"废经如毁天"（《奉和孙师郑先生自寿》）。

先生自幼接受儒家正统教育，视经学为治国之本，忠臣不仕二朝。而民国初造，又值乱世，军阀混战，民生凋敝，故有隐逸愤世之作，不谐于时，不足为怪。先生思想上的保守，只不过是认识上的偏差，昧于形势而已。众所皆知，柯劭忞、林纾等人皆为亡清著名遗老，但不致因此而抹杀其在史学或文学上的地位，对成氏而言，亦当如是。

先生一生仅有《澹堪诗草》二卷和自订年谱一卷行世，大量书稿亡入民间。其后又罹"文革"。今经广为搜罗，多方访求，终使本集收诗八百六十首。其中先生五子世超后人成永嘉先生所提供的家藏诗稿（本书列为诗集四）和吉林赵清兰女士所提供的青年时期的一部诗集（本书列为诗集一），贡献尤力，弥足珍贵。从友人的诗文集、公私所藏墨迹中，辑出佚诗百七十余首（本书列为诗集五），辑文二十余篇（列为文集）。

为使先生诗文便于理解，注释人名、地名、典故等，并结合其他资料（如本人墨迹、友人诗文集等），聊作校勘。

为反映先生的人品，诗歌、书法上的成就，以及在吉林文化史上所居的地位，特编出《传记》《时人评论》《哀挽录》。为反映先生一九一二年至一九二八年的行踪，试作《续年谱》。所编《交往录》，收人名百六十人，等于一部人名小辞典，对于即将问世的《宋小濂集》《徐鼐霖集》亦可起到参考作用。为了解先生书法作品的存世情况，特编出《成氏书法作品目录》。为便于今后开展对成氏的研究，编出《今人评介文章目录》。

本书问世，正值成多禄先生六十忌辰，明年又逢诞辰一百二十五周年。将先生的遗作整理成书，缅怀先贤，传之后世，意义深远，诚为历史纪念碑。政通人和，文献重光；长白丛书，喜得新篇。

本书全部资料，由成其昌、翟立伟二人共同搜辑。成其昌：注释诗集二、三，马预成补注。翟立伟、成其昌：合注诗集四、五，合撰《续年谱》、附录。翟立伟：注释自订年谱、诗集一、文集，撰编例、传记。翟立伟兼任本书编辑。

书稿惠蒙刘乃中先生、李亚超副教授、马预成先生、李国芳先生审阅，李澍田教授终审。

本书编写过程中，得到吉林市博物馆的大力支持，其中庞琦、张兆惠、夏文兰、李昕诸同志出力尤多。北京史树青先生、邢渤涛先生、成永嘉先生、吉林胡士新、赵清兰夫妇，宋辛程先生，为本书提供重要墨迹资料。此外，吉林张运成、成永文、马预成、马颖彬、胡翼林、蔡景阳、高素心诸先生，亦为本书热心提供资料或线索。杜逸泊先生，张林、何恩贵、葛学志、尚永生、张冠吉、张连华等同志从不同方面做出贡献。本书图版，由成永嘉、张运成二先生提供，并得到吉林著名书法家金意庵先生、刘乃中先生的指教。翟国栋先生为书稿做了誊缮、核校工作。蒙秉书、郭殿臣先生，李弘光、郑平同志，参与本书编校工作。谨此深致谢忱。

本书是新出的东北名人专集，深感责任之重。然仅历时年余，加之编者孤陋，况又分处京、吉两地，遇事不能细商，舛误之处，诚冀方家教正。倘本书能为研究成氏起到提供素材及铺垫作用，则不胜欣慰之至。

编者

戊辰季秋

编　例

　　一、凡所搜辑之成氏作品，全部入选，不加取舍，不加删改，保持原貌。每集前，置说明性的编者按语。

　　二、注释限于成氏作品，熟典一般不注。对书中出现的同代人名，只介绍到一九二八年，余后不论。时间以旧历为主，公历月、日，以阿拉伯数字出现。

　　三、原诗题多未缀以首数，兹皆补出。辑佚诗集（诗集五）和文集篇目，标明出处，以利查校。原自选诗集未附和作，今将原诗附入，标明出处。至于他人和作，一般不予收入。

　　四、异体字改作通用字（专名不改），通假字一般不改。原作为示尊称而抬头、空格处，一律取消。原诗夹注，移入注释，冠以"自注"字样，以示区别。

　　五、为保持文献原貌，除明显笔误予以径改，原有脱讹衍倒一仍其旧，误字括以（），而于其后加［］，括以正字，漫漶不清者加"□"。疑为字误者，不予妄改，在校注中说明"疑为某字"。

目 录

传记年谱

传 记

（一）

　　成多禄，字竹山，晚号澹堪。县城北其塔木人，骁骑校荣泰子。光绪乙酉拔贡生。时顾缉庭观察主讲崇文书院，提倡经学，多禄与同里徐鼐霖共受业于顾公，顾公目为佳士。嗣乡先达于次棠中丞见其文而器之曰："此吾乡后来之秀。"一见欢若生平，置诸弟子之列，由此学益大进。光绪戊戌，清德宗极意维新，多禄慨然曰："学以致用，今其时也。"乃投效奉天将军依克唐阿戎幕。光绪三十二年，以候选同知补黑龙江绥化府知府，二年丏病去。时云阳程德全以黑龙江副都统署将军，与多禄有昆季盟，留之未能也。宣统二年，德全巡抚江苏，招之幕中。明年八月，武昌革命军起，江苏应之。多禄乃去苏至上海，遗书德全，德全不应，乃北归。民国初年，被举为众议院议员，旋任教育部审核处处长兼图书馆副馆长。卜居京师马市桥南沟沿东，著书种菜，日与遗老文人相往还。性喜静，能书，而尤得力于诗，有《澹堪诗草》二卷。新城王树枏序云："其天才绮练，若流霞之散彩而云物变态也；其言之抑扬高下、鸣节赴拍，若调笙簧奏金石也；其清泠①馨冽之气，若饮②甘泉而嚼春雪也。"可谓倾倒之至矣。年六十余卒，有子六人。

《永吉县志·成多禄传》

　　① 清泠：泠，原作"冷"。今据《澹堪诗草》原序径改。

　　② 若饮：饮，原作"引"。今据原序径改。

（二）

　　成多禄，字澹堪，永吉县人，年六十六岁而卒。前清拔贡生，文学渊博，善诗赋，专研经世之学，与名儒王桐阶、顾缉庭等相友善，互相研究经术，学益大进。初入奉天将军依克唐阿之幕友，及再任齐齐哈尔都护程德全幕友时，均以经术饰吏治，颇著成效。当时幕友如魁星阶、郑馥山、宋友梅，皆为道义交。及程德全调赴奉天与江苏各任，一时博硕魁奇之士，如朱古微侍郎、郑小坡中翰、赵尧生侍御、夏剑丞观察、吴昌硕大令等，皆慕与交;所建功业，亦愈殷繁。晚年归田乐道，书法绝佳，诚为当代之名儒也。

《永吉县公署查报乡土志资料·名儒》

（三）

距其塔木街三里许，有成家瓦房屯。成氏者，名澹厂，号竹三，字多禄[①]。工经学，善书法，不独为地方之宿儒名笔，亦我国之书法家也。

《吉林省乡土志》

① 所言成氏的名、号、字，有误。

（四）

绥化知府（第一任）

姓名	多禄
字	祝三
籍贯	吉林旗人
出身	前清拔贡生
到任	光绪三十一年八月十七日
交卸	光绪三十三年九月十七日

《绥化县志·历任文职姓名表》

知府多禄先生，号澹堪，字竹山，吉林旗籍。前清拔贡，善诗词。任绥，扩充街基，修建衙署，整顿警务，提倡学务，经营不遗余力。与邑绅接，情文兼至，邑人歌颂之，久而不忘。

《绥化县志·人物志》

我江省开化较晚，各地又多困于财力，绌于人才，或不无有志莫能之叹。绥化自光绪三十二年，多前府（按：即成多禄）莅任伊始，即集合地方人士，以群策群力排除障碍，劝募巨款，建设学校……，三十四年，风气渐开，向学者日众。

《绥化县志·教育志》

澹堪年谱稿（1864—1911年）

　　按：此为自订年谱，封面书签与正文卷端均题为"澹堪年谱稿"。书名页篆题"澹堪居士年谱稿一卷"；背面：甲子三月上瀚刊于京师。卷末：澹堪年谱稿一卷，男世杰、世超校。版心规格：16.8cm×12cm。共二十三页，刻本。

陈宝琛*序

予交澹堪逾十年，未尝见其有矜饰之容、矫激之论，而介然巘然，极世变而不丧所守，心敬而异之。读此，乃知其尝受知于王孝凤府丞，师事于次棠抚部。二公皆旧时朝士之特立独行者。渊源盖有自，而其涵濡于庭训，又已豫也。

向闻君有与程某绝交书，今合观先后三书，情挚而辞严，君臣、朋友、仁义兼尽。程故尝与俄人争边事，愤而自沉于江，俄为慑服；晚节乃披猖至此，中无所主，益以私忿，遂为邪说所误；事后省悔，长斋忏佛，亦可哀已。君始交之，终绝之，皆以道也。

君病中以是篇示予，自谓病不可知。君自辛亥后，即已置死生于度外。然予长君十五岁，去夏亦尝就医，住院匝月，危且倍君。况君深于修身立命之学，其澹定固足以自养哉。

宣统癸亥十月十八日 闽县陈宝琛同在京师

*陈宝琛（1848—1935 年）：字伯潜，号弢庵，福建闽县（今闽侯）人。同治七年进士，授翰林院庶吉士。历任内阁学士，礼部侍郎等职。在朝以敢于直谏闻名，与张之洞等有"清流党"之誉。辛亥前任弼德院顾问大臣、宣统帝溥仪的侍讲。辛亥后，为清废帝溥仪的"太傅"，官"太保"。工诗文，善书法。与谱主关系甚洽，多有诗文往来。

大清同治二年癸亥　一岁

　　是年十二月初八日^①亥时，余生于吉林城北其塔木屯^②宅中屋之东偏。其时，先祖妣已近八旬，先君及先妣均四十余，得之甚喜。三日，亲友来，贺者咸曰：是亦徐卿雏也^③。先君命名曰禄。

　　①十二月初八日：公历为一八六四年一月十六日。　　②其塔木屯：旧称成家瓦房屯，今名成家村，隶九台县其塔木乡。原隶辖于吉林，一九三二年划归新立县九台。　　③徐卿雏：徐卿，东汉高士徐稚（97—168年），字孺子，豫章南昌（今属江西）人。家境贫苦，自耕而食。桓帝时，因不满宦官擅权，终不受官，时称"南州高士"。此以徐比誉成父荣泰。雏，幼儿，指谱主本人，犹言"小徐卿"。

同治三年甲子　二岁

　　是年腊八日为余周晬^①。晬盘^②既设，先君抱余恣所取。余先取一小印，旋弃去；次则取斑管一，始终不释。自念生平一官不终，而自壮至老尝役役^③于笔研^④之间者，其殆有定数乎？

　　①周晬(zuì)：小儿周岁生日。　　②晬盘：俗称抓周。旧俗，婴儿周岁生日，将纸笔刀箭等物置盘中，听其抓取，以占将来之志趣。　　③役役：劳作不息。　　④笔研：研，通"砚"。

同治四年乙丑　三岁

　　六月，暑甚，喉患作。汤药杂投，病日增剧。适嫂氏钱夫人至，骈二指按喉间，血出斗余而愈。嫂氏，鹏龄四兄^①室也。

　　①四兄：当指族内排行。谱主无亲兄弟。

同治五年丙寅　四岁

　　是年，吉林马贼四起，聚啸东南诸山中，出没遮略^①行旅。一日，忽传贼至，已渡江矣。于是，余父奉先祖妣携余乘夜度北岭，得旧识杨姓家止焉。余母与余姊后至，而村中之避难者褙属^②。室小人稠，喧嚣中夜。至次日，余以惊悸而病。闻贼东下，遂归家。

　　①遮略：拦劫抢劫。　　②褙属：连续而至。

同治六年丁卯　五岁

　　初学识字。先君折纸为范^①，方寸许，自书而自课之，日廿余字。既而管乌拉旗务②。

八月，先祖妣病，赵氏姑③先来。先君得讯，星夜归。其时禄权为总管④，忌先君能，乃以擅离讦之。遂罢。

至十月，先祖妣捐馆舍⑤，家人哭，余亦哭。于某处行礼，某处成服⑥，至今犹记也。

① 范：规整的方格。　② 既而管乌拉旗务：按《成氏家谱》，父荣泰任乌拉总管衙门六品骁骑校。　③ 赵氏姑：为谱主亲姑，嫁与赵姓（不详）。　④ 禄权为总管：据《吉林通志》《打牲乌拉志典全书》，禄权任打牲乌拉总管的时间为咸丰四年至同治四年。此事列入同治六年，可能有误。　⑤ 捐馆舍：舍弃所居屋舍，为死亡之婉称。古时尤指妇人之死。　⑥ 成服：丧礼名。大殓后，死者亲属穿着相应的丧服，有一定的仪式。

同治七年戊辰　六岁

二月，先君手抄《论语》，每日一章，且讲且读。至十二月，四子书①均能成诵。先妣喜曰："我儿能读书矣。"

① 四子书：即"四书"，《大学》《中庸》《论语》《孟子》。为儒家重要经典，是元明以来开科取士的必读之书。

同治八年己巳　七岁

余族有家塾，去我宅之东数武①。是年，表兄富永、富凌均来就学。余仍先君手抄《毛诗》教之，尝于枕上喃喃诵不休。至今背诵《诗经》较诸经尤熟者，盖以此也。

① 数武：古以六尺为步，半步为武。

同治九年庚午　八岁

二月下旬，先君以舅氏荣润庭通侯①时为伊犁将军奏请复官，得旨俞允②，赴都引见。是岁大无③，远迩无所得食，余家存米谷较多，先妣令出而振④之。村民大悦，俱呼为"成善人家"。其冬十二月，先君归。

初，先君尝教余诵唐诗，余最喜。一日，杨公简斋⑤至。杨公名诚一，戊辰进士也。见案上诗，问能吟否，曰："能。"遂以秋郊名题。余吟曰："满地高粱红，四山榆叶风。"杨公大赞之，曰："此子将来必能诗，好好为之。"余之学诗从此始。

①荣润庭通侯：荣润庭，名荣全（？—1879 年），字润庭，吉林满洲正黄旗人，瓜尔佳氏。咸丰元年袭一等威勇侯爵，累官伊犁将军、乌里雅苏台参赞大臣、护军统领。其三世祖为额勒登保（1748—1825 年），嘉庆七年以军功晋封一等侯，世袭罔替。十年，加恩晋封三等公。通侯，爵位名。　②俞允：指帝王允许臣下的请求。　③大无：无，应作"芜"。与"大荒"义同，指大灾之年。④振：通"赈"。　⑤杨公简斋：参见页 47 卢龙署中留别杨简斋师注①。

同治十年辛未　九岁

余自前岁额上生创①，其状近瘫②，延及鬓发。医者曰：是名黄水创。痛痒抚摩，先妣竟废食寝。百方治之，终无验，直至戊寅余应童子试时始愈。是岁，仅读《周易》二卷而已。

①创：同疮。　②瘫（zhì）：疮名。

同治十一年壬申　十岁

头创仍未愈。有李妪，巫也，为治之，不效。或云虫也，投以杀虫药，亦不效。九月，先君因感风寒，病甚剧，咳而且喘，几濒于危。先妣内则侍疾，外则持家，稍暇则为余搔抑按摩，往往终夜不寝，劳苦极矣。

同治十二年癸酉　十一岁

三月，先君病愈，余患亦渐轻。延山左林先生壤滋①授《尚书》，以语言不甚明了，至冬遂辞去。

①延山左林先生壤滋：延，聘请。山左，山东省的别称。壤滋为名。

同治十三年甲戌　十二岁

余就东院家塾读。塾师王先生，世官吉林，人方严，夏楚①无虚日，学生恒引以为病。余仍读《尚书》，至三盘八诰②，虽难读，恒能上口，师亦不余苦也。十二月，穆宗升遐③，皇储未建④，以光绪皇帝嗣⑤。

①夏楚：夏(jiǎ)、楚，均为木名。古为教学的体罚工具。　②三盘八诰：《尚书》中的篇名。　③穆宗升遐：指清穆宗（同治皇帝）载淳薨。升遐，升天，对帝王之死的讳称。　④皇储未建：指皇位继承人尚未确定。　⑤嗣：继位。

光绪元年乙亥 十三岁

拓榆庐为馆[1]，聘盖平[2]王辑臣先生宗瑞教之。先生工诗、古文辞。是年授《礼记》，学作古诗。至冬思乡，且畏边地苦寒，辞去，荐其中表王桐阶先生凤年[3]代焉。

①"拓榆庐"句：谱主作有《忆榆庐》长诗，收入《澹堪诗草》卷二。 ②盖平：今辽宁盖县。 ③见本书《文集·十二师友诗话》。

光绪二年丙子 十四岁

王先生至，宿学也[1]，能以古文辞为时文，而尤长于诗。是岁授余《春秋左传》[2]，口讲指画，刻无暇晷[3]。余于诗文粗知门径，皆王先生力也。

①宿学：饱学之士。 ②《春秋左传》：《春秋左氏传》或《左氏春秋》，简称《左传》。 ③刻无暇晷：没有片刻的空闲时间。

光绪三年丁丑 十五岁

是年进境颇速。春夏读《文选》[1]，学作律赋、古赋[2]；秋冬读唐宋八家文[3]，学作诗文。比岁莫[4]，诗文赋及杂作皆能成篇。记性之好，读书之多，无逾此年。

①文选：南朝梁·昭明太子萧统编，又名《昭明文选》。我国现存最早的诗文总集。 ②律赋、古赋：律赋，是汉赋向俳赋发展的产物，为唐宋以后的科举考试所采用。除讲究对偶外，又限制音韵，常在题外另出八字限韵，嵌于赋中，依次用韵。古赋，概指两汉的辞赋，与后来讲求对仗、声律的俳赋、律赋相区别。凡后世仿照两汉的赋作，概称古赋。 ③唐宋八家文：明代茅坤汇辑唐代的韩愈、柳宗元，宋代的欧阳修、苏洵、苏轼、苏辙、王安石、曾巩的散文作品，命名为《唐宋八大家文钞》。 ④比岁莫：比，等到；莫，通"暮"。

光绪四年戊寅 十六岁

桐师归，仍旧课。亲友皆劝赴童子试[1]，桐师以为稚也。三月，始徇[2]戚友之请。余父名以多禄、字以竹山应试焉。是时江冰初泮，路不得通，迂道行，坐薄笨车[3]，四日始抵省[4]，寓东关白旗堆子[5]王召棠化南家。召棠之祖名云章，与先君交最挚。既有世谊，召棠昆仲俱应试，朝夕观摩，亦甚得也。吉林厅同知为善公余斋庆[6]，颇能文。首题"子以四教文"[7]，次"取士必得"[8]。诗题"薄采其芹"[9]，得"芹"字[10]。首场列第四名。复试，文题为："使子路问津焉。长沮曰：'夫（孰）[执]舆者为谁？'"[11]诗题"一片承平雅颂声"[12]，得"声"字。余文成甚速，缴卷时，善公坐堂皇[13]，问年岁、籍贯甚悉。赞其文，并加勉焉。榜发，列第一。八月院试[14]，学政为王孝凤先生家璧[15]。考古题[16]为"以道事君，以所谓大臣者"[17]。为韵诗题"虚堂悬镜"[18]，得"悬"字。正场[19]，首题"出则事公卿，入则事父兄"[20]，次"孟子见梁惠王，王曰叟"[21]。诗题"闻木樨香"[22]，得"闻"字。遂以第一名入泮[23]。奖赏时，蒙赠张注小学一部[24]，格言联璧一卷[25]。是年冬，大雪深数尺，车马往往不得行。记谒客时，行廿余里，雉为鹰逐辄投车箱中，往返得七翼云。

[1] 童子试：明清两代取得生员（秀才）资格的入学考试。应考者称童生。童子试包括县试、府试（或直隶州、厅试）和院试三个阶段。时吉林仅设厅，童子试只有厅试和院试两个阶段。　[2] 徇：顺从，曲从。　[3] 薄笨车：粗陋的车子。　[4] 抵省：省，即今吉林市。时为吉林将军的驻地和吉林厅的治所。　[5] 白旗堆子：今吉林市松北小区一带。堆子一名，源于旗务机构"堆拨房"，相当于"派出所"。　[6] 善公余斋庆：善庆，号余斋，满洲正白旗人。进士出身。　[7] 子以四教文：出自《论语·述而》："子以四教：文、行、忠、信。""文"系"题眼"，作文时要侧重此字。　[8] 取士必得：出自《孟子·告子》："士无世官，官事无摄，取士必得。"以上二题均系八股文题。　[9] 薄采其芹：出自《诗经·鲁颂·泮水》。　[10] 得"芹"字：要求诗中必以一"芹"字为韵脚。参页12光绪八年壬午二十岁注[3]。　[11] "使子"句：此题出自《论语·微子》。孰，当为"执"字之误。　[12] 一片承平雅颂声：出自唐·薛能应试时所作《夜作》诗："白莲千寻照廊明，一片承平雅颂声；更报第三条烛尽，文昌风景画难成。"见《全唐诗》。　[13] 堂皇：此指官吏办公的大厅。　[14] 院试：清代各省学政主持的考试，也是童生试的最高阶段。　[15] "王孝凤先生家璧"句：王家璧，字孝凤，湖北武昌人，道光进士。学政，提督学政的简称。由朝廷派往各省，按期至所属府、厅主持考试童生或生员。学政由侍郎、京堂、翰林、科道，以及部属等官中的进士出身者简派，三年一任，与督抚平行。　[16] 考古题：院试第一场"经古场"，考经解、史论、诗赋等。　[17] "以道"句：此题出自《论语·先进》。　[18] 虚堂悬镜：宋·陈良翰任温州瑞安知县，治理有方。问以何术治之，良翰曰："无术，第公此心如虚堂悬镜耳。"见《宋史》本传。　[19] 正场：院试正场，考《四书》文二篇，五言六韵试帖诗一首。　[20] "出则"句：此题出自《论语·子罕》。　[21] "孟子"句：此题出自《孟子·梁惠王》。　[22] 闻木樨香：宋·黄庭坚欲诠释《论语·述而》"吾无隐乎尔"，苦思不得其义，因去黄堂寺向晦庵老人求教。时逢秋凉，老人遂问庭坚："汝闻木樨香否？"庭坚说："闻矣。"老人便说："吾无隐乎尔。"庭坚遂悟。　[23] 入泮：古代的学宫叫泮宫，泮水则是学宫里半圆形的水池。故

称考中秀才入学的生员为"入泮"。 　　㉔张注小学：宋·朱熹作《小学》，是以儒家学说规范言行的童蒙课本。清·张伯行作《小学集解》，融汇诸家注释，成为通行的《小学》法本。 　　㉕格言联璧：清代山阴（今浙江绍兴）人金兰生摘取朱子语录、要言汇辑而成。刊于光绪十六年（1890年），一卷。

光绪五年己卯　十七岁

春，桐师自家归，使读朱子纲目[①]，日可一卷。有暇，则课时文[②]。因桐师欲乡试，遂偕往赴乌拉起应试文书。有翼领春庆俗呼春六嘎子者，百计阻挠，不肯与。先君抵省，展转托当道，始得行。同行者为桐师与秀峰七舅[③]也。启行已五月杪，会大霖雨，过奉天，弥望尽成泽国。日行数十里或一二里，然人马罢敝[④]矣。凡历五十日始抵都门。先往南城外兴顺店，后与七舅同往宝禅寺巷荣宅。伯舅润庭公[⑤]待余甚厚，惟以七舅不能博一第[⑥]甚恨。每会食，则怒形于色，使人不欢。场后，匆匆即归。九月到乌拉，先君已先在，相见悲喜。次日，始到家见先姊焉。

[①]朱子纲目：即《资治通鉴纲目》，南宋理学家朱熹撰，凡五十九卷。清代考试策论，概以此书为准。 　　[②]时文：科举应试之文，即八股文。 　　[③]秀峰七舅：详见本书《文集·十二师友诗话》。 　　[④]罢敝：羸弱疲困。罢（pí），通"疲"；敝，困倦。 　　[⑤]伯舅润庭公：见页8同治九年庚午八岁注[①]。 　　[⑥]博一第：科举中式。

光绪六年庚辰　十八岁

先君平生最睦族谊。修谱，为之置祭田，且自序[①]告余曰："它日勿忘以辰年修我家谱。"禄谨受教。其年马贼充斥，官中莫敢谁何。将军铭鼎臣安[②]办贼严，徼循[③]剪扑，蜂氛略戢[④]。翼长金公午堂福[⑤]，其最得力者也。金公以巡乡至吾家，谓余为小秀才，颇极爱重，托巨商王君作冰，遂以其女妻余，即前室孟孺人[⑥]也。

[①]自序：父荣泰所作《吉林成氏家谱序》。 　　[②]将军铭鼎臣安：即吉林将军铭安（？—1911年），字鼎臣。满洲镶黄旗人，叶赫那拉氏。咸丰进士，历官内阁学士、盛京刑部侍郎、吉林将军（光绪三年—光绪九年在任）。 　　[③]徼循：巡查。 　　[④]蜂氛：锋锐之凶气。戢：收敛 　　[⑤]金公午堂福：即金福（？—1883年），字午堂。详见页52注[①]。 　　[⑥]孺人：妻的通称。

光绪七年辛巳　十九岁

孟氏名庆贞，字淑卿，长余二岁。闰七月二十一日来归。是月，天大雨，

成多禄集

送嫁者皆在泥途中。先一日，主王召棠家^①，天交寅^②，遂亲迎焉。先是吾姊已字乌拉赵氏^③，为西岑君^④之室，均王君为媒者。至是，二老人亦命嫁，儿女昏因一日了毕，向平不足数^⑤矣。唯王君因上下失和，为其人所刺，数日而死，可怜也。王君名信，字占一，吉林人。

    ① 主王召棠家：主，当为"住"。　　② 天交寅：刚交寅时，当在凌晨三时许。　　③ 乌拉赵氏：打牲乌拉总管赵云生家。今乌拉街镇"后府"为其宅居。　　④ 西岑君：即赵锡臣。详见《文集·十二师友诗话》。　　⑤ 向平：东汉朝歌（今河南淇县）人，子女婚嫁毕，遂不问家事，出游名山大川。唐·白居易《闲吟赠皇甫郎中亲家翁》诗："最喜两家婚嫁毕，一时抽得向平身。"不足数：数不上；不算什么。

光绪八年壬午　二十岁

    仍请桐阶师教余温习《纲目》^①，探讨制艺^②，以及试帖^③、律赋，悉口授之。八月，长子世奇生。

    ① 纲目：即《朱子纲目》，见页11光绪五年己卯十七岁注①。　　② 制艺：即八股文，明清科举考试制度所规定的一种文体。　　③ 试帖：即试帖诗，科场中的特定诗体。通常选以古人诗句或成语命题，冠以"赋得"二字。指定×字为韵脚，称为"得×字"。体裁用五言或七言，全篇六韵或八韵。清代对试帖诗的结构体例限制尤严，在诗中自成一格，与八股文相辅而行。

光绪九年癸未　二十一岁

    补读《四子书注》^①。是岁，岁考^②第一，补廪膳生员^③。八月，余岳金公卒于军。疏入，以副都统例赐恤^④，并建专祠。

    ① 四子书注：南宋朱熹编注的《四书集注》。　　② 岁考：明清时各省学政巡回所属府州县，对生员进行考试，三年二次。依其文字优劣进行奖黜。　　③ 廪膳生员：简称廪生，生员中资历较深者，须经岁科两考前列一等者方能获得，习称"补廪"。　　④ 赐恤：给死者家属以抚恤。清制，一品官在外身故，例得赐恤；二品以下赐恤，须奉特旨。

光绪十年甲申　二十二岁

    二月赴省，寓崇文书院^①之景韩堂，课文，课诗，课字。山长为顾缉庭先生肇熙^②，江苏人，以分巡道兼理者也。顾公博极群书，长于经世之学，为诸生教以读经、读史之法以及百家之书，朝夕讲解，娓娓不倦，余受益焉，遂为专课弟子。是岁为乙酉选拔预科③。三月，朱学使来，名以增，字砚生，亦江苏人。科试经古题为"国士无双"④。赋以"至如信者，国士无双"为韵⑤，拟杜工部《游何将军山林诗十首》。文题为："有美玉于斯"⑥一章，次题："虹始见，萍始生⑦"。诗题："江城如画里⑧"，得"城"字。放榜，余列第一。

选拔第一日，题："子曰富而可求也"⑨一章、"王立于沼上，顾鸿雁麋鹿曰：'贤者亦乐此乎'"⑩。诗题："以礼为罗"⑪，得"罗"字。次日，策问⑫三通，"葛王两武侯论"⑬，从"〔遭〕我乎猃之间兮"⑭解。余取选拔第一。同取者，荫雨舲昌⑮、牟雪峰康年⑯、何莲西清永⑰也。

十一月，赴奉天会考，月余始还。

①崇文书院：旧址在今吉林市公安街永远胡同，原称崇文书院胡同。建于同治十三年（1874年），今已无存。　②山长：五代时蒋维东隐居衡岳讲学，学生称他为"山长"。元代以后，成为书院院长的名称。顾肇熙：字绁庭，江苏吴县人。出身举人，光绪八年任吉林分巡道兼崇文书院院长。　③乙酉选拔预科：即地方举行的拔贡考试。清制，每十二年（逢酉年）由各省学政考选品学兼优的生员，贡入京师，称为拔贡生。先会考，优等者再赴朝考。朝考合格者，可充任京官、知县或教职。拔贡生是五贡中最难考取者。　④国士无双：出自《史记·淮阴侯列传》。　⑤为韵：要求以此八字作律赋。　⑥有美玉于斯：出自《论语·子罕》。　⑦虹始见，萍始生：出自《礼记·月令》。　⑧江城如画里：出自唐·李白诗《秋登宣城谢朓北楼》："江城如画里，山晓望晴空。"　⑨此题出自《论语·述而》。　⑩此题出自《孟子·梁惠王》。　⑪以礼为罗：出自《礼记·天官·疏》："郑玄以囊括大典，网罗众家，是以周礼盛行。"　⑫策问：主考提问，应试者作出答案，亦称"对策"。通常为政事或经义方面的问题。　⑬葛王两武侯论：葛，指诸葛亮；王，指司马懿，上尊号为宣王。题意：司马懿的才能不亚于诸葛亮，当世实有两个武侯。　⑭此句出自《诗经·齐风·还》："子之还兮，遭我乎猃之间兮。并驱从两肩兮，揖我谓我儇兮……"夺一"遭"字，兹补出。　⑮荫雨舲昌：荫昌，字雨舲，满洲镶黄旗人。与谱主同科拔贡，后中戊子科举人，任刑部笔帖式。　⑯牟雪峰康年：牟康年，字雪峰，一字雪丰，吉林人，与谱主同科拔贡，翌年经朝考，选取为宗室教习。后因多次参加乡试未中，抱恨而终。《永吉县志》有传。　⑰何西莲清永：何清永，字西莲，伯都讷人。

光绪十一年乙酉　二十三岁

桐阶师以老而无子，屡欲归家不出，本年置一妾，已有成说①，顾值昂②

力不能任。先君又犯宿疾，恶嚣，不敢请。不得已商之室人^③，室人慨然以金条脱为赠。桐师归而纳之，即它日生王德绍者也。是年，自温经史，以亲病未能远出。七月，长女世芗生。

①成说：定约。指王桐阶师买妾之事，经媒妁从中撮合，已经谈成。　②值昂：意谓买妾之费甚巨。　③室人：妻子，即孟孺人。

光绪十二年丙戌　二十四岁

四月，先君病已愈，趣赴选拔朝考^①，遂与同年^②牟雪峰同行，岳家苍头王衍祺侍余焉。

至京，因表兄富锡田永^③先在，亦寓宝禅寺巷旧宅。讵知自先伯舅故后，家庭多故，所遗家私为人攫取殆尽，锡田讼于官，得直^④，俱返之。

六月七日，忽得吉林急电，谓先君病重，令即回。余当晚携王仆就道，大雨滂沱，坐骡车日行可二三十里。关内为水所阻，住五日又行，抵奉天界，水大至，不得行，遂变车为骑。至小黑山，大雨，又数日避旅邸中，资斧^⑤断绝。其富绅孙翼之鸿猷者，早相识，将箱箧质其典铺中，得二十四金，乃至昌图。时昌图知府为高雨人世叔同善^⑥，延至官斋宿焉。次日，遣差介二赠赆^⑦，送余至家，已八月二日矣。然先君已于五月十六日弃养^⑧，凭棺擗踊^⑨，痛不欲生。先姚挥泪责曰："汝家累世书香在汝一身，我之相依为命者，亦在汝。今若翁新逝，丧葬诸事谁贷汝者？乃欲自毁，讵哭死即为孝耶？"余收泪，长跽^⑩受教。

谨择于九月十一日成主^⑪。次日安葬在家南祖茔之西，是日天微雨，会葬者数百人。

①朝考：见页13光绪十年甲申二十三岁注③。　②同年：科举同科考中的人。谱主与牟康年（字雪峰）同时选为光绪乙酉科拔贡，故称同年。　③表兄富锡田永：所言表兄富永（字锡田），不详。伯舅荣全（字润庭），满姓为瓜尔佳氏，其族人若选为汉姓，应姓"关"，不应姓"富"。《清史稿》本传载，荣全死后，其子福康袭侯，与富永究为一人，还是二人，待考。　④得直：官司打赢了。直，通"伸"。　⑤资斧：行旅之费。　⑥世汉同善：据《先考保卿府君行状》（见文集），父荣泰与高同善（字雨人）交谊甚厚，故称为世叔。　⑦赠赆（jìn）：以财物赠与旅行者。　⑧弃养：专谓父母死亡。子女应当奉养父母，故称父母离世为弃养。属婉称。　⑨擗（bì）踊：捶胸顿足，形容哀痛至极。　⑩长跽（jì）：跪时挺身直腰。多用来表示虚心听取意见、教诲。　⑪成主：为亡人立神位。择日礼聘当地耆宿、士绅为"点主官"，举行"点主仪式"，神位即正式成立。

光绪十三年丁亥　二十五岁

读三礼①。此经十三岁时已读，至此重加绅绎②以为日课。

秋七月，因外感头痛，医者误投白虎汤③，遂大病，展转床褥者百二十余日。孟孺人焚香祷天，恒彻夜不眠，至愈乃已。初甚肥壮，从此消瘦矣。

① 三礼：儒家经典《周礼》《仪礼》《礼记》的合称。　② 绅（chōu）绎：理出头绪。　③ 白虎汤，方剂名。由石膏、知母、甘草、粳米四味组成。功能清气热、泻胃火。见《伤寒论》。

光绪十四年戊子　二十六岁

补读《周礼》①。是书，小时未读，读之颇费力，两年余始毕。

① 周礼：儒家经典三礼之一。关于先秦职官与各种典章制度的书。

光绪十五年己丑　二十七岁

是年仍补读《周礼》。

十一月，次子世英生。

光绪十六年庚寅　二十八岁

正月，先姚病。病稍愈，面目浮肿，后遂溃而为创。四月余，始大愈。

十二月，次女世蕙生。

光绪十七年辛卯　二十九岁

补习《尔雅》《孝经》①。此书最宜小时读，事半功倍；稍长再读，则难记矣。今日思之，亦不似它经之熟也。

四月，马贼扰乡镇，因携家赴省，从周让三先生德至②学文。周时为府学教授，八股名手也，爱余文，颇受切磋之力。又为雪蕉吟社，共课古诗。社友为曹季武、李云松、邓节珊、宋百泉③也。

十二月，三子世伟生。

① 尔雅：我国最早一部词典，研究古代词义和古代名物的重要参考书。成书于汉初，常被用以解说儒家经义。孝经：是宣扬封建孝道和孝治思想的儒家经典。作者说法不一，以孔门后学所作一说较为合理。　② 周让三先生德

至：周德至，字让三，顺天涿州（今河北涿县）人。进士出身，光绪八年至十九年任吉林府教授。后曾为谱主父母的两通神道碑撰文并书丹，碑尚存于其塔木。　　③曹委武、李云松、邓节珊、宋百泉：后二人生平详见本书《文集·十二师友诗话》；曹季武，名云祥，见本书《交往录》。李云松，不详。

光绪十八年壬辰　三十岁

温《春秋左传》兼习《公》《穀》①。

五月，次女世蕙以疾殇。

①公，指《春秋公羊传》。穀，指《春秋穀梁传》。此二书与《左传》阐释《春秋》，总称春秋三传。均为儒家重要经典。

光绪十九年癸巳　三十一岁

移往局子街①，与徐敬宜鼐霖②、于筠厚翰笃③、钟寿符祺④、刘仲兰葆森⑤缔交，时相过从。

是岁为乡科，遂偕往。由营口附轮舶抵天津，坐风船至京⑥，寓北城宏恩观⑦。观为某大珰⑧建，规模宏敞，颇有禁籞⑨之意。

次棠⑩世伯教之为文。专主天崇⑪，似无所得；又教以读书作人之法，极为恳挚。谓看书宜从卷首第一字看起，直至卷末最末一字，方为读过一遍。论学古文，宜学八大家⑫，不主汉魏。初令看《小学》、看《通鉴》，再看《正谊堂丛书》⑬，再看五礼、读礼两通考⑭。以此为主，其余各家随时涉猎，可矣。

考国子监⑮，八百余人余取第一。次师喜，以为此科当可获隽⑯。乃八月八日甫入场，即感寒大病，昏昏然不复省人事，遂狼狈而出。次师深惜之。于是归家，不复作科举想矣。

二月，四子世杰生。

①局子街：吉林旧街名。原为今河南街与北京路（旧称粮米行）正中相夹的一街名。　　②徐敬宜鼐霖：徐鼐霖，字敬宜，吉林人，早年与谱主同在崇文书院学习，戊戌年同入盛京将军依克唐阿麾下任事，后又同在黑龙江共事，晚年同居北京。二人属金兰之交。　　③于筠厚翰笃：于翰笃，字筠厚，见页56豪士歌为于十一筠厚作注①。　　④钟寿符祺：钟祺，字寿符。不详。　　⑤刘仲兰葆森：刘葆森，字仲兰。见页46注＊。按刘所作《澹盦诗草》序，则称："乃当庚寅之岁，是惟过从之年。"庚寅年，为光绪十六年，比谱中所言时间要早三年。　　⑥坐风船至京：当为乘帆船溯北运河抵达京师。　　⑦宏恩观：不详。当为道教庙宇。　　⑧大珰：指大太监

（不详）。　　⑨禁籞（yù）：皇家的禁苑。　　⑩次棠：于荫霖（字次棠）。见页76注。　　⑪天崇：晚明天启、崇祯年间八股文章所特具的时代风格。　　⑫八大家：见页9光绪三年丁丑十五岁注③。　　⑬正谊堂丛书：清代名儒张伯行（1651—1725年）辑。访求宋以来理学家著作共五十五种，刊印于世。后来左宗棠增为六十八种。同文馆印行。　　⑭五礼、读礼两通考：指清·秦惠田所著《五礼通考》和清·徐乾学所著《读礼通考》。　　⑮国子监：中国封建社会的最高学府，晋武帝时始设。谱主选为拔贡生，即取得入学国子监的资格。二十四岁时赴京朝考，因父丧未果，仍为国子监的学生，仍须参加国子监定时举行的考试。　　⑯获隽：指科举考试得中。

光绪二十年甲午　　三十二岁

余与徐敬宜读书北山萧寺①中。看书、读古文，一遵次棠师之教。七月又购得局板②廿四史一部，与敬宜并读而互解之。

①北山萧寺：当指吉林城北玄天岭上的真武庙。参见页58注①小游仙山馆。萧寺：佛寺的别称。梁武帝萧衍崇佛，曾命人将所造之寺题为"萧寺"。　　②局板廿四史：清光绪间江宁局、扬州局、杭州局、苏州局、武昌局分工刻成廿四史，通称"局板廿四史"。

光绪二十一年乙未　　三十三岁

补读《文选》及《离骚》。

六月六日，赵氏姑病殁。其前室子不孝，闻侍疾甚草草，妇亦如之。余与余妻往。江涨道塞，至，夜已深。其子托疾不出，惟其妇出，以草具①供馔而已。先姑性严重②，遇事持大体，钟爱余，尝为述吾家往事以训勉之。后余有《先姑事略》一首记其事。

①草具：粗劣的食物。　　②性严重：严肃、庄重，处事认真。

光绪二十二年丙申　　三十四岁

闲居江上，百无所闻，唯闭门读书而已。山长王少石先生文珊①，次师甥也，工于文，颇相知爱。每过从，赏奇析疑，往往烛见跋②而后去。

①王少石先生文珊：王文珊，字少石，伯都讷人，光绪八年壬午科举人。时任吉林崇文书院院长。一生专力于教育，是后来吉林女子学堂和吉林一中的创办人。　　②烛见跋：蜡烛将燃尽。烛跋，指蜡烛的末梢。见，通"现"。

光绪二十三年丁酉　三十五岁

八月，劫坟贼起，持械伤人。十四日，地庄人忽来，谓先君墓为盗所发。余大惊，急驰往。至则棺已毁，衣冠杂乱，满地皆编菅遗灰①。盖十二夜事也。于是哭不可仰，急召人将棺木修整完好，覆以衣衾；为文详告，以妥先灵。

有苑春华者，与余善，时为巡防营官，嘱捕此贼。不一月，而罪人斯得，遂置之法。

十月十日晡②，孟孺人患心痛，初不为意，至夜而剧。延医，为药所误，因以不起。十二日病甚日加，已绝而复苏，知不救，乃执余手曰："事老母不终，又以儿女累汝，罪矣。"遂瞑。

至首七③，岳母来，一恸而绝。唤醒后，已中风不能言，沉绵三日而殁。余内弟庆恒颇孝，既痛姊之新丧，又悲母之遽去，毁瘠柴立④，有所咨辄泣。

时敬宜寓余家，经营丧事，调停于两家之间，一切皆赖之。

十一月廿五日，遂权厝孺人于北山寺中，即甲午读书处也。余作诗五十首哭之。

本思缓续，而老母多病，侍侧需人；诸孤幼，亦需人调护者。遂于十二月二十一日聘唐氏为继室焉。唐居城南鳌哈达屯⑤，为魁君陞⑥之妹，名淑，字静可，少余四岁。

① 编菅遗灰：指盗墓者夜间烤火取暖所烧剩的草木灰。　② 晡（bū）：申时，即下午三点至五点。　③ 首七：死后的第七日。旧丧礼受佛教六道流转的影响，认为在人死生之间，有"中隐身"寻求生缘，以七日为一期，至第七个七日止，必托生于另处。故在人死后，每隔七日祭祀一次，请和尚念经超度，直至七七四十九天止。　④ 毁瘠：因过度哀伤而消瘦。柴立：形容瘦如枯木。　⑤ 鳌哈达屯：今名敖哈达村，在永吉县口前镇西二公里处。　⑥ 魁陞（1862—1931年）：字星阶（或作星皆），吉林满洲镶红旗人，他塔喇氏。早年由附生投效珲春副都统依克唐阿，清末任黑龙江省财政司司长。民国后历任黑龙江财政厅长、奉天政务厅长、代理吉林省长等职。

光绪二十四年戊戌　三十六岁

唐氏为人极和婉，事姑①孝，能先意承志②，待诸儿如己出，煦煦噢噢③，若惟恐伤其意者。先妣喜曰："吾得新妇如此，吾愿足矣。"

是年四月，岳母唐太夫人卒。

① 事姑：侍奉婆母。姑，丈夫的母亲。　② 先意承志：揣摩长辈的意志，

以博取欢心。　　③煦煦：和颜悦色。噢噢：抚慰之音。

光绪二十五年己亥　三十七岁

五月，为大儿世奇娶关姓女。

十二月，内兄魁星皆陛赴奉天将军依诚勇公差次①，余亦偕往，遂入其幕主文案焉。此为余出山之始②。而吾友敬宜亦来奉天任交涉事。

①依诚勇公：即依克唐阿（？—1899年），字尧山，吉林伊通县人，扎拉里氏，满洲镶黄旗。累官黑龙江将军、奉天将军。卒谥诚勇。差次：公务。魁陛时任奉天督辕文案处兼粮饷处帮办。　　②此为余出山之始：所言出山时间当属误记，应为光绪二十四年，即前一年。谱主先入依克唐阿之幕，是准确无误的，在其诗文中也有反映。若按谱中所记的出山时间，则依克唐阿已去世十一个月，此时的盛京将军已换为增祺，显然不能成立。徐鼐霖《代漫社诸友祭成澹堪文》称："戊戌之春，从戎奉天"，《永吉县志·成多禄传》亦言："戊戌入幕"，可作旁证。

光绪二十六年庚子　三十八岁

正月，诚勇公依克唐阿以疾薨①于位。继其任者，为增将军祺②。余仍在文案。

拳匪事起，吉林岌岌，乃请先妣率眷属赴奉，僦屋小金桥，与星皆比屋居，朝夕过从，甚欢。

闰八月初旬，闻两宫出狩③、洋兵犯阙④，群盗飙起，增公仓皇出走，从官亦逃，兵火满城。余与星阶奉老母入蒙古地。间关数百里，出入乱军之中，囊无一钱，仰事俯蓄⑤惟星阶是赖。寒气砭肌，衣不掩胫。吾友敬宜时在寿仁山长军中，携衣裘数袭、毡履数双，冒险赠余。余感极而泣，以所乘良马赠之。

①薨（hōng）：周代称诸侯之死，唐代称二品以上官员之死。依克唐阿身任盛京将军，从一品，故称其死为薨。依克唐阿去世的准确时间为光绪二十五年正月，此属误记，多延了一年。　　②增将军祺：增祺（？—1919年），满洲镶白旗人，伊拉里氏。光绪二十五年三月，由福州将军调任盛京将军。庚子之变，在俄军压境的情况下，先是弃城而逃，继而又擅与沙俄签订了《奉天交地暂且章程》，引起舆论大哗，遂被革职。后于翌年三月复职。　　③两宫出狩：即指慈禧太后挟光绪皇帝离京西逃。两宫，指太后和皇帝。出狩，是对君主出逃的讳称。狩，打猎。　　④洋兵犯阙：指八国联军攻打京城。阙，皇帝居处。　　⑤仰事俯蓄：本谓上事父母，下养妻儿。泛指维持一家生计。《孟子·梁惠王》："必使仰足以事父母，俯足以畜妻子。"畜、蓄二字相通。

光绪二十七年辛丑　三十九岁

正月十四日，余奉先妣率眷属还吉林。先妣自受严寒，艰于行，每升舆皆成君廉、赵老舅扶掖之。二人者，皆皆戚也。

初，增将军在逃时，与敬宜有小嫌，至是遂囚敬宜于营务处，意将不测。余百计营救之，三月余始释。

光绪二十八年壬寅　四十岁

四月，长女世艻聘于衣姓。

五月，母夫人患鼻衄①，血乃涌出。旋愈，又受新感，遂不起。临终，诚禄曰："天下将乱，吾不愿汝作好官，但愿汝好好读书，好好作人而已。"语毕，即于二十五日弃养。九月发引②，亦籍北山寺中为殡宫③。至辛巳④始安葬焉。

十月，五子世超生。

①鼻衄：鼻出血。隋·巢元方《诸病源候论》："肺开窍于鼻，热乘于血，则气亦热也。血气俱热，血随气发出于鼻，为鼻衄。"　②发引：出殡时，送丧者执绋前导。后来泛称出殡为"发引"。　③殡宫：临时停柩之所。　④辛巳：应为乙巳。辛，为"乙"字之误。见谱中该年（四十三岁）纪事。

光绪二十九年癸卯　四十一岁

寓江沿盛某之宅。

八月，赴奉天，应钦差廷大臣杰①之召为主文案，放西流水②之荒务也。与廷公同行，未至西安③而病，乃辞差，舆疾归。侍者惟张庆一人，调护劬勤甚至。抵家，则九月下旬矣。

汪玥斋先生士仁④为余诊治。历两月余，始愈。

①廷大臣杰：廷杰（？—1910年），字用宾，满洲正白旗人。光绪进士，历任奉天府尹、盛京户部侍郎、热河都统。　②西流水：以松辽分水岭为界，将西流汇入辽河的诸水流称为西流水。清代将此区域称为盛京西流水围场，包括今辽宁省西丰县、吉林省东辽县、梨树县等。　③西安：县名，治所即今吉林省辽源市。光绪二十八年置。后改为东辽县。　④汪玥斋先生士仁：汪士仁，吉林近代名医。

光绪三十年甲辰　四十二岁

程雪楼先生德全①与星皆至好，与余亦同谱②也。以保全江省功③是岁蒙恩召见，新授齐齐哈尔都护④。道出吉林，邀余同行。四月至卜奎⑤办理文案。郑君馥山国华⑥先在，未几，宋君友梅小濂⑦亦来，即世所称铁某都督者也。

程公励精图治，百废俱兴，我辈襄赞其间，亦不遗余力。未期年，而化大成。将军达公端拱⑧而已。

①程雪楼先生德全：程德全（1860—1930年），字雪楼，号默察，四川云阳人。早年应乡试不第，遂留心东北史地。光绪十七年，入三姓副都统文格幕。甲午战争爆发，应邀任黑龙江将军依克唐阿幕僚。光绪二十五年入副都统寿山幕。二十六年七月，任营务处总办，奉派与俄国侵略军交涉，颇富胆识。二十九年十一月，署理齐齐哈尔副都统。后历官黑龙江将军、巡抚、奉天巡抚、江苏巡抚。辛亥革命之际，在立宪派劝说下，宣布江苏独立，自任都督。民国后任南京临时政府内务总长，任统一党、共和党理事。二次革命期间，抗拒讨袁，逃居上海。晚年脱离政界，诵经礼佛。　②同谱：即"通谱"。同姓人可互认为同族，异姓人可结拜为兄弟，俗称换帖。此外，如二人同与另一人互称兄弟，则此二人亦可以兄弟相称。程德全与魁陞关系"至好"，自然会以兄弟相称，而谱主又称魁为妻兄，故谱主与程亦可互称兄弟。　③保全江省功：光绪二十六年（1900年），俄军入侵黑龙江，程德全奉署理黑龙江将军寿山之命与俄军交涉。俄军要求"整兵入城"，程力争不从，拔剑欲自刎，俄军大惊，遂罢。后欲以炮轰城，程闻讯赶到，以身遮住炮口，乃止。尔后，又以沙皇名义命程代任黑龙江将军，程坚决不从，并跃身投江，旋被救起。清廷闻知此事，遂破格升其为齐齐哈尔副都统。④齐齐哈尔都护：即为齐齐哈尔副都统。地位仅次于黑龙江将军。　　　⑤卜奎：齐齐哈尔的别名。　⑥郑君馥山国华：郑国华，字馥山，光绪三十三年前曾任黑水厅同知。余皆不详。　⑦宋君友梅小濂：宋小濂，字铁梅，一字友梅。梅，亦通"某"。见页82注＊。　⑧将军达公：即署理黑龙江将军达桂。汉军正黄旗人，崔姓，字馨山。端拱：端坐拱手。意谓坐享其成，没有耗费心力。

光绪三十一年乙巳　四十三岁

三月十六日，合葬先君、先姚于抱山新茔①，亥首巳趾②。葬毕，还江③。敬宜来，办文案及荒务。星皆亦来，长善后局事。

六月，请设治添官④。疏入，报可⑤。于是以馥山为黑水厅⑥、友梅海伦厅⑦、敬宜大赉厅⑧，余以候选同知得绥化府⑨。

八月，各将赴任，余力辞，程公不可。余曰："必尔，则以三年为期，及期须容我还也。"雪楼笑允之，乃之任。

九月，眷属俱往。十月，三女世兰生。

① 抱山新茔：在其塔木屯西三里。参见《文集·抱山先墓记》。旧茔在乌拉街北查里巴。见《吉林成氏家谱·茔墓篇》。　②亥首巳趾：当指墓向。　③还江：江，黑龙江省的简称，亦称作龙江、龙沙。　④请设治添官：是年四月，原署黑龙江将军达桂被召入京，命署齐齐哈尔副都统程德全兼署黑龙江将军。设治添官，即将原来的旗、民分治变为旗、民合治，由新任地方官统一治之。　⑤疏入：疏，即奏疏。清制，武职都统、副都统，均可专折奏事。报可：即得到朝廷的批准。　⑥黑水厅：光绪三十一年置，治所即今齐齐哈尔市。三十四年升为龙江府。　⑦海伦厅：光绪三十年置。治所即今海伦县。三十四年升为府。　⑧大赉厅：光绪三十年置。治所即今吉林大安县。　⑨候选同知：听候吏部选用，府一级的佐官。绥化府：今黑龙江省绥化市。光绪十一年设厅，三十年升为府。

光绪三十二年丙午　四十四岁

绥化风俗朴儴①，历任边吏无讲文治者。余至其地，为之兴学、课士、息讼、锄奸，两年已来民甚乐之，颇有以经术②饰吏治之意。惟当时朝廷方讲求新政，袭宪法之皮毛，舐欧洲之余唾，余心惧焉；而且贿赂公行③、亲贵用事，知其去末季不远矣。屡欲乞休，不可得。

六月，署期满，授以为真④。

十一月，四女世芸生。

①朴儴(sài)：质朴，未开化。　②经术：经学。儒家主张的治国之道。《汉书·循吏传》："三人（指董仲舒、公孙弘、儿宽）皆儒者，通于世务，明习文法，以经术润饰吏事。"　③贿赂公行：公开进行贿赂，无所顾忌。　④授以为真：官吏试署期满，实授官职。

光绪三十三年丁未　四十五岁

绥兰海道①某，纨绔子也，庞然自大，以余为不恭，思中伤之，然无瑕可蹈②，莫可如何。余乃叹曰："古人不肯为五斗米折腰③，今为此籧篨物④所侮弄，是胡为者？"以修墓，以病，均不得请。至十月，毅然挂冠，去见程公。因有三年之约，亦不能责也。

天下滔滔⑤，污人犹腻⑥，思欲得吾学以澹之⑦，因自号曰"澹堪"云。

先于九月为二子娶妇马家女。是月，四女世芸以疾殇。

①绥兰海道：兵备道名，下辖绥化、呼兰、海伦二府一厅。　②无瑕

可蹈：没有可攻击之处。瑕，疵病，过失；蹈，践踏。　　③五斗米折腰：陶渊明任彭泽县令，不愿为五斗米的薪俸去向那些由上峰派来的"乡里小儿"鞠躬下拜。后遂用"不为五斗米折腰"表示有骨气，不屈身事人。　　④籧篨物：篨，乃"篨"字之误。籧篨（qúchú），即"居诸"，也就是虾蟆。籧篨物，用来比喻绥兰海道某是虾蟆一类的丑物。《诗经·新台》："燕婉之求，籧篨不鲜"。　　⑤天下滔滔：像洪水一样的恶人，到处皆有。语出《论语·微子》："滔滔者天下皆是也，而谁以易之？"　　⑥污人犹腻：意谓不洁之人容易玷污他人。《晋书·刘舆传》："或曰：舆，犹腻也，近则污人。"　　⑦澹之：澹，动词，冲淡，洗濯。

光绪三十四年戊申　四十六岁

　　三月，黑龙江巡抚简周公树模[①]，程公受代[②]而去，余亦偕行。

　　由京而沪，云车风舶，无不与俱。五月至上海，寓新闸路。与汤蛰仙[③]时相往来，求其作谱序一首[④]。

　　六月，游普陀山[⑤]遍历诸胜，可二十日。

　　八月观潮[⑥]，并游西湖，亦二十余日。至腊月归黑龙江[⑦]。

　　是年七月，孝钦皇后、德宗皇帝先后弃群臣[⑧]，天下缟素[⑨]。于是立宣统为皇帝。

　　①黑龙江巡抚简周公树模：光绪三十三年（1907年）三月，清政府更改东北官制，裁撤将军，改设巡抚。简：简放。清制，外官道府以上官，由特旨授职者。周树模（1865年—？）：字少朴，号沈观，湖北天门人。光绪庶吉士，历官奉天左参赞、黑龙江巡抚。民国后任会办盐务大臣、平政院院长。　　②受代：旧称官吏任满去职，受新官接替。　　③汤蛰仙：即汤寿潜（1857—1917年），字蛰仙，浙江山阴人。光绪庶吉士，曾任两淮盐运使、沪杭铁路总理、浙江咨议局议长。辛亥革命爆发，被推为浙江军政府都督，后任南京临时政府交通部总长。与张謇组织统一党，任参事。　　④谱序一首：指汤寿潜所作《吉林成氏谱系图序》。　　⑤普陀山：位于浙江普陀县境内，东海舟山小岛上。我国著名佛教圣地，素有"海天佛国"之称。与安徽九华、四川峨嵋、山西五台合称为佛教"四大名山"。　　⑥观潮：观赏钱塘江潮。此处应补：七月中旬，谱主随程去苏州。现网师园廊壁上，嵌有《戊申七月随程雪楼中丞谒达馨山将军于网师园因成五律六章》（《澹堪诗草》卷一改题为《邃园六首》）的书条石，可为明证。　　⑦至腊月归黑龙江：谱主离开杭州至腊月北返，尚有三个月左右的行踪未表。其间应

有陪程入川之行。程为四川云阳县人,谱主在启行前曾作《送云阳中丞还山兼寄张北墙司马》一诗(见诗集二,《澹堪诗草》卷一),且已行至杭州,必无不去四川之理。张朝墉在《澹堪诗草》卷三序中称此行"遨游大江南北,又溯三峡入蜀",可资佐证。　　⑧孝钦皇后:即慈禧太后。德宗皇帝:即光绪皇帝。弃群臣:君主死的讳称。　　⑨天下缟素:国丧,属国家重典。缟素,白色的丧服。

宣统元年己酉　四十七岁

程雪楼中丞复起用为奉天巡抚①,余仍在其幕中。

十月②,为三子世伟娶赵女为妇。四子世杰在奉读书。敬宜出为黑龙江兴东道。初识郑苏戡京卿孝胥③。

覃恩④诰封三代:赠先曾祖、先祖、先考为中宪大夫⑤,封先曾祖妣、先祖妣、先妣为恭人⑥。

①程雪楼中丞复起用为奉天巡抚:程任奉天巡抚的具体时间为四月五日,六月九日实授。中丞:汉代御史大夫的属官有中丞,明初置都察院,其中副都御史职与御史中丞略同。清代以右副都御史为巡抚的兼衔,文人多以"中丞"作为对巡抚的尊称。　　②十月:谱主于是年十月,自奉天(今沈阳)专程来海拉尔访宋小濂(时任呼伦贝尔兵备道),面交诗稿数册,请宋为之删订。宋小濂《澹堪诗草》卷一序称:"冬十月,澹堪自奉天越吉林、黑龙江、度兴安岭来访。"谱主家眷时在齐齐哈尔。谱中未及此事,兹补出。　　③郑苏戡京卿孝胥:郑孝胥(1860—1938年),字苏戡,号海藏。原籍福建闽侯,生于苏州。光绪举人,考取内阁中书。曾入李鸿章、张之洞幕。甲午(1894年)前曾任中国驻神户、大阪总领事。后历任总理衙门章京、商务印书馆董事、安徽按察使等职。宣统元年(1909年),受东三省总督锡良之聘,来奉天筹建锦瑷铁路及葫芦岛海港。京卿:郑孝胥曾任总理衙门章京(四品京堂),尊称为京卿。④覃恩:广施恩惠。这里指以皇帝名义颁发给臣下的推恩诰命。　　⑤中宪大夫:属清代文官散阶名,正四品。　　⑥恭人:明清四品以上官员之母与妻封恭人。

宣统二年庚戌　四十八岁

正月,在江省为四子世杰①成室,娶袁氏。袁氏者,寿眉峰将军山②女也。是时正防疫③,人死山积,贺者皆草草而去,无留食者。

五月,吉林火④,全城殆尽。

程中丞调江苏巡抚⑤,余随往。于此得友甚多:如朱古微侍郎祖谋⑥、郑小坡中翰文焯⑦、赵尧生侍御熙⑧，皆一时文中山斗⑨；他如夏剑丞观察敬观⑩、吴昌硕大令俊卿⑪、陈伯弢司马锐⑫，往往出游倡和累日。暇则至冷摊买旧书，颇得精本，亦一乐也。

是年，敬辑《成氏家谱》成，共十卷。苏戡先生为之序。归来，按房分致族人，俾世世藏之无失。

七月，六子世坚生。

①四子世杰：成世杰（1893—1966年），字剑北，一字季云。毕业于北京大学，曾任吉林实业厅第一科科长、舒兰县财政局长等职，中华人民共和国成立后任吉林市民委、民革委员。吉林著名书法家。　②寿眉峰将军山：即寿山（1860—1900年），汉军正白旗人，袁氏，字眉峰。其父为吉林将军富明阿，其远祖为明末名将袁崇焕。甲午战争时，随依克唐阿在奉天抗击日军，虽枪弹穿腹，仍裹伤奋战。庚子年（1900年），俄军数路进犯黑龙江，寿山时任署理黑龙江将军，联络东北三省共谋抵抗。后来在俄军兵临城下情况下，誓不投降，自杀殉国。③是时正防疫：是年春，鼠疫沿中东路蔓延各地，直至翌年春方罢。　④五月，吉林火：关于此次吉林大火的时间，记误。应为宣统三年（1911年）四月初十（5月8日）。　⑤程中丞调江苏巡抚：程德全调任江苏巡抚的时间为三月十七日。省会在苏州。　⑥朱古微侍郎祖谋：朱祖谋（1857—1931年），字古微，号彊村，浙江归安人。光绪进士，官至礼部侍郎。近代著名词人。　⑦郑小坡中翰文焯：郑文焯（1856—1918年），字俊臣，号小坡、叔问，晚号大鹤山人，祖籍山东高密县。光绪举人，官至内阁中书。工词善画，兼治金石、训诂。　⑧赵尧生侍御熙：赵熙（1867—1948年），字尧生，号香宋，四川荣县人。光绪进士，任国史馆纂修。工诗善书，梁启超、郭沫若等曾师事之。　⑨文中山斗：指在学问上的权威人士。山斗，泰山北斗的省称。　⑩夏剑丞观察敬观：夏敬观（1875—1953年），字剑丞，江西武建人。民国后任浙江教育厅长。近代诗人。　⑪吴昌硕大令俊卿：吴俊卿（1844—1927年），字昌硕，号缶庐，后以字行，浙江安吉人。清末曾任江苏安东（今涟水）县令，故称"大令"。近代著名书画家、篆刻家。⑫陈伯弢司马锐：陈锐，字伯弢，湖南武陵人。事迹不详。

宣统三年辛亥　四十九岁

春①，复来江苏。默察幕中气象已变，内则罗偌子良鉴②、应季中德闿实倡新说，而李孚轩肇庆亦附和之；外则章驾时等句通③军界，革命之势遂成。

五月，陆申甫方伯钟琦④擢山西巡抚。程中丞拟以应德闿署；德闿者，候补道⑤也，资浅。疏入，朝廷以为不合，镌⑥程公二级，以是遂衔之，形于词色。

七月，蜀乱[7]。八月，武昌事起[8]。沪上绅商来苏者，排日[9]踵相接，语密不可得闻。至九月初，应德闳归自浙江，议乃定，然余不知也。于是程公在幕府集议，以觇向背[10]。诸人皆劝进，以为时不可失，其独立便。余独以君臣大义折之。众遂嘿然而散。

是夜，不能寐，上书程公云：

云公中丞坐下：

一昨与议大计，适为群言所乱，极为皇悚。然势已至此，迫不及晌[11]，再一游移，必误大局。敢将期期不可[12]之意再献于公，望采纳之。

今之幕中，半皆识时俊杰，其所主者革命之学说，其所抱者孙义之宗旨。夫孙文，一穷竖子耳，成则侯王，败则仍为亡赖，公能之乎？一朝失足，千古伤心，此万不可者一也。

凡言革命，必其与朝廷毫无关系，冒险为之，未为不可。今朝廷待公何如？以秀才而为开府[13]，以汉人而为将军，无一事非破格之恩，即无一处不非常之遇。一旦反颜相向，似于良心终有未安，此万不可者二也。

闻公起意之初，实为应道一事遽镌二级，以为乱命，遂饮恨而为此。以一介之难容，遂失大臣忠贞之体，此万不可者三也。

说者动以"以身救国，保境安民"，此尤误矣。生人大节，首在君亲，根本既除，枝叶安附？是何异于寡妇改节而谓藉夫养子者以夸耀于人乎？此万不可者四也。

公之在黑龙江也，丁[14]庚子之变，抱炮沉江[15]，气慑强敌，早置死生于度外，所以当代奉若神明。忽然望风而靡作降将军，纵不为前功惜，独不畏天下笑乎？此万不可者五也。

且时变不可知，成坏亦难料。以目前而论，似乎天心人心已厌清祚，故不能不扶义而起；倘事机中变，危而复存，使小朝廷有一隅之地，如前代之偏安，我公将何以自处？此万不可者六也。

人于朋友，于其家门凌替[16]，尚思百方拯救以底于安；今朝廷万急，不但不为援手，反以变名之篡逆行之于寡妇孤儿，在朋友且不可为，竟于君臣毅然为之，忍乎哉？此万不可者七也。

以上七端，望公力排众议，独断独行，知大名不可倖邀，知不韪岂容轻犯。临崖[17]勒马未为晚也。

夫禄之与公，分虽僚属，谊犹弟昆。在平日且知无不言，岂临难竟陷于不义？公试自思：今或无暇虑此，倘他日到进退维谷之际，必追咎左右："何无一言？"禄也何人，能无愧责？此所以终夜彷徨而不能安枕者也。

语急不暇择，谨披沥[18]上陈，伏维谅察。

书入，不报。次日，又上书。略云：

近日军界已通，大势去矣，孤城万不能守。为公之计，只有去之一法，轻骑径赴沪上，再看南军胜负如何。相机因应，待时而动，庶乎可矣。至于印信，可交臬司[19]暂代。公之眷属，可令孚轩照料先行，其余事件即令应道及罗令行之。万不可误于邪说自蹈危机，贻天下万世以口实也。云云。

闻为罗佶子所阻，仍不省。

至十五日黎明，天微雨，忽闻人声如沸，闯然而入，起视，则臂白布者盈庭矣。前庭此已宣布独立，树帜二：曰兴汉，曰保民。程公出堂皇，立于中；章驾时为南军代表，立于左侧，演说革命宗旨，痛诋清廷。旋以都督印相授，程公颇有惭惧之色。各司道皆张皇失措，其中泣下为最多者，廉访[20]左子异也。既而军乐暴作，大呼万岁而退。子异，名孝同，文襄季子[21]。

余闲置园中，欲归无计。会有使浙之役，余请行，程公许之。至浙与汤蛰仙相晤，留饮极欢而散。是夕，客邸中一女儿对门居，询为敢死队首领，操粤音，终夜手不停挥，皆欧西字，发函数十起。其队来谒者亦数十起，女皆部署之，扰扰竟夜。天未明，即率队登车去。亦怪物也。

还至上海，遣仆回苏州，抵书程公，言事机一变，宗旨不同，余亦从此逝矣。函录于左：

大清绥化府知府成多禄上书民国苏州大都督雪楼先生节下[22]：

容侍鞭弭[23]，数年于兹，惭无一能可答知己。已往之事，夫复何言；中道乖弃[24]，实疚我心，是以区区不能自闷[25]。伏惟节尚躬神武之姿，膺方新之运，远复黄系，宏此汉京[26]。

幕中龙虎，才俊毕集，房杜[27]相资，萧曹[28]接踵。以今方昔，于斯为盛，它日翊大勋佐新命[29]，实其人也。至如禄者，性成顽固，壮不如人，未可与权[30]。自知无状[31]，且犹少事清朝，叨承一命，已属弃才。若如众议，内任某事，外领某州，过蒙矜宠，何以自安？深维君子再三之节，窃比妇人从一之义，但此身之不死，即此志之难渝。

迩来方寸愈瞀乱[32]矣。瞻言北天，怆怀家国；桑梓不春，黍离[33]已秋。譬彼桐材，爨[34]而弗声；方之剑铁，冶而忽跃。纵明公宥而弗罪，恐同列亦为不祥。区区之心，万难再试，每念此变，未尝不泪盈臆、汗沾衣也。

往以身无寸劳，不敢言去。此番聘浙，幸不辱命，庶酬万一。还留沪中，如在汶上[35]。浩然[36]已决，航海即东。愿节下鉴此愚诚，放归田里，以遂麋鹿

成多禄集

山林之性，聊申犬马水草之思。钧量恢宏[37]，必不呵谴，亦各行其是耳。所赐赆资[38]，义不敢受，敬谨封还，备犒师旅。生平交谊，语尽于斯，戆直愚悃，尚乞原谅。临题草蹙[39]，谨昧死[40]奉书以闻。

宣统三年九月二十日上

越日，由营口回江[41]。一家团聚，戚友相见，同庆生还，往事真如梦寐也。

十月，程公率革命军攻金陵[42]，南京不守。余闻之愤极，伤国运之将终，益见人心之难测也。是月十八日，摄政王[43]退位。

十二月二十五日，皇帝逊位，国体改为共和[44]，此千古未有之变局也。以为犹此国，而吾土安在？以为非此国，而吾君固存。凡百臣子实饮恨焉。吾甚不愿为得新忘故者引为口实，故纪此编，即以本朝年月为终始，后则非所知也。

禄自束发受书，承先君子及先师之教，所以期望于不肖者远矣。乃生不逢辰，丁此阳九[45]，既无东海衔木[46]之能，又鲜西山作歌[47]之节。明年裁五十，泯然无闻，浮生若赘[48]，即至八十、九十，亦不过一忍辱翁、长乐老耳！虽有甲子[49]，曷足纪哉？世有知我，其亦鉴此心焉可矣。

宣统三年十二月三十日　澹堪成多禄书于龙沙寓庐

①春：实际上，谱主重返苏州的时间并非春天，已值仲夏。吉林人士宋辛程先生家藏墨册跋语称："宣统辛亥四月廿九日，由黑龙江旋乌拉小住数日。午楼、松岩两甥出纸索书，因杂忆苏州旧作，录应雅嘱。"据此可知，谱主在乌拉作书时便已是五月初了。　②罗倍子良鉴：以下所提四人不详，待考。　③句通：句（gōu），同"勾"。　④陆申甫方伯钟琦：陆钟琦，字申甫。宣统三年六月十六日，由江苏布政使升授山西巡抚。同年九月八日，山西新军进攻抚署，拒降被杀。方伯，古代诸侯中的领袖之称，明清时用作对布政使的尊称。　⑤候补道：清制，凡已取得道员官衔者（往往以捐纳、或立功而受保举者），在等候补授实缺时，称为"候补道"。晚清捐官之例大开，但最高仅能捐到道员，因捐官的人多，故补缺的可能性很小。一般仅能在称谓及服饰上享受"道员"待遇。　⑥镌：削，降。清制，为考核官吏的优劣，吏部专设加级记录册，有功时加级，有过时降级。　⑦七月，蜀乱：指四川保路同志会起义，包围成都，全省响应。　⑧武昌事起：指八月十九日（10月10日）武昌起义爆发。　⑨排日：连日。　⑩以觇向背：觇（chān），观察形势以便做出选择。向背，拥护或是反对。　⑪迫不及眴：眴（shùn），眼睛转动。　⑫期期不可：汉高祖刘邦欲废太子刘盈（吕后生），而立戚夫人所生之子如意，遭到众臣反对。其中御史周昌反对最力，他口吃，结结巴巴地说："臣口不能言，然臣期期知其不可，陛下欲废太子，臣期期不奉诏。"见《史记·张丞相列传》。　⑬开府：清代称出任

外省督、抚者。 ⑭丁：正值。 ⑮抱炮沉江：见页21光绪三十年甲辰四十二岁注③。 ⑯凌替：衰落、零乱。 ⑰临厓（yá）：厓，水边、山边。 ⑱披沥：披肝沥胆。 ⑲臬司：即提刑按察使司，管一省司法。长官为按察使，亦称"臬台"。 ⑳廉访：清代对按察使的尊称。 ㉑文襄：左宗棠（1812—1885年），湖南湘阴人。以军功历官浙江巡抚、闽浙总督、陕甘总督、督办新疆军务、军机大臣、两江总督等职。卒谥文襄。季子：左孝同，为左宗棠的小儿子。 ㉒节下：对地方疆吏的敬称。 ㉓容侍鞭弭：允许（我）追随（您）左右。弭（mǐ），未加装饰的弓。侍鞭，愿为别人效力，有敬仰之意。《史记·管晏传》："假令晏子而在，余虽为之执鞭，所忻慕焉。" ㉔乖弃：因意见不一致而分手。 ㉕区区：自称的谦词。自閟（bì）：谓无话可说。 ㉖远复黄系：意指恢复历史上以汉族统治为正统的社会。汉京：汉之京城。寓指北京。 ㉗房杜：唐初名臣房玄龄、杜如晦。 ㉘萧曹：汉初名臣萧何、曹参。 ㉙翼（yì）大勋：辅佐建立大业。新命：意指新出现的应运而生的统治者。 ㉚与权：参与机要，谋划大事。 ㉛无状：没有成绩和贡献。属自谦之词。 ㉜瞀（mào）乱：错乱，紊乱。 ㉝黍离：周朝东迁后，一大夫因睹旧宗庙宫室成为禾黍之地，因而悲叹："彼黍离离，彼稷之田……"见《诗经·王风·黍离》。后用"黍离"表示对故国衰亡的哀叹。 ㉞爨（cuàn）：见页64注②。此句与下句喻指默默离去，不置一词。 ㉟还留沪中，加在汶上：鲁贵族季氏让孔子的学生闵子骞作他采邑费地之长。闵对来人说：请婉言替我辞掉吧，若要再来找我，"则我必在汶上矣"。见《论语·雍也》。汶（wèn）上，水名，即今山东大汶河。此二句意谓：如再继续留在上海，就会像古人闵子骞那样深感不安，将避居外地。当时革命党人已于九月十三日取得上海起义胜利，十六日成立沪军都督府。 ㊱浩然：唐代孟浩然。暗示自己的遭遇与孟浩然一样坎坷，未老便还山。 ㊲钧量恢宏：您的肚量宽阔。钧，敬词。 ㊳赆资：指程德全所赠予的路费。 ㊴草蹙（cù）：意谓下笔过快，字迹潦草。 ㊵昧死：甘冒死罪。 ㊶回江：回到黑龙江省。 ㊷攻金陵：十月十二日，由程德全率领的江浙联军攻克南京。 ㊸摄政王：载沣，宣统帝父。 ㊹国体改为共和：十二月二十五日，公历为1912年2月12日。宣统帝下退位诏书，授权袁世凯组织临时共和政府。 ㊺阳九：指厄运。三国魏·曹植《汉二祖优劣论》："值阳九无妄之世，遭灾光厄会之运。" ㊻东海衔木：即《山海经·北山经》所言"精卫填海"的故事。后世多以此典喻冤深力微，自强不息。 ㊼西山作歌：商末孤竹君二子伯夷、叔齐辞让王位，后叩马谏阻武王伐纣。周灭商后，耻食周粟，入首阳山采薇而食，临饿死前作歌曰："登彼西山兮，采其薇矣。以暴易暴兮，不知其非矣……"见《史记·伯夷列传》。 ㊽浮生若赘：意谓生活空虚，是世上多余之人。 ㊾甲子：指用干支纪年表示时间顺序之法。此指亡国之臣，不奉新朝正朔。

成多禄集

林纾*跋

余交竹山十余年矣。其人重然诺，急朋友之急，义形于色，而竹山亦悦余之忠朴，故过往甚密。一日，出此卷示余，生平备历艰虞，悉载其中，然坚苦自励，在奸谄蛆酷之宦途中，能束身自立，君了人也。国变口前后上程公眢楼书，泪与笔俱，侃侃无复逊避。拂袖归田，则年四十九耳，而年谱即以是为止，示仕终我朝也。余称是卷可继亭林年谱之后。

呜呼！余海南一布衣耳，心悲先皇帝不遂其志、郁郁崩于瀛台。当客杭州时，额其楼曰"望瀛"；辛亥奉安后，纾恭谒崇陵凡十一度。然臣子之分愧不能死，今与竹山皆偷生耳。

向亦欲述生平之事，不名曰谱，名曰"琐记"，成时决请竹山跋尾，示志事同也，度竹山亦必许我。

宣统十四年二月二十一日清明谒陵归信笔书此愚弟林纾拜识

*林纾（1852—1924年）：字琴南，号畏庐、冷红生，福建闽县（今闽侯）人。光绪年中举后，专治古文，曾于京师大学堂任教。辛亥后不仕。以古文翻译欧美小说一百七十余种，是近代著名文学翻译家。能诗，工画。与谱主唱酬之作甚多，并为之作画多幅。

续《澹堪年谱稿》（1912—1928年）

按：成氏自订年谱记到宣统三年辛亥搁笔，后十七年阙如。现据有限资料略加考证，理出后期活动年表，以作《澹堪年谱稿》之续。

民国元年壬子　五十岁

上半年寓居黑龙江齐齐哈尔。

正月十八日，临时大总统袁世凯任宋小濂为黑龙江省都督。宋请谱主掌文案，婉辞之。后二年，宋曾多次相邀再度出山，徐鼐霖亦邀之，终不肯就。徐鼐霖《代漫社诸友祭成澹文》称："天门（指黑龙江巡抚周树模）病去，铁梅继之，幕府乏才，折柬多次。弟已开藩，又兼军政，车书旁午，盼兄尤急。"谱主致妻兄魁陞信："弟归来以后，亡国之人，万念俱灰，心如槁木矣。不但自己不能作事，即帮人作事亦觉赧颜。是以前次友哥（指宋小濂）荐之朴帅（指周树模）弟未承认者，亦职是故耳。"

初秋，携家眷返归吉林，居于乌拉街。未几，患病，直至第二年三月方愈。致魁陞信："弟此次之病，最怕构思及低头作字，在江省时已觉不适，故急欲归也。"

民国二年癸丑　五十一岁

三月，病愈。四月十八日去齐齐哈尔，四月二十五日致妻书："此处局面不定，我不能长在此，大约夏间，我仍是要回去的。"约于下半年返吉。

春，姐夫赵锡臣因病去世。

长子世奇任库玛尔河金矿差遣员。四子世杰在南京读书。

冬，妻患膨病，陪至省城吉林就医。寓新开门里路南倪宅。

民国三年甲寅　五十二岁

五月二十七日（6月20日），参政院在京成立。谱主偕同参政院参政宋小濂进京。谱主住龙泉寺。徐鼐霖参政亦在北京。

在京期间，与宋小濂商议刊刻诗集一事。旋即还乡。

秋八月，经袁金铠介绍，延聘辽阳宿儒宋玉奎（字星五）来乌拉街，教授世杰、世超二子及外甥赵海荫、赵海珀古文。

回吉后，重新整理诗稿，删落十之三四，寄至北京，请宋小濂校刊。年底，《澹堪诗草》卷一问世，宋小濂作序、跋，并题签。

民国四年乙卯　五十三岁

居乌拉街。到其塔木祭扫家墓，到乌拉古台凭吊，均有诗为记。

久病，于家中调养。《世英儿自黑龙江来视余疾喜作三首》一诗中有"今年我病久""归来省我疾"句。

民国五年丙辰　五十四岁

选为吉林省第二届参议院议员。见《永吉县志》中《永吉县参议院议员选举表》。

在吉林建新舍，有园半亩。作有《小园新成》诗。

七月，所编《思旧集》上下二卷，由吉林印书馆铅排。内载十二位师友的小传、诗作，并作诗十二首分别纪之。

十月前，尚居吉林。为吉林永衡官银钱号副经理李静山所作一副楹联的款识中称："今冬伏处里门，静山驰专足负缄而至，余为尽一日夜之力了之……丙辰冬十月澹堪成多禄记。"岁尾在京，《除夕怀人诗三首》有"丙辰君北来，我亦在京华"句。

民国六年丁巳　五十五岁

六月，吉林省长郭宗熙与僚属成立"松江修暇社"，特邀谱主入社，第三次诗会（六月廿五日）之后，离吉去京，借寓贤良寺。寺在煤渣胡同。

谱主自本年始，寓居北京。

寿诞之日，宋小濂、魁陞、徐鼐霖摆酒相贺。作诗谢之。即《丁巳生日》。

民国七年戊午　五十六岁

在北京，居贤良寺。《戊午元日》诗前小序称："正月初一日，晴。余寓京师贤良寺东院，茅舍竹篱，颇有萧然尘外之意。"

与友人游颐和园、西山八大处、碧云寺、卧佛寺、玉泉山、陶然亭、法源寺、崇效寺等京城名胜，均有诗。

八月，新国会成立，谱主与徐鼒霖俱为参议院议员。据《职员录》所载"参议院议场席次图"，谱主座席为五十六号，徐为六十五号。

民国八年己未　五十七岁

在北京，居贤良寺。

正月十五上元节，应邀在宋小濂家食熊掌白鱼。同聚者：赵尔巽、周树模、林纾、马其昶、涂凤书、徐鼒霖。宋小濂即席作《奉邀赵次公徐敬宜等食熊掌白鱼》："赵周我长官，纾降不嫌渎；林马我师友，拳拳膺服久；涂成徐三君，患难交弥笃。"

四月，入晚晴簃诗社。据徐世昌《水竹村人年谱》（抄本）："（民国八年）四月三日植树节，至北海种树，又至西园，约选诗社十数人宴集，即异日所刊行《晚晴簃诗汇》三百卷之发端也。"关于诗社活动情况，宋伯鲁《晚晴簃玩月图》诗序称："簃在集灵囿，总统聘诸名流，开选诗社于此。每七日一集，诗社成员仅十余人。"成员现知有：徐世昌、王式通、曹秉章、王树枏、宋伯鲁、柯劭忞、樊增祥、秦树声、成多禄等。

七月，与宋小濂、秦少观游戒坛寺、潭柘寺等名胜。

十一月初，在京组建诗社"九九社"。社友有：王树枏、宋伯鲁、张元奇、钱葆青、宋小濂、成多禄、易顺豫、黄维翰、秦望澜、邓镕、王彭。"九九社"，即"消寒诗会"，自己未十一月二日至庚申正月二十五日，共举行九次诗会。其中第五次社题为"詹堪生辰出图索题"，第六次社题为"题宋小濂寿星砚"。谱主参加"九九社"所作诗，尚未发现。

民国九年庚申　五十八岁

在北京，居贤良寺。

仍参加"晚晴簃诗社"。

仍任参议院议员。是年直皖战争爆发，皖系失败，新国会遂闭会。

六月，徐世昌起用宋小濂为中东铁路督办。

任中东铁路公司理事会董事。中东铁路理事会编印的《中东铁路历史大观》一书中的领导成员一栏内，印有谱主半身肖像，旁用中、英、俄三种文字说明：中东铁路公司理事会董事成多禄，一九二〇年八月一日到任。另：一九一八年三月，中东铁路股东会议在北京召开，决定董事会迁设北京。

八月十五日，在晚晴簃赏月，作《题晚晴簃玩月图》。据《水竹村人年谱》："九月二十六日（指公历），旧历中秋节，是夕与晚晴簃诸君宴集赏月。"

八月二十八日，观紫光阁藏画。

九月，为纪念程德全在庚子之变中不畏强敌抱炮沉江的爱国举动，书《清云阳程公以身御难之碑》。碑文末署："上章涒滩之岁夷则之月　故吏吉林宋小濂撰文　故吏吉林徐鼐霖篆额　故吏吉林成多禄书丹"。全文计一千一百字。

十二月，宋伯鲁为《澹堪诗草》卷二作序。

民国十年辛酉　五十九岁

上半年在北京，居贤良寺。

仍参加晚晴簃诗社。春，周树模在家中泊园召饮，参加北海修禊。

与友人游觉生寺、三教寺、大觉寺、黑龙潭等京郊名胜。均有诗。

七月，组建"漫社"诗社。社友皆为客寓北京者，计十三人（以年齿为序）：张朝墉、萧延平、陈浏、成多禄、贺良朴、孙雄、黄维翰、周贞亮、程炎震、陈士廉、路朝銮、向迪琮、曹经沅。漫社自辛酉至癸亥，共集社七十余次。刊出三册诗集。

漫社成立伊始，谱主因身任中东铁路董事，受督办宋小濂之召，前往哈尔滨议事。途经吉林，盘桓数日。

八月下旬，专程去沈阳为妻兄魁陞祝贺六十整寿，有祝寿诗九首。魁时任奉天政务厅长。

九月初返京，参加漫社第五次诗会举行的"遥集楼登高"和第六次诗会"题讷夫先生画册并佛云石图"（九月二十四日），随即又去哈尔滨。意大利侨民沃氏在家设宴款待吴俊陞、宋小濂、袁金铠与谱主。作《西洋曲子行》以纪之。

在哈尔滨时，与名士马忠骏时相过从。马氏在他本人营建的"遯园"中预置生圹，并托谱主代请京师硕彦名贤为之题铭。遯园，在哈尔滨市香坊区，今东北农业大学校址。

是年，《澹堪诗草》卷二辛酉本刊出，收乙卯（1915年）至庚申（1920年）间诗作一百三十一首。

民国十一年壬戌　六十岁

正月初七（旧俗称"人日"），在京漫社诗友齐聚谱主寓斋举行第十三次诗会，以他去年所作《初到哈尔滨寄呈都门吟社诸老二首》原韵酬和。而此时谱主尚在东北未归。

二月，林纾为《澹堪年谱稿》作序。

三月初一日，由奉天去哈尔滨。四月中旬，自哈尔滨回京。自漫社第七次诗会（辛酉年九月底）至第十九次诗会（壬戌年四月初三日），谱主均未能参加，其间有补作诗课两次，可证明这段时间内，谱主不在北京。

春初，在"辛酉本"基础上重刻《澹堪诗草》卷二。补收辛酉年诗十一首。卷首为柯劭忞序，卷末为宋伯鲁序。可称作"卷二壬戌本"。

五月底，离京去哈尔滨。据《漫社二集》《漫社三集》，可查知谱主在第二十四次诗会（五月底）至第三十二次诗会（八月二十二日）间无诗。第三十三次诗会（八月二十八日），以纪念渔洋山人生日为题，由张朝墉代为拈韵并函告，谱主诗成后，"由哈尔滨邮寄都门"。

据吉林市图书馆所藏《汇拓马君生圹铭》，内有题铭多家。其中：马其昶撰、魏铖书，马其昶撰、谱主书，林纾撰、赵世骏书，柯劭忞撰并书，时间上都是在壬戌五月间完成；其中，柯劭忞于铭文末署："壬戌五月，介成君澹堪属柯劭忞为之铭。"可见，谱主四月份由哈回京，是来催取铭文的。

九月初，回到北京。回京时间不会晚于重阳节，因在九月九日这一天，徐鼐霖与谱主邀集漫社诗友赴西山灵光寺登高，并在徐鼐霖别墅潜庐置酒。均有诗记之。归途中，又与张朝墉、陈浏、孙雄等游摩诃庵。

十二月初八日，为谱主六十整寿，京师名士置酒半园，为之祝寿。据《漫社三集》，上祝寿诗者，除漫社社友外，尚有：陈宝琛、樊增祥、柯劭忞、王树枏、三多、丁传靖、郑沅、江瀚、林开谟、吴用威、关赓麟、钱葆青、郭曾炘、王式通、傅增湘等人。

年前再去哈尔滨。《漫社三集》中，从癸亥元日开始的十次诗会，均无谱主之诗。

是年七月十八日午夜，一伙报号"小傻子"的土匪，约四五百人，洗劫了乌拉街镇。其中"后府"损失惨重，亲姊避于江上，差幸无恙。

民国十二年癸亥　六十一岁

八月前，居哈尔滨。与马忠骏等歌咏留连。

八月，离开哈尔滨返京，途经沈阳时患病。在京养疴达七月之久。致宋伯鲁信："弟自去年八月归自哈尔滨，道出沈阳，遂病于此。初以偶然外感，未甚介意，乃为医药所误，渐致沉绵不食饮者几五十日。舆疾归京，入德国医院中又二十余日，亦不效。后仍以中医法针剂治之，日起有功，惟腰脚不健，颇费周折。统计此病，展转枕褥者二百余日，持杖而行者近六十日。"《病中忆梦》诗序称："忆癸亥八月道出沈阳，病星皆兄（即魁陞）家。"《哀启》称："癸亥秋，游哈尔滨归，因感苦寒，卧病数月，久之乃愈。"陈宝琛、林纾等前来视疾。《上陈弢庵太傅》诗序称："癸亥十月，病中蒙太傅往顾并题年谱稿，情意殷殷，感而欲泣……畏庐亦屡来视疾也。"

秋，偕妻子移居西城马市桥南沟沿二十一号。即后来诗文中所称之"澹园"。此园原系他人旧宅，谱主购置后加以维修。病中作《西城小筑》《澹园移居十首》。

澹园具体位置：南北在马市桥、红桥之间，东西在白塔寺与万松老人塔（砖塔）之间。在南沟沿路东，斜对老顺城王府（现政协礼堂）。北至砖塔胡同西口。宅院较大，据六儿媳唐若兰等人回忆，可分为四个区：第一，古槐区。进大门为东西甬道，连接南北甬道，其东为十三株古槐树及凉亭一座。第二，住宅区。沿南北甬道向北过二竹门，为一院落，有正厅、东西偏房和东西下房，院内种芭蕉；穿东北角门进入东跨院，有正房、下房，院内种紫藤。第三，竹园区。沿南北甬道向南，过竹篱，入竹园，园中为较大的南客厅。第四，果蔬区。古槐和竹园以东，种植葡萄、果树和蔬菜，有井一口。一区、三区和四区之间为柏树屏障。如今，澹园旧貌已不复存在。

是年，又修订重刊《澹堪诗草》卷二，增王树枬序，增改个别字。可称作"卷二癸亥本"。

民国十三年甲子　六十二岁

在北京，居澹园。

二月，加入新组之嘤社，但因病，未能参加在止园举行的首次诗会。社友共十五人。孙雄为张朝墉《甲子集》作序称："是年，漫社旧友散而之四方者，十之二三，因于仲春之月会于城北宋氏止园，更名嘤社，月仍一举。"包括原漫社的十人，其中程炎震逝世，萧延平回武汉，陈浏去哈尔滨。另增王树枬、宋小濂、徐鼒霖、涂凤书、丁传靖。

三月初,病始愈。参加嘤社在止园举行的修禅活动,有诗记之。上旬,《澹堪年谱稿》一卷在京正式刊出。陈宝琛作序,林纾跋尾。

秋,郑孝胥过访澹园,将谱主书斋题名为"旧雨轩"。跋云:"竹山居京师,时贤不至其门,孝胥过而题之。"后遂用作室名。此外,还有室名"十三古槐馆"。

与宋小濂、徐鼒霖在京合影。宋伯鲁题此照片为"三杰图"。见本书图版。

五子世超在京完婚,娶崔氏女。《甲子生日》诗中自注:"五儿世超今岁授室。"

民国十四年乙丑　六十三岁

在北京,居澹园。

与友人游陶然亭、夕照寺、万柳堂等京中名胜,均有诗。

五月,妻兄魁陞来京相聚月余。

六月,王树枬为《清赠中宪大夫成府君暨配恭人瓜尔佳氏合葬墓志铭》撰文,柯劭忞为《诰赠中宪大夫吉林成府君墓表》撰文。谱主为此二文书丹。此二件皆为家藏墨册,一为大楷,一为中楷。究勒之于石否,尚不得知。

九月,王树枬《陶庐百篇》刊出,谱主为之编辑、校对,并作序。书内封题:吉林成氏十三古槐馆刊。

十一月,协助马忠骏编《遯园杂俎》,并为之作序。

为北京琉璃厂题写三方匾额:"修绠堂""来薰阁""琴书处"。后二方尚存,因在"文革"时保存不善,剥蚀严重。

柯劭忞欲荐谱主出任国史馆典籍厅厅长,作诗婉辞之。诗中有"思量老女终难嫁,羞对牵丝月下人"句。

民国十五年丙寅　六十四岁

在北京、居澹园。

正月初七,邀王树枬、柯劭忞二老在澹园饮酒。《人日约饮》诗序称:"人日约王晋老、柯凤老饮,并希两公子同来。"

正月十五日,又参加毂社。张朝墉《丙寅集》:"丙寅上元,毂社诗人会文于此。"此,指延鸿居所。社友有张朝墉、宋小濂、成多禄、延鸿、徐鼒霖、路朝銮、周贞亮、孙雄、胡少章等。

三月初十(4月21日),宋小濂在京逝世。有《哭铁梅四兄》四首。

初秋,从业师于荫霖(字次棠)日记中辑抄而成的《悚斋诗存》,影印刊出。

柯劭忞、张朝墉分别作跋，盛赞其品格、书法。

中秋，陈浏作《澹园记》，凡一千四百余字。张朝墉跋称："寂园为澹园作记，洋洋千言；骈俪之工，同时无两。今日诗社虽已易名，而同社友如两君之行谊者，不多见，即文字亦不多见。"

九月九日，自北京到沈阳。友人邀游北陵。作有《九日登高二首》。张之汉《石琴庐诗集》中"北陵雅集"卷序："丙寅重九日，澹堪至自京师。仁甫、洁珊亦适在奉，吴君灌依因加约同人雅集北陵。维时宿霭初收，霜林如画，诸君咸有吟篇。"是月，回到离别五年的吉林。《江上草堂赠社中诸子》诗序称："丙寅九月归自京师，与吟社诸子会于江上草堂。"

归吉时，正值吉林督军张作相主修的北山玉皇阁告竣，特邀谱主题联三副。此外，还题写了"朵云殿""万绿轩""吟秋阁"三方匾额。玉皇阁内匾额、楹联虽多，但在《吉林寺庙概要》（1938年刊）中独赞谱主之联："其造句工整、书法苍老，堪谓一时无两，外此无足称者。"

年底，返回北京。《赠遯庵兼呈陈定山同年》诗序称："去年还吉四阅月之久。"

民国十六年丁卯　六十五岁

四五月间，在京"闭门养疴，不欲近笔翰"，然又勉应外甥赵海荫、赵一鹤之请，为其母（即谱主亲姊）撰书《五姊七十寿序》。尔后专程赴吉，为亲姊祝寿。

返京时，在沈阳盘桓数日，与张之汉时有过从。见《石琴庐诗集序》。为侄女宝英题扇署：丁卯六月书于沈阳。

归京后，适值张作霖在北京组织安国军政府，被委任教育部审核处处长兼北京图书馆副馆长。据北图新刊馆史资料，谱主于一九二七年八月至一九二八年五月（公历）任该馆副馆长；馆长郭宗熙。前任馆长梁启超。《永吉县志》本传所言"旋任教育部审核处处长"，亦当在此时。

九月初七（10月2日），与徐鼐霖、齐耀珊、袁金铠、翟文选等十二人，"代表奉吉江三省民意"，致祭原东三省总督赵尔巽。见《无补老人哀挽录》。

民国十七年戊辰　六十六岁

上半年在京，居澹园，《戊辰元日》诗有"爆竹声高响远空，红桥白塔路西东"句。

六月自京归吉。作有《戊辰六月偶还吉林，作此记之》一诗。

七月，至黑龙江齐齐哈尔。作有《戊辰七月再到龙江作杂诗六首》。

下旬至哈尔滨，与马忠骏、陈浏、张朝墉等相晤。

八月初八，返还吉林。十八日，去沈阳，会王树枬。《哀启》："今岁中秋后，来游沈阳，寄居舅父魁公星皆寓中。适新城王晋卿先生度辽都讲，与先严交谊最笃，时相过从，谈艺甚洽。

八月下旬，旧病复发。三十日，家人护送回吉林。《哀启》："八月杪，旧病复发，饮食不进，势颇岌岌。不孝在吉闻信，奉家慈至沈省视，延医医治，渐有起色，已能出门，遂附火车回吉。"八月二十九日致五子世超信："今晚夜车一定起身，候到吉再给汝信。"如按时动身，则二十日可达吉林。

十月初九日（11月20日）未时，病逝于吉林西大街二十一号本宅。享年六十六岁。时二子世英、四子世杰、六子世坚在侧；三子世伟从哈尔滨、五子世超从黑龙江闻讣电赶回（长子世奇早丧）。除吉林西大街本宅外，同时委托北京打磨厂瑞生祥、奉天东关老瓜行魁宅、黑龙江省财政厅收发处接受唁文。

吉林举行隆重公祭仪式。东北各地名流显宦挽幛纷呈。据家人回忆，张学良亦派专人致哀。黄维翰、徐鼐霖撰有祭文三篇。收入《永吉县志》。哀悼文字极多。王树枬、袁金铠、谈国桓、吴廷燮、吴闿生、马忠骏、张朝墉等作像赞；陈浏、钟广生、曾有翼、王树枬、张朝墉、涂凤书等作挽诗；陈浏作哀诔；张伯英等作挽联。

十一月三十日（1929年1月10日）发引，归葬其塔木族茔。

后有族人将其遗骨另葬于当地西山。

诗　集

诗集一　澹堪诗草

按：此集原为石印本，刊于光绪乙未（1895年），系为编纂《成多禄集》进行资料搜访时的新发现，由吉林赵清兰老人提供。封面书签仅残存一"澹"字，正文卷端题"澹盦诗草"，下署"吉林多禄竹山"。尢目录，计收甲午年（1894年）前的诗作九十六首。共十五页。

在已刊行的《澹堪诗草》两卷（分别刊于1914年和1922年，本书列为诗集部分的二集、三集）的跋和《吉林成氏家谱·艺文篇》中，均未言及曾有此本刊出;《澹堪诗草》卷一仅录其中一首。据分析，这绝非诗人的疏虞所致，而是在壮岁以后，随着阅历已广、文思益进，再加之与海内硕儒俊彦唱酬往还，有"悔其少作"之感，故不欲录入正式刊行的诗集中。

成氏青年时代的诗作，也应视为他整个诗歌发展过程中的一个重要阶段。尽管还未臻成熟，但不应阙如，以保持成诗的完整性和连续性。这对于后人开展对成诗的研究，也是不无裨益的。

刘葆森*序

生金戈铁马之会，而秋士无悲；抱花团锦簇之才，而齐郎不艳。良以仲苏蕴藉，人意鞠如；所由东野清寒，诗情水似也。烛是，临淄才调，除杨修谁可深交？开府文章，惟滕王乐为作序。设非形骸俱忘、尔汝无分者，又安能表性情而写幽愫乎？君原藉甚，忍俊难禁；我何人斯，当仁敢让。

澹堪诗草者，吾友竹山作也。以彼徽徊群雅，喉衿六艺，陶元浴素，润古雕今。其藏身也，鲋入而鲲居；其治行也，春规而夏矩。故能驱使烟墨，萧条众芳。十龄有作，而老宿争传；片纸吟成，而名都遽贵。乃当庚寅之岁，是惟过从之年。结邻而我是墙东，爱静而君来山北。书声隔竹，几停元亮之云；巾景飘秋，好话林宗之雨。从此珠点夕露，金然晓光，早燕初莺，落花芳草；非流连于山水，必啸傲于琴尊。而竹山苦志耽吟，偷闲初稿。或片言欲下，而挽袂深谋；或一字未安，而剪灯劝改。反唇而颓云不飞，击节而惊花乱下。诚可谓义心清尚，好学深思者矣。

夫以人如泰岱，则列岫环趋；地近淞江，则万流仰镜。当结纳尘寰，不为滥也；即推倒豪杰，尚何难哉！而何以范镇寡交，举足辄寻王亮；张华博物，抗颜以待陆机？遂使赤文绿字，我悟冰斯；雀篆鸡碑，人咨汉魏。无典不搜，有疑必析；虽风骚之道，洽亦香火之缘深故也。所恨无道不南，战艺再北。高允同征，半属公侯之容；仲宣独弱，偏生迟暮之思。其能无桓谭不乐、抚髀肉而神伤，平子工愁、掷毛锥而心动乎？然而珠之藏也不久，不能瞒重渊之深；剑之埋也不幽，不能冲斗牛之表。所以万里云程，大器无妨晚就；一家著作，名山不必先藏。溯昔贤于三百一篇，合表圣于二十四品。偶偶然恺费乎锦缋，飘飘然履纂于檄枪。此日微言识五，藉成兹君子淡交；他时雅奏登三，愿分得。

光绪乙未春月　愚弟刘葆森谨拜序

*刘葆森：字仲兰，晚号菊陀、伦石，吉林人。光绪附生，乡试不第，投笔从戎。清季在海伦、呼兰等地任职，民国任黑河镇守使。

春日醉起用太白韵①

山岫白云起，池塘春草生。

开轩时一酌，昨夜雨飞楹。

枥马嚼犹喧，饥鹤忍不鸣。

众物似局促②，自然比初莺。

劝我饮辄醉，醉倒壶亦倾。

人生得至乐，太上知此情③，

①用太白韵：即用唐·李白五言诗《春日醉起言志》韵（附）。　②局促：紧张不安之意。　③太上句：只有上古的人才能体会到这种乐趣。《晋书·应贞传》："悠悠太上，人之厥初。"太上，上古，远古时代。

附　　　　　　　　春日醉起言志

李　白

处世若大梦，胡为劳其生。

所以终日醉，颓然卧前楹。

觉来盼庭前，一鸟花间鸣。

借问此何日，春风语流莺。

感之欲叹息，对酒还自倾。

浩歌待明月，曲尽已忘情。

卢龙署中留别杨简斋师①

卢龙塞下白草肥，夷齐②庙外黄云飞。

有客天涯访知己，贤声塞破贤人里。

贤人里，君子堂③，君堂但留明月光。

愿携明月入东海，万家同见神明宰。

①卢龙：县名，在今河北省。　杨简斋（1836—1896年）：名诚一，字简斋，号竹溪，吉林人。同治三年中举，七年中进士，曾任卢龙、永年知县。光绪十九年因忤大吏罢官回里。此诗当作于光绪五年（1879年），当时诗人陪同业师王桐阶赴京乡试，途中经过卢龙县。　②夷齐：即伯夷、叔齐，商末孤竹国君二子，因逊避王位投周。周武王灭商，避首阳山，不食周粟而死。孤竹故城在今卢龙县南。　③贤人里，君子堂：皆为作者对杨简斋居里的尊称。

春日雨后

疏雨已无声，残滴树犹响。

落花高过人，时向肩头上。

苏小坟①

落花无主听娇莺，犹似无歌②子夜声。

侠骨青眸能识主③，美人黄土不胜情。

西泠柳睡春风暖，南渡花开宿雨晴。

湖畔更邻岳王墓，敢将儿女并精诚。

① 苏小：即苏小小，南齐时钱塘名妓。墓在杭州西湖西泠桥畔。

② 无歌：无，疑应作"吴"。相传晋代吴地女子子夜所作的曲名为"子夜歌"。

③ 此句当赞其择嫁。苏小小死后，有人在其墓上建"慕才亭"。侠骨：指其择嫁韵事，与"风尘三侠"的红拂女相似。见唐·杜光庭《虬髯客传》。

阅江楼

狮山宛宛接瓜州①，华国文章列上头。

铁锁久沈兴王气②，金陵独有阅江楼。

史臣载笔嗤梁宋，天子当年重豫游③。

到此莫增凭眺感，孝陵松柏雨飕飕④。

① 狮山：在南京市西北，俯瞰长江，形势险要，是朱元璋最后战胜陈友谅处。明洪武七年（1374年），敕建阅江楼于其上。瓜州：在今扬州市南。

② 铁锁句：唐·刘禹锡《西塞山怀古》诗有"千寻铁锁沈江底"句。　③ 豫游：巡游、游乐。　④ 孝陵：明孝陵，明太祖朱元璋之陵寝。在南京市东郊钟山南麓独龙阜玩珠峰下。

歌风台①

风云罢霭②拥弓刀，直以宫音变楚骚③。

相识博徒④皆酒侣，从知天子是诗豪。

廿年天意兴龙种，一代皇恩重燕毛⑤。

父老莫挥游子泪，故乡留得此台高。

① 歌风台：在江苏沛县。汉高祖十二年（？—195年）刘邦回故乡沛县，

置酒召父老，击筑而歌大风。后于此筑台。　　②罯（yǎn）霭：雾霭弥漫。
③宫音：五音之一。楚骚：楚·屈原所创造的骚体诗。此句意谓刘邦所吟的《大风歌》有似骚体。　　④博徒：赌徒。　　⑤燕毛：古时祭毕宴饮，以毛发之黑白定座次。《礼记·中庸》："燕毛所以序齿也。"此谓刘邦还乡不忘父老。

读书四首

一

读书如健饭，嗜奇难尽奇；所以古之人，努力须及时。
青年齿牙好，珍羞不可期；洎乎得珍羞，齿牙又已衰。
此境一倒置，其美两失之；悠悠三十年，阅历故如斯。

二

千古上何恩，偏与古人恋；千古上何仇，偏与古人战。
此计亦太愚，安见庐山面；我自有千秋①，专美谁能擅？
今与古人约，无争亦无羡；后十二万年②，与君再相见。

三

凡遇佳山水，辄曰如画里；至画到佳处，又曰逼真矣。
我生好游山，偏不喜画理；问其所以然，取真不取似。
既为神而生，何必貌而死；山是古文家，画是时墨子③，

四

儒者曰常惺④，不然则顿悟；岂知三昧禅⑤，那在寤不寤⑥，
达哉陶先生，高卧羲皇赋⑦；人生行乐耳，何必如泥塑。
醒来固欣然，睡去良可慕；不儒不释间，领略读书处。

①千秋：此指可传之处。　　②后十二万年：佛家语，人间世十二万年后，历史重演。　　③此二句意谓：山有定相，如同古文家所主张的言之有物，不尚虚华。画无定相，如同《墨子·所染》言："染于苍则苍，染于黄则黄。"令人把握不定。　　④常惺：常保持清醒。惺，同省（xǐng）。　　⑤三昧禅：佛家语，指奥妙和真谛。　　⑥寤：醒悟。通"悟"。　　⑦羲皇赋：晋·陶潜所作《与子俨等疏》："尝言五六月中北窗下卧，遇凉风暂至，自谓是羲皇上人。"后遂用"北窗高卧""羲皇上人"等喻闲逸自适之人。

得王桐阶①师生男书喜赋二首

一

未信离筵卜竟灵②，忽从长至报阳生③。

家声振处名心淡，老境娱时客感平。

佳兆自宜符燕梦④，贤声今益信鸡鸣⑤，

当年我亦迟生者⑥，对此依依不尽情。

二

征鸿⑦两地苦缠绵，鸑鷟⑧忽添膝下欢。

善报或因持口戒，慈怀原不昧心传。

相如拟女尤徵福⑨，伯道生儿始信天⑩。

莫怪临池倍欣喜，书香代任⑪已多年。

①王桐阶（1822—1894年）：名凤年，字桐阶，号秋篁，辽宁盖县汉军正黄旗人。咸丰间秀才。光绪元年至十一年在成家设馆，专授诗人学业。　②未信句：光绪十一年（1885年），王桐阶年高无子回乡纳妾室，成家出金相助并设筵饯行，席间占卜可生一男。　③长至：夏至。阳生：生男。《易经》孔颖达疏："夏至一阴生，冬至一阳生。"谓王桐阶夏日得子，恰与时令相反。　④燕梦：唐·张说之母夜梦燕飞入怀，生张说。说后为中书令，封燕国公。擅文辞，当时朝廷诏书律令多出其手，能诗，有《张燕公集》。典出《开元天宝遗事》。　⑤鸡鸣：雄鸡一鸣，其他雄鸡附唱。言其贤声博得旁人共赞。　⑥当年我亦迟生者：诗人诞生时，父荣泰已四十三岁，母三十九岁。　⑦征鸿：远飞的大雁。借喻王桐阶师远出授馆，夫妇不得团聚。　⑧鸑鷟（yuè zhuó）：凤凰的别名。代指王桐阶夫妇。　⑨相如句：汉·司马相如与富人卓王孙女卓文君私奔后，文君当垆卖酒。卓王孙闻而耻之，遂赠僮仆百人、钱百万，相如因成富人。　⑩伯道句：据《晋书·邓攸传》载，邓攸，字伯道，乱中携子、侄逃难，途中屡遇险阻，乃留下侄儿，丢掉亲生子，遂绝嗣。时人抱憾："天地无知，使伯道无儿。"此句意谓：伯道如再生个儿子，方能使人信服天理公道。　⑪书香代任：书香门第代代相接。

鹿茸

翁郁山上草，横槮①山下塘，

中有野处人，鹿茸得非常。

京都王侯宅，大官贵赂媚，
饮血回阳春，芹献②重邮寄，
暹罗来犀文③，炎洲进鸟翠④，
羽毛竟累身，微物同此意。
人生见头角，崭然谁与齐⑤？
岂知有齿象⑥，不如断尾鸡⑦！

①横槮(xiāo shēn)：草木茂盛。　　②芹献：即献芹。指馈赠礼品。　　③暹罗：泰国的旧称。犀文：用犀角制成的器物，具花纹，颇名贵。　　④炎洲：泛指五岭山脉以南之地，包括广东、广西地区。鸟翠：即翠鸟。古时翠鸟与犀角均为进贡方物。《汉书·赵佗传》："谨北面因使者献白璧一双，翠鸟千，犀角十……"　　⑤崭然：喻人才出众，崭然头角。齐：等同，并列。　　⑥有齿象：意指大象因有珍贵的牙齿，易招致捕杀。参见《左传·襄公二十四年》"象齿焚身"典。　　⑦断尾鸡：《左传·昭公二十二年》："宾孟适郊，见雄鸡自断其尾。问之侍者，曰：'自惮其牺也。'"杜预注："畏其为牺牲，奉宗庙，故自残毁。"后世遂用"雄鸡断尾"一典，喻有才华的人，易招灾祸。

人参

三丫五其叶，佳者名大山，
服之令人寿，可驻童时颜。
我闻采者云，冥搜①岩壑里，
群携夸父仗②，联肩翼而起，
闻大呼曰参，物辄头低矣③，
草木本无知，畏死心尚尔，
安有万物灵，不思凡骨换，
以人而食人，何怪学朱粲④，

①冥搜：搜访及于幽远之处。　　②夸父仗：喻指旧时采参所用之木杆。夸父，古代神话人物，见《山海经》。仗，通"杖"。　　③此二句为采参习俗，凡发现参苗，须高喊："棒槌。"传说若不如此，参苗便隐遁。喊后，参苗便委垂，即可采挖。　　④朱粲：隋末人，曾从军伐贼，亡命为盗，自号迦楼国王，后又称楚帝。生性残忍，军中乏粮，掠妇人、小儿烹食之。后兵败被杀。

祭金公午堂①墓四首

一

边风七月忽惊秋，上将星沈岁已周②，

漫说鸦军③军令息，又瞻亚子继弓裘④，

二

山阳夕照四围红，望旧情深短笛中。

公瑾髫年人不识，乔公青眼是英雄⑤，

三

今朝儿女泣忠魂，老鹤⑥何年返墓门，

一自冰清无觅处，留将玉润债谁温⑦？

四

汉书下酒⑧忆前朝，今日将公斗酒浇。

不仅常人论翁婿，追思知己也魂消。

①金午堂：名福，字午堂。吉林满洲正蓝旗人，孟苏哩氏。初任佐领，后任协领、练防全营翼长，达春巴图鲁。光绪六年，巡乡至成家，称诗人为"小秀才"，"颇爱重"。于是，招为婿，其女即前妻孟孺人。　②岁已周：岳父金福卒于光绪九年，此诗当作于光绪十年（1884年）。　③鸦军：唐将李克用军的别称。《五代史·唐纪》："唐李克用少骁勇，军中号曰'李鸦儿'。中和二年，克用以步骑万七千赴京师，黄巢党惊曰：'鸦儿军至矣。'"　④亚子：次子。岳父金福卒后，清廷以副都统例赐恤，次子庆恒袭世骑都尉。弓裘：喻父子世传的事业。唐·白居易《长庆集》三八："袭将门之弓裘，可以为三军之帅。"　⑤公瑾：三国时东吴名将周瑜，字公瑾。髫年：童年。乔公：汉末三国时人，生有二女，俱美，分别嫁与孙策、周瑜为妻。青眼：表示对人的尊重或喜爱。见《晋书·阮籍传》。　⑥老鹤：代指岳父金福。　⑦此二句中的"冰清""玉润"二词，分别为岳父和女婿的美称。典出《晋书·卫玠传》。债谁温：债，似应为"倩"。请谁来慰抚（我）呢？　⑧汉书下酒：北宋诗人苏舜钦好饮酒，在其岳父家读《汉书》，至张良偕刺客击始皇不中，叹曰："可惜未中！"乃饮一杯。至张良谓高祖刘邦曰："此天以臣授陛下也"，乃抚案叹曰："君臣之间，相遇甚难！"则又饮一大杯。其岳父见而大笑，曰："以《汉书》下酒，虽饮一斗也不为多。"见宋·龚明之《中吴纪闻》二，《苏子美饮酒》。

成多禄集

寄王桐阶师书封后复缀以诗

天末凉风生，秋声动葭菼^①，
私爇南丰香^②，茫茫增百感。
上念一夫子，频年遭坷坎，
下念一门生，壮岁尚铅椠^③。
故人期不来，君子交疑澹^④，
千古李陵语^⑤，笳马边声惨，
至今读其书，时时露肝胆，
而我何人斯，斯地苦幽阒^⑥。
古人再拜送，学之或未敢，
传语当传心，开笺应笑额，
星月知此情，摇摇檐际撼。

① 葭菼（jiǎ tǎn）：即芦苇。　② 爇（ruò）：点燃。南丰：宋代曾巩，西丰县人。陈师道的老师。陈有诗："向来一瓣香，敬祝曾南丰。"　③ 铅椠：铅，铅粉笔；椠，木板。二者皆为古代用以书写的工具。此句意谓自身久困文场，功名未就。　④ 交疑澹：疑，应作"宜"。　⑤ 李陵语：《李陵答苏武书》中有句："凉秋九月，塞外草衰，夜不能寐，侧耳远听，胡笳互动，牧马悲鸣。"　⑥ 幽阒：闭门隐居。

柴门月四首

一

月圆如刀环，笑喜儿童辈。
柴门闲不关，花村无犬吠。

二

少长安眠食，柴门有古欢。
幼娃鸣不睡，指与月芽看。

三

老子爱月明，晚飱明几案。
满院缫车声，四壁虫吟乱。

四

向晚依窗外，团栾^①坐一家。

二更人不寐，暗上豆棚花。

① 团栾：形容月圆。引申为团圆、团聚。

榆塞^①月四首

一

毳幕^②烛烧残，悲笳倚月寒。

马鸣风不动，万里路漫漫。

二

百二守玉关^③，三五仰金阙^④。

至今汉家营，共此长安月。

三

重铁冷征衣，边风黯皂旗^⑤。

今宵问明月，趙到^⑥故园非？

四

故营深夜惊，起视秋天朗。

祇疑嫡骑^⑦来，月照黄榆响。

① 榆塞：边塞。《汉书·韩安国传》："累石为城，树榆为塞。"　② 毳幕：毡帐。毳：粗糙的毛织物。　③ 百二：山河险固之地。《周书·贺兰祥传》："固则神皋西岳，险则百二犹在。"玉关：玉门关，代指边塞。　④ 三五：农历十五的夜晚。金阙：帝王宫阙，帝都。　⑤ 皂旗：上画龙形、竿头系铃的黑色军旗。　⑥ 趙到：趙，同"趋"，疾走。《穆天子传》："天子北征，趙行舍。"　⑦ 嫡骑：嫡，同"敌"。

芦港^①月四首

一

互答起渔歌，秋风折芰荷。

不知芦荻月，疑是洞庭波。

二

垂钓人不知，渔镫②闪闪碧，

竿上月一钩，水底月三尺。

三

玉镜洗水晶，苍葭③白露横，

萧萧摇父影，六月起秋声，

四

人影自荡摇，水影自明灭。

是月是芦花，满笠白如雪。

①芦港：生有芦苇的通江小水。　　②渔镫：镫，同"灯"。　　③苍葭：
入秋将枯的芦苇。

芸窗①月四首

一

停琴小困时，窗上月不知。

未得看吐出②，且看天晓时。

二

浊雾洗长空，秋蛩③当户静。

奚必乐读书，起弄明月影。

三

天际月常缺，云边月复明。

我无相思意，祇照旅馆清。

四

曙钟声尚遥，星河影欲没。

明月窥案入，人眼如双月④。

①芸窗：书斋的别称。芸，即芸香树，草本植物，花叶有强烈气味，可
驱避蚊虫，书室中常贮之。　　②吐出：指月亮从云中露出。　　③秋蛩：
秋天的蟋蟀。　　④人眼如双月：意谓天尚未晓，而苦吟一夜的诗人双眼也
像照入书窗的月色，朦胧欲睡。

哭舅氏文秀峰①

升沉聚散总前因，鹦鹉奇才②疾骥身。

万卷未能酬素志，一芹③竟自了红尘。

文传子幼怜尤切，宅卜阳元④感易真。

知否西州门外路⑤，有人沉醉碧桃春⑥。

① 文秀峰：名全，字秀峰，吉林满洲正黄旗人，姓瓜尔佳氏。同治秀才。诗人的母舅。　　② 鹦鹉奇才：喻才思敏捷者。汉末文学家祢衡少有才辩，长于笔札。当宴作《鹦鹉赋》，众皆惊服。　　③ 一芹：一名秀才。科举时代考中秀才叫"采芹"。《诗经·鲁颂·泮水》："思乐泮水，薄采其芹。"④ 宅卜阳元：选地建宅。成舅去世，家道中落，改地另建屋舍。古时以墓地为阴宅，居室为阳宅。　　⑤ 西州句：东晋名士羊昙因舅父谢安去世，不宴乐，行不由西州路。一次醉后误至西州门，伤感不已，恸哭而去。见《晋书·谢安传》。后用"西州路"示外甥对亡舅的怀念。　　⑥ 碧桃春：一种酒名。

豪士歌为于十一筠厚①作

于筠厚，是我友，任侠流，文章薮，通德门，达人后。如此奇才世岂有？逃出天门②，人莫敢守。霹雳一声，惊起雷公与电母。更欲鞭鸾笞凤、策六鳌③，笑逐红日走。我乃乘风问元后④：前身果是清莲⑤否？天公笑不言，但指某人某。我惊谛视之，祗见三苏、曾、王、韩、欧、柳⑥。所以气觥觥、声纠纠，胸含云梦常八九。当年文战来关右⑦，五百余人，谁敢当前较胜负。惟我虱其间⑧，竟忘无盐丑⑨，投之以芝兰，报之以琼玖⑩。是何意态颠如雷，如声得同射得耦。不斩孝侯之长蛟⑪，而屠庆卿⑫之短狗。或盘空而虎啸，或据地而狮吼；有时成诵书于手，有时悬河辩于口；有时起舞露其肘，有时掷杯战其拇⑬。我亦横飞字数行，陡然郁律蛟蛇走。剑气龙谁驯，珠光蚌必剖。纵横七万里而不知遥，上下五千年而不知久。鹍鹏振翼方图南，何意垂天之云坠尘垢。茫茫宇宙知者谁？满腔热血酬樽酒。谱作扶风豪士歌⑭，喝月倒行落珠斗。今日大才虽不偶，他日大名定不朽。勉乎哉，于筠厚！

① 于十一筠厚：于，拆笔为十、一，属古时文人戏称，再如李十八、刘十五。于筠厚，名翰笃，字筠厚，吉林人，诗人青年时期的密友。　　② 天门：即天宫之门。　　③ 策六鳌：策，鞭打，驱使。六鳌，古代传说中供天帝驱

使的六种神物。　④元后：《尚书·泰誓》："元后作民父母。"本指天子，此谓天帝。　⑤清莲：唐代李白号青莲居士。清，应作"青"。　⑥三苏：苏洵、苏轼、苏辙。曾：曾巩。王：王安石。韩：韩愈。欧：欧阳修。柳：柳宗元。　⑦文战：指光绪十九年（1893年）同应乡试。关右：关西。此指京师。　⑧虱其间：虱，置身。　⑨无盐丑：战国时齐国无盐（今山东东平县东），有一丑女钟离春，年四十不得嫁。自请见齐宣王，陈述治国之策，为宣王采纳，并立为王后。　⑩投之二句：意谓以诗文赠答。芝兰，香草名；琼玖，玉名。《诗经·卫风·木瓜》："投我以木李，报之以琼玖。"　⑪不斩句：西晋将领周处因军功官至建威将军，封孝侯。其少时横行乡里，乡人把他和蛟、虎，合称"三害"，他闻知后，斩蛟射虎发愤改过。　⑫庆卿：战国时荆轲，卫人称之为庆卿。在燕时与屠狗者高渐离友善。上二句赞于筠厚豪侠仗义，不是学周处为人民除害，就是像荆轲那样结交豪侠。　⑬战其拇：拇战，即搳拳、猜拳。明·王徽福著有《拇战谱》，专记搳拳令辞。　⑭扶风：古郡名，今陕西凤翔县。唐代诗人李白作有杂言诗《扶风豪士歌》。

小游仙山馆①即事十首

余甲午夏避暑山中，斗室岑寂，世情久疏，因秋风起漫题十绝句。其庄子蝶②耶、列子鹿③耶，抑亦苏子之雪鸿④耶，览者宜自得之。

一

月明风定雨初晴，秋入空斋万感平。
一种清音浑不辨，诵经声与读书声。

二

红蓼花深冷碧疏，数丛芳草护幽居。
窗明几净无他乐，一纸蕉天得意书。

三

双榆锁殿静栖鸦，满院微风送落花。
若问山中何所有，碧桃青李绿沉瓜。

四

故人风雨话连床，每向禅关叩夕阳。
赢得山童齐拍手，又来还是旧刘郎⑤。

五

凭襟难望敞双眸，夕霭晨烟雅欲流。

一幅天然好图画，满山楼阁满江秋。

六

西来仄磴古墙阴，径辟烟萝爱自寻。

行到断厓泉落处，古枫凉雨一时深。

七

八卦新图八阵同⑥，筑台箫鼓竞秋风。

何人又建防边策，华月彝云满眼中。

八

客路风烟接寺门，回头忽变旧题痕。

诗心更比云林逸，淡淡斜阳远远村。

九

不学参禅学息机⑦，也从尘外想非非。

笑侬未入黄州梦⑧，如此秋江鹤不飞。

十

风云尚未卜何年，暂借山寮⑨一榻眠，

他日红尘回首处，梦魂常绕小游仙。

①小游仙山馆：位于吉林北极门外玄天岭真武庙。清乾隆三年（1738年）建。甲午年（1894年），诗人与挚友徐鼐霖借读于此。晋唐诗人多有游仙之作，故而命名。　②庄子蝶：原指庄子梦见自己变为蝴蝶，后遂为梦幻之意。　③列子鹿：《列子·周穆王》："郑人有薪于野者，遇骇鹿，御而击之，毙之。恐人见之也，遽而藏诸隍中，覆之以蕉，不胜其喜。俄而遗其所藏之处，遂以为梦焉。"　④苏子之雪鸿：宋·苏轼诗："人生到处知何似？应似飞鸿踏雪泥。泥上偶然留指爪，鸿飞那复计东西。"后用"雪泥鸿爪"喻往事留下的痕迹。　⑤旧刘郎：意为旧人。唐·刘禹锡《再游玄都观》："种桃道士何处去，前度刘郎今又来。"　⑥八卦句：乾隆五十六年（1791年），因吉林旧城屡遭大火，遂在玄天岭上修建坎卦图，取八卦"坎为水"之意以禳火灾，俗称避火图。　⑦参禅：佛教语，潜心探究佛理。息机：摆脱俗务，与世无争。　⑧黄州梦：宋神宗时苏轼作诗反对王安石新法，贬为黄州团练副使、本州安置。筑室于黄冈之东坡，因号东坡居士，日与田夫野老往还，或从游于

溪山间，怡然自得。句中"黄州梦"，系诗人对东坡在黄州生活的向往。　　⑨山寮：
山中的僧舍。

甲午有感

时倭奴畔华^①，人情汹汹，我军伐之，胜负未决，因作有感十章，用前韵。

一

短衣匹马逐秋晴，射虎常随李北平^②。
正是茫茫无限感，西风深夜听班声^③。

二

和戎深悔计全疏，卧榻安容蛮触^④居。
闻说将军新跨海^⑤，捷音潜报几封书。

三

绣旗金阵肃乌鸦，弓影刀光与剑花。
看彻羊昙棋两路，青门休种故侯瓜^⑥，

四

夜月南楼据短床，军书星火意阳阳^⑦。
才闻壮士来东海，又见孤军出夜郎^⑧，

五

西望燕云动远眸，妖星犹逐火星流^⑨。
将才不入文人榜，恐负天香桂子秋^⑩，

六

征车遥隔塞云阴，火速机关铁路寻。
赖有筹边真宰相^⑪，至今才信老谋深。

七

名将如飞今古同，军声和电走云风。
休言阔绝中西路，千古江山此线中。

八

记得诛邪灭法门，已如梦了事无痕。

如何谶纬⑫妖言起，竟说真人白水村⑬，

九

文人半未解兵机，纸上空谈是亦非。

漫说虎头无我相，至今食肉也应飞⑭，

十

玉书金甲受降年，遽听⑮应教喜不眠，

圣代即今开寿域，九天万国祝神仙。

①畔华：畔，通"叛"。　②李北平：西汉名将李广。汉武帝诏拜右北平（今辽宁凌源县西南）太守。射虎：李广善射虎，一次夜间，误将草中的石头当虎射之，镞竟入于石中。　③班声：指战马嘶鸣声。　④蛮触：《庄子·则阳》中假设两个好战的小国名。此系蔑视敌国之语。　⑤闻说句：中日甲午战争初起，清政府应朝鲜政府之请，派兵援之。　⑥看彻二句：意谓在国事紧急、朝廷用人之际，应暂抛姻亲故旧之情，挺身报效国家，不可隐避世外。羊昙：人名，见页56注⑤西州句。故侯瓜：据《史记·萧相国世家》，西汉初，原秦东陵侯邵平种瓜于长安城东、瓜美，称"青门瓜"。后世因用"故侯瓜""青门隐"喻弃官归隐田园。　⑦南楼：东晋大臣庾亮镇守武昌，与僚属歌咏嬉戏于南楼，"据胡床与诸人咏谑"。见《世说新语·容止》。后用"南楼""胡床兴"等喻指吟咏欢娱的场所或雅兴。胡床，又称短床，由胡地传入，故名。阳阳：自得之貌。　⑧夜郎：中国古族西南夷一支，曾建地方政权。其国君尝问汉朝使者："汉孰与我大？"后世因谓狂妄自大者为"夜郎自大"。这里贬称日本。　⑨妖星：喻指黩武好战的日本。火星流：夏历五月黄昏，火星见于正南方，尔后逐渐西移。日本居中国之东，故以火星流代指中国之地。　⑩恐负句：唐·宋之问《灵隐寺》诗有"桂子月中落，天香云外飘"句，以示科举中试。此句意谓选拔将才，不宜拘于科试。　⑪此句中所言宰相，当指李鸿章。当时李鸿章媚外嘴脸尚未暴露，故有此语。李曾授文华殿大学士，清代以授内阁大学士为拜相。　⑫谶纬：始于秦，盛于东汉，附会灾异，预言吉凶。后世以谶纬比况妖言惑众的流言。　⑬白水村：东汉光武帝刘秀生于南阳白水乡（今湖北枣阳西南），谶语称之为"白水真人"。此谓有流言说何处出了"真龙天子"。　⑭此二句典出《东观汉记·班超传》："超行诣相者。曰：'祭酒，布衣诸生尔，而当封侯万里之外。'超问其状，相者曰：'生

燕颔虎头，飞而食肉，此万里侯相也。'"后用"虎头食肉""食肉相"等谓天生富贵的相貌。　⑮逖听：远道的消息。

哭王桐阶师

十年不相见，见必哭不止^①，
何况归去来，而竟老病死。
吾师人中豪，峨峨辽海峙；
以儒世其家，琅琊^②播姓氏。
浩落胸怀宽，其学无涯涘；
上窥姚姒书，浑浑噩噩尔^③；
下逮庄与骚，其余尽奴婢；
腾跃者百家，蹂躏者二史^④。
不言古人言，岂是今人是？
行如天际云，皓皓^⑤莫尚已；
心如玉壶冰^⑥，一片清不滓。
天生有用材，宜拾芥青紫^⑦，
如何遭迍邅，竟筮天地否^⑧，
老矣冯敬通^⑨，塞门终不仕。
江上飘然来，我年方稚齿^⑩，
视若犹子^⑪焉，善诱从此始，
首蓿盘春风^⑫，愧我无甘旨。
或坐管子床，或捧庄生几，
或曳白傅裘，或进黄石履^⑬，
夜谈辄添膏，朝讲动移晷，
使我驽骀心，而亦奋鞭箠。
既佩诗书训，复示文章轨；
有时析深疑，字学辨亥豕；
有时戒浮艳，文囿获窜雉。
因材俯而就，得间仰而企；
人道印以心，我已浃于髓^⑭，
名场忽射策，贾生^⑮闻之喜，
果然抒所得，共叹神乎技。

日试三万言，匠石来惊视，
谓力可逾象，谓笔可刲兕。
少年正英英，拔茅得杞梓⑯，
回瞻同侪人，汗流僵比比。
天下不恨事，唯得一知己，
此时已涕零，莫知其所以。
先生曰休哉，我欲旋旧里；
蒲轮送之归，人远室犹迩。
皇天苦无知，伯道⑰忧续姒；
穷愁老虞卿⑱，著书尺有咫。
为诵达者言：人生行乐耳，
遂破涕为笑，小星赋噎彼⑲，
喜得掌珠擎，遥接斯文祀；
虽然乐添丁，未免忧呼癸⑳。
八月秋风生，飞送书一纸，
开函声已吞，读竟额有沘。
上言去年饥，下言今年水，
负郭田已芜，薪米价倍蓰，
十口仰屋叹，将所枯鱼市㉑；
渊明乞食同，东坡窜游拟，
默念生平交，缓急惟汝恃。
方拟厦万间，大庇天下士，
谁知马长卿，一病终不起，
短笛惊山阳㉒，人生忽到此。
我闻琴高生，上天骑赤鲤㉓，
先生之此行，星芒作作㉔指；
又闻屈大夫，化身作兰芷，
先生之此去，香草美人美。
鼛鼓辽阳来，惊断寄梅使㉕，
魂兮谁为招，往矣祎何趾㉖。
料得子与妻，流离而转徙；
知君阴德厚，或无冻饥理；
惜不为卢遵，家事代经纪。

存者纵有归，死者长已矣，

伯仁如有知[27]，饮恨幽冥里。

回忆当年事，光芒宝剑似，

岂甘地下埋，定作天外倚，

或者来生因，又结今桃李。

曷以报深恩，门人有私诔，

望断河汾云，呜呼文中子[28]！

① 此二句：王桐阶于光绪十一年（1885 年）辞馆。本诗当作于光绪二十年（1894年）。　② 琅琊：古县名，今山东胶南县琅邪台西北。　③ 姚姒：舜，姚姓；禹，姒姓。姚姒书，即指上古之书。浑浑噩噩：汉·扬雄《法言·问神》："虞夏之书浑浑尔，商书灏灏尔，周书噩噩尔。"浑浑，浑厚质朴；噩噩，严肃正大。　④ 蹂躏：原为踏遍之意，此当理解为遍读、遍览。二史：指《史记》和《汉书》。　⑤ 皓皓：光亮洁白。《孟子·滕文公上》："江汉以濯之，秋阳以暴之，皓皓乎不可尚已。"　⑥ 心如玉壶冰：喻高洁。南朝宋·鲍照《代白头吟》："直如朱丝绳，清如玉壶冰。"　⑦ 拾芥：拾取地上的草芥。喻取之甚易。青紫：汉制，丞相、太尉皆金印紫绶；御史大夫，银印青绶。后作贵官别称。　⑧ 筮：用蓍草占卜。否（pǐ）：不吉之卦。卦象为坤下乾上，表示天地不交，闭塞不通之象。　⑨ 冯敬通：名衍，字敬通，东汉辞赋家，潦倒终身。　⑩ 我年方稚齿：王桐阶于光绪元年（1875 年）来成家就馆时，诗人方十三岁。　⑪ 犹子：兄弟之子。　⑫ 苜蓿句：形容塾师生活之清苦。苜蓿，植物名，豆科。　⑬ 以上四句，均表示诗人尊师敬业之意。白傅：唐代白居易，曾拜太子少傅，诗文中常省称为白傅。黄石履：指秦末张良在圯桥上为黄石公进履故事。⑭ 浃于髓：形容感受之深，如彻骨髓。浃，透。　⑮ 射策：汉代考试方法之一，类似抽签考试。贾生：贾谊，西汉杰出政论家、文学家。仕途坎坷，遭忌被贬。代指怀才不遇的王桐阶师。　⑯ 拔茅：推荐引进。指光绪乙酉年的拔贡考试。杞梓：优质木材，喻贤才。　⑰ 伯道：见页 50 注⑩伯道句。　⑱ 虞卿：战国时虞氏，名侁。说赵孝成王，任为上卿，故称虞卿。主张以赵为主，合纵抗秦。后被囚于梁。著《虞氏春秋》，早佚。　⑲ 小星：妾的代称。嘒：明亮，《诗经·召南》："嘒彼小星，三五在东。"郑玄笺：众多无名的星，比喻众妾。　⑳ 呼癸：乞粮的隐语，"呼庚呼癸"的节语。典出《左传·哀公十三年》。　㉑ 将所枯鱼市：形容处境危殆。所，应为"索"。㉒ 短笛句：表示伤悼。晋·向秀路经昔与嵇康、吕安居住过的山阳，日暮忽闻邻人笛声，顿生感怀旧友之情。见向秀《思旧赋·序》。　㉓ 琴高：传为战国赵人，善鼓琴，兼修炼之术。相传曾入涿水中取龙子，乘赤鲤而出，后又入于水中，再不复出。　㉔ 作作：光芒四射。此谓死者升天。　㉕ 此二句意谓中日甲午战起，

隔断邮路。南朝盛弘之《荆州记》："陆凯与范晔相善，自江南寄梅花一枝，诣长安，与晔，并赠花诗曰：'折花逢驿使，寄与陇头人。江南无所有，聊赠一枝春。'"后以"寄梅使"借指传递消息者。㉖衽何趾：语出《礼记·曲礼》："请衽何趾。"衽，卧席、寝宿。趾，通"址"。㉗伯仁：晋代周顗，字伯仁。少有名望。累官尚书左仆射，领吏部，转护军将军。王敦作乱，有人主张尽杀王氏，他上表力称王导（敦的堂弟）无罪。王敦攻入建康（今南京），被杀。后王导见到他的申救之表，泣曰："我虽不杀伯仁，伯仁由我而死。"此句流露诗人对业师之死，未能尽到相助之责，深感内疚。㉘河汾：黄河和汾水交汇处，位置在今山西省西南部。隋末大儒王通，设教于河汾之间，弟子千余人，时称河汾门下。魏征、房玄龄、李靖等皆曾受业。文中子：门人对王通的私谥。著有《中说》，又名《文中子》。

和沙研斋①消夏四咏

理琴

安弦重理旧时琴，小拂眠窠认绿荫。
碧爨犹余焦后尾②，青峰谁解曲中心。
不知三径落花满，但觉一丸凉月深。
弹到天风幽绝处，荷衣瑟瑟不能禁。

临帖

偎云聊借一枝安，妙帖临来铁画寒。
凉到自生方算静，工非勤课不知难。
飞毫带露应含润，拓本当风怕裂干。
一日科头③几乘兴，梦回茶罢酒初阑。

把钓④

不衫不履⑤不披裘，境自萧疏人自幽。
得水便佳容久坐⑥，无鱼亦乐爱停舟。
绿筠叶重笠如坠⑦，红藕花深夜欲秋。
何处雪鲈⑧长数尺，痴心将问五湖鸥。

灌园

种蔬不减种花忙，常破工夫课晚阳。
但解此中宜灌溉，不知何处有炎凉。
分江入瓮抱犹汲⑨，引露上衣湿不妨。

更欲煎茶留宿水，某瓶先写某时藏。

①沙研斋：名韫琛，字研斋，吉林人。岁贡生，选宾州厅教谕。　②碧爨（cuàn）句：吴人焚桐木为炊，蔡邕闻木在火中爆裂声，知为良材，请制为琴，果然琴声优美。时称"焦尾琴"。见《后汉书·蔡邕传》。此为诗人自赞其琴。　③科头：本谓不著兜鍪临敌，后引申为结发不戴冠。　④把钓诗：诗人唯将此诗收入《澹堪诗草》卷一，改题为《把钓同沙研斋作消夏之一》。文字微异。　⑤不衫不履：意谓衣履不整饬，不修边幅。　⑥久坐：《诗草》为"小住"。　⑦笠如坠：《诗草》中，坠为"队"。二字相通。　⑧雪鲈：松花江特产白鱼。　⑨分江句：古时汉水之阴有一老人，宁肯开凿地道用瓮从井中取水浇地，也不使用机械。认为机械是智巧机诈的产物，以示他本人的纯朴无邪。后多以"抱瓮"比喻安于拙陋淳朴的生活。见《庄子·天地》。

附

消夏四咏

沙韫琛

理琴

焦尾尘封壁上琴，那堪修竹绿成阴。
薰风一别如弹指，明月当头喜印心。
听断雨声流水静，坐来庭角落花深。
成连旧迹今何在，烟水茫茫感不禁。

临帖

几拂纤尘砚乍安，一庭蕉叶绿生寒。
拼将笻管轻挥便，写到兰亭恰好难。
雨过窗浮花气远，风来纸受墨痕干。
儿童亦爱虚堂静，日午涂鸦兴未阑。

把钓

滩上谁披五月裘，兴来把钓寄清幽。
溪山偶写数声笛，风月闲供一叶舟。
岸柳阴摇蓑带雨，渚莲花动浪生秋。
空江漫道收纶晚，去住无心付白鸥。

灌园

漫道英雄种菜忙，自携杯杓避骄阳。
源头水引一渠活，尘外人消半日凉。
陈仲舍羹廉孰取，汉阴抱瓮拙无妨。
自怜挹注无多力，十亩闲闲暑欲藏。

夜坐

秋夜一何长，深更静如许。
不知心入微，回然忘尔汝。
空斋镫欲昏，察察出饥鼠。
山月知此情，穿窗作俦侣。
读罢黄庭经①，垂帘默无语。

① 黄庭经：道教经名。以七言歌诀说明道家养生修炼的道理。

因沙研斋屡和有感之作
又叠前韵十首

一

杨花古渡绚新晴，汉世官仪八道平①。
谁料东瀛鼙鼓动②，会苏惊破曲中声③。

二

汉城防御术真疏，何日王京返故居④。
不有秦庭能乞救⑤，传车早见递降书。

三

深入军如薄地鸦，绣衣霜冷铁生花。
高句骊哭倭儿笑，一是投桃一报瓜⑥。

四

据得天皇七宝床⑦，休将日出算当阳⑧。
他时唱凯敲鞭日，组颈争看木下郎⑨。

五

当旗大眼独瞋眸，笑尔猖狂狐鼠流。
前代学仙⑩今类鬼，阴风吹暗海涛秋。

六

不信西人秘计阴，群妖倚势变相寻。

任他纵有量天术⑪，敢向皇皇测浅深！

七

报捷牙山⑫讯不同，昆阳从此助雷风⑬。

定知王濬收江左⑭，肯让田横⑮匿岛中？

八

羼王执币⑯久无门，硾纸狼毫写泪痕⑰。

几世销兵浑不用，捉人那见石壕村⑱？

九

炮船巧过佛郎机⑲，水底惊雷怕路非。

赖有犀军⑳三十万，鲸鲵㉑战退败鳞飞。

十

吾妻镜里久编年㉒，五福畴中久宴眠。

权作外夷风土记，不为豪客不词仙。

①汉世官仪：中国的官制。朝鲜历来模仿汉制。八道：朝鲜旧分京畿、江原、咸境、平安、黄河、忠清、庆尚、全罗八道。平：指太平。②谁料东瀛鼙鼓动：意指日本发动甲午战争。东瀛：日本的别称。鼙鼓：军鼓。　③会苏句：拟白居易《长恨歌》名句"渔阳鼙鼓动地来，惊破霓裳羽衣曲"，暗讽慈禧太后不为国计，专意享乐。会苏，该当（使她）苏醒。　④汉城二句：光绪二十年（1894年）七月二十三日，日军悍然闯入朝鲜汉城王宫，劫持国王，组织傀儡政府。诗人由此而慨叹。　⑤秦庭句：春秋时吴国用伍子胥计攻破楚国，楚国贵族中包胥到秦国求援，哭秦庭七日七夜，秦襄公乃出师救其国难，使楚复国。此指光绪二十年（1894年）四月三十日，朝鲜国王致书清政府，要求派兵援助。　⑥投桃报瓜：原指互相馈赠，此处暗喻中国对朝鲜的巨大援助。　⑦七宝床：用多种宝物装饰而成的床。汉武帝有此床（见《西京杂记》）。此借指日本明治天皇的御榻。　⑧休将句：意谓不能容忍日本称尊于东方。日出：日本素称其国为日出之国。当阳：旧指天子面南向明而治天下。　⑨组颈：《史记·高祖纪》："秦王子婴素车白马，系颈以组。"意谓日本将在甲午之役中战败。木下郎：指李鸿章。时任直隶总督兼北洋通商事务大臣，负责指挥甲午之役。此时战事刚起，国人只知

李鸿章办洋务、建海军，对其卖国本质尚无认识。 ⑩ 前代学仙：传说秦始皇派方士徐市率童男童女千人入海求仙，后繁殖于日本。 ⑪ 量天术：周初数学家商高，能用曲尺测量高远，并发现了勾股定理，据此可测量天体。 ⑫ 报捷牙山：牙山，朝鲜地名，今汉城附近。清廷所派援军，屯扎于此。日军来犯，清军统帅叶志超率军绕道逃到平壤，并饰败为胜，谎报战功，一时真相莫明，故此诗有"报捷牙山"之语。 ⑬ 昆阳句：昆阳，今河南叶县，汉代刘秀以兵三千大破王莽军数十万于此。《后汉书·光武帝纪》："莽兵大溃……会大雷风，屋瓦皆飞，雨下如注。" ⑭ 王濬：西晋大将，公元297年受命进兵东吴，直取建康，接受吴王孙皓投降。江左：长江下游以东地区，即今江苏省一带。古人在地理位置上，习以东为左，以西为右。 ⑮ 田横：本齐国贵族，汉朝建立后逃亡海岛。汉高祖刘邦迫令迁居洛阳，因不愿称臣于汉，于途中自杀。 ⑯ 孱王：懦弱的君王，意指朝鲜国王。执币：同"纳款"。 ⑰ 硾纸狼毫句：意谓书写降书降表，以图与日本求和。 ⑱ 石壕村：也叫石壕镇，今河南陕县东七十里。杜甫有名诗《石壕吏》。 ⑲ 佛郎机：明代泛指葡萄牙和西班牙，清代亦有指法兰西者；明代称葡萄牙人所造的炮为佛郎机。 ⑳ 犀军：披坚执锐的军队。 ㉑ 鲸鲵：鲸鱼雄曰鲸，雌曰鲵。喻凶恶之敌，隐指日本。 ㉒ 镜：指完镜，喻太平之世，与"破镜"相对。编年：按年代顺序记事。此指家事。

九日忆刘种兰①

去年重九天，斗酒共娱乐，
蓦然时又逢，而君忽客作。
作客天之涯，遥望日色薄，
深秋兮未来，负我就菊约②。
人生如飘尘，青春安可错，
宜折桂花开，莫待桂花落③，
桂花复桂花，游子早还家。

① 九日：本诗当作于光绪二十年（1894年）九月九日。刘种兰：即刘葆森，见页46注*。 ② 就菊约：赴赏菊的约会。唐·孟浩然《过故人庄》："待到重阳日，还来就菊花。" ③ 此二句仿唐·杜秋娘《金缕衣》："花开堪折直须折，莫待无花空折枝。"

过访沙研斋和消夏四咏韵

一

欲访先携顾曲琴[①]，到斋天气尚微阴。
有谁能解重来意，顾我将酬十载心。
瞻仰高山情早切，纵横时务感尤深。
座间起舞兼歌泣，应使奚童[②]笑不禁。

二

诗语盘空危转安，幽燕老将骨沈寒。
望山每觉趋尘易，观海方知说水难。
读史常嫌更漏浅[③]，浇愁肯让酒杯干。
公门岂但培桃李，彭泽黄花也满阑[④]。

三

了不肥轻愿马裘[⑤]，斯人风度自幽幽。
经谈芸馆[⑥]风生座，家近松江月满舟。
豪士每怀投笔志，达人偏值鼓盆[⑦]秋。
水云栖处[⑧]今犹羡，笑我前身合是鸥[⑨]。

四

闲身多为爱才忙，怪底葵心共向阳。
到此俗人皆洒落，可知居士更清凉。
后游作赋我犹望[⑩]，大笑出门君未妨。
应恐问奇[⑪]车太满，故将曲巷个中[⑫]藏。

①顾曲琴：隐者之琴。《琴纂》："汉蔡邕入清溪山学琴于鬼谷子。其山五曲，皆具灵迹。归时每见一曲，为一奏琴，各曲不同，皆非凡响。及出以琴示马融、王允等，皆大惊。"　②奚童：同"奚奴"，即童仆。唐·李商隐《李贺小传》："恒从小奚奴，骑驴驴，背一古破锦囊，遇有所得，即书投囊中。"　③更漏：也叫"漏壶"，是古代一种计时仪器。此句意谓夜里研读史书，觉时间过得太快。　④彭泽：县名，在今江西湖口东。晋代陶渊明曾任彭泽令。黄花：菊花的别称。陶渊明性爱菊花。阑：同"栏"。　⑤此句出自《论语·雍也》："赤之适齐也，乘肥马，衣轻裘。"后以"肥马轻裘"形容生活奢华。了不：毫不。　⑥芸馆：书斋。见页55芸窗月四首注①。　⑦鼓盆：叩击瓦盆。《庄子·至乐》："庄子妻死，惠子吊之，庄子则方箕踞，鼓盆而歌。"后来遂称妻死为"鼓盆之忧"。　⑧水云栖处：烟霞缭绕的山水间。　⑨鸥：鸥

鹭忘机之意。喻隐居自乐，不以世事为怀。　　⑩后游句：宋代苏轼两游赤壁，作《前赤壁赋》和《后赤壁赋》。此句示诗人愿再访沙研斋寓所，以与之唱酬。　　⑪问奇：据《汉书·扬雄传》，扬雄多识古文奇字，求教者多载酒往问，络绎不绝。　　⑫曲巷：偏僻小巷。个中：此中。

巨族行①

一

咸阳巨族日某某，胆落夷氛尽惊走；
不辞台榭空无人，千金岂死贼之手。
人言啧啧称见几，能尽族行今古稀；
谁知此语触深讳，对之不觉长歔欷。
纷纷天地带刀剑，募勇添丁增气焰；
穷民未改成城心，巨室先萌解瓦念。
长安大道争繁华，昔日高楼连世家；
羽箭珊弓试鞍鞯，金樽美酒弹琵琶。
鼎彝个个镌臣字，簪笏煌煌尽君赐；
养奸六万入薛来，买舞三千载吴至②。
故人夥涉惊沈沈③，豪华一笑轻黄金；
赖尔国家作元气，何以报答升平心。
诏颁内帑三百万，我军我民同奖劝；
沛中子弟义士多，勿使贫惊富者怨。
富者飘然殊不群，千从百骑走如云；
谈笑何人老于事，竟将清议权托君。
君即因之以命我，慷慨一言应曰可；
缅怀但觉愚人愚，感此深恩泪潜堕。
呜呼！
虎狼盗贼盈前途，君怀重宝安归乎？

二

男儿不能上马杀贼师，也应固守尔我之城池；
睢阳许远④虽往矣，石头褚渊⑤生何为？
忆昔开元全盛年，世家故态何淋漓，

出门大笑缨索绝，指画天地鸣瑰奇。

傥使风尘起东北，定有决策能平夷；

或如子仪负威略，泾阳见虏单辔骑⑥；

或如子房抱义愤⑦，破产不惜千金资；

生生世世沐深泽，敢以我无官守辞？

英雄髀肉⑧坐长叹，苍茫今古知者谁？

一旦哗言禄山至，初闻直视犹狐疑；

欲去不敢留不可，终日相向空涕洟。

满城啧啧尽叹息，老成真系人安危；

群倚太山作屏障，曰仁人也休失之。

贤豪举动不可测，秘谋岂令旁人知；

楚师从此作宵遁，萧相何人能夜追⑨。

吾侪小人思又思，孤城安忍须臾离，

保身之哲今已远，但愿长守发祥万世皇王基。

①本诗分上下两首，以假托的笔法，讥讽辽东蒙受甲午兵燹之际，某富户挟宝远遁和某守官弃城而走的丑恶行为。　②前句"养奸六万入薛来"，典出《通鉴·齐纪》。战国时齐国的贵族田文（孟尝君）袭封于薛（今山东滕县东南），门下有食客数千，招致"任侠奸人"六万余家居于薛地。后句"买舞三千载吴至"，意谓越王勾践选送美女西施等予吴王夫差，等于在夫差身边伏下三千甲兵。见《吴越春秋》。　③故人夥涉句：据《史记·陈涉世家》，陈涉为王之后，其故人来看他，见陈涉生活奢侈，遂说："夥颐！涉之为王沈沈者！"后以"夥涉"喻发迹后奢糜忘旧。　④许远：唐将领，字令威。安史之乱，被玄宗拜为睢阳太守，加防御使，死守睢阳，坚持数月，兵粮俱尽，城陷被杀。　⑤褚渊：南朝宋、齐时人，宋文帝婿。明帝任为中书令。受明帝托孤遗命，与袁粲同辅苍梧王。后萧道成弑之，立顺帝。时袁粲镇守石头城，与褚密谋杀道成。褚向道成告密，袁粲被杀。因褚在石头城卖友求荣，故蔑称"石头褚渊"。见《南齐书·高帝本纪》。　⑥此二句指唐大将郭子仪为破吐蕃兵，曾单骑说服回纥酋长与唐联合。　⑦或如子房句：汉初谋士张良，字子房，其祖先五代相韩，为韩贵族，秦灭韩后，以全部家产结交刺客，以报国仇。　⑧英雄髀肉：刘备久离鞍马，股肉横生，遂慨叹："老将至矣，而功业不建，是以悲耳。"见《三国志·蜀志·先主传》。　⑨萧相何人句：原指萧何追韩信的故事。诗中反其意而用之，意谓任何人也不能将弃城而走的逃官追回。

夜雪忆远

朔风冻作饿鸥叫，绕屋怪禽欻且笑。

中有一人闻之惊，铁镫无焰窗忽明。

逆知积庭厚一尺，射牖光怪眼争碧。

更想天上下将军，李愬入蔡平妖氛^①。

人头雪浴胭脂月，马蹄响踏玻璃云。

角声鼓声一齐死，敌军十万呼不起。

满天散作鳞甲飞，入穴先取玉龙子^②。

　　① 李愬：唐大将。元和十一年（816年），任唐随邓节度使，率兵讨伐吴元济叛乱。次年冬，雪夜攻克蔡州，生擒吴元济，进南山东道节度使，封凉国公。　　② 此二句，典出宋·吴曾《能改斋漫录》引张元《雪》诗："战死玉龙三百万，败鳞风卷满天飞。"玉龙：原形容雪花飞舞，诗中引申为敌酋。

刘仲兰为刻小印因误不就，
又送一石催之，戏题二百二十字

五日镌一款，十日镌一识，

银钩铁画^①间，恐未尽姿媚。

何我贪且饕，褊心别有冀：

常闻笔如神，喜一旦得志；

又闻刀善藏，恐三年拜赐。

既有铸错情，或无与城意，

亟唤石介^②来，从容嘱其事，

多点顽奴头^③，莫入经生笥^④，

石乃见于君，君果怒而詈：

何物刀下儿，竟敢渎再四，

欲掷恐金声，欲投空器忌^⑤，

休令污吾刃，永锁金石匮。

石又前致词，愿为君献瑞：

前若朱提^⑥流，后若青蚨^⑦异，

君不爱钱神，钱神偏作祟；

前若折桂^⑧来，后若探杏^⑨至，

君不慕巍科^⑩，巍科偏迭次；

富贵且逼人，何况一游戏。

遂破怒为笑，大赞使乎使：

无以犒从者，赠汝几行字。

承恩拜舞归，携手及同类。

遐哉鹬蚌情，渔翁得其利。

① 银钩铁画：这里形容篆刻笔姿的劲挺。　② 石介：一方印石。介，量词，通"个"。　③ 顽奴：即顽石。传说晋朝高僧竺道生曾在虎丘山聚石为徒，讲解《涅槃经》，群石皆为点头。后因喻讲说透彻，感化甚深。见《晋书·高僧传》。　④ 经生笥（sì）：读书人的竹箱。笥，本指盛饭食或衣物的竹器。　⑤ 器忌：成语"投鼠忌器"的省语。比喻处事要有所忌惮。　⑥ 朱提（shí）：银的代称。　⑦ 青蚨：古代制钱的别称。　⑧ 折桂：科举时代，乡试在八月，正值桂花盛开，故称中举者为"折桂"。　⑨ 探杏：会试在三月，时杏花正开。　⑩ 巍科：即高科，指中进士。

题同学王召塘①画

桃李芳华谢郁秾，聊将人意写秋容。

不知尔我交何似，淡到黄花尚觉浓。

① 王召塘：《自订年谱》记王召棠，寓吉林东关白旗堆子。其祖名王云章，与诗人父荣泰"交最挚"。光绪四年同应童子试。

冬十月送庆咸庭姻弟
赴奉征倭，即席成四十韵①

凌厉中原志，驰驱上将韬。

平生思揽辔②，年少感同袍。

微职嗤羊胃③，雄声继凤毛。

风霜先志懔，雨露圣恩叼。

战士权方属，将军顾屡褒。

当为千里足，讵羡五陵豪④。

塞马朝辞勒，霜鹰晓脱绦。

英姿来飒爽，天路任翔翱。

功记诛妖党，军曾拥贼壕。

望风消孛彗⑤，克日剪腥臊。

寰宇归清肃，孱邦忽绎骚⑥。

虎臣谁矫矫，乌哺待嗷嗷。

七日求援旅，千重列战舠。

山排还海倒，雨虐更风饕。

谁使锋难犯，偏容莠不薅。

神机资卫霍，庙算仰伊皋⑦。

羽檄驰千纸，粮储走万艘。

将星沈壁垒，边月压弓刀。

青海三旬对，黄天九战鏖。

五更飞电诏，十路簇星旄。

地险知吞赵，天威议拒曹。

捋须争穴虎，跨背策神鳌⑧。

上相筹能展，书生计敢挠。

守陴⑨群力定，出塞万声嚣。

成算胸罗竹，时艰目满蒿。

奇丁新共募，练甲旧亲操。

此日追狐兔，当年贡雉獒⑩。

牙旗明豹尾，腰剑饱鹈膏。

军更添龙武，关应指虎牢⑪。

雪花团短埃，霜叶撼平皋。

忧乐关全局，安危系此遭。

制奇同李愬，服远等蒙骜⑫。

僻壤全输币，余氛尽伏弢⑬。

风霆驱众岛，忠信涉洪涛。

行矣丈夫念，勉旃⑭军务劳。

心惟东海照，首任北堂搔。

顾我知慷慨，思君转郁陶⑮。

归装除薏苡，别酒问葡萄⑯。

移笑王尊驭，收功傅永毫⑰。

古来征战地，麟阁五云⑱高。

① 此诗当作于光绪甲午年（1894 年）十月。庆咸庭姻弟，不详，似为诗人之妻弟。　② 揽辔：《后汉书·范滂传》："滂登车揽辔，慨然有澄清天下之志。"后以"揽辔"

表示刷新政治、澄清天下的抱负。　　③羊胃:形容官吏污滥。《后汉书·刘玄传》:"时李轶、朱鲔擅命山东,王匡、张卬横暴三辅。其所授官爵者,皆群小、贾竖,或有膳夫、庖人,多著绣面衣、锦袴、襜褕、诸于,骂詈道中。长安为之语曰:'灶下养,中郎将;烂羊胃,骑都尉;烂羊头,关内侯。'"　　④五陵豪:指富家公子。唐·李白诗《少年行》:"五陵年少金市东,银鞍白马度春风。"五陵,指汉朝皇帝的陵区,唐时为富豪家族的聚居地。　　⑤孛彗:即彗星。古为不祥之星,主兵乱。见《汉书·天文志》。　　⑥孱邦:柔弱的国家。此指朝鲜。绎骚:奔走相告引起的骚动。绎,通"驿"《诗经·大雅·常武》:"徐方绎骚,震惊徐方"。　　⑦卫霍:汉武帝时的两员大将卫青、霍去病,在北逐匈奴的战争中功勋卓著。庙算:也作"庙算",指朝廷制定的军事谋略。伊咎:伊,伊尹,商朝的贤相。咎,皋陶,也称咎繇,舜之贤臣。　　⑧神螯:见页56豪士歌为于十一筹原作注③。　　⑨守陴(pí):据守城池。陴,城墙上的女墙。　　⑩雉獒(zhì áo):雉,俗名野鸡。獒,猛犬。　　⑪虎牢:关名,秦置。今河南荥阳县西北汜水镇。位大伾山上,形势险要,为历代兵争之地。　　⑫李愬:见页71注夜雪忆远①。蒙骜:秦名将蒙恬祖父。　　⑬伏弢:藏匿。　　⑭旃(zhān):助词,相当于"之焉"。　　⑮郁陶:心初悦而未畅。意谓还有更高的要求。　　⑯薏苡(yì yǐ):一种多年生草本植物,其实去皮似米,可食。汉代马援征交趾时带归。见《汉书·马援传》。葡萄:唐破高昌国(今新疆吐鲁番县),得其葡萄及以葡萄酿酒之法。此二句意谓在归装中除有薏苡外,还要有葡萄酒,即以别致的战利品给家乡人带来开心。　　⑰王尊驭:意谓倭王将屈尊于我中国,听从驾驭。傅永:后魏时人,文武兼备,屡拒齐师有功。魏文帝誉之:"上马能杀贼,下马作露布。"毫:毛笔。　　⑱麟阁:即麟麒阁,汉宣帝图绘功臣之所。五云:一云而备五色,俗称五色祥云。

寄怀于次棠师五首

一

惊起文宗①海内名,京华问字感扬亭②。
庞公喜具家人礼,郑氏先传弟子经③,
鹤意骲鼗惭不舞④,鸡声慷慨怕同听⑤。
一天风雪辽阳路,每倚江云拜使星⑥。

二

当日冤曾感覆盆⑦,谁知驷马又兴门。

生逢多难狐臣泪，诏许从戎圣主恩。

阵上雪飞人肉暖，帐中风入虎皮温。

武侯筹笔留侯策，输与先生仔细论。

三

记得心盟结小苏⑧，槃槃气概一时粗⑨。

高歌魏武⑩志千里，长揖荆州心万夫⑪。

喜得连城方献玉，岂知照乘竟遗珠⑫。

何当鼙鼓东瀛动，使我坝篓韵也孤⑬。

四

天下苍生属几人，东山再起望尤殷。

三朝⑭知遇由来重，两粤⑮声名到处闻。

论政昔归新令尹，知人今遇故将军。

关东自古兼侯相，莫使麒麟⑯负此勋。

五

平生风骨爱崚嶒，话到师门百感兴。

千古恩仇三尺剑，十年心事一庵镫。

功名亚似罗昭谏⑰，身世浑如杜少陵⑱。

此日黄龙应痛饮，捷书盈尺酒盈升。

①文宗：在才学上受海内士子景仰和推崇的大家。　②京华问字：诗人三十一岁进京应顺天乡试，曾受教于于荫霖（字次棠）。扬亭：当指汉文学家扬雄的居里。见页69注⑪问奇。　③此二句中，庞公，东汉隐士，与诸葛亮、司马徽等人友善。郑氏，即东汉经学家郑玄。　④氄氃（méng tóng）：羽毛松散。《世说新语·排调》："昔羊叔子（羊祜）有鹤善舞，尝向客称之。客试使驱来，氄氃而不肯舞。"此句意指自己的文才虽受到于荫霖的称许，但在乡试时未能如意。　⑤鸡声句：意谓自去年（1893年）落第归乡后，很怕听到学友科场报捷的音讯。鸡声慷慨：暗指闻鸡起舞的东晋志士祖逖和刘琨。怕同听：当刘琨听到祖逖先被任用的消息后说："常恐祖生先吾著鞭。"　⑥使星：亦称"星使"，朝廷派出的使者。甲午战争中，于荫霖奉旨召募团练，配合依克唐阿在奉天作战。　⑦当日冤：指光绪十六年（1890年）于荫霖（时任福建、台湾布政使）以"兄弟、亲族干予公事，罔利营私"而被劾夺职一案。见《吉林通志·圣训志》。覆盆：倒置的盆。喻黑暗笼罩，沉冤莫白。　⑧小苏：指宋代苏辙（1039—1112年），苏辙十九岁中进士，上书枢密使韩琦，望能得

成多禄集

到他的重视和提携。即世传《上枢密韩太尉书》。韩琦重其才，引为忘年之交。　　⑨粗：《说文》："粗，行超远也。"　　⑩魏武：曹操。子曹丕代汉称帝，追尊为武帝。曹操《龟虽寿》诗中有"老骥伏枥，志在千里"句。　　⑪长揖句：唐·李白《与韩荆州书》有"（白）虽长不满七尺，而心雄万夫"语。　　⑫照乘：即照乘珠，指光能照远的明珠。《史记·田敬仲完世家》："有径寸之珠，照车前后各十二乘者十枚。"此句暗喻中国军队驻守的平壤城被日本军队攻陷。时当光绪二十年（1894年）八月十六日。　　⑬埙篪（xūn chí）：两种分别用土制和竹制的古乐器，音可相和。后常用来比喻兄弟之间和睦相处。诗中用来比喻中朝两国之间的关系。韵也孤：意谓朝鲜受日本侵略，无力还击，专望中国派军解救。　　⑭三朝：指于荫霖在咸丰、同治、光绪三朝为官。　　⑮两粤：粤东、粤西的合称，与两广同义。于荫霖于光绪十一年（1885年）任广东按察使，次年任云南布政使。在光绪二十年前并未在广西任职，此当指影响所及。　　⑯麒麟：本为古代传说中的奇兽，常比喻杰出人物。　　⑰罗昭谏：罗隐（833—909年），字昭谏，唐末文学家。曾十举进士不第。　　⑱杜少陵：即杜甫，自称少陵野老。曾两次举进士不第，一生屡遭坎坷。以上二句属诗人感叹自身的遭遇。

寄沙研斋二首

一

子鱼①好自见，勋业空复空；
幼安②虽不出，孤帽惊辽东。
当其未锄金，岂曰非英雄；
一闻高轩过，心迹遂不同。
与君崇令德，感此区区衷；
勿以投漆③始，而为割席④终。

二

蘼芜⑤生空山，知者惜不早；
无人而亦芳，颜色常自好。
亦思终其身，不离蓬与葆；
一朝惊疾风，忽然作劲草；
回视蒙茸⑥群，荣华变枯槁。
人生贵卓荦，早晚令名保；

但为老圃花，何忧日暮道；

弹罢猗兰⑦琴，长歌怀遗老。

①子鱼：华歆（157—231 年），字子鱼。一生热衷荣利，不计名节。三国魏文帝时，任司徒。　②幼安：管宁（158—241 年），字幼安，三国隐士，东汉末，避居辽东三十多年。魏文帝征为太中大夫，魏明帝又征为光禄勋，均固辞不就。　③投漆：形容交往之密，如胶投漆。　④割席：管宁原与华歆同坐一席学习。后发觉华歆羡慕富贵（即前句所言"锄金""高轩过"），便分开座席，与之绝交。　⑤蘪芜：香草名。　⑥蒙茸：亦作"蒙戎"。蓬松，散乱。　⑦猗兰：古琴曲名，传为孔子所作，抒生不逢时之慨。

生日有感四首①

一

少领青衫长授经，半生书剑感飘零。
锁闱烛忆三条碧②，萧寺镫留一点青。
夜猎天边孤隼落，秋吟江上大鱼听。
问奇载酒浑闲事，寂寞乾坤一草亭。

二

自来名将出关东，投笔难从此日戎。
燕市纵余屠狗意③，齐门不逐斗鸡风④，
每因母老思元直，且喜妻顽胜敬通⑤。
笑掷摴蒲⑥三十万，始知豪举是英雄。

三

不谈仙佛与风流，不祀茶神与醉侯⑦。
有志段头常欲戴，无情潘鬓也生秋⑧，
黄金白璧输词赋，布袜青鞋记钓游。
髀肉重生⑨心不已，几回含笑看吴钩⑩。

四

何处桃源好避秦，淮王鸡犬已如神。
中年哀乐增新感，全局安危付几人。
悔向诗书销白日，怕看天地老黄尘。

思量蓬矢桑[11]弧意，未免蹉跎负此身。

①本诗当作于光绪甲午年十二月初八（1895年1月3日），诗人时年三十二岁，仍在吉林北山（玄天岭）真武庙中读书。　　②锁闱：闱，科举时代的试院。三条碧：由"三条烛"一词演化而来。唐代应进士科的举子，可于夜间继续应试，但只限用三条蜡烛。在唐代诗文中常出现"三条烛"一词。　　③此句用典出自《史记·荆轲传》："荆轲既至燕，爱燕之狗屠及善击筑者高渐离。"　　④齐门：齐国的代称。《战国策·齐一》："临淄甚富而实，其民无不吹竽鼓瑟，击筑弹琴，斗鸡走犬，六博蹹鞠者。"　　⑤此二句中，元直，三国谋士徐庶，以孝母闻名；敬通，东汉辞赋家冯衍，早年丧偶。　　⑥摴（chū）蒲：古代博戏，盛行于汉魏。后为赌博的通称。　　⑦茶神：唐代陆羽精通茶道，著有《茶经》，世称"茶神"。醉侯：西晋名士刘伶，竹林七贤之一，性嗜酒，作有《酒德颂》。　　⑧此二句中，段，汉元帝时上邽（今甘肃天水）人段会宗，立功异域，任西域都护，封关内侯。"段头"，指段所受关内侯之封爵。潘，潘岳，西晋著名文学家，古代享有盛名的美男子。　　⑨髀肉重生：见页71注⑧英雄髀肉。　　⑩吴钩：利剑的泛称。相传吴王阖闾时造。　　⑪蓬矢桑弧：古礼，男子初生，家以桑弧蓬矢射天地四方。后用取男子初生之意。蓬矢，以蓬蒿制成的矢。桑弧，用桑木制成的弓。

沙研斋过访作

孤城懔懔冻吹角，朔风猎猎面如剥。
先生杖履飘然来，蓬荜辉生午日卓[1]。
羹惭颖谷遗，诗谢郢人斫[2]，
喜挹千顷波，使我消鄙浊。
君诗气骨沈且雄，幽燕老将横短槊。
顽石屡受他山攻[3]，如切磋，如磨琢。
斗觉四座英风生，纵谈今古资扬榷。
先生气宇何轇輵[4]，以屈宋才兼管乐[5]，
刀解十牛犹恢恢[6]，席夺五鹿常岳岳[7]。
更扫一切经生言，诸家百子相腾踔。
上续南氏之史[8]，下开北方之学。
得一体者篆隶，已惊斯与邈[9]；
何况文章宗匠，光焰云汉倬[10]。
角逐忆词场[11]，我年舞象箭[12]；
从此订心知，春秋忽遌遌。

恨不投班超笔⑬，惜不运张良⑭幄，

祇余长风万里慕宗悫⑮。

东瀛鼓角烟尘昏，带甲天地连辽朔。

千古屠鲸⑯事未成，一朝上马贼思捉。

相臣将臣齐错愕，才人学人尽醒醒。

君闻此言为我壮，

喜我年少观书尚卓荦。

我有中郎桐⑰、和氏璞，

狂浮大白⑱手中握，好裁美锦江中濯。

感深一片缠绵心，赠答不嫌朋友数。

送君大笑一出门，雪深三尺人不觉。

①蓬荜辉生：为寒舍增添光彩。蓬荜，蓬草或荆竹编门，多形容家贫。午卓：日卓午，正值午间。卓，当。　②郢人斫：楚国郢都一巧匠，能运斧将人鼻端的泥污削尽，而不伤其鼻。后以"郢匠""郢斫"形容技艺精湛，或指大手笔、文章老手。见《庄子·徐无鬼》。　③他山攻：用他山之石打磨玉器。喻借外力改正自己的错误。《诗经·小雅·鹤鸣》："他山之石，可以攻玉。"顽石：诗人自谦之词。　④觥觥（gōng）：刚直的样子。　⑤屈宋：战国时楚国诗人屈原和宋玉。管乐：春秋时代齐国名相管仲与战国时代燕国名将乐毅。　⑥刀解句：典出《庄子·养生主》"庖丁解牛"的故事。恢恢：宽广。　⑦五鹿：西汉人五鹿充宗（五鹿，复姓）。元帝宠臣，任职少府。曾学梁丘《易》，仗势与诸《易》家辩论，诸儒不敢，只有朱云多所驳难。时人称："五鹿岳岳，朱云折其角。"岳岳：喻锋芒毕露。　⑧南氏之史：即南史，春秋时齐国史官。以秉笔直书著称。　⑨斯与邈：斯，秦丞相李斯，小篆的创造者。邈，秦文学家程邈，相传为隶书的创造者。　⑩云汉：天河；银河。倬：广大；光明。　⑪词场：文词科场。此指童子试。　⑫舞象：古代成童时（十五岁以上）所学的一种舞，属武舞。矟（shuò）：古代武舞所执的竿。这里借指年方十五。　⑬班超笔：《后汉书·班超传》："超家贫，常为官佣书以供养，久劳苦。尝辍业投笔叹曰：'大丈夫无他志略，犹当效傅介子、张骞立功异域，以取封侯，安能久事笔研间乎？'"　⑭张良：汉高祖刘邦赞谋士张良："运筹帷幄之中，决胜千里之外。"　⑮宗悫（què）：南朝宋将领。年尚幼时，叔父炳问其志向，悫答曰："愿乘长风破万里浪。"后以军功官至豫州刺史，封洮阳侯。　⑯屠鲸：义同"屠龙"。《庄子·列御寇》："朱泙漫学屠龙于支离益，殚千金之家，三年技成，而无所用其巧。"喻辛苦学来的技艺却无用武之地。　⑰中郎桐：见页64和沙研斋消夏四咏注②。　⑱浮大白：罚酒之杯。浮，罚。大白，大酒杯。

成多禄集

诗集二　澹堪诗草卷一

按：此为诗人正式刊出的第一部自选集。计收民国四年（1915 年）前诗作一百五十五首。多为出山后所写。

本集历六年编就，选诗精审。宋小濂校刊，并题签、作序、写跋。书名叶篆题：澹堪诗草；右行：甲寅季冬；左行：宋小濂署。背书：板藏吉林成氏澹堪。目端与正文卷端均题：澹堪诗草卷一。规格：31cm×16.5cm，版心：18cm×13.5cm，33 页，北京刻本。

宋小濂*序

　　余耳澹堪诗名久而缔交最晚。忆光绪癸未，余应童子试，冠军澹堪适隽，选拔同出新阳朱研生先生门。曾一见之，长身玉立，翩翩佳公子也。心慕之而未及接洽。后余奔走四方，与澹堪不相见者二十年。然偶遇乡人士言及吉林英俊之能诗者，必曰成竹山，成竹山。竹山者，澹堪字也。且恒于友好间见澹堪所为书，心益慕之。

　　岁甲辰，余佐黑龙江军莫，适获与澹堪共事。把臂深谈，始知二十年来，澹堪之慕余，亦如余之慕澹堪也。千里神交，一朝合并，时促膝研究当世事，以相劘厉。暇索其诗，则谓庚子遭乱稿尽失。间忆数首写读，如《庚子塞上》诸作，苍凉悲感，不减放翁。顾终以军书旁午，困于料量，澹堪旋出守绥化，余亦于役都门，不获多忆多写，尝以是咎澹堪之懒。

　　戊申，余权镇呼伦贝尔，澹堪方弃绥化守，偕云阳程公之上海，以其间遍游吴越佳山水，与东南名宿相论议。今年春，程公被召入都，旋抚奉天，澹堪始终以之。时东事正棘，有所触一寓于诗，有作必附书寄余，余读而异之。因叹澹堪此游，得于江山之助、友朋之益，与夫世变之感以增长其识力者，为不少也。然终以未得其全为憾。冬十月，澹堪自奉天越吉林、黑龙江，度兴安岭来访。笑言未竟，遽启箧，手数册出曰："君尝咎我懒，不多写诗，今破一月工写成来矣，能为我一删订乎？"余受读一过，其倦怀家国之心、敦笃师友之谊，时时见于篇章。因以公暇为之参订去取，乃知澹堪之诗之佳，在乎原本性情，而山川之助、友朋之益，与夫世变之感，不过壮其波澜藉抒怀抱焉耳。

　　吾吉僻处东陲，文化开最晚，二百年未有以诗鸣者，澹堪独能孤怀远迈，逸想横飞，抗衡中原，未遑多让，洵足壮江山之色，增吾党之光矣。虽然时事日艰，东局尤迫，正赖一二有志之士，相与栖皇奔走，挽救于万一。余与澹堪生于斯，长于斯，夙昔所研究而劘厉之者，又无不注重于斯，将焉所逃而卸其责耶？吾愿澹堪毋徒澄心杳虑，以诗人自命也可。

　　宣统纪元己酉小雪后五日如怀兄宋小濂铁某氏叙于新改呼伦兵备道署

＊本序以宋小濂手书摹刻。"宣统纪元己酉小雪后五日"，即清宣统元年十月十六日（1909年11月28日）。宋小濂（1860—1926年），字铁梅（某），又字友梅，号更生，晚号止园，吉林人。光绪诸生，早年投笔从戎，清末署黑龙江巡抚。民国任黑龙江都督、参政院参政、中东铁路督办等职。

宋玉奎*序

甲寅冬十月，宋铁梅先生刻成君澹堪所为古近体诗一卷，已校而序之矣。既又属序于余，且以书促之曰："必序是，其无用辞。"

余鄙人也，于诗学本无所窥，近又益以芜废，虽欲序之，又焉得而序之？无已，则就昔之闻诸师、征诸友者，附以己意而为之说曰：古者诗以言志而已，汉魏六朝而后，日新月异，始有体制之说，承学之士循绳切尺，断断于一字之得失，交嘲互讼，神困形疲，有终身而不易者矣。然余窃谓天地之道，阴阳刚柔，体也。至于激之为风雷，运之为寒暑，崎之为山岳，纵之为江海，其千变而万化者，体为之乎？抑亦其用神尔？人在天地之中以生，五官百骸，体也。至于发之而为言，声之而为诗，绩之而为文章事业，则以其用之工拙为断，体顾可专耶？唐之善为诗者，莫过于杜子美，然余观其所作，虽有古体近体之分，要亦唐贤之所同者，而学者至今称之，俨如泰山北斗之不可或逾，岂不以取精多而用物宏哉。彼夫一家之中，有伯叔焉，有兄弟焉，论其体则固祖父之所遗也，而其事业或同或否，所用之术差也。杜子美，唐贤之全体也；会其神以与子美遇，翕其气以与子美合，斯即子美矣。优俳而为之，侏离而处之，舍其内而图其外，夫宁非弊欤？澹堪先生所为各体诗，瓣香常在杜陵，而于汉魏诸贤之尤者，又复博观慎取，并蓄兼听，不屑屑于摹古，而无一字一句不合于古，固由其才力独到，亦以见所取者大，所施者远，故能出入上下，百变而不离其宗，洵无愧古之豪杰独神其用者已。

余非精于是道者，差幸夙所持论，于是编微有合焉。因为之序，答铁公之请而发其端。

*本序原刊本不载，录自《宋星五遗著》卷下。原题"澹堪诗集序"，作于甲寅年（1914年），显为《澹堪诗草》卷一而作。似因此序迟交，未能收入，兹补出。宋玉奎，字星五，辽阳人。曾在成家设馆，为成多禄子甥教授古文。后归沈阳任国文专修科教师。《宋星五遗著》由同乡好友金毓黻编辑。

其塔木屯二首①

一

东望古原平，孤村夕照明。

山光枫叶暗，边影柳条横。

齐晋多乡语②，金辽有重兵③。

沧桑无限感，惆怅故园情。

二

特地辟荆榛，先庐此卜邻。

西山读书处，南浦钓鱼人。

榆柳栽全老④，桑麻俗自醇。

金源与宋瓦⑤，何处吊遗民。

①早期作品。原题注："吉林乡村多有以屯名者，盖皆古来征战之所，取屯兵之义，余家世居于此，在乌拉城北八十五里，去吉林百五十里。"按：其塔木屯现属长春市九台区其塔木镇，旧名"成家瓦房"。　②此句自注："里中多山左右人。"即山东、山西人居多。　③此句自注："田间雨后，往往得古钱、遗镞，皆金辽时物也。"　④此句自注："绕庐榆柳数行，皆先君手植。"按：先君，父荣泰。　⑤金源：女真族完颜部阿骨打（金太祖）于按出虎水（今哈尔滨东南阿什河）地区建立金国。据《金史·地理志》："国言金曰按出虎，以按出虎水源于此，故曰金源，建国之号，盖取诸此。"亦作为金上京路的别称。宋瓦：江名，元代称今松花江东流段为宋瓦江。

里中山水诗十一首①

太平山②

村歌自太平，山容自太古。

苍然落秋原，蓬莱有左股。

千秋岭③

出山见我情，在山见我性。

我自有千秋，山灵尔休竞。

抱山④

松楸围若环，佳气入怀抱。

伤哉万古情，斜阳下秋草。

平冈⑤

山势蜿蜒来，平远如人意。
何如破空走，一与蛰龙戏。

孤秀山⑥

南行三十里，孤秀常随我。
归来卧旧庐，青色一窗可。

三台山⑦

老屋倚山阿，如在三台上。
五云光陆离，中有渔樵唱。

饮碧河⑧

老子骑青牛，一饮春波碧。
至今河畔水，犹有神仙迹。

玉镜河⑨

人爱春水生，奁影摇不定。
我爱秋水清，月照双明镜。

里河⑩

一水襟我前，去家裁半里。
柳阴人过桥，仿佛里湖⑪里。

仙槎河⑫

波路去如箭，溶溶水一曲。
乘槎人未归，绣陇摇新绿。

带河⑬

流澌浅且清，宛转如衣带。
人家住白云，云在水声外。

①本组诗亦为早期作品。　②自注："在余宅东半里许，俗呼曰东岭。"　③自注："在余宅西里许，俗名西岭。"　④自注："在余宅之西南里余，俗名山圈，先中宪公墓在此。"按：先中宪公，即成荣泰，清赠中宪大夫。　⑤自注："在余宅南八里许，俗呼山前怀。"　⑥自注："在余家正南三十五里，俗呼尖山子。"　⑦自注："在余宅后，俗呼小北山。"　⑧自注：

"在余宅东半里许，俗呼东小河。" ⑨ 自注："在余宅西半里，俗名烧锅前河。" ⑩ 自注："宅南半里许，即其塔木河。" ⑪ 里湖：杭州西湖有里湖、外湖，此当比拟。 ⑫ 自注："宅南三里许，俗名三叉河。" ⑬ 自注："宅北，在山后，俗呼北小河。"

移家①

柴门一曲抱江斜，暂息尘劳向水涯。

天过重三②犹带冷，邻非元九③也移家。

辙寻深巷人初到，径扫空庭鸟不哗。

何事静中参妙谛，画眉声里落群花。

① 作于辛卯年（1891年）四月。据年谱，是时"携家赴省"，移家吉林。本诗又载《晚晴簃诗汇》。 ② 重三：农三月初三日。 ③ 元九：唐诗人元稹。803年，白居易自徐州移家长安常乐里，与元稹居处较近，二人过从日密。

送刘仲兰之呼兰①

镏君镏君去不顾，寻师独入云深处。

秋风库叶②一扁舟，斜日伊兰千里路③。

庚寅之岁喜初逢，我与君家一巷中。

气象汪汪黄叔度④，照人剪水点双瞳。

清谈从此留真赏，夜话簧镫时来往。

得逢好友旧盟心，欲索解人⑤先鼓掌。

周簠秦彝汉瓦文⑥，图书金石两纷纭。

画家自古传三昧⑦，书法于今重八分⑧。

蓦地祖刘中夜起⑨，方觉雕虫技小矣。

男儿生长天地间，不能为将宜为使。

鬓发将凋可奈何，坐令勋业久磋砣。

我闻此语为君壮，燕赵相逢慷慨多。

金源自古称雄郡，残碑断碣无人问。

偶然名士著名邦，斗觉山川增气韵。

此时耳热酒初酣，别绪吟秋与澹堪。

它日边云回首处，荻花枫叶满江南。

① 本诗为刘仲兰送行而作。刘仲兰，见页46注*。呼兰，在原黑龙江省南部，今为黑龙江省哈尔滨市呼兰区。收入《晚晴簃诗汇》。　②库叶：即库叶岛，今俄罗斯联邦最大岛屿。　③自注："君并有伯利、三姓之行。"按：伯利，即伯力，今俄罗斯境内；三姓，依兰府所在地，今黑龙江省依兰县。　④黄叔度：后汉代黄宪，字叔度。时人郭泰称他"汪汪若千顷波，澄之不清，淆之不浊"。　⑤解人：通达言语和文词意趣的人。　⑥周簠（fǔ）句：泛指古代金石文字。簠为食器，青铜制，西周晚期开始出现；彝为古代青铜礼器通称；瓦为陶土制的筒瓦之类，东周为半圆形，秦汉为圆形。　⑦三昧（mèi）：本佛教语，亦指事物之诀要和精义，此指画中奥妙。　⑧八分：书体中汉隶的别称。　⑨祖刘：晋代祖逖与刘琨同为司州主簿，素怀恢复中原之志，同被共寝，中夜闻鸡起舞。

自笑二首

一

自笑兰成①住小园，一庐人外息嚣喧。
报来有客僮先喜，懒去裁书②友亦原。
壮岁纵余千里志，名山敢诩一家言③。
素心如此谁相问，风满秋江月满轩。

二

读易看山喜静沈，萧萧黄叶锁庭阴。
无官便少秋风想，有感方知夜雨心。
三径渊明成菊癖④，十年皇甫作书淫⑤。
埽除使酒⑥惊筵意，独对青镫味自深。

① 兰成：南北朝时期著名文学家庾信，字兰成，著有《小园赋》。　②裁书：写信。　③一家言：指有独到见解，自成体系的著作。司马迁《报任安书》："究天人之际，通古今之变，成一家之言。"　④菊癖：晋代陶潜，字渊明，性爱菊成癖，其《归去来辞》有句："三径就荒，松菊犹存。"　⑤书淫：魏晋时人皇甫谧，初不好学，后勤学不息，以著述为务，得风痹病仍手不释卷，时人谓之"书淫"。　⑥使酒：任性酗酒。

洞萧曲并序①

昔者商妇琵琶，白傅闻而下泪②；公孙剑器，杜陵感而成诗③。念浔阳之迁谪，叹天宝之流离，其寄慨有自来矣。余有数亩弊庐，寂寞人外，当干戈满地，恨丝竹无缘。忽于隔院隐度箫声，既如怨而如慕，似传不得志之平生；不相识且相逢，有莫可奈何之感喟。则虽里居难问，已同随风之鸦；更兼烽燹频惊，翻作逐鹰之雉。亦可谓春士工愁、秋娘善怨者矣。时则素月流天，人影在地，当深夜听歌之下，动闻声起舞之心。仆本恨人，聆之而心惊不已④，后之览者，庶几其有感斯文。爰为长句一章，曰《洞箫曲》。

> 孤月团团贴黄玉，逼人毛发清如浴。
> 何处飞来箫一声，惊回小院斜烟绿。
> 我亦因箫忆玉人⑤，玉人对此更伤神。
> 不知羁鸟浑无伴，但觉流莺是比邻。
> 隔墙闻得喁喁语，箫声渐歇泪如雨。
> 初犹隐约转分明，自言本是辽东女。
> 辽东大道争繁华，缠头年少游狭斜⑥。
> 酒绿镫红响环珮，缓歌慢舞凝琵琶。
> 无双妙技圆圆⑦曲，第一才名小小⑧家。
> 此日箫声能引凤，珠喉宛转香风送。
> 一曲争传白纻词⑨，十年未醒青楼梦。
> 海东鼙鼓忽惊人，南迎北送皆风尘。
> 幸离玉碎珠沈厄，只剩鸾飘凤泊身。
> 来此松花江上住，可怜朝朝复莫莫。
> 黄金何处买青春，昔日同车今陌路。
> 重调曲调倍伤情，初闻犹似怨湘灵⑩。
> 繁弦一转银河泻，天惊石裂刀枪鸣。
> 有时凄楚若枯木，新人旧人一齐哭。
> 有时奇险行路难，山鬼啸雨猩号寒。
> 我闻前语已如醉，泊闻此音重下泪。
> 天涯沦落有谁同，不堪回首当年事。
> 杜钦⑪京国久知名，刘向⑫黄金铸未成。
> 思量红袖成心赏，感动青衫是尾声。
> 天荆地棘干戈劲，恨不随人变名姓。
> 秋深平子⑬每工愁，体弱仲宣⑭复善病。
> 感此空山岁月多，西风沈醉怕闻歌。

青眸不遇红颜老，一样伊凉唤奈何。

夜色茫茫银箭[15]永，天风泠泠玉钗冷。

曲终月淡悄无人，空江寥落青峰影。

① 本诗当作于甲午年（1894 年）之后。　② 商妇二句：唐代白居易被贬九江任刺史，闻舟中委身为贾人妇的长安娼女夜弹琵琶，感作《琵琶行》，即后文所说"念浔阳之迁谪"。　③ 公孙二句：唐代杜甫晚年作《观公孙大娘弟子舞剑器行》。　④ 仆本二句：语出江淹《恨赋》："于是仆本恨人，心惊不已，直念古者，伏恨而死。"恨人，失意抱恨之人。　⑤ 玉人：旧谓容貌美丽之人。古人诗中常以此代妻子、情人。　⑥ 狭斜：旧称娼妓家。⑦ 圆圆：明末苏州名妓陈圆圆，能诗善画通琴，色技双全。　⑧ 小小：南齐钱塘著名歌妓苏小小，能词，有才名。　⑨ 白纻词：即白纻歌，乐府《舞曲歌辞》名。　⑩ 湘灵：湘夫人，舜妃。　⑪ 杜钦：汉文学家，字子夏，以才著称于京师，人称"小冠杜子夏"。其时杜邺与之同学，称"大冠杜子夏"。⑫ 刘向：汉文学家。误信方术家言，进书淮南王，称有铸金之术，试之不验而获罪。王惜其才，方得免死。　⑬ 平子：后汉张衡，字平子，有七言《四愁诗》四章传世。　⑭ 仲宣：三国魏文学家王粲，字仲宣。体弱多病。　⑮ 银箭：刻漏之箭，古代记时器具。

怀沙研斋[1]

大江流万里，今古几诗才。

独有中原感，高歌思壮哉。

相知虽恨晚[2]，夙志岂能灰。

此夕正风雨，故人殊不来。

① 沙研斋：见页 64 和沙研斋消夏四咏注①。　② 相知句：成与沙"自束发时同逐名场，即同以古学相砥砺"（《思旧集》）。二人订交较早，"恨晚"，表明情谊之深。

晓行[1]

出关黄叶欲飞时，京洛风尘绿鬓知。

万点残秋萦梦毂[2]，半竿初日上鞭丝。

策时才愧陈同甫[3]，思旧情深向子期[4]。

笑我征人无一事，且行且止且吟诗。

① 本诗与以下三首作于癸巳（1893 年）初秋，去北京参加乡试途中。本篇入《晚晴簃诗汇》。　② 梦毂：指夜行车。　③ 陈同甫：宋代词人陈亮，字同甫。宋光宗策进士，陈亮以君道师道对礼乐刑政之要，擢第一。　④ 向子期：

晋文学家向秀，字子期，与嵇康、吕安为友。嵇康被诛，作《思旧赋》哀之。

锦州道中

萑符^①未靖戒心多，画角声中万马过。

好是一船风浪静，澹烟斜日渡凌河^②。

① 萑（huán）符：即萑苻，为葭苇丛密、盗贼深藏之泽。常以代指盗贼。

② 凌河：当指小凌河，流经锦州。

医巫闾山^①

蜿蜒三百里，带砺^②锁边疆。

直控三韩^③影，平分五岳^④凉。

天将石作画，人以果为粮。

策马自兹去，满襟松桂香。

① 医巫闾山：在辽宁省西部，主峰位于锦州北镇市。为东北著名风景区。

② 带砺："砺山带河"的省语。意为泰山小如磨刀石，黄河细如衣带，仍然山川久长，永不生变。 ③ 三韩：汉时朝鲜南部分为马韩、辰韩、弁辰（晋称弁韩）三国，后以三韩代指朝鲜。 ④ 五岳：东岳泰山、西岳华山、南岳衡山、北岳恒山、中岳嵩山。

宿望海店^①

鸦盘远势欲黄昏，我亦随鸦入此村。

山小于拳浮岸脚，潮平如掌啮云根^②。

寒烟影里僧归寺，黄叶声中客打门。

杯酒盈盈殊解意，好销尘梦醉诗魂。

① 望海店：不详。本篇入《晚晴簃诗汇》。 ② 云根：指海边岩石。唐人诗有"移石动云根"句。

哭亡室孟孺人三十首^①

一

夫婿平生不解愁，经营辛苦廿余秋。

是侬无福卿无命，如此因缘未白头。

二

红袖添香伴读书，一家眷属有谁如？
曼声缓缓归来后，陌上花开二月初。

三

妆罢红莲睡正酣，小窗儿女语喃喃。
剧怜道韫青纱障②，清绝滔滔玉麈谈③。

四

长斋绣佛记年年，每夜焚香自告天。
静对薰炉人不语，画帘如雨雨如烟。

五

蕉雪松风竹露边，此中况味最缠绵。
烹茶酿酒寻常事，思到卿身便惘然。

六

结发盈盈照绣帏，季年燕瘦早环肥④。
生平小胆空房怯，此日睘睘⑤何处归。

七

灵帏深夜泣呱呱⑥，人语迷离鬼语孤。
望断珊珊环珮影，是耶非处有耶无。

八

独怜阿母⑦夜深来，一恸沈绵剧可哀。
想到龙钟呼不起，也应有泪洒泉台。

九

自悔从前领略疏，衣香鬓影太模糊。
九原⑧告语君须记，莫忆人间薄倖夫。

十

挈妻我欲学刘纲⑨，小住江城⑩已十霜。
记得重阳风雨夜，大家团坐说还乡。

十一

留将旨蓄奉姑尝，春韭秋菘瓮几双。

绝似伤心元相语，添薪槐叶打秋窗。

十二

枉说冬来照玉容，白狐裙帽爱轻松。

欲寻镜里纤纤影，除是瑶台月下逢。

十三

曾哭当年女二芽⑪，三声泪下断人肠。

相逢泉路须相认，瘦影俜仃是女娘。

十四

生前面目未全非，珊步无声玉体微。

误认横陈宜此夜，凄凉犹著嫁时衣。

十五

白衣儿女灿如麻，唤母无声转唤爷。

我更无知怜幼子，众人哭处笑哑哑。

十六

苦将身后事安排，镇日营营奠与斋。

家运如斯须打算，自然先我死为佳。

十七

每思小饮总魂销，今夜殷勤斗酒浇。

酬汝一生清苦志，自携十万纸钱烧。

十八

何须潘岳⑫太伤神，何必庄生学鼓盆⑬。

万树梅花千点月，为君今夜赋招魂。

十九

我似鳏鱼夜不眠⑭，槐安好梦总难圆。

邻家也有糟糠妇，问尔何修共百年。

二十

寄内诗词箧内多，回文也感窦连波⑮。

于今底事成幽怨，尽属人间懊恼歌⑯。

二十一

蓬莱仙子管书彤，雾阁云窗事杳冥。
愁煞曲终人不见，满山枫叶一时青。

二十二

孱骨支床瘦似鸡，若令卿见早酸嘶。
可怜忍泪加餐饭，独对高堂不忍啼⑰。

二十三

漫说衾同穴亦同，此身诀别竟西东。
三生杜牧情无限，从此人间万念空。

二十四

神鬼皆惊风雨闻，纵横笔阵扫千军。
秋磷野魅君休畏，好诵儿夫祭汝文。

二十五

由来根器⑱忕聪明，偏是空禅妒有情。
似此柔肠牵不了，它生尔我愿无生。

二十六

平时小别泪先盈，至此何无一泪横？
想是阿侬真负汝，到头恩怨总难明。

二十七

归家百里挂蒲帆，手自烹鱼笑我馋。
今日忽经江上路，酒痕和泪上青衫。

二十八

乌丝长卷手轻描，索字红窗慰寂寥。
听彻洞箫呜咽曲，一声隔断爱河桥。

二十九

无端痛失魏城君，惆怅东坡海外文⑲。
重觅小游仙馆⑳路，落花如梦锁孤坟。

三十

挑镫呜咽写新诗，汝岂知耶其不知？

白傅歌成长恨在，天荒地老渺难期^㉑。

①丁酉（1897年）十月十二日，发妻孟庆贞病逝于吉林，诗人作悼亡诗五十首。本卷选入三十首，其余二十首有十一首收入《辑佚集》。　②剧怜句：诗人以其妻与晋女诗人谢道韫作比。谢为王凝之之妻，有辩才，曾在客厅青纱步障后，由女仆传话，帮助凝之弟献之与客辩论。　③玉麈（zhǔ）谈：谓执玉柄麈尾而谈。麈，兽名，古人以麈尾作拂尘。　④燕瘦：指汉美女赵飞燕，体态轻盈。环肥：指唐美女杨玉环，体态丰满。　⑤嬛嬛（qióng）：同"茕茕"，孤独无依貌。　⑥呱呱（gū）：哀啼声。　⑦阿母：孟庆贞母。　⑧九原：指墓地。　⑨刘纲：三国吴上虞令，与妻樊云翘居四明山，传说同仙而去。　⑩江城：吉林城别称，由清康熙帝《松花江放船歌》"连樯接舰屯江城"诗句得名。　⑪二芗：成多禄次女世蕙，1892年疾殇。长女名世芗，故称世蕙为"二芗"。　⑫潘岳：晋文学家。为文词藻艳丽，尤长于哀挽文字。　⑬庄生：战国时期楚国庄周，思想家、哲学家。值妻死，鼓盆而歌。　⑭鳏鱼：其性独行。因鱼从不闭目，遂喻因愁郁而张目不寐。⑮窦连波：晋人窦滔。罪戍流沙，其妻苏蕙织锦作回文璇玑图诗以赠。　⑯懊恼歌：《乐府》作《懊侬歌》。描写男女爱情受到挫折所带来的苦恼。　⑰不忍啼：据诗人手书白折墨迹，忍，为"敢"字。　⑱根器：指人的秉赋。　⑲海外文：苏东坡被贬海南岛，忽闻其妻魏城君逝，遂作诗文遥祭。　⑳小游仙馆：成多禄书斋名，在吉林北玄天岭真武庙中。　㉑白傅二句：白（居易）太傅作《长恨歌》，末二句为"天长地久有时尽，此恨绵绵无绝期"。

挽诚勇公尧山将军^①二首

一

丰沛^②英雄特起多，千秋人唱大风歌^③。
将军百战能防海^④，留守三呼未渡河^⑤。
帝倚长城资阃外^⑥，人惊短笛起山阿。
只今故吏辽东满，应有奇勋继伏波^⑦。

二

五军十道剧悲哀，海色天容惨不开。
全局危时公竟去，大星陨处我刚来。
空悲方叔^⑧成元老，谁识刘贲^⑨是霸才。

欲赋招魂招不得，知音寥落感琴材。

①诚勇公尧山将军：清奉天将军依克唐阿，字尧山，己亥年（1899 年）逝世，卒谥诚勇。时成多禄在将军幕中。　②丰沛：汉高祖刘邦，为沛之丰邑人，丰沛代指皇帝故乡。此处当指东北。　③大风歌：刘邦所作的古歌。④将军句：明抗倭民族英雄戚继光，一生备倭浙闽，镇守蓟门，功勋卓著。⑤留守句：宋抗金名将宗泽上疏二十余次，请帝还京，俱为奸人所阻，忧愤成疾，大呼三声"过河"而亡。　⑥阃（kǔn）外：郭门以外，后称军事职务为阃外。　⑦伏波：汉伏波将军马援。依克唐阿在中日甲午战争中有功，故以伏波相比。　⑧方叔：宋代赵万年，字方叔，为襄阳制置司干办官。金人围城，宣帅诸司相继逃遁，赵万年力助招抚使死守九十余日，功进武德大夫。依克唐阿抵抗日军有相似战绩，故比之。　⑨刘蕡（fén）：唐昌平人，有谋略，敢直言，被诬获罪。

寄怀于次棠师①

跃马横戈事总虚，辞家剩有一囊书。

深尝世味文难信，沉醉离怀酒不如。

幕上春风巢燕子，江边秋水梦鲈鱼。

它时杯酒重逢处，好是黄花九月初。

①次棠师：成多禄尝受教于于荫霖（字次棠），故称之为师。

题谈饱帆《卧薪图》卷子四首①

一

鸿雪何年悟夙因，一龛风雨寄吟身。

谁知岭表②天涯客，偏是江干画里人③。

绝漠吞毡苏典属④，穷湘采芷屈灵均⑤。

个中有恨谁能识，岂独烽烟泣小臣⑥。

二

枕罢珊戈梦已凉，满身犹带玉门霜。

思深未免心如醉，恩重何辞胆共尝。

卧雪纵余名士气，乘风不作少年狂。

陈情疏与新诗草⑦，一样争钞满洛阳。

三

虞卿⑧穷后有奇书，公子槃槃⑨意态殊。

花落西清仙梦远，蓬飘东国客情孤。

吟成白雪窥初本，挥尽黄金剩此图。

今日重寻开卷处，万花如雪卷秋芦。

四

荆棘中原唤奈何，孤镫深夜影婆娑。

感君代父缠绵意，使我思亲涕泗多。

万里边声悲铁骑，十年心事恨铜驼⑩。

愿将忠孝神仙志，璀璨诗篇永不磨。

①本诗作于庚子（1900年）。谈国桢，字饱帆，与成多禄交甚早。其一、其二、其四三首收入《遗逸清音集》。　②岭表：岭南，代指广东。谈国桢为广东驻防汉军旗人。　③自注："吉林亦有此画。"　④苏典属：汉代苏武山使匈奴被囚，不供饮食，饮雪吞毡。十九年后得还，拜典属国。　⑤屈灵均：战国楚屈平（原），字灵均。　⑥自注："君诗有'烽烟泣小臣'句。"⑦陈情疏：甲午战争时，谈国桢以庶吉士身份抗疏陈情，代父远戍。新诗草：谈国桢有《暂厂诗集》行世。　⑧虞卿：战国游士。曾困于梁，乃著书八篇，即《虞氏春秋》。　⑨槃槃：大貌。言人有大志。　⑩铜驼：汉洛阳宫门外原有铜铸骆驼。据《晋书》，索靖知天下将乱，指之曰："会见汝在荆棘中耳！"此处指作者对国事的长期忧虑。

纪事二首①

一

极北狼烟照两京，将军犹自喜谈兵。

书投子玉诸君戏，将拜淮阴②战士惊。

前席每多神鬼问③，谰言偏笑触蛮④争。

可怜呜咽辽南水，已作秋风万马声。

二

九衢⑤白日莽烟尘，铁牡⑥横飞昼少人。

尚说狂澜回碧海，岂知祸水兆黄巾。

能军可有宗留守⑦，变姓何如梅子真⑧。

十万苍生同一哭，欧雨亚风⑨虎狼邻。

①诗纪庚子事变两京失守事。其一，讽刺盛京将军增祺御敌无能，不战而逃。时成多禄在增祺幕中办文案。其二，斥慈禧太后昏庸误国。　②淮阴：汉淮阴侯韩信。此讽增祺无将才。　③前席句：汉文帝征贾谊入朝，谈至夜半，每前席询问鬼神之事。此讽增祺不务要事。　④触蛮：据《庄子》，蜗之左右角上分别是触、蛮两国，常为争地而战。此讽增祺为细小事引起争端。　⑤九衢：四通八达的大路，此处可理解为京师或各地城乡。　⑥铁牡：旧时称"洋枪"弹。　⑦宗留守：宋代宗泽。　⑧梅子真：汉代梅福，字子真。弃官家居。王莽代汉后，改易姓名。　⑨欧雨亚风：指包括邻国日、俄在内的各国侵略者。

汉家①

汉家西狩感君王，零落芜亭麦饭香②。

当日移宫纡策画，几人专战误平章③。

龙颜泣下秋风暗，马首悲生大月凉。

千古党魁谁召祸，秦关百二④感苍茫。

①本诗作于庚子年（1900年）。收入《晚晴簃诗汇》。　②汉家二句：写庚子事变时，皇室西逃的情景。　③平章：唐中叶后，凡实际任宰相之职者，外加"同平章事"的官衔。诗中代指怂恿慈禧太后"向万国宣战"的权臣。④秦关百二：见页54注③百二。

三面船①

三面船头闹夕晖，将军匹马去如飞。

胡儿②不解驰驱意，闲倚西风看打围③。

①本诗作于庚子年（1900年）。题下自注："蒙古地名。某帅出走时，由此竞渡。"按：三面船，今辽宁省法库县南，接新民市界，为辽河渡口。某帅，即增祺。此篇收入《遗逸清音集》。　②胡儿：当地蒙古族百姓。　③自注："蒙人以为将军打围，到处聚观。"

庚子塞上作四首①

一

万帐貔貅②大野开，风声怒挟阵云回。
天留一线容西上，地尽中原此北来。
谈笑公卿王猛③意，仓皇戎马李刚④才。
深宵无限关心事，卷入胡天画角哀。

二

莽莽平沙接大荒，当年圣武⑤定全羌。
汉家佗尉蛮夷长，唐代浑瑊⑥异姓王。
册谱球刀诒法物，图开日月近宸光。
兴源寺里尊藏处，犹见河山带砺长。

三

拂剑高吟敕勒歌⑦，酪浆㧚酒⑧舞婆娑。
黄龙誓饮金乌术，白马难盟药葛罗⑨。
危局百年沉黑水，长城万里划黄河。
青燐白骨秋笳集，墨沈新从盾鼻磨⑩。

四

辕门画鼓乱驼鸣，落日川原碛路平。
估客蜡书⑪通敌报，胡儿绕帐听吟声。
旌旗占断金源路，砧杵摧残木叶城⑫。
草泽即今扶义起，相公何用受降名。

① 本诗作于庚子年（1900年），收入《晚晴簃诗汇》《绥化县志》《遗逸清音集》。　②貔貅（píxiū）：古猛兽名，比喻勇猛的将士。　③王猛：前秦人，气度宏远，善于言辞，后事苻坚为相。　④李刚：应为宋名臣李纲。　⑤圣武：指金太祖阿骨打。上尊号为"大圣武元皇帝。"　⑥浑瑊（jiān）：唐将，勇冠三军，后以军功拜相。　⑦敕勒歌：北齐时，北方敕勒族中流行的一首歌曲："敕勒川，阴山下，天似穹庐，笼盖四野；天苍苍，野茫茫，风吹草低见牛羊。"　⑧㧚（tóng）酒：马奶酒。　⑨白马句：指历史上汉族与少数民族多有事端。古代重要盟誓多杀白马歃血而定，故称白马盟。药葛罗，亦作越（或粤）葛獠（或犵獠），指依山谷林箐而居的少数民族。　⑩盾鼻：指盾背（纽），古人多于上磨墨作檄文，后比喻从事戎幕。　⑪估客蜡书：南宋时，全国奸细化装成估客（商贩）与秦

桧通消息,往来书信置蜡丸中。 ⑫金源路:见页83其塔木屯二首注⑤。木叶城:实指木叶山。在内蒙奈曼旗东北,山上有辽始祖庙。代指契丹族发源地。

铜剑歌①

阿房三月火不灭②,剑气深藏入古穴。

岂知龙性终难驯,一声霹雳断厓裂。

中有神物三尺强,满身犹浴老蛟血。

上镌始皇二年造,篆文隐隐见波折。

有识者曰此定秦,细将往事为余说。

荆刀未著韩椎空③,祖龙④小儿一何谲。

金人十二咸阳来⑤,四海九州无寸铁。

惜乎收铁未收尽,双锋刘项雌雄决。

屠龙斩蛇为一手,腰间紫电寒光掣。

此时铜剑犹沉埋,独枕荒凉千古阅。

问剑不语剑应笑,辒辌车⑥上长生诀。

布衣崛起不识字,鞭笞天下走豪杰。

亡秦得秦一剑中,枉罪诗书计亦拙。

把酒长吟铜剑歌,八百书生冤一雪。

①题下自注:"蒙人有得铜剑者,或曰秦物也。感而赋此。"此篇收入《绥化县志》。 ②阿房:秦宫名。项羽火焚之,三月不息。 ③荆刀:荆轲献图,图穷匕首见,刺秦皇未遂,被害。韩椎:张良为韩国报仇,遣力士于博浪沙,以椎击秦皇,不中。 ④祖龙:秦始皇。 ⑤金人句:秦始皇收天下铁器,造十二金人于咸阳。 ⑥辒辌(wēn liáng)车:本指古代卧车,亦指帝王丧车。

怀谈饱帆昆仲三首①

一

一读琅函②百感兴,更深一豆草堂镫。

淞江夜月思千里,辽水西风梦二陵。

完璧竟成今日事③,分金④终愧古人能。

乱离未觉风尘苦,坡颖⑤依依似友朋。

二

劫火无端剩此生，金戈铁马梦余声。

尊前沧海横流远，衣上长淮别泪萦。

和局隐窥元老意，丰碑早识党人名。

辩才似此君应惜，古镜妍媸忌太明。

三

本来人物属金昆⑥，更幸生还入玉门⑦。

身外纵无余物在，箧中犹有旧诗存。

寻秋古寺钟同惜，问字深宵酒代温。

料得暂龛⑧今夜月，也应辛苦话黄昏。

①本诗作于辛丑年（1901年）秋，谈国桢时在奉天，其弟国桓亦当同在，赋诗怀其兄弟（昆仲）二人。其一、其三收入《遗逸清音集》。　②琅（láng）函：原指书匣，这里指书信。　③自注："庚子之乱，奉天农部印，君怀之出，得无恙。"　④分金：即断金。《易·系辞》："二人同心，其利断金。"后喻朋友间同心协力。　⑤坡颖：苏轼，号东坡居士；其弟辙，号颖滨遗老。　⑥金昆：指土中之金与昆山之玉。　⑦玉门：指宫阙。　⑧暂龛：谈国桢号。

赠同社诸子①

几载联吟共雪蕉②，故人门巷草萧萧。

骅骝远道谁千里，鸾凤清音自九霄。

镫外怀人数花落，琴边感遇愧桐焦③。

松阳④父老如相问，宦味吟声两寂寥。

①本诗作于丁未年（1907年）辞绥化知府归吉之时。　②自注："诗社名。"　③桐焦：见页64和沙研斋消夏四咏注②。　④松阳：松花江北，泛指家乡吉林。

三禽言三首①

一

鹁鸪鸪，鹁鸪鸪。江水涨，井水枯。

大雨大雨连声呼，长安之米贵于珠。

谁家大妇唤小姑，伏雌已卖烹其雏。

朝朝官府追逋租，鹁鸪鸪，江干一幅流民图。

二

行不得哥哥，行不得哥哥。

凋残青箬笠[2]，糜烂乌油靴。

东沟大泽西沟河，估客含泪鬻病骡。

车不能载人能驮，可怜无米兼无禾。

行不得哥哥，富翁杲粟方高歌。

三

得过且过，得过且过。

南山不耕，西山不饿。

半生世路虽坎坷，一唱居然千百和。

深秋老屋纸窗破，寒镫四壁人一个。

得过且过，满城风雨袁安卧[3]。

①自注："大雨连旬，弥望皆成泽国，居人苦之，作《三禽言》。"此篇又入《遗逸清音集》。　　②青箬笠：用竹篾编结成的宽边帽。唐·张志和《渔父》："青箬笠，绿蓑衣，斜风细雨不须归。"　　③满城句：从"满城风雪袁安卧"化来，因作于夏，故用"风雨"。袁安，字邵公，淮南人。汉章帝时洛阳大雪，人皆四出乞食，惟袁安独卧，困守寒门。

送云阳中丞还山兼寄张北墙司马①

将军百战憙[2]功成，囊剑相依万里行。

韩魏国[3]思终老计，杜樊川[4]爱远游名。

摇摇乡梦青山约，历历边愁白发生。

更有曲江风义重，天涯无限故人情。

①戊申年（1908年）三月，黑龙江巡抚程德全，患寒疾告病，成多禄偕同南下。程德全，四川云阳人。张北墙，即张朝墉，字北墙（白翔），时任黑龙江将军府秘书。　　②憙（xǐ）：欣悦。　　③韩魏国：宋代韩琦，与范仲淹齐名，曾疏请立皇嗣。英宗嗣位，封魏国公。　　④杜樊川：唐代杜牧，樊川（在长安南）人，又称杜樊川。

游普陀宿长生庵赠了幻上人二首①

一

簇簇旌旗旧日舟，飘然飞度海门②秋。
生公法相联新雨③，坡老因缘续后游。
佛火宵连千寺动，潮音晴撼万山浮。
君身自有神仙骨，忠孝偏思李邺侯④。

二

学书学剑两无成，宦海风涛何处平。
砥柱中流悲众劫，沧浪鉴影话三生⑤。
参天共仰摩厓字，浴日如闻落笔声。
我是维摩⑥诗弟子，朗吟孤月照心明。

① 本诗作于戊申年（1908 年）六月游浙江普陀山时。了幻，当为法号。
② 海门：在杭州湾南岸。　③ 新雨：新结交的朋友。　④ 自注："了幻颇
能诗，有思亲感旧之作，言词真挚，娓娓动人。"邺侯：唐代李泌。李七岁能
诗，人称奇童。后在玄宗、肃宗、代宗、德宗四朝为官，忠心不渝，封邺侯。
⑤ 沧浪句：谓以清白之水照鉴人清白本质，即佛家所言"前尘影事"，才可一
话宿缘。沧浪，指清水、活水；三生，为宿缘意。　⑥ 维摩：即维摩诘，佛
教菩萨名。又因唐诗人王维，字摩诘，故自称佛门诗弟子。

蘧园六首①

一

尘事忽已远，杳然心迹清。
门迎仙客②到，园问网师名。
苏李③怀前哲，羊求④证旧盟。
不谈天宝事，闲煞李西平⑤，

二

曲径辟青萝，方池拥碧荷⑥。
有人方曳屐，而我亦高歌。
去住烟云幻，兴亡涕泗多。
史公⑦遗迹在，惆怅几槃阿⑧。

三

龙漠振威棱，将军老霸陵⑨。

挈家方辟地，置酒每招朋。

阑鹤惊新露，池鱼怯早镫。

桐梢一片月，应照此心冰。

四

春槛秋阑外，奇花照酒尊。

画窗留树影，诗壁长苔痕。

开府⑩梨桃满，征⑪君松菊存。

邻僧闲话久，颇静六尘根⑫。

五

射虎⑬悲前事，骑驴⑭作寓公。

即今高咏⑮日，犹是卧游风。

阶牖滋兰竹，春秋问韭菘。

小池凝立久，闲对信天翁。

六

鱼鸟久忘机，人来亦倦飞。

郗生⑯犹在幕，疏傅⑰正思归。

琴外宦情淡，杯中生事微。

仓西回首处，云树尚依稀。

①本诗作于戊申年（1908年）。蘧园，即苏州网师园。现园中廊壁书条石上镌有成多禄亲书此六首诗，名为《戊申七月随程雪楼中丞谒达馨山将军于网师园因成五律六章》（以下简称"六章"），文字微异。程雪楼，即程德全；达馨山，即达桂。　②迎仙客："六章"作"听诗客"。　③苏李：苏州前贤。苏，指宋诗人苏舜钦、苏轼，均曾来此。李，唐代李白、李商隐均游苏州，李绅生于苏州。　④羊求：汉隐士羊仲与求仲，常结伴同游。　⑤自注："时达馨山将军为主人，程雪楼中丞为客也。"李西平：唐代李晟，于德宗时平朱泚之乱，功封西平王，故称。　⑥碧荷："六章"作"芰荷"。　⑦史公：网师园原为南宋史正志万卷堂旧址。　⑧自注："池南有石刻'槃阿'二字，系宋时物。"按：槃阿，徘徊、留恋意。　⑨龙漠二句：将军，指汉文帝（其陵为霸陵）时的冯唐，时任车骑都尉。此处赞原任黑龙江将军达桂。　⑩开府：开建府署，辟置僚属。

此指达桂任黑龙江将军早于程德全。　⑪征：象征。　⑫六尘根：六尘与六根。佛家以色、声、香、味、触、法六种外境为六尘，谓眼、耳、鼻、舌、身、意六者为罪孽根源。　⑬射虎：见页59注②李兆平。　⑭骑驴：示引退，生活闲适。　⑮高咏："六章"作高隐。　⑯郗生：晋代郗超为桓温参军。谢安来访，温令超卧帐中听之，风动帐开，安笑曰："郗生可谓入幕之宾。"　⑰疏傅：汉代疏广，宣帝时为太傅，在位五年，上疏归里，散尽钱财。

谒朱研生师①

采药寻师海外天，归来身带五湖烟。

思量劫换红羊②后，仿佛经谈白鹿③前。

吴苑高吟招月共，怡园④狂醉抱松眠。

自怜江上闲桃李，虚领春风廿五年。

①甲申年（1884年）成多禄获乙酉科预选拔贡第一，主考为吉林学使朱以增（字研生）。戊申年（1908年）夏，成与朱晤于苏州，遂成此诗。又入《晚晴簃诗汇》《遗逸清音集》《绥化县志》等。　②红羊：古人迷信说法，赤马（丙午）、红羊（丁未）年为劫运，国中多难。　③白鹿：指白鹿洞（在庐山），宋代朱熹曾讲学传经于此。　④怡园：苏州著名园林之一。

横塘①夜泊

出城二十里，孤泊近渔矶。

到此橹声渺，悄然人语稀。

夜深饥鼠出，水浅乱萤飞。

言念山中侣，停琴待我归。

①横塘：苏州市西南二十里。入《晚晴簃诗汇》。

泛舟木渎访顾缉廷师①

好风吹梦过横塘，席帽棕鞋趁野航。
里巷共知陶靖节②，衣冠犹见鲁灵光③。
沧桑变后秋声远，樽酒谈深夜色凉。
说剑弹棋成底事，此身如坐景韩堂④。

① 本诗作于戊申年（1908 年）秋。木渎是苏州城南大镇。顾肇熙（字缉廷）二十余年前曾为吉林崇文书院山长，成多禄就学于此。此篇收入《遗逸清音集》《绥化县志》等。　　② 陶靖节：晋代陶潜，号靖节先生。　　③ 鲁灵光：汉景帝子鲁恭王所建宫殿名，在山东曲阜，诗中喻指儒家风貌。　　④ 自注："吉林书院斋名。"按：书院即崇文书院，成多禄以廪膳生员寓读于此。

同云阳中丞访医青浦①

碧宇如揩绝点尘，舟摇摇趁水鳞鳞。
不同东海人求药②，何事西湖客买邻③。
双屐名山秋外梦，满船明月镜中身。
爱它蓑笠吴儿曲，十里青溪放鸭人。

① 陪程德全去青浦（今上海市）访医而作。　　② 求药：指秦始皇命徐福赴东海寻长生药事。　　③ 买邻：择邻而居。

简汤蛰仙①先生二首

一

被酒高歌阮步兵②，老来奇气尚纵横。
已从韦布③忧天下，岂独文章重此生。
露奏④万言惊国魄，飙轮⑤千里走秋声。
旧人新党兼时议，一样狂澜挽不平。

二

五岳峰颠大海头，拓开眼界认荆州。
蜀江旧雨⑥劳迎送，歇浦闲云任去留。
夜半竟违黄石约⑦，年来将共赤松⑧游。
大东极目愁多少，班马萧萧暮雨秋。

① 汤蛰仙：汤寿潜，字蛰仙，浙江人，时在上海。　　② 阮步兵：三国时期魏国阮籍，性放任，好酒喜游，官步兵校尉，人称阮步兵。竹林七贤之一。　　③ 韦布：贫贱人所穿的韦带布衣。　　④ 露奏：古时战争胜利后，则上奏朝廷，其文曰露布。　　⑤ 飙轮：指车行驶之快，此指火车。　　⑥ 旧雨：老朋友，旧相识。　　⑦ 自注："昨约观潮未往。"黄石约：秦隐士黄石公，夜约张良授以太公兵法。　　⑧ 赤松：上古神农时的雨师赤松子，传为帝喾之师。

寄宋铁梅都护兼示幕中诸友二首[①]

一

汉唐节使重筹边，绝漠驰驱已廿年。

短草牛羊通瀚海，大荒鱼鸟辟冰天。

寒围猎晓千峰雪，野市团秋万灶烟[②]。

寄语八旗游牧长[③]，好将勋业继前贤。

二

兴安岭畔小诸侯，万里锋车逼亚欧。

曾蹴刘琨同夜舞，屡招王粲作春游。

诗中岁月成青史，镜里功名剩白头。

自笑此身兼吏隐，九边心事五湖秋。

①从江南寄往黑龙江的诗，时宋小濂任呼伦贝尔副都统。　　②自注："甘珠寺秋间互市。"按：甘珠寺在今满洲里南，时为贸易中心。　　③自注："铁梅有'八旗游牧长'小印。"按：都统为八旗中的最高长官，呼伦贝尔地处草原，故以"游牧长"戏称。

度兴安岭访宋铁梅观察[①]

云车穿出洞冥冥，形势东来若建瓴。

王气遥浮全亚白，长烟直下大荒青。

人家水近牛羊老，战地风高虎豹腥。

吟得安西都护句[②]，好骑赢马勒新铭[③]。

①己酉年（1909年）冬十月，成多禄自奉天越吉林、黑龙江，度兴安岭访宋小濂。此篇收入《晚晴簃诗汇》。　　②吟得句：杜甫诗《高都护骢马行》首句为："安西都护胡青骢，声价欻然来向东。"贞观中置安西都护府，辖于阗以西、波斯以东地。时高仙芝为安西副都护。　　③自注："铁梅诗有'又骑赢马度兴安'之句。"勒新铭：建立新功。东汉窦宪破匈奴，登燕然山，刻石纪功，命班固作《燕然山铭》。《乐府》中所载北周王褒《从军行》诗有"勋封翰海石，功勒燕然铭"句。

呼伦署中即席留别[1]

三年鸡黍[2]话前期，才得相逢又唱骊[3]。
生死交情同一气，艰难时局上双眉。
九秋月色樽中酒，万古边声劫后诗[4]。
明日兴安回首处，漫天风雪路逶迤。

① 本诗作于己酉年（1909年）冬，诗人时在宋小濂处。　　② 鸡黍：东汉范向与张邵约定，三年后某日必赴张家拜母。至期张备鸡黍，范应时果至。后以鸡黍期表示如约前往。　　③ 骊：骊歌，古代告别之歌。词已不传。　④ 自注："铁梅有《边声集》。"

次郑苏戡先生韵二首[1]

一

胸中五岳郁风雷，璅璅[2]雕虫枉费才。
解道横空盘硬语，华山云气划然开。

二

地接沧浪天蔚蓝，华严境界记同参[3]。
香南雪北多常句，逸响谁寻落木庵[4]。

① 己酉年（1909年）十月，成多禄在奉天始识郑孝胥（字苏戡），不久作此二首。② 璅璅（suǒ）：细小。璅，同琐。　③ 华严句：同到佛家地参拜。华严，佛经名。④ 落木庵：明末清初吴县诗人徐波的室名。

偶检行箧得庆咸庭[1]小像感赋

人代茫茫宿草滋，镜中犹见旧须眉。
少年怒马同游地，老我寒镫独忆时。
鼙鼓苍凉思健将，风云咤叱付奇儿。
勋劳家世沧桑感[2]，零落亲知更有谁？

① 庆咸庭：成多禄姻弟，疑为妻弟。吉林宋辛程先生家藏成氏手抄诗册（抄于1911年）题为《题咸庭遗照》。　② 诗册中写为"开函忍诵渔洋语"。

临别题宋铁梅兵备小照四首①

一

驰骤名场记少时，朱霞天半见丰姿。

世间多少英雄感，赢得霜华满鬓丝。

二

脚根犹绕漠河②烟，徙倚龙沙又十年。

爱听舆歌诸士女，买丝争绣赵屯田③。

三

时局桓伊④唤奈何，每将勋业悔磋砣。

狂澜既倒谁收拾，忍把朝衫换笠蓑。

四

公入兴安我入吴，临歧握手重踟蹰。

它年万树梅华里，明月前身忆此图。

①本诗作于庚戌年（1910年）春，时成多禄将去苏州。　②漠河：县名，在黑龙江省，设有金厂。宋小濂早年曾随李金镛在此供职，虽升任兵备道，但仍关心漠河。　③赵屯田：汉将赵充国，抗击匈奴，与羌族贵族作战，屯田西北。诗以赵比宋。　④桓伊：晋将军，字叔夏，与谢玄等共破苻坚，拜护军将军。

题《缶庐集》①

甪里先生②清且闲，吟成冰雪照癯颜。

碑寻衡岳岐阳③外，画在青藤雪个④间。

早岁交游归短发，一庐梧竹绕名山。

我身愿与梅华伍，明月高人自往还。

①《缶庐集》四卷，光绪十九年（1893年）刊印，吴昌硕著。吴原名俊卿，近代著名书画金石家。　②甪（lù）里先生：汉周术，字元道，避秦居商山，人称甪里先生，为商山四皓之一。　③衡岳岐阳：衡岳，南岳衡山；岐阳，在陕西扶风。唐时发现著名的石鼓。　④青藤：明画家徐渭。雪个：明画家朱耷（即八大山人）。

寄张北墙四首①

一

小河沿下系轻桡，一样诗情共酒浇。
今日江烟渔火外，有人独夜泊风桥②。

二

虚堂汗墨手交挥，簿领丛中人四围。
羡否虎丘③山下路，画船齐唱晚凉归。

三

又作人间老秘书，几回访旧意踟蹰。
夕阳偏恋桃花坞④，仿佛吟魂寄六如⑤。

四

寻诗重扫旧巢痕，题遍金阊⑥处处门。
惆怅曲江人不见，雨丝烟柳更销魂。

①诗赠寓于黑龙江的张朝墉。　②风桥：即枫桥，在苏州。　③虎丘：苏州名胜。　④桃花坞：明代唐寅旧居，在苏州。　⑤六如：唐寅，字六如，祠墓在苏州。　⑥金阊：苏州，旧时别称。阊门外旧有金阊亭。

集思贤堂赠同人二首①

一

氄氄②丝柳间疏篁，鸿雪随缘到画堂。
入国远怀吴季子③，分曹同作汉诸郎。
鱼喁新涨方池碧，人语疏帘夕照黄。
好语思贤贤节度④，莫将风月误平章。

二

辽海之间老半生，素心原不在飞鸣。
频依幕府高眠惯，早卸朝衫独笑成。
夜雨声中黄歇浦⑤，绿杨阴里阖闾城⑥，
年来载遍江湖酒，惭愧名贤到处迎。

①本诗作于庚戌年（1910年）夏。思贤堂，在苏州某园。　②氄氄

（sān）：毛类细长的样子。　　③吴季子：春秋吴国季札，为吴王诸樊之弟，多次推让君位。　　④贤节度：唐代诗人韦应物、白居易、刘禹锡都做过苏州太守。　　⑤黄歇浦：即黄浦江，楚春申君黄歇所疏通。　　⑥阖闾城：即苏州城，吴王阖闾所建。

寄宋铁梅兵备①

我生鲜兄弟②，畏与良友别。

别来心绪恶，况复三阅月。

忽闻巡九边③，路远风云绝。

新诗来满洲，饱带兴安雪。

时艰发古愁，奇响金石裂。

生平问心迹，心迹胡可灭。

忆昨天南行，鹄立送旌节。

人语逐轺电④，飞鸟裁一瞥。

游踪溯京汉，往事为公说。

吴中赓旧缘，诗壁摩苔碣。

哀哉忧患场，旁睨心已折。

嗷鸿⑤满江淮，万鬼饱人血。

异党复潜煽，枭匪时出没。

急治恐走险，不治痼尤烈。

标本兼治之，此语出前哲。

安得斩乱丝，一断如刀削。

但知筹可运，无虑俎休越。

江淹老秘书⑥，堪笑才已竭。

远道感深眷，英藻霏玉屑。

佐治闻药言，为我胜一决。

古来九漠地，锋镝造豪杰。

愿保岁寒心，肝胆照古铁。

老梅与孤竹⑦，两地争芳洌。

神交贵有道，讵在颜色接。

相思深复深，暑雨犹未歇。

①本诗作于庚戌年（1910年）夏，时宋小濂仍在黑龙江，署呼伦贝尔兵备道。

本诗入《遗逸清音集》。 ②鲜兄弟：少兄弟。诗人无兄无弟，仅有一姊，因此更看重友朋之谊。 ③九边：明代北方有九个军事重镇。此指宋小濂踏勘边界。 ④轺（yáo）电：指电报。轺，轻车。 ⑤嗷鸿：《诗·小雅·鸿雁》："鸿雁于飞，哀鸣嗷嗷。"常喻哀伤痛苦、流离失所的人。 ⑥江淹老秘书：为诗人自谦之词，"以江郎才尽"自况。多年任幕职主文案，故自称"老秘书"。 ⑦老梅句：以梅、竹比宋、成二人。

同郑苏戡先生车中遇雨四首①

一

千山捉卧龙，不知在何许。
忽然脚底雷，洒作一天雨。

二

伟论破庸胆，公真天下医。
服参有奇效，此意老聩知。

三

张子比官忙②，汤子比兵苦③。
惜哉两先生，竟与哙等伍④。

四

吴园几游遍，心意为之小。
何如海藏楼⑤，纵目出天表⑥。

①第三首后有自注："二首皆纪车中语。"可知其二、其三为二人对话。 ②张子句：张朝墉正任秘书，公务烦琐，故曰"比官忙"。 ③汤子句：汤寿潜极俭朴节约，故曰"比兵苦"。 ④哙等伍：韩信被贬爵后，仍不愿与樊哙等粗俗的人为伍。旧时以"哙伍"称平庸之人。 ⑤海藏楼：郑孝胥室名，在上海南阳路。地约三亩，楼为三层，楼前广场，建盟鸥榭、思鹤亭。 ⑥天表：天外。

同朱古微侍郎、刘伯崇殿撰、郑叔问中翰、胡右皆观察集沧浪亭二首①

一

六一②吟残世已遥，孤亭寂寂草萧萧。

秋随天上卿云③到，人共山中旧雨招。

拨藓细寻墙角字，惜花深立藕边桥。

它年谁作沧浪长，词客风流问六朝。

二

垆尽边愁天地宽，奇怀不减且为欢。

无端笑傲偏宜酒，如此疏狂岂称官。

风定蝉声摇草树，夜深萤火乱杯盘。

临流颇忆渔洋④语，拟带苓箵⑤与世看。

　　①沧浪亭在苏州城南，北宋诗人苏舜钦筑而命名，是江南现存历史最久的古园林之一。题中提到的同人：朱古微，名祖谋，近代大词家，曾任礼部兼吏部侍郎；郑叔问，名文焯，近代大词家，曾任内阁中书；刘伯崇，疑为刘福姚；胡右皆，名念修，近代诗人。　　②六一：宋代欧阳修，号六一居士。　　③卿云：一种彩云，古以为祥瑞之气。　　④渔洋：清代王士禛，号渔洋山人。　　⑤苓（líng）箵（xǐng）：打鱼用的竹编盛器，泛指渔具。

宴拙政园和胡右皆韵①二首

一

万荷香动雨余秋，面水轩开积翠流。

何处茶花寻祭酒②，当年烽火怨苏州③。

相逢绰板④皆词侣，话到乘查⑤是壮游。

徙倚画堂前哲远，新凉如梦上帘钩。

二

蓬莱高挹五云还，一代文章旧马班⑥。

人话中元前夕酒，我来别业故乡山⑦。

鹡鸰⑧得路谁孤往，鱼鸟相亲剩一闲。

放却谈禅且谈剑，好将奇语破痴顽。

　　①拙政园是苏州四大名园之一。胡右皆，即胡念修，近代诗人，善画。　　②祭酒：对唐诗人陆龟蒙的尊称。陆嗜茶，拙政园最早是他的别墅。　　③苏州：唐代韦应物曾作苏州刺史，人称韦苏州。　　④绰板：歌唱时的乐具。　　⑤乘查：古神话称乘木排上天。查，同槎，木排。　　⑥马班：指汉文史学家司马迁和班固。　　⑦自注："园今为八旗会馆。"别业：别馆，别墅。　　⑧鹡鸰：即鹡鸰。原指二鸟依序飞行，后指

朝官班列而行。

题沈右卿①《井梧怀旧图》

清严幕府栖孤凤，千古青门谁伯仲。
画图独有沈东阳，金井双梧寻旧梦。
忆昔商丘开府年，珊瑚铁网罗群贤。
棨戟高吟严节度②，笙箫沈醉杜樊川。
廿年宋邵相知久，汉水庐山时左右。
交情沆瀣③共酸甜，雄文光气冲牛斗。
章湟④里下有先庐，历历桐花绕故居。
偶耕芳茂山前稻，时钓蓉湖水上鱼。
画戟凝香清似水，竭来小住为佳耳。
杰作争传三布衣⑤，大名早动四公子⑥。
将军揖客话深知，最宽礼数使人思。
不知净绿轩中意，可似思贤堂⑦里时。
蓦地风云来莽苍，百粤妖氛干气象。
鹧鸪越殿逐群飞，麋鹿苏台时一上。
茫茫劫火照胥菵⑧，战血横飞草树红。
士女高歌曾李⑨绩，丰碑曾勒元戎功。
漫公一去湘公死，百年文献今已矣。
西风依旧井梧寒，凉月照人清似水。
得此奇才世所惊，三千珠履⑩最知名。
纵横文字妙天下，瓣香直接乡先生⑪。
先生志大九州小，少日科名震蓬岛。
绘出鸾箫归娶图，风流艳说仓山表。
蕉衫竹笠走青齐，象领羊城印雪泥。
宾客集成山左右，寓公名压粤东西。
吴中风月境清閟，石上三生⑫名姓记。
笠屐东坡问后身，琴樽北海⑬吟初地。
暇日亭台话旧游，唾青梦绿古池头。
分明一夕桐阴话，仿佛当年落叶秋。
秋风秋雨遥相忆，画里幽怀人不识。

知君勋业迈前贤，使我披图三叹息。

遇合云阳许已深，青州从事⑭托知音。

王杨卢骆⑮传终古，车马严徐⑯奋自今。

絷我来游孤鹤倦，回看偏值群龙战。

客里愁多说马卿⑰，中年体弱思王粲⑱。

感此沧桑涕泗多，铜驼荆棘⑲几摩挲。

夕阳古井鸣蝉急，老抱青梧唤奈何。

①沈右卿：不能确指，疑为沈同芳。仅知沈同芳字友乡（名号中右与友可通，乡与卿繁体字形相近，易误），江苏武进人（诗中"时钓蓉湖水上鱼"中的蓉湖，在无锡西北，近武进）。沈右卿曾入两广总督袁树勋幕（诗中有"象领羊城印雪泥""寓公名压粤东西"句），又入江苏巡抚程德全幕（诗中有"吴中风月境清闷""遇合云阳许已深"句）。与成多禄为幕友，（诗中有"清严幕府栖孤凤，千古青门谁伯仲"句）。　②严节度：唐剑南节度使严武，性情豪放不羁。　③沆瀣（hàngxiè）：性气相合。钱易《南部新书·戊集》："又乾符二年，崔沆放崔瀣，谭者称座主门生，沆瀣一气。"此无贬义。　④章湟：仿徨。　⑤三布衣：清康熙年间，金陵有三位布衣诗人：马秋田、袁古香、芮瀛客。诗中以三布衣喻知识界。　⑥四公子：有明末四公子、清末四公子。此泛指名人。　⑦思贤堂：即思贤苑。《西京杂记》："（汉）文帝为太子立思贤苑以招宾客，苑中有堂隍六所。客馆皆广庑高轩，屏风帷褥甚丽。"　⑧胥阊：胥指伍子胥，阊指阊门，今苏州吴县东门的名称。《史记·伍子胥传》："而抉吾眼悬吴东门之上，以观越寇之入灭吴也。"　⑨曾李：曾国藩、李鸿章。　⑩三千珠履：战国时楚春申君有食客三千余人，其上等者穿珠履（缀珠的鞋）。　⑪乡先生：年老辞官归乡的人。　⑫石上三生：传说唐代李源与僧圆观友善，圆观临亡约其十二年后相见于杭州天竺寺。至期，李源赴约，见一牧童坐石上歌曰："三生石上旧精魂，赏月吟风不要论，惭愧情人远相访，此生虽异性长存。"后常以三生石喻因缘前定。　⑬北海：汉代孔融，曾言："座上客常满，杯中酒不空。"　⑭青州从事：指好酒。青州有齐郡，好酒下脐，脐与齐音谐，故古人称之。　⑮王杨卢骆：指唐初以文学著称的四杰：王勃、杨炯、卢照邻、骆宾王。　⑯车马严徐：指晋代车胤、汉代马援、唐代严武、明代徐达。皆以雄武闻名于世。　⑰马卿：汉代司马相如，字长卿。省称马卿。　⑱王粲：东汉末年文学家，建安七子之一。　⑲铜驼荆棘：谓铜驼将埋没在荆棘丛中。常用以形容亡国后的残破景象。见《晋书·索靖传》。

敦煌石室唐人写经卷子三首 为彭彝仲作[①]

一

听惯天山夜雪声，此行真不减班生[②]。
忽从千佛岩中见，始识金刚卷子名。
天与奇缘手不释，老看神物眼犹明。
秦燔以后灰余本，那得人间有定评[③]。

二

宝山风雨逐臣归，艳说嫏嬛[④]见者希。
四壁云迷唐代物，千年尘黯老僧衣[⑤]。
味兼黄蘗[⑥]经原苦，价重青萍[⑦]字欲飞。
我不解禅爱禅理，深秋客夜炷香微。

三

当年舅氏曾持节[⑧]，招我敦煌万里游。
今日玉门空怅望，此中宝墨几搜求。
昙花梦破昆仑晓，佛火光涵大海秋。
知有前期勋业在，休令证果误封侯。

①唐人写经卷子可能是彭彝仲（生平不详）西北之行所得。敦煌石室，即甘肃敦煌莫高窟，俗名千佛洞，是我国现存规模最大、内容最丰富的石窟艺术宝库。　②班生：汉代班超，曾出使西域。　③自注："座有驳写经之误者。"　④嫏嬛：神话中天帝藏书的地方，此处指石室所藏唐代经卷。　⑤老僧衣：僧人相传法物，多为衣钵。唐高僧慧能，示其徒以先祖法物，唯百衲破绽僧衣而已。此处指珍贵的旧物。　⑥黄蘗：木名，皮与根可入药，性苦。以其汁染写经纸，可防蛀。　⑦青萍：宝剑名。　⑧自注："先母舅荣润庭通侯为伊犁将军。"按：荣润庭，即荣全。

半塘龙寿寺观元僧善继血书华严经 同朱古微郑小坡吴仓石[①]

竹堂庵雨暑苔滋[②]，顽钝山僧话旧知。
一老心空参佛后，半塘血溅写经时。

夙因文宪三生语^③，狂墨松禅五字诗^④。
贝叶无灵禅不语，蕉花如雪满西池。

  ①龙寿寺在苏州半塘,所藏华严经血书为元代高僧善继所写。善继俗姓娄,浙江人,号绝宗,居天台山荐福寺,后东还华泾,坐逝。题中同观者为朱祖谋(号古微)、郑文焯(号小坡)、吴昌硕(号仓石)。 ②自注:"董香光跋张安道血书谓'宋文宪公夙因在竹堂寺',盖即指此。"按:董香光,即明书法家董其昌;张安道,即宋代张方平;宋文宪公,即明代宋濂。 ③自注:"卷中有宋文宪赞。" ④自注:"翁松禅三次题其后。"按:翁松禅,即清书法家翁同龢。

寒山寺纪游四首^①

一

四山如沐雨初晴，绿意弯环画里行。
欲语西湖汤蛰老^②，俗尘数斗扑来清。

二

宛宛凉波夕照低，橹枝摇曳水云西。
惭无驷马高车想，偷过枫桥^③不敢题。

三

莫讶寒山^④得句迟，上头早有懿孙^⑤诗。
老僧不解山游乐，苦向人前说大悲^⑥。

四

枕边凉梦扇边风，两字新题写闹红^⑦。
它日北归谈韵事^⑧，梦丝犹绕画船中。

  ①寒山寺在苏州阊门外枫桥镇。诗作于辛亥年(1911年)夏。 ②汤蛰老:汤寿潜,号蛰仙,人尊称蛰公。时因疏劾盛宣怀罢职,住杭州。 ③枫桥:在枫桥镇,建于唐代,因张继《枫桥夜泊》诗驰名。 ④寒山:唐代高僧寒山子。 ⑤懿孙:唐诗人张继,字懿孙。 ⑥自注:"有僧被逐,向客大啼。" ⑦自注:"吴娘乞书小榜,疆村为题'闹红'二字,香宋纪七绝一首。"按:疆村,即朱祖谋;香宋,即赵熙。 ⑧自注:"香宋即还北京。"

赠吴缶庐①

大句崔黄叶②，衰年杜浣花③。

高怀付樽酒，凉意泻琵琶。

我亦耽吟咏，因之感岁华。

朝来揽明镜，秋思满天涯。

①吴缶庐：吴昌硕，号缶庐，近代书画篆刻家。此篇收入《晚晴簃诗汇》。

②崔黄叶：清诗人崔华，江苏太仓人，有诗"黄叶声中酒不辞"，时人称崔黄叶。

③杜浣花：唐诗人杜甫，晚年居成都，于浣花溪畔建草堂。

游李公祠二首①

一

树老苔荒石气深，名园名相此中寻。

全淮②勋业来苍莽，五省馨香照古今。

交外难平天下口，收吴先定老臣心。

吾侪不用寒花荐，王粲高楼试一吟。

二

帷幄刚筹便誓师，胡曾③并世见才奇。

良弓高鸟④无多忌，老圃寒香又一时。

全局存亡丞相表⑤，大风攻守汉皇诗⑥。

中兴人物今销歇，愁倚深秋古柏祠。

①李公祠祀李鸿章，在苏州。此篇收入《晚晴簃诗汇》《遗逸清音集》。　②全淮：曾国藩推荐李鸿章编练淮军。　③胡曾：胡林翼、曾国藩。时人并称"曾胡"。　④良弓高鸟：《史记·淮阴侯传》："果若人言，狡兔死，良狗烹；高鸟尽，良弓藏。"　⑤丞相表：指三国蜀相诸葛亮所作的《前出师表》《后出师表》。　⑥汉皇诗：汉高祖刘邦有《大风歌》。

醉盦①《艺菊图》

闭关东海曲，钼月古篱边。

客至延松下，花时拚醉眠。

画禅董元宰②，胜侣③傅延年。

霜落村醪熟，陶然怀葛天④。

①醉盒:不详。　　②董元宰:明书画家董其昌,字玄宰,避清讳玄写作元,室名画禅室。　　③胜侣:指良伴。　　④葛天:葛天氏的省称。喻古人理想中自然、淳朴之世。

西风①

独有西风最不平，诗怀旅梦两无成。
尘昏古堞吹箫影，夜黑空阶坠瓦声。
秋水江湖鸿乍到，朔云边徼马初鸣。
觚棱古树新亭泣②，岂独离人百感生。

①本诗似为作者思念北方（友人）的感怀之作。　　②觚（gū）棱：殿堂屋角的瓦脊成方角棱瓣形状，故名。新亭泣：新亭在江苏宁南。东晋人每至暇日，相约便宴新亭。元帝时战乱频仍，周颉于座中叹曰："风景不殊，举目有江河之异！"后以此喻忧国忧时的心情。见《世说新语·言语》。

以诗代柬慰宋铁梅兵备四首①

一

英雄老去更多情，岂独东坡泣魏城②。
何处离天君莫误，此中幽怨我偏明③。
黄杨厄闰驰飙影，白草惊秋作雨声。
悟得乾坤一泡幻，何须齐物④说庄生。

二

壮心奇气未全灰，恸哭苍生日几回。
鸾镜⑤纵然生死去，鹿车⑥终胜乱离来。
田园有约泉明⑦隐，身世无端庾信⑧哀。
新雁一行书万里，笑颜应向酒边开。

三

异乡容易感西风，除却高吟百虑空。
远水秋生明镜外，好山人老画图中。
亦知鸿爪飞难定，颇愧蛾眉术未工。
幸有关西飞将⑨在，铜琶⑩齐唱大江东。

四

几回清梦绕鲈莼⑪，话到还乡一怆神。

欲去又存知己感，无才偏是受恩身。

头颅渐老难为客，肝胆惊寒尚照人。

同是天涯古怀抱，与君仔细话根因。

① 时宋小濂夫人新逝，诗人自苏州寄慰问诗。　　② 魏城：苏东坡妻魏城君，逝世时，东坡远贬黄州，闻信而为文遥祭。本句后自注："时铁梅新失偶。"可知宋妻亦未随任而逝于故里。　　③ 自注："余丁酉岁悼亡。"按：指成妻孟庆贞逝世。　　④ 齐物：《庄子》篇名。　　⑤ 鸾镜：悼亡之词。传罽（jì）宾王获一鸾三年不鸣，其夫人曰："闻鸾见影则鸣。"悬镜照之，鸾悲鸣终夜而死。　　⑥ 鹿车：指人力推挽之小车。《后汉书》载，鲍宣妻与宣共挽鹿车归乡里。　　⑦ 泉明：即晋代陶渊明，归隐，著田园诗。　　⑧ 庾信：南朝著名文学家，后出使北魏为官。累迁骠骑大将军，开府仪同三司。官高位显，仍常有乡关之思。　　⑨ 关西飞将：指镇守西北边塞的勇将，此喻宋小濂。⑩ 铜琶：人称苏东坡词，须关西大汉，抱铜琵琶，执铁绰板，唱大江东去。⑪ 鲈莼：思乡之语。鲈，淞江鲈鱼；莼（chún），江浙菜名，可作羹。晋代张翰因见秋风起，乃思吴中菰菜、莼羹、鲈鱼脍，遂托辞退隐归乡。

缶庐为我治印报之以诗①

窗前叶鸣风薿薿，畏寒闭关如蝟缩。

短童蹀躞②持巨函，颠倒裳衣快披读。

上言宿酒犹未醒，下有小印凸鱼腹。

字青石赤如岣嵝③，凝神求之辨曰禄。

史苍已往斯冰④死，千祀⑤渊源先生续。

先生平生懒奏刀，十日一石犹辇蹙。

金石摩挲十载前，一日声名惊辇毂⑥。

四王⑦画笔神所契，三古鼎彝眼中福。

华筵纷陈古珍错，后堂视列⑧新丝竹。

抛却肘后黄金印，安肯樊笼受拘束。

野鹤归来天地宽，袖中江海涤新绿。

为我一笑拈铁笔，如古兵法奇而速。

大者径寸小黍粟，色绚琼瑶声戛玉⑨。

麟角真为世罕见，熊掌应亦我所欲。

得陇犹有望蜀思⑩，自笑贪婪心不足。

更期圭卣⑪赐联翩，黄金十斗珠百斛。

苔阶展齿何时印，杨梅煮酒宵深熟。

①吴昌硕（缶庐）为成多禄治印，成以诗答谢。今成家尚藏有吴所制印二方。 ②蹀（dié）躞（xiè）：快步行走。 ③岣嵝（gōu lǒu，又读 jū lǔ）：山名，为衡山七十二峰之一。山上有碑，字形难辨。 ④史籀：史籍，周宣王时太史，传其创大篆；仓颉，传说中国古代始造文字者。斯冰：李斯，秦相。本大篆而创小篆；李阳冰，唐人，善篆书。 ⑤千祀：千年。 ⑥辇毂（gǔ）：帝王所用之车，代指京师。 ⑦四王：清初四大画家王时敏、王鉴、王原祁、王翚。 ⑧馃（luó）列：可作罗列解。 ⑨戛（jiá）玉：形容声调铿锵悦耳。 ⑩得陇句：形容贪得无厌。此为作者有意再求吴昌硕制印。 ⑪圭卣（yòu）：古代珍宝，此指吴制之印。

题胡右皆①《瑶艇填词图》

红兰泣露碧荷笑，珠玉落天鸾凤啸。

瑶华艇子载诗来，香桡一拨湖云开。

山阴②自古盛词彦，问湘楼主③人尤眷。

燕子春灯万本钞，赫蹄④纸贵琼瑶贱。

我有蒲桃醅、琥珀钟，拂衣吴下与君逢。

一斛珠玑倾满地，群仙错愕惊词锋。

君不见吴梦窗⑤、姜白石⑥，

继者冷红与抱碧⑦，

沤公、飞仙⑧更无迹，抱图大笑素心同，

榜歌凄怨青梧桐，檀槽、古雪燕支⑨红。

①胡右皆，即胡念修，近代诗人、画家。 ②山阴：在浙江绍兴，泛指浙江。胡为建德人。 ③问湘楼主：胡室名问湘楼。 ④赫蹄：西汉末年流行的一种小幅薄纸，此泛指纸。 ⑤吴梦窗：宋代词人吴文英，号梦窗。 ⑥姜白石：宋代词人姜夔，号白石。 ⑦冷红：近代词人郑文焯，号冷红词客。抱碧：近代词人陈锐，室名别号抱碧斋。 ⑧沤公：近代词人朱祖谋，号沤尹。飞仙：近代词人程琼，号飞仙。 ⑨檀槽：用檀木作的琵琶槽。燕支：同燕脂、胭脂。

寄想园宴集同幕中诸子作①

小园蔬柳湛清华，寄想真如野老家。

亭榭偶栖新燕子，山河犹话旧龙沙。

无端白发频看镜，何处青门好种瓜②。

惆怅程门老宾客③，几回秋圃惜黄花。

① 本诗作于壬子年（1912年）春暮。题下自注："园在都督府后院，宋铁梅都督欲归不得，名以寄想。"按：宋小濂于是年三月，由黑龙江巡抚改任都督。　② 青门好种瓜：秦亡，东陵侯邵平为布衣，种瓜于长安青门外。　③ 自注："园有三楹，初为程都护所建。"按：程都护，即程德全。诗人长期在程幕中，故自称老宾客。

题李右轩①《秋江群鹭图》为宋都督作

兰阳老守逞奇怪，竹石槎枒出肝肺。

酒杯在手百虑空，傲为骨格狂为态。

才自不羁画无敌，世人欲杀公独爱。

忆昔虞卿②中废年，白发荒祠主穷塞。

三绝书画与新诗，沉醉兴安风雪外。

胸中丘壑森欲出，泼墨四顾天地隘。

收束齐州九点烟③，化为白鸟飞成队。

画中忽失九鹭影，园里乍欣三鹤对。

鹤邪鹭邪两相忘，薿薿清风生謦欬④。

碧芙红蓼写清秋，仿佛湘累⑤泣兰佩。

吁嗟乎！今日之日多烦忧，过眼烟云恣一噫。

黄公酒炉⑥宿草滋，故人往矣丹青在。

不辨哭之与笑之，何处山人名八大⑦。

猿鹤招饮今方殷，千山落木秋如画。

公早遐想寄松花，我亦归思动莼菜⑧。

前身合有沤鹭盟⑨，一展此图心先快。

① 李右轩：李鸿谟，字虞臣，号右轩，为宋小濂作《秋江群鹭图》。
② 虞卿：对李鸿谟的尊称。　③ 齐州九点烟：齐州指中国九州，言在最高处俯瞰，九州不过点烟杯水。　④ 謦欬（qǐng kài）：咳嗽，引申为言笑。

122

⑤湘累（lèi）：指屈原。　⑥黄公酒炉：晋酒家名。　⑦八大：八大山人，明清之际书画家朱耷。题画署名"八大仙人"，似"哭之"又似"笑之"。
⑧莼菜：思乡之词，见页119注⑪鲈莼。　⑨沤鹭盟：以鸥鹭为友，喻隐居生活。沤，通鸥。

暂龛北来，留十余日而去。良朋将别，不能无诗①

几载龙江旧度支②，鬓边零落数痕丝。

别来风雨家何定，话到沧桑梦亦痴。

谋稻③渐成今日计，采薇④谁诵故山诗，

君家兄弟吟情壮⑤，雁过辽阳有所思。

①本诗入《遗逸清音集》。暂龛（亦作堪），为谈国桢的号。　②旧度支：谈国桢曾任黑龙江全省文案处总办，署理黑龙江度支使司度支使。　③谋稻：原指鸟觅食，后喻人谋求衣食。　④采薇：《诗经·小雅·采薇》有句："采薇采薇""曰归曰归"。抒戍边将士之情感。　⑤君家句：国桢与其弟国桓均能诗。

徐敬宜①小照二首

一

前朝荆棘上宫驼，处处惊看铜像多。

相对无言生远思，它年仪表壮山河。

二

不为儒冠误此身，蛮刀怒马气嶙峋②。

松花江上垂纶③客，却与先生是故人。

①徐敬宜：即徐鼐霖，时任黑龙江都督府参谋长。　②嶙峋：本指山崖重深，此指气势雄壮。　③垂纶（lún）：垂钓。诗人自况隐居。

怀人诗四首①

朱研生先生

高卧东山四十秋，河山一变涕难收。

孤檠②旧事谈天宝，葊草宫花雪满头。

赵尧生侍御

吴下联吟月满船，灵均③哀怨托湘弦。

卷中香雪成追忆，冷落梅华又几年④。

朱古微侍郎

春水当门浴细鹅，词坛豪兴近如何？

江南蓦地潇潇雨，可似先朝积泪多？

郑小坡中翰

白石红箫冷翠微，新词幽韵谱呼豨。

姑阊门⑤外秋如海，独倚苍烟待鹤归⑥。

①本诗作于东北，又入《遗逸清音集》。所怀四人，朱研生（名以增）、赵尧生（名熙）、朱古微（名祖谋）、郑小坡（名文焯），均在苏州一带。　②孤檠（jǐng）：孤灯。　③灵均：战国时期楚国屈原，名平，字灵均。　④自注："尧生题余《香雪寻诗卷》，有'此心妙处宜香雪，满树梅花一竹山'之句，传诵一时。"　⑤姑阊门：苏州阊门。姑，姑苏，即苏州。　⑥自注："小坡称大鹤道人。"

留别二首①

一

江南笠屐惜前游，又向龙沙问去留。

知己感深容小住，弃官味好在无愁。

输它名士饶青眼，对我良朋况白头。

徙倚斜阳荒草外，有人闲话故宫秋。

二

老去渊明独抱琴，学仙参道费思寻。

偶然检点杯中物，颇有逍遥世外心。

雁路渐稀知信缓，鱼乡②初到喜江深。

中年自古难为别，不独河梁③泪满襟。

①前一首，为1912年秋诗人离黑龙江时所作；后一首，可能作于吉林。②鱼乡：吉林，或指乌拉街。　③河梁：即桥梁。李陵答苏武诗："携手上河梁，游子暮何之？"后以送别之地称河梁。

送星阶①入都四首

一

侧帽轻鞭趁晓风，飞车重踏软尘红。

金钱下策弹张说②，丝竹东山老谢公③。

九漠④风烟雕顾盼，廿年兄弟雁西东。

好将三叠阳关曲，谱入河梁夕照中。

二

赵家名璧重连城⑤，奉使乘查壮此行。

静女何须伤晚嫁，偏师犹可振危枰。

鹏游大澥⑥秋无影，马渡长河夜有声。

欲脱宝刀还自惜，几经肝胆照平生。

三

歌残玉树冷宫鸦，铜狄⑦摩挲日易斜。

几处边声惊筚篥⑧，一腔幽怨诉琵琶。

好游厂市⑨招新雨，莫上江亭⑩问落花。

洗马⑪临歧一怊怅，不堪垂老又天涯。

四

江月江花照我颜，绕庐春水碧如环。

微吟浅画闲滋味，瘦策宽鞋独往还。

我自芝薇怀世外，君如兰雪在人间。

归来莫忘渔洋句，江上莼鲈话故山。

①星阶，即魁星阶（名陞），诗人内兄，挚友。　②金钱句：唐玄宗时，李林甫等弹劾张说徇私纳贿，因罢其中书令。张说，字道济，诗人。　③丝竹句：东晋谢安，出山前寓东山，以丝竹为乐。后任征讨大将军，淝水之战破苻坚。　④九漠：泛指北方荒漠流沙之地。　⑤赵家句：战国赵惠王得楚和氏璧，秦昭王闻之，遗书赵王，愿以十五城易之。此比魁陞德才出众，人才难得。　⑥大澥（xiè）：大海。澥，即渤海。　⑦铜狄：即铜人，汉武帝时所制。《后汉书》载，蓟子训于长安东霸城，与老人共摩挲铜人，感叹曰："适见铸此，而已五百岁矣。"　⑧筚（bì）篥（lì）：笳管类乐器，军中吹奏为号。

⑨厂市：指北京琉璃厂的厂甸市场，多旧书摊。　　⑩江亭：指北京城南陶然亭。　　⑪洗马：洗刷马匹，准备上路。

乌拉怀古二首①

一

虎踞龙蟠拱上京②，当年雄长此间争③。
狼烽已靖孤城在，乌拉犹存四部④名。
断垒十重⑤摇树色，大江三面走秋声。
老来别有兴亡感，不向西风诉不平⑥。

二

将军冢与故侯门⑦，玉爵金鱼⑧话旧恩。
一自素波愁帝子，独留芳草怨王孙。
宫禾踯躅遗民泪，塞树飘零宿将魂。
且喜白衣宣召⑨少，此乡端合老梅村⑩。

①诗作于吉林永吉乌拉街，又入《晚晴簃诗汇》《遗逸清音集》。　　②上京：指金上京会宁府（在今黑龙江省哈尔滨市阿城区南之白城）。　　③当年句：指明万历四十一年（1613年）清太祖努尔哈赤亲征乌拉部。　　④四部：指明海西女真所包括的辉发、叶赫、哈达、乌拉四部落。　　⑤十重：乌拉古城实有土垣三重，十重是虚指，言其多。　　⑥不向句：诗人《西风》诗有"独有西风最不平"句。　　⑦将军冢：指清授先锋统领兼乌拉总管穆克登墓，亦称傅将军墓，在乌拉城北五里。故侯门：指清封一等威勇侯、靖远将军额勒登保的祠庙。　　⑧玉爵金鱼：皇帝赐给功臣的玩物。玉爵，即玉杯；金鱼，即紫金鱼，用于佩饰。　　⑨白衣宣召：指此地世家离官后，而被朝廷召还者。白衣，是古代无职人之服。　　⑩老梅村：指弃官隐遁处。汉代梅福为南昌尉，王莽代汉后，梅福弃官逃隐安徽舒城之梅山村。

宋小濂跋

　　澹堪诗集编成后，余既详叙之矣。越六岁，中华民国三年七月，即阴历甲寅六月，余以参政院参政趋职京师，澹堪偕与俱来。寓斋多暇，辄商榷刻集事。旋澹堪仓卒还乡，议遂中辍。冬间，澹堪乃另写诗集一通寄来，属为校刊。余阅其诗，虽稍增入续作，然视原编之本，已刊落十之三四，仅存一百五十篇，不分卷数，澹堪精慎之意，于此可见，故乐为任校刊之役。校定付刊，两阅月而工竣，复模样本覆校，计为文一万零五百五十有二，为叶三十有三，既审既确，无误无遗，校竟跋尾，并系以诗：

　　　　一卷新诗子细吟，知君淘炼出精金。

　　　　他年风雨名山夜，应有光芒起远岑。

　　　　　　　　中华民国四年阴历甲寅十二月立春日宋小濂跋

宋玉奎跋*

成多禄集

余生也鲁，于古人之学略无所窥。及年四十而来吉林，始从澹堪先生学诗。澹堪，一代之诗人也。于时有诮余者曰："宋君浮慕人耳，学文不成而学诗，诗若不成欲以何学？"弟歪闻而相告，且寓书以谏曰："愿舍是以专精于文，勿为若人所诮。"

余曰："甚矣夫，若之为说也！六经之道，一而已矣，何诗文之分乎？中古文明，隆于尧舜，而赓歌喜起，与夫依永和声之教，史臣载笔，备列《虞书》。孔门之弟子三千，言诗者有人，习诗者有人，而尼山雅言，诗书并重，诗顾可少乎哉？韩退之贯穿六籍，文起八代之衰，然其所心仪者，乃在东野，甚至一字一句，亦与东野商之。东野，固诗人也。欧公祧韩，为百世不迁之宗，至其言诗，亦不能舍圣俞而别求新调。诗亦何害于文哉？

"且吾人为学，得尺则进尺，得寸则进寸焉耳。当吾世有此诗人，而不与之相商，藉令文精可也；文既不精，并诗而亦无之，将谫陋之谓何耶？大丈夫处世，宁犯人心之所不韪，不为吾心之所不安，吾今为此，吾固安之若素矣。悠悠毁誉，奚足撄吾衷曲哉？"

既以复于吾弟，且识数语于是卷之末，用以自释而识渊源。

甲寅冬至后九日襄平宋玉奎跋

---

*此跋录自《宋星五先生遗著》卷下，原题"澹堪诗集跋"，系为《澹堪诗草》卷一而作。"甲寅冬至后九日"，即 1915 年 1 月 2 日。

诗集三　澹堪诗草卷二

按：此集收 1915 年至 1921 年诗作一百四十三首，主要反映诗人在京吉两地的行踪。

卷二有三个版本，略有差异：

辛酉本。规格：29.5cm×16.7cm，版心：18cm×13cm，书名叶篆题：澹堪诗草；左行：宋小濂署。有宋小濂（同卷一）、柯劭忞、宋伯鲁序。集内未出现"卷二"字样。有目录，有刻工姓名。计 41 页。

壬戌本。规格：31cm×16.7cm，版心：17.5cm×13.5cm，书名页换由张朝墉题篆，右行加"壬戌春初"四字。仅有柯劭忞序，宋伯鲁序置卷末作跋。无目录。正文卷端有"澹堪诗草卷二"字样。比辛酉本多《辛酉元日》以下诗十一首。计 38 页。

癸亥本。规格、内封同壬戌本，增王树枏序（王树枏《陶庐百篇》将此序列为癸亥年作）。刻工较前二本精良。

本集以癸亥本为底本。

柯劭忞序

昔吉林于次棠中丞，以清德重望显于光绪中。中丞与劭忞有葭莩之谊，岁壬申，延劭忞长伯都讷厅书院，故吉林读书之士，劭忞皆知之。中丞尝谓劭忞：吾乡士习朴僿，君宜以经术泽之。劭忞谢不敢当。已而中丞再至京师，劭忞入翰林，为后辈，每造中丞寓邸，谭论竟日，往往烛见跋而后去。劭忞问吉林之士，中丞曰：竹山，大小雅才也。由是，劭忞始谂君学行。盖劭忞长书院时，君弱冠，方读书家塾，故与君无一日之雅云。又十余年，乃见君于"晚晴簃"。晚晴簃者，今大总统徐公礼聘文学之士为诗社，劭忞亦滥厕其间者也。与君谈吉林旧事，辄时时及中丞。中丞气庄而容肃，以礼法自持，见者皆次且起敬。君气和而貌温，与人交惟恐失人之意，人皆乐就之。君学于中丞，为高弟弟子，窃谓君盖善学中丞者。今年夏，君出所为诗，俾劭忞序之。君诗出入经史，彬彬然质有其文。中丞所谓"朴僿之习"，岂足以囿贤者哉？独惜中丞已归道山，不及与劭忞评骘君诗，为一昔之谭也。

胶西柯劭忞

王树枏序

吉林为我大清龙兴之地，东带大海，西枕边墙，长白山屏其南，黑龙、粟末、脑温诸江缭其北。其地坛曼岸衍，山川绵属，丛林窝集，亏蔽天日。其旁魄郁积之气，发为奇禽猛兽怪鳞之属，摇喉砺吻，攫人为粮。故人生其间，多俊悍踔绝，好勇乐战斗，驰骋射猎，不畏险巇。吾观中古以还，中原王气消泄殆尽。自金源氏崛起，女真、大清继之，以武力定天下。当时佐命元勋，中兴硕辅，亡虑皆出于桓桓纠纠之徒，而文人学士不少概见。历世七八百载，其间间有一二诗人见称于世者，若金之完颜璟、完颜瓌、完颜（铸）［琦］，清之纳兰成德诸人而外，亦阒无闻焉。岂其地气使然欤？或其人之所重者在彼不在此欤？抑浑沌未凿而丕化者迟欤？

国变而后，余居京师。庚申之冬，偶与同人约结消寒诗会，余始识吉林诗人成竹山太守。及东海徐公立晚晴簃诗社，余与竹山又同预选辑清诗之役。时同社者十余人，而竹山独昵就余，往来最密，每有所作，辄相与讨论，交疵互圣以为乐。余尝与竹山论及清末作者宋诗多而唐诗少；又其甚者，以隐僻生涩为古，妖艳饾饤为新，诐诡幻怪、恣纵无归为奇，诗之道遂为天下裂。

竹山之为诗也，本乎立命安身之义，发为温柔敦厚之词，举凡闻闻见见事物之纷集吾前者，柴乎其胸不能已已。于是肖物以呈形，因心以作律。其天才绮练，若流霞之散彩而云物变态也；其言之抑扬高下，鸣节赴拍，若调笙簧奏金石也；其清泠馨冽之气，若饮甘泉而嚼春雪也。夫竹山生长于洪荒朴塞之乡，鹿豕之与游，木石之与居，而能卓然自拔若此，且又深慨乎近世之所谓诗人者，独能一抚其藩，警欬乎高岑李杜之旁，而下与完颜、纳兰诸子并驱中原，后先辉映，此庄子所谓逃空虚者之足音，见所未尝见于国中者，其为可喜何如也。

今春，竹山出其《澹堪诗草》属序于余。孟子曰："待文王而后兴者凡民也。"若夫豪杰之士，虽无文王犹兴；若竹山之不为地囿、不为习移，非豪杰之士，其孰能语于此哉！

新城王树枏

宋伯鲁序

　　吾尝谓欢娱场无真诗，热中人无真诗。一则菁华销铄，一则志气疲苶，纷华征逐，皆足以锢蔽其灵明而真诗隐矣。必也淡于荣利，使此心常若止水，不沸不波，精神敛而志气专，然后造意遣辞，选和练响，而真诗出矣。澹堪之诗，其佳处正在此。或大刀阔斧，或细针密缕，或云谲波诡，或如道家常。其气沉，其词炼，无一点嚣气犯其笔端，非养之有素、湛然恒清，不能有此境界，宜其以澹自命也。读既竟，复论之如此。

商横之岁涂月宋伯鲁拜识

成多禄集

132

抱山展墓①

平明登抱山，树静栖羽寂，
长跪酹佳城②，往事思历历。
我父卒丙戌③，葬日雨淅沥，
前母乃同穴，负土坚四壁，
其地湿且卑，我心常戚戚。
丁酉惊盗发，白日飞霹雳，
恨无汾阳兵，志此徒悲激，
罪人幸而得，沉痛那可涤。
我母复见背，牛眠④此中觅，
风雨感崩防，迁徙同辟狄。
伤哉乙巳春，万古漆灯阒，
东西南北身⑤，展转捧毛檄⑥。
二年出守绥⑦，三载书考绩，
推恩及九泉，褒赠膺殊锡。
君恩日以深，亲面何由觌？
况当八表⑧昏，满眼愁锋镝。
华屋与山丘，险过矛头淅，
生儿亦何用，往训空启迪，
春秋缺瞻拜，祸变同疏逖。
默数生平罪，擢发岂足析。
仰观松楸寒，雨泪纷纷滴。

①诗作于乙丑年（1915 年）清明。又载《诗汇》。抱山在吉林九台县其塔木，该地有成氏家族墓群。参见成多禄《抱山先墓记》。　　②佳城：墓地。　　③丙戌：成多禄父荣泰逝于丙戌年（1886 年），见《澹堪居士年谱》。　　④牛眠：旧时称吉祥的坟地为牛眠地，典出《晋书·周方传》。　　⑤东西南北身：指飘泊四方，居无定所的人。　　⑥毛檄：汉代毛义以孝闻，府檄令守安阳，毛义捧檄而喜，以娱其母。母亡，则弃官而隐。见《汉书·毛义传》。　　⑦守绥：出任绥化府知府。　　⑧八表：八方之外，指极远之处。

忆榆庐①

松花江之西，有村其塔木，

历历双白榆，扶疏绕老屋。

遐思龆龀②年，我父教我读，

每书必亲钞，篇篇当削竹；

每句必口授，记诵耳须熟。

朝曦连夕镫，慈训为家塾；

我母尤钟爱，时恐遭笞扑。

朝送屋角东，手为栉与沐；

暮迎屋角西，食以果与肉。

其时榆正新，风动钱簌簌，

我亦随风来，满院争相逐。

有时披绿阴，嬉戏当綵服；

二老开口笑，谓我如黄犊。

忽忽四十年，此景宛在目；

一身倏东西，万事同转烛。

自与此庐别，迍邅③泪盈掬。

我父先见背，家室几颠覆；

中经庚子乱，负母窜山谷。

白头感冰霜，越岁弃我速；

十年走龙沙，忽变橘中局④。

世外惊沧桑，宵中泣莪蓼⑤；

游子悲故乡，归来话樵牧。

乌剌好江山，考槃⑥水一曲；

爱居避鼓钟，时向东门伏。

鱼思故池泳，鸟恋旧巢宿⑦；

况此鲜民身，往训思顾复。

先庐一已荒，树老枝叶秃；

俯仰万古天，长歌以当哭。

①诗又载《诗汇》。榆庐为成多禄早年书斋名，在其塔木本宅。　　②龆龀(tiáo chèn)：龆与龀，均指儿童换齿，代指童年。　　③迍邅（tūn zhān)：行不进貌，引申为困顿。　　④橘中局：橘中本指象棋游戏，据《幽怪录》，橘中有二老叟相对下象棋。后借喻为事态、局势。　　⑤莪蓼：即蓼莪，指《诗·小雅·蓼莪》，此篇言父母生我之劳苦。　　⑥考槃：指"不能继先公之业，使贤者退而穷处"（《诗·卫风·考槃序》)。后作隐居穷处之代称。　　⑦鱼思二句：用陶渊明《归

田园居》"羁鸟恋旧林，池鱼思故渊"句意。

世英①儿自黑龙江来视余疾喜作三首

一

我昔守绥阳②，是汝初学日，
殷勤送龙沙③，所学亦未毕。
昏嫁忽催人，汝已有家室，
学人作武夫，奋发离我膝。
今年我病久，独念汝远出，
风雪倏归来，归来省我疾。

二

汝母④喜汝来，灶下具黍鸡；
汝弟⑤喜汝来，怀中出枣梨。
我念汝衣薄，宛转狐裘携，
人生好滋味，骨肉勿相离。
风云满瀛海，何故纷东西，
夜深⑥耿不寐，镫火寒⑦凄凄。

三

养谷欲其实，养木欲其老，
何以汝兄妹，运厄死独早⑧。
而汝今朝来，颜色⑨亦枯槁，
得勿问米盐，累人到细小。
丈夫贵自立，讵以凡情扰，
耆欲足戕生，忧劳庶自保。
勉哉身与名。两字汝宜宝。

①世英为成多禄次子。　②绥阳：即绥化，以其位于松花江之北，故可称绥阳。　③龙沙：原指塞外荒漠之地，语出《后汉书·班超传赞》。此指旧黑龙江省。　④汝母：诗人手卷作"慈母"。　⑤汝弟：诗人手卷作"弱弟"，指四子世杰。　⑥夜深：诗人手卷作"寒夜"。　⑦寒：诗人手卷作"同"。　⑧何以二句：指世英之兄世奇、之妹世惠皆亡。运厄，诗人手卷作"运乖"。　⑨颜色：诗人手卷作"形容"。

乌剌古台歌^①

城峨峨，台巍巍，风云苍莽天四垂，
霸业王气盘今古，金耶辽耶主者谁？
繄昔东京^②上京路，宁江长春^③几节度，
元明往矣清室兴，太祖亲征乌剌部，
乌剌部、贝勒家，层楼复殿飞丹霞，
粉侯昆弟夸兀术^④，雌将风流说不花。
我来胜地作重九，独立千载谁为友？
荒屯败垒人烟稀，吊古安能记谁某。
鸭江^⑤西浸天倒吞，凤山^⑥北下云直走。
欲将往事问荒台，七百年来一回首。
君不见辽妆楼^⑦、元左掖^⑧，
五国放海青^⑨，混同渡赭白，
故宫^⑩禾黍无人迹。
又不见两京^⑪哀、三陵^⑫愁，
乌剌独镇东海头。开创守成皆已矣，
此台乃与辉发叶赫哈达^⑬名同留。

① 自注："台在今乌剌镇街北偏，俗名'白花点将台'，亦曰'不花'。"　② 繄（yì）：此处作叹词用。东京：为辽五京道之一，治所在今辽宁省辽阳市；金改为路，辖辽宁东部和吉林东南部地区。　③ 宁江：州名，辽置，见文集《重修乌拉圆通楼记》该条注。长春：州名，辽置，故城即今吉林前郭县他虎城。　④ 兀术：完颜宗弼，金大将。　⑤ 鸭江：鸭子河，即松花江，位古城西。　⑥ 凤山：凤凰山，位古城北。　⑦ 辽妆楼：辽代皇后梳妆楼。　⑧ 元左掖：元大都故宫光天门旁有左掖、右掖两个小门，见《故宫遗录》。　⑨ 五国：辽时有剖阿里、盆奴里、奥里米、越那笃、越里吉五国部落，在今黑龙江省依兰以东至乌苏里江口一带。产猎鹰海东青。　⑩ 故宫：当指乌剌古城内故宫遗址。　⑪ 两京：兴京（今辽宁新宾）和盛京（今沈阳）。　⑫ 三陵：关外清代三陵。昭陵、福陵在今沈阳，永陵在今新宾。　⑬ 辉发叶赫哈达：三者均为部落名，与乌剌合称明代海西女真四部。

为宋铁梅题毛西河《大草滩图》①

千山万山白草枯，穷边苍莽天模糊；
西河老子逞狡狯②，落想自与常人殊。
箸书垂老心未已，长枪大戟金仆姑③；
平沙万点马如豆，挥毫意气先吞胡。
天山一扫路南北，庄浪瓦剌徒区区；
楮墨流传二百载，海桑劫火方须臾④。
公从何处得此本，威声直与前贤符；
龙沙一角孤城孤，呼伦贝尔悬双湖⑤。
丈夫毛锥⑥果安用，尽可谈笑安边隅；
欧风亚雨气一变，伊凉⑦歌曲人惊呼。
归来学作烟波徒⑧，乘风偶尔游中都⑨；
起仪叔孙世所有，筹边充国⑩今岂无。
高吟时挟朔方气，晚学岂让萧山儒⑪；
直将立马兴安意，对此荒城大漠图⑫。

①清初学者毛奇龄，世称西河先生，著述甚多，其《大草滩图》为宋小濂（铁梅）所得。　②狡狯（jiǎo kuài）：本为多诈，此为称赞毛奇龄聪慧的戏谑之词。　③仆姑：矢名。《左传·鲁庄公纪》："乘丘之役，公以金仆姑射南公长石。"　④须臾：片刻，时光短暂。　⑤双湖：呼伦贝尔有湖二，一为"呼伦"，一为"贝尔"。　⑥毛锥：毛笔的别称。五代后周史弘肇说："安朝廷，定祸乱，直须长枪大剑，若毛锥子安足用哉？"见《新五代史》。　⑦伊凉：唐乐曲《伊州曲》和《凉州曲》。　⑧烟波徒：唐诗人张志和隐居不仕，自称烟波钓徒。　⑨中都：金中都大兴府，即北京。宋小濂偶因公务进京。⑩充国：汉代赵充国，守边屯田，屡建功勋。诗以其比宋小濂。　⑪晚学：宋小濂晚年室名"晚学斋"。萧山儒：毛奇龄为浙江萧山人。　⑫自注："铁梅有《兴安立马图》，一时题者甚多。"

怀人诗三首①

郑苏戡先生

话别高楼心已伤②，况闻白雁与红羊③。
春风秋水南洋路，老却诗人郑海藏。

梁节堪先生

梁格庄④前凤辇升，故宫深锁冷于冰，
疲驴谁似亭林老⑤，白发如蜷拜孝陵⑥。

屠敬山先生

班马⑦雄文各一家，三年橐笔⑧走龙沙，
我来不见秦淮海⑨，零落春风菜甲⑩花。

①本诗所怀三人为郑孝胥（字苏戡）、梁鼎芬（号节堪，广东番禺人）、屠寄（字敬山，江苏武进人）。 ②自注："辛亥北归，相晤海藏楼，言国之必亡，语极哀婉。"按：海藏楼为郑之寓所，在上海。 ③白雁：杜甫诗"故国霜前白雁来"，后人用作思乡之意。红羊：指（国家）劫运。 ④梁格庄：在河北易县，为谒清西陵必经之地。格，亦作"各"。 ⑤亭林老：明末顾炎武，字亭林。入清不仕，携书乘驴周游各地。 ⑥孝陵：即清东陵，清世祖顺治皇帝陵寝，在河北遵化，辛亥后，梁仍去拜陵。 ⑦班马：指班固和司马迁。 ⑧橐（tuó）笔：指橐书簪笔，喻幕客生涯。 ⑨秦淮海：宋代诗人秦观，有《淮海集》，世称秦淮海。秦本扬州人，与屠寄同为江苏籍，故作比。 ⑩菜甲：菜初生之叶。

清明①

寒食人家话禁烟，纸钱风起卖饧②天。
抱山别后松楸长，泪洒清明又一年③。

①诗作于丙辰年（1916年）清明节时。 ②饧（xíng）：用麦芽或谷芽制成的软糖。 ③又一年：上一年诗人有《抱山展墓》诗。

自题《香雪寻诗图》①

老蛟②耸脊冻云折，月踏玻璃笛吹铁，
千树万树埋香雪。
邓尉③之山深复深，美人名酒千黄金，
冷艳幽香开我襟。
朝醉梅烟夕梅雨，我有新诗在何许，
独立花前澹无语。

①辛亥年（1912年）成多禄在苏州访邓尉山，游香雪海赏梅花，吴昌硕以此为题绘图以赠，又称《邓尉探梅图》。朱祖谋词《石州慢·听成竹山谈香

雪海之游》，专记此事。　②老蛟：指梅枝。　③邓尉：山名，在江苏吴县，多梅花。汉代邓尉隐居于此，故名。

和张半园述怀诗二首①

一

绕屋高吟黄绢辞②，成连③海上感琴丝。
惊看诗伯年华长，尚说王孙碧草滋。
大鸟盘空前路迥，孤花吐艳夕阳迟。
同侪瘦却陶元亮④，老圃寒香共一时。

二

天表星辰曳履声，朱门画戟⑤总争迎。
游踪跌宕扶桑路⑥，诗律森严细柳营⑦。
马帐皋比汉遗老⑧，牛腰大卷鲁诸生⑨。
长髯⑩今古谁雄长，梦对坡仙⑪一笑成。

①诗人两次和张朝墉（半园）生日述怀诗,成集时编在一起。　②黄绢辞：喻佳作。见《世说新语·捷悟》。　③成连：春秋时音乐大师，曾携弟子伯牙到海上移情得曲。　④陶元亮：晋田园诗人陶潜，字元亮。　⑤画戟：即门戟，因施以油彩，故名。　⑥扶桑路：指遥远的路途。张朝墉，四川人，远客黑龙江。扶桑,古国名,"在大汉国东二万余里。"（《梁书》）　⑦细柳营：汉将军周亚夫屯兵细柳，军纪严明。此处借指张诗"诗律森严"。　⑧马帐：汉代大儒马融，施绛帐授徒，因称马帐。皋比：原指虎皮坐席，引申指学师的座席。诗句表示对张之尊崇。　⑨牛腰：多指书卷量大，如同牛之腰部粗重。诗句指张的著作之多。鲁诸生：古以齐鲁为文化兴盛之地；诸生，儒生。　⑩长髯：张有长须。　⑪坡仙：指苏轼。

自题吴缶庐郑大鹤商笙白合作设色胡卢①

我昔香雪访梅花，独步寻诗踏寒夜，
归与胜流作文宴，新诗美酒两无价。
破荷亭②中我先至，继者诗人陈与夏③。
冲寒沤尹石芝老④，风雪不须驴背跨，

个中苦铁作主人⑤，殷勤饯我北征驾⑥。

其时笙白⑦独后来，四坐哗然嘲且骂，

缶庐大笑排解之，以画为罚必无赦。

濡染大笔作肥瓠，数斗淋漓泼煤麝⑧，

众宾起舞说不似，赖有椽笔补造化，

画者观者互喷薄，酒气至今犹可怕。

六年不踏姑苏路，梦与高人共吟榭，

天涯寥落半晨星，况复沧桑惊代谢。

坐中诸老尽遗逸，白发秋风动悲咤，

青藤雪个⑨虽已矣，此才不愧画中霸。

年来怀旧悲风尘，何处桃源缚茅舍，

挂起西窗放胆眠，一头倒卧胡卢下。

①辛亥年（1912年）冬，成多禄离苏州北归，吴昌硕、郑文焯、商言志等合作设色（着色）胡卢（葫芦），以为纪念。　②破荷亭：吴昌硕家园中一亭名。　③自注："伯弢、剑丞。"按：即陈锐与夏敬观。　④自注："朱古微""郑大鹤"。按：即朱祖谋与郑文焯。　⑤自注："缶庐"。按：吴昌硕，号缶庐，书画家，篆刻家。因疲于奏刀，而有"苦铁"之号。　⑥自注："时即归黑龙江。"　⑦笙白：商言志，字笙伯（又作白），号安庐，浙江嵊县人。辛亥后闲居在沪，专作国画，卒于1962年。　⑧泼煤麝：即国画技法之泼墨，以煤喻墨色黑，以麝喻墨味香。　⑨青藤雪个：分指明末两位大画家徐渭（号青藤道士）、朱耷（别名雪个）。

简张半园二首

一

浣花有客圣于诗①，诗律精严晚更奇。

天半笙簧②珠错落，酒中芒角骨嵌崎③。

何尝哭笑同遗老，岂独风流是我师。

频忆子京修史地④，两行红袖写乌丝。

二

风满西楼夜不扃，元龙高卧饷群经⑤。

偶携笠屐宜新雨，稳把纶竿⑥是客星。

宛宛吟蝉双鬓雪，遥遥归鸟一天青。

何当鸡黍三年约，共上龙沙万里亭⑦。

　　①浣花句：本指晚年在成都浣花溪畔建草堂被尊为"诗圣"的杜甫，诗中以此比张半园。　　②笙簧：笙之簧片，代指乐曲。　　③芒角：指人之有锋芒，有性格。嵌（qiān）崎：高峻貌，亦喻人之杰出不群。　　④自注："时半园修黑龙江通志。"子京：即宋代宋祁，字子京，与欧阳修共修《唐书》。不久，出知亳州，十余年间常以史稿自随。　　⑤元龙：三国时期魏国陈登，字元龙。许氾过陈登处，陈不拘主客礼，自上大床卧，使客人卧下床，此举深得刘备赞赏。饷群经：饷指饱读。　　⑥纶竿：即钓竿。　　⑦自注："江省公园有龙沙万里亭。"鸡黍：见页106呼伦署中即席留别。注②。

马鬃蝇拂子二十二韵

我正赋憎蝇，拂子来颇恰，

马鬃①喜初试，虫羽息一霎。

白氂②秀以长，朱柄楕而狭，

乙乙③银丝抽，庚庚④金线压。

文若匠心运，织类女手捐，

轻挥殊湘毫⑤，双持异火筴。

幸不受虫蚀，未免遭鼠劫，

信手如抛堉⑥，随身等荷锸⑦。

朝共金罍⑧拭，暮伴银蒜押⑨，

飘摇周师旗，飒爽尧厨箑⑩。

细密龙须帚，活泼雉羽翣⑪，

金张⑫幕底陈，哥汝⑬瓶中插。

一挥白雨来，再舞凉风怯，

清簟吹素秋，生衣冷白袷⑭。

误牵蛛网破，偶中蚊血喋，

孽遗无周子，苛刻等秦法。

剑逐笑尔愚，觿佩⑮能我甲，

跌坐禅借参，清谈客岂狎。

短车同进宦，葛笼并创业，

拂罢一长吟，午枕睡鮿鲐⑯。

① 马鬣(liè):马颈上的长毛。拂子,一名拂尘,俗名"蝇甩子"。　②氂(máo):长毛。　③乙乙:即一一。　④庚庚:坚固貌,指蝇拂子的柄与毛连接处捆扎得十分牢固。　⑤湘毫:毛笔。　⑥抛堶(tuó):抛砖之戏。　⑦荷锸(chā):扛着锹。　⑧金罍(léi):古礼器,用以盛酒,上刻云雷之形,涂以金漆,故名。　⑨银蒜:银质蒜形,用以押帘,故名。　⑩箑(shà):扇。　⑪翣(shà):大扇。　⑫金张:汉宣帝时金日磾和张安世两家显贵,后用以称贵族。　⑬哥汝:宋代浙江哥窑和河南汝窑,皆为我国古代著名瓷窑。　⑭白袷(jiǎ):即白色夹衣。　⑮觿(xī)佩:骨制用以解结的锥子,也作饰物。　⑯齁齃(hōuhā):睡时鼻息声。

《思旧集》成,各系以诗,都十二首有序①

余既竟编校之役,俯仰八极,风雨同昏,嗟我怀人,爱而不见。郁者思发,劳者思歌,情所同也。近观灵运②邺中之作,远怀太史③终篇之义,爱托短讽④,以拾坠因⑤,亦不自知思蹇产⑥而奚属也。

许少鬺师

邳斋老居士⑦,诗笔振三朝。
乃为书名掩,因之久寂寥。
一官江左去,家室尽飘摇⑧。
惆怅龙泉寺,吟魂未可招⑨。

王秋篁师

烈士暮年心,吟长复短吟⑩。
奇文惊创见⑪,边地几知音。
辽左风霜苦,榆庐岁月深⑫。
吉光留片羽,读罢泪盈襟。

赵文楼先生

止水心神静⑬,高楼说打鱼⑭。
绝交嵇叔夜⑮,多病马相如⑯。

文字鬼犹忌，芷兰人欲锄。
至今思老辈，空叹箸奇书。

关秀峰母舅

老带庄襟外，通侯公子家^⑰。
穷愁怆东野^⑱，年少哭长沙^⑲。
一纸出尘劫^⑳，十年惊岁华。
西州^㉑重过处，肠断古桃花。

沙研斋广文

万古大江鸣，高吟共此声。
解经摧五鹿^㉒，吸酒敌长鲸^㉓。
白发悲生事，青山指旧盟。
龙沙音问绝，腹痛愧平生^㉔。

刘叔蓉茂才

慷慨悲年少，乾坤一叔蓉。
登临思绝顶^㉕，文字荡奇胸^㉖。
独作诗中虎^㉗，难驯剑底龙。
来生修慧业，祝尔不凋松。

宋伯泉布衣

此才如不死，长吉^㉘亦何奇。
挥手千金尽，空留黄绢辞。
狂名世争笑，而我独伤悲。
风雨孤镫夜，重看箧底诗。

谈暂厂太史

世乱^㉙丹心在，愁多白发新。
金州古孝子，天宝旧宫人^㉚。
风雨成吟草，云烟感卧薪^㉛。

何时陶靖节，同作葛天民㉜。

赵西岑茂才

风雨野庐昏，三年守墓门。
死生终有命，忧乐总难论。
雁塔无名字㉝，鸰原㉞有泪痕。
它年传孝友，古谊满乾坤。

邓东湖布衣

一寒何至此，范叔有绨衣㉟。
太息东湖客，天云独与依㊱。
沧桑千古恨，歌哭万情非。
吟社山中路，春深长蕨薇㊲。

宋惺五处士

五十学诗者，古人高达夫㊳。
辽东有狂客，差㊴与昔贤符。
放眼风尘老，侧身天地孤。
管公遗故里㊵，瞻望几踟蹰。

林畏庐先生

小说真千古，奇文遍五洲。
每怀春觉室㊶，如坐海藏楼㊷。
画笔争青史，诗心傲白头。
疲驴风雨路，泪洒二陵秋㊸。

①《思旧集》是成多禄于丙辰年（1916年）秋七月辑刻的，选许少翙等十二人诗，集后有十二首诗分咏其人。并有入选者小传及成氏诗评，参见本书文集中的《十二师友诗话》。　②灵运：南朝宋诗人谢灵运。③太史：指司马迁。　④短讽：《思旧集》作"短咏"。　⑤坠因：由于人死而失落的情谊。因，因缘。　⑥蹇（jiǎn）产：原指山路曲折，引申为委曲不平。　⑦《思旧集》自注："少鹤先生别号。"　⑧尽飘摇：

《思旧集》作"忽飘摇"。　　⑨《思旧集》自注："余在京师寓西城龙泉寺，师每过我，娓娓谈诗，恒竟日不去。"　　⑩《思旧集》作"悲来长短吟"。⑪《思旧集》自注："吉林塾师无习古文古诗者，先生倡之。"　　⑫自注："余家书斋名。"　　⑬《思旧集》作"名士如穷鸟"。　　⑭自注："先生居里曰打鱼楼。"按：打渔楼在吉林永吉县土城子，隔松花江与乌拉街相对，是存放捕打冬鱼大网的地方，今已不存。　　⑮嵇叔夜：三国时期魏国嵇康，字叔夜，有奇才，为竹林七贤之一。山涛为吏部尚书，欲举嵇康自代，嵇康作《绝交书》以拒之。　　⑯马相如：汉文学家司马相如，因病屡免封官。⑰自注："先生为威勇侯荣全之弟。"　　⑱侘（chà）：因失意而叱怒。东野：唐诗人孟郊，字东野，年五十余始登进士，穷困以至终无以为葬。⑲长沙：汉代贾谊博学而擅辞赋，蒙人荐与汉文帝，后因遭忌，被贬为长沙王太傅，后人称之贾太傅或贾长沙。屡不得志，怀恨而终，年仅三十三岁。　　⑳《思旧集》自注："余在黑龙江时，书室不戒于火，故物尽失，唯此诗一纸独存。"按："此诗"指《榆庐夜话同王辑丞先生联句》，载《思旧集》。　　㉑西州：见页56注⑤西州句。　　㉒五鹿：汉经学家五鹿充宗，元帝曾令与诸儒辩论。　　㉓酒句：言酒量之高。杜甫诗："饮如长鲸吸百川。"　　㉔《思旧集》作"深愧负平生"。自注："研斋殁时，余在江省，未能知也。"腹痛：曹操《祭故太尉桥玄文》"但逝之后，路有经由，不以斗酒只鸡过相沃酹，车过三步腹痛勿怨。"　　㉕《思旧集》自注："君足甚捷，每登高必造其极。"　　㉖《思旧集》自注："叔蓉笔下颇有奇气。"　　㉗诗中虎：唐诗人罗邺，人称"诗虎"。　　㉘长吉：唐诗人李贺，字长吉，有奇才，卒年仅二十七岁。　　㉙世乱：《思旧集》作"世变"。　　㉚天宝旧宫人：指唐安史乱后，白发宫人话天宝年间的事。比喻亡清遗臣。　　㉛《思旧集》自注："暂厂卧薪图，中外人士题者甚众，真巨观也。"按：厂，通"庵"。　　㉜葛天民：盛世之民。传远古有帝葛天氏，其治不言而自信，不化而自行，人以为是理想之社会。　　㉝雁塔句：指科考榜上无名。武则天当政时，有新进士雁塔题名之举。此雁塔为大雁塔，在西安慈恩寺内。　　㉞鹡原：《诗·小雅·常棣》有"脊令在原，兄弟急难"句，后以鹡原指兄弟友爱。　　㉟一寒二句：战国范雎，字叔，善游说。因家贫，初事魏中大夫须贾。后改名张禄，入秦为相。须贾使秦，范叔微服相见，不露实情。须贾哀怜曰："范叔一寒如此哉！"乃取一绨袍以赐之。事见《史记·范雎列传》。　　㊱《思旧集》作"孤云独少依"。　　㊲《思旧集》自注："雪蕉吟社，人既云散，地亦不知几易主矣。"　　㊳高达夫：即唐诗人高适。五十岁始学诗，成为诗人，后为"大器晚成"之典型。　　㊴差：《思旧集》为"能"。　　㊵自注："管公屯是幼安隐居处，与惺五居甚迩。"按：三国时期魏国管宁，字幼安，避乱至辽东，隐于海城，避乱者皆来就之，旬月而成村落，即管公屯。　　㊶春觉室：林纾室名"春觉斋"。　　㊷自注："郑苏戡海上寓斋，先生同乡也。"　　㊸疲驴二句：指林纾多次拜祭清东西二陵事。

自题写经砚

少弄柔翰①，辄以此砚自随。无铭，诗以记之。

芝薇采罢②自沈吟，谁识当年抱砚心。

欲向桥亭访遗老，春风门巷落花深。

①柔翰：毛笔。　　②芝薇采罢：即抚琴歌咏之后。《采芝操》为琴曲，传为汉商山四皓作；《采薇操》亦为琴曲，传伯夷作。

和林琴南《园林雅集图》诗①

我爱琴南翁，卖文自生活，

萧然②春觉斋，不受俗耳聒。

世界等微尘，万事付毫末，

新图谱园林，使我心目豁。

当时联酒欢，我亦醉兀兀③，

沧浪④哦旧松，拙政⑤招古月。

诗老朱郑刘⑥，排日吟几阕，

烽燧忽飘零，笼破鸟初脱。

渌水与名园，往往成古刹，

荒荒⑦积潦淳，猎猎严风刮。

回观旧吟侣，逸响云犹遏，

采薇⑧感逸民，萧萧动白发，

相思不相见，何以慰饥渴。

①林纾（琴南）绘《园林雅集图》并题诗，赠成多禄，成以此诗答和。　　②萧然：烦苦、萧瑟貌。　　③兀兀：昏沉貌。　　④沧浪：沧浪亭，苏州名胜。　　⑤拙政：拙政园，苏州名园。　　⑥朱郑刘：自注："彊村""大鹤""伯崇"。　　⑦荒荒：黯淡貌。　　⑧采薇：伯夷、叔齐于首阳山隐居，采薇度日。

得铁梅病起诗喜和二首①

一

龙沙风雨泣铜驼②，独对新诗一细哦。
湖上英雄闲款段③，偈中空色病维摩④。
老来时恐亲知少，喜极翻惊涕泪多。
欲寄相思加饭⑤意，萧萧黄叶满关河。

二

才看小印便心惊⑥，隔世洪刘号更生⑦。
晚岁纵多勋业在，达人自觉去来轻。
寒香澹宕邀天许，傲骨嶙峋与世争。
闻说松花归兴好，江南重见庾兰成⑧。

①诗作于丙辰年（1916年）秋。宋小濂癸亥年（1923年）《病起》诗自注云："余于丙辰秋间大病，愈后曾号更生。"可见，这次病得很重。　②自注："时余在江省。"　③款段：马行迟缓貌。　④病维摩：梁昭明太子萧统，小字维摩。性至孝，居丧哀毁，体重减半，年三十一而卒。　⑤加饭：劝人多进饮食，保重身体。古诗有"努力加餐饭"句。　⑥自注："铁老近刻一更生小印。"　⑦洪刘：清代文学家洪亮吉，号更生居士；汉代文学家刘向，号更生。　⑧庾兰成：北周庾信，字子山，小字兰成。文学与徐陵齐名，官至骠骑大将军、开府仪同三司。位望通显，常有乡关之思，乃作《哀江南赋》。

江楼招饮和栾佩石①

凉雨忽吹江上秋，偶携吟榼②作清游。
数声风月桓伊③笛，半壁山河庾亮楼④。
军国平章归蟋蟀⑤，诗人天地入蜉蝣⑥。
白云无尽沧波远，欲和阳春不自由。

①诗作于吉林。栾佩石，即栾骏声。　②吟榼（kē）：外出吟诗时所带的盛酒或水的器具。　③桓伊：晋穆帝时人，善吹笛。　④庾亮楼：晋征西将军庾亮，都督江荆豫益梁雍六州军事，镇武昌。虽若执掌半壁山河，但其性格坦率，亲近部下。在武昌时，曾乘秋夜登南楼，与诸吏同乐，据胡床谈咏，传为美谈。　⑤军国句：南宋贾似道为相，不事朝政，日与诸妾于半闲堂中斗蟋蟀。廖莹中入见，笑曰："此岂平章军国重事耶？"　⑥诗

人句：蜉蝣为水边小虫，往往生数小时而死，故人以喻朝生暮死。苏轼《前赤壁赋》："寄蜉蝣于天地，渺沧海之一粟。"

题《晚学斋图》①

卫武九十余②，日诵宾筵作，
宣圣思假年③，味此读易乐。
卓哉古欢老，稽古思古若，
晚学补桑榆，襟抱殊落落。
绘图藉良友，相期亦不薄，
十年走大荒，同入郗生幕④。
鹍鹏几变化，天海恣腾跃，
刹那世已更，独寄北门钥。
云台⑤绘奇姿，飒爽动褒鄂⑥，
忽然长揖去，不受功成爵。
中原战万龙，天际翔一鹤，
戎衣换儒冠，绩学⑦务精博。
深研忘寝食，朝昏连宵柝，
练成诗骨坚，冰雪耐咀嚼。
犹恐少年时，所得或糟粕，
尽读人间书，胜食长生药。
或者老伏生⑧，留订群经错，
披图我失笑，蒲柳秋先弱。
新知日以荒，旧学孰商榷，
断金与攻玉，努力一方各。
豪杰晚闻道，如公庶无怍，
何时证心源，高斋酒一酌。

① 此图绘者不详。　　② 卫武：春秋卫武公，九十五岁卒。　　③ 宣圣：即孔子。《论语·述而》："加我数年，五十而学易，可以无大过矣。"《史记·孔子世家》加作"假"。　　④ 郗生：晋郗超。谢安与桓温论事，超卧帐中听之。风动帐开，谢安笑曰："郗生可谓入幕之宾。"　　⑤ 云台：汉宫中高台名。明帝置中兴功臣三十二人画像于其上。　　⑥ 褒鄂：唐初功臣段志玄封褒国公，尉迟恭封鄂国公。杜甫诗"褒公鄂公毛发动，英姿飒爽来酣战。"　　⑦ 绩学：

从事学业。　　⑧伏生：汉代伏胜，经学家，治《尚书》，西汉时《尚书》学者多出其门下。

澹堪杂首十首①

一

吾家墙之东，云水一庐小，
菜圃杂菊畦，种得花多少。
新柳垂万丝，好音坐幽鸟，
别院寄妻孥，人事一无扰。
牙签三万轴②，枕馈忘昏晓，
遥想云中君③，吾意方缥缈。

二

老友林琴南，写图④远寄我，
虽未至吾庐，位置似亦颇。
大江日夜流，襟前复带左，
老树听吟声，满地松花堕。
白云时出入，幽扃浑不锁，
即此有声画⑤，谓之诗也可。

三

潇洒诸葛君，澹泊以明志，
我无古人学，而师古人意。
当年守一麾，偶以官为戏，
拂衣归去来，甘为世所弃。
闭门老箸书，松鳞落幽翠，
寄语热中人，吾僎⑥与子异。

四

京华有故人，招赏西山雪，
吟鞭逐寒影，遂与吾庐别。
人皆喜清凉，我独畏炎热，
自惜洁白衣，常恐缁尘涅⑦。

何如老圃花，寒香争晚节，
曰归复曰归，聊以守吾拙。

五

好山喜我来，螺黛绘深浅，
怪石待主人，僵立殊偃蹇⑧。
我感山石意，花经行宛转，
入夜犹寻诗，露湿衣裳软。
镫花自开落，幽静不可蓺，
时闻华子冈，人定一声犬。

六

幽人早起时，初日未挂树，
微闻草木香，群动浣清露。
我思陶隐居，曲阁入烟雾，
北窗卧羲皇⑨，未必得此趣。
持帚扫白云，不令白云住，
生恐尘世人，认得云深处。

七

我生何所求，与物本无竞，
得庐便已足，况复极幽静。
檐树咽晚蝉，窗月飞孤镜，
人语出幽丛，小院绿苔净。
何必期长生，安居自却病，
珠柱怡我情，玉杯悦我性⑩。

八

别厂而曰堪，实一土屋耳，
有古陶复风，此意差可喜。
白发老诗人，萧然水云里，
荒经长菊松，小园遍桃李。
兰成与彭泽⑪，前身毋乃是，
白水寄神交，长怀古君子。

九

乌剌古江山，风物秀而野，

忠毅与富察[12]，其人皆健者。

赐第成瓜田，荒祠剩颓瓦，

陵谷一变迁，侯王亦已假。

何如高节义，声名震天下，

所以胡澹庵[13]，千古皆其亚。

十

遗民周之余，大隐南山麓，

习习清风生，美人慕空谷。

淋漓寄诗酒，欢笑杂歌哭，

华发已满颠，踽踽[14]行犹独。

遐哉邴管[15]风，邈矣顾黄[16]躅，

兰室有清芬，芳邻吾其卜。

① 这一组诗又载《诗汇》。作于丙辰年（1916 年）前后，时成多禄自京返吉。　　② 牙签：象牙制的图书标签。韩愈诗："邺侯家多书，插架三万轴，一一悬牙签，新若手未触。"　　③ 云中君：明文学家李维桢，号云中君，沉浮外僚三十年，七十余岁始还家居里。　　④ 写图：疑即《园林雅集图》。　　⑤ 有声画：宋代文天祥诗："闲云舒卷无声画。"此处反意用之。　　⑥ 僎（zhuàn）：善言，这里作想法解。　　⑦ 涅：染黑。　　⑧ 偃蹇：此处指怪石高耸貌。　　⑨ 北窗句：意谓生活闲适。陶潜《与子俨等疏》："常言五六月中，北窗下卧，遇凉风暂至，自谓是羲皇上人。"羲皇，伏羲氏。　　⑩ 珠柱二句：分指抚琴和读书。庾信《小园赋》："琴号珠柱，书名《玉杯》。"《玉杯》本为董仲舒《春秋繁露》篇名，代指书。⑪ 兰成：南朝诗人庾信。彭泽：晋诗人陶潜，作过彭泽令。　　⑫ 自注："忠毅公额勒登保、富察氏穆克登，皆乌剌人。"　　⑬ 胡澹庵：宋文学家胡铨，著有《澹庵集》一百卷。　　⑭ 踽踽（jǔ）：孤独貌。　　⑮ 邴管：后汉邴原、管宁，重操守，隐居专学。　　⑯ 顾黄：明末文学家顾炎武、黄宗羲。

偶成简佩栾石①

乐事一春何处寻，东门钟鼓托微禽。

百年学术终秦火②，四海歌谣半楚音③。

惜老渐知霜鬓短，纵谈不觉夜镫深。

平生豪气销磨尽，一掷摴蒲尚万金[4]。

①荣骏声，号佩石，奉天海城人。时在吉林任高等审判厅厅长。　②秦火：秦始皇焚书故事。　③楚音：项羽四面楚歌故事。　④一掷句：典出自《宋书·武帝纪上》"刘毅家无担石之储，摴蒲一掷百万。"摴蒲，赌博。

北山雅集同郭侗伯使君
雷筱秋瞿非园栾佩石诸君作[1]

尘羁才脱便轻身，巾屦萧然野意生。

杰阁栖烟涵远树，大江摇镜抱孤城。

画图不减前游乐[2]，丝竹难为此日声。

独羡九天珠唾落[3]，冷泉心比在山清[4]。

①丁巳年（1917年）夏，诗人在吉林与郭宗熙等组建松江修暇社，并在风景区北山举行第一集。　②自注："是日，诗人皆题余《香雪寻诗图》卷子。"　③独羡句：出自李白诗："咳唾落九天，随风成珠玉。"　④自注："侗伯诗有'在山泉愈冷'之句。"

北山第二集示同人[1]

老怀不减游山兴，绝顶重临曙色开。

几代废兴江上去，万家晴雨眼中来。

群龙战野[2]悲生世，大鸟[3]盘空起异才。

见说南皮[4]盛宾从，为吟瓜李一低徊[5]。

①松江修暇社第二集，于丁巳年立秋前四日（1917年8月24日）在北山举行。　②群龙战野：比喻当时军阀混战。　③大鸟：指金翅鸟。《起世经》云："金翅鸟欲搏龙时，以两翅扇海令开，以衔出。"　④南皮：张之洞（直隶南皮人）在任时常趁公暇偕幕友宴游，以此代指郭宗熙等。　⑤为吟句：《诗经·卫风·木瓜》："投我以木李，报之以琼玖。匪报也，永以为好也。"此处指互相吟诗赠答。

陈弢庵太保见访[1]

故国犹开旧讲筵，帝师[2]风节世争传。
天留硕果同清味[3]，人比黄花斗晚妍。
京洛风尘偏此日，衣冠文武是何年。
从容杖履头如雪，白傅[4]相逢一惘然。

①诗作于北京。陈宝琛，字伯潜，号弢庵，清朝遗老。 ②帝师：陈是宣统帝的老师。 ③自注："蒙惠福橘。" ④白傅：唐诗人白居易，敬宗时封太子少傅，故后称"白傅"。

游雍和宫和铁梅韵[1]

大千浮一沤[2]，花雨香不散，
胡为困人海，劳尘众弗惮。
素心喜禅悦，妙解如冰涣，
偶思物外游，及时动遥眄。
联步雍和宫，历历飞楼观，
潜龙[3]话旧邸，红教[4]此中衍。
当年重宸题，雉尾开宫扇，
金支光有无，梵语秘深殿。
供养但香花，缨络何璀灿，
今日是何日，无复云纠缦[5]。
衣冠月出游，何处闻夏谚，
古碑苔斑剥，溜雨如渍汗。
尖风飘绣幢，泠然有余善。
僧雏蒙兀儿，破褐来相见，
佛有人兽身，谈之辄色变。
我来参净因，拈花落微瓣，
试问观棋人，柯已几回烂[6]？

①诗人与宋小濂同游雍和宫并唱和。雍和宫在北京东城，建于清康熙年间，是北京地区现存最大的喇嘛庙。 ②一沤：一个水泡。佛家以水泡比喻人生空幻。 ③潜龙：《易经》称圣人在下隐而未显之象。雍和宫原为胤祯称帝（雍正）前的府第。 ④红教：喇嘛教旧称，西藏喇嘛教的一个支派。 ⑤纠缦（jiū màn）：萦回舒卷貌。《尚书》："卿云烂兮，纠缦缦兮。" ⑥试问二句：

指时间变化。据《述异记》，晋代王质入浙江衢县石桥山采樵，见二人对奕，局终，见所采之樵及斧柄均已朽烂，方知遇仙人。

腊八日自寿四首①

一

踏遍嵯峨②五岳颠，归来一壑尚能专。

每因正则庚寅日③，苦忆唐尧甲子年④。

剩叟心情惟皂帽⑤，书生滋味是青毡⑥。

卧听粥鼓⑦催寒晓，香火根因满大千。

二

少年小杜⑧喜谈兵，绝漠风霜杖剑行。

终古难移山突兀，到今犹望海澄清。

摩天黄鹄深秋影，踙⑨月荒鸡午夜声，

笑看吴钩思底事⑩，壮心奇气未全平。

三

铲尽琼华事有无，遗山⑪痴梦绕京都。

残松剩柏随年长，劣马顽牛任世呼。

北海尘生丹汧⑫冷，西山秋黯碧云⑬孤。

百年劫火双丝鬓，赢得诗狂作老夫。

四

老去岩居不废吟，敢言遗逸续清音⑭。

久辞尘绁⑮孤怀健，自理巾箱百感深。

佳日春秋元亮酒，暮年词赋子山⑯心。

平生倡和思良友，一曲幽兰雪满襟。

①诗作于北京，诗人时年五十四岁。　②嵯峨（cuó é）：山势高大貌。
③正则：指屈原。《离骚》有句："名余曰正则兮。"屈原生于庚寅年，《离骚》："唯庚寅吾以降"。　④唐尧甲子年：据《开元遗事》，唐玄宗时中条山隐士张果自称为唐尧丙子年生。诗中用"甲子"，代指上古之世，寓生不逢辰之慨。　⑤剩叟：指遗老。皂帽：青色便帽，隐士之服，至清朝则为青色瓜皮小帽。　⑥青毡：旧社会读书人未第时读书所用的坐褥。　⑦粥鼓：黎明时寺僧集众食粥的鼓声。　⑧

154

小杜：唐诗人杜牧。此为诗人自比。杜牧也是军事家，曾为《孙子兵法》作注。
⑨嘄(jiào)：高声大呼。　　⑩吴钩：剑名，泛指利剑。底事：何事。　　⑪遗山：金诗人元好问，号遗山，其诗才名震京都，金亡不仕。　　⑫丹泮(pàn)：北京北海有景"芙蓉泮"，芙蓉为红色，故称丹泮。　　⑬碧云：指北京西山碧云寺。⑭自注："延子澄学士所编《遗逸清音集》，内选余诗若干首。"按：此集于丙辰年(1916年)仲秋出版，北京商务印书馆代印，"征有清一代八旗之诗"，选成多禄诗廿六首。编者延清，字子澄，内蒙古人。　　⑮尘绁(xiè)：为人间世俗所牵制。⑯子山：庾信，字子山。杜甫诗："庾信生平最萧瑟，暮年词赋动江关。"

春觉斋夜饮呈畏庐①

六街不动马蹄尘，来践吟窠酒约新。
四坐梅花宜处士，一杯明月饷诗人。
独留松柏寒中影，遍写溪山雪后真②。
劫火余生人更老，天涯何处不相亲。

　　①丙辰年(1916年)冬日林纾招饮后作。　　②自注："是日所画《溪山霁雪图》甚佳。"

除夕怀人三首

朱古微侍郎

朝士问彊村，应有先朝泪，
十年香宋诗，谶语分明记①。
一从变陵谷，青鞋②世独避，
词老发飘萧，远道无一字。
蓦然传近况，天海动诗思，
东坡海外吟，不畏俗人忌。
姜桂老愈辛，何怪众惊异，
我怀七不堪③，借榻东华寺。
相思不相见，明年又何地，
冉冉惜余光，今夜不须睡。

夏映厂观察

苏州杯酒年，往迹辛与亥。

丙辰君北来，我亦京华在。

相逢感身鬓，文字忏尤悔。

巍巍黄金台，寂寂一郭隗④。

从此老映厂，飘然卧江海，

填胸气不平，落纸惊块垒。

忍饿出奇句，龙虎成异采，

沧桑并一愁，河清讵可待。

今我思不乐，开径望君每，

江南消息迟，一日如三载。

顾瞻修蛇影，兹岁已云改。

郑苏堪京卿

凤凰翔千仞，燕雀安能知；

老骥伏皂枥，久为驽马嗤。

斯人何卓哉，毁誉任世为；

当年莫府⑤中，策略惟公奇。

壮志逸四海，岂在酒与诗；

胡然酒与诗，乃值山河移，

仙人戏海上，万事哭笑之。

我亦来京华，满眼惊黍离，

不见所南⑥翁，但见幽兰枝。

幽兰若松柏，岁寒生古姿，

滔滔数今夕，悠悠成我思。

①自注："辛亥与香宋侍御同客苏州，香宋赠古微句云：'北来朝士问彊村，应有先皇积泪痕。'不图国变，竟成诗谶。"按：彊村，朱祖谋；香宋，赵熙。　②青鞋：山野之人所穿的便鞋。　③七不堪：嵇康给山涛的《绝交书》里，列陈不能出仕的原因有"必不堪者七"，后人以"七不堪"为才能不称之典。　④黄金台：燕昭王招贤之台。郭隗：战国燕人，为昭王出招贤之策，昭王为其筑宫而师事之。　⑤莫府：即幕府。郑孝胥曾入李鸿章幕。　⑥所南：宋代郑思肖，字所南。宋亡，隐居吴下，工画墨兰。诗中代指郑孝胥。

丁巳生日宋铁梅魁星阶两兄
徐敬宜弟以尊酒为寿赋呈二十七韵①

我生苦不辰，久失舞衣䌽，
兀②此飘泊身，频见山河改。
俯仰商山芝，四皓今安在③？
诸公携酒过，尘窝生异彩。
铁老人中龙，文章富肴醢④，
矫矫⑤徐先生，奇语落珠琲⑥。
星阶如德星，和光乐悌恺⑦，
深杯互笑言，食谱及调醯。
促坐忘主宾，酒巡乱亦每，
醉观八表昏，金革医冻馁。
同此作寓公，燕幕逾三载，
今日获良宴，清风散兰苡。
侧闻⑧古君子，拨乱心力倍，
燕台筑黄金，师事请从隗。
易水风萧萧，气早夺秦亥，
快剑芟风尘，六合成爽垲⑨。
公等造龙沙⑩，夙为天下宰，
胡不振衣起，再接再厉乃。
苍生祝霖雨，我亦企踵待，
所伤蒲柳姿，浪迹满湖海。
平生歌舞场，从人戏傀儡，
歌诗一发狂，少作常自悔。
乐与素心人，相知不相罪，
及时抚家国，痴念动危殆。
无言寒阁梅，对人发蓓蕾，
相看头尽白，人天雪皑皑⑩。
努力崇明德，桑榆愿收采。

①诗为诗人在京过五十五岁生日时作，"尊酒为寿"者，有宋汉小、魁陞、徐鼐霖。　②兀：不安貌，亦可作助词。　③四皓：初商山四隐士东园公、绮里季、夏黄公、甪里先生，四人须眉皆白，故称之四皓。商山，在陕

西省商洛市商州区南。　　④肴醢（yáo hǎi）：本指鱼肉酱，诗中代指文章内涵丰富。　　⑤矫矫（jiǎo）：出众貌。　　⑥珠琲（bèi）：串珠。　　⑦悌恺（tì kǎi）：和乐平易。　　⑧侧闻：从旁听得。　　⑨爽垲：高而清朗之地。　　⑩公等句：指三人建设黑龙江有功绩。宋小濂历任将军署文案总理、善后局总理兼办全省学务督察、海伦厅同知、呼伦贝尔副都统、呼伦兵备道、黑龙江巡抚、黑龙江省都督兼民政长；魁陞初充镇边军粮饷处办事委员、帮办，补黑龙江哈拉站笔帖式，后任黑龙江省财政厅司长、厅长；徐鼐霖历任兴东兵备道筹防处总参议，兼中路卫队统领官、军政处长，黑龙江民政司使、都督府参谋长。　　⑪皬皬：白貌。

老鱼行有序①

三海鬻②鱼，获大者长三尺许，鳞作黄金色，项间有银牌一，嘉靖年物也。后为英使所得，载而归国。澹堪见之，感叹作《老鱼行》。

南海滨北海曲，玉蝀金鳌③射红旭。

晴波网集打鱼声，多少银鬐破春绿。

大者入罶去，小者衔钩来，

小者大者一时出，一鱼跋浪沧溟开。

沧溟开处获天赐，仿佛龟龙擅灵异，

金鳞熠熠④银牌光，大书深刻嘉靖某年字。

吾思嘉靖朝，已余五百年，

五百年中几劫火，尔鱼应自全其天。

老鱼闻言忽腾跃，鱼目常醒人语作：

本来万古濠梁⑤游，那知十日⑥秦皇索，

竭泽而渔之，吾侪何以能咸若。

我笑老鱼，象齿自焚；胡不衔环，献之大君。

摸金都尉⑦宜策勋，银章兼佩武与文，

朝恩之裔鱼将军⑧，鱼乎鱼乎尔何痴，

身入番舶⑨将安之，釜中之游⑩何乐为？

君不见枯者⑪过河泣，太液池⑫中且殃及。

①诗作于戊午年（1918年）初。　　②三海：北京城内引玉泉山及西北诸河水而成的湖，分南、中、北三部分。鬻（yù）：卖。　　③玉蝀（dōng）金鳌：桥名，俗名北海大桥。桥头原有二牌坊，东曰"玉蝀"，西曰"金鳌"。　　④熠熠（yì）：

闪光貌。　⑤濠梁：指自得其乐。《庄子·秋水》："庄子与惠子游于濠梁之上。庄子曰：'儵鱼出游从容，是鱼之乐也。'惠子曰：'子非鱼，安知鱼之乐？'庄子曰：'子非我，安知我之不知鱼之乐？'"　⑥十日：神话传说，天有十日，地荒水枯。此指环境变化恶劣。　⑦摸金都尉：应为摸金校尉，指掠夺财宝的人。东汉袁绍列举曹操罪状，说他置发丘中郎将、摸金校尉，专事掘梁孝王墓，掠取金宝。　⑧鱼将军：鱼朝恩，唐代宦官，此处借其姓鱼，戏指为鱼。　⑨番舶：指英国船。　⑩釜中之游：喻即将死亡。《后汉书·张纲传》："若鱼游釜中，喘息须臾间耳。"　⑪枯者：古乐府："枯鱼过河泣，何时悔复及。"　⑫太液池：即北京三海。

昆明曲有序①

戊午二月，与郭侗白使君同游颐和园②。记少时曾随舅氏荣润庭通侯入观，风景不殊而山河顿异矣。园有湖，曰"昆明"，作《昆明曲》。

　　昆明湖边春草生，昆明湖上春波平，
　　一波一草皆春梦，莫将桑海证昆明。
　　昆明开凿当全盛③，瀛寰涤荡清如镜，
　　侧闻车驾聘清游，南巡归仿西湖胜④。
　　西湖胜处对西山，山色湖光缥缈间，
　　偏是鱼龙邀睿赏⑤，也如鹓鹭点朝班。
　　翠华⑥当日临幸地，淀⑦南淀北纷车骑，
　　无限嬉春曲水情，却存习战滇池⑧意。
　　玉泉⑨绝顶万泉飞，万寿⑩回看烟雾霏，
　　不独九成⑪堪避暑，年年还打木兰⑫围。
　　谁知劫火圆明⑬后，明德⑭忽称天下母，
　　侍臣方进游仙诗，海客又斟祝鳌⑮酒。
　　奇肱车与宛渠船⑯，经营不惜水衡钱⑰，
　　费尽海军四百万，好歌慈寿八千年。
　　长廊香阁排云殿⑱，宝月琼花开曲宴，
　　歌管春镫燕子词，彩缯⑲夜光萤儿苑。
　　濯龙⑳门外好楼台，趋值车声晓若雷，
　　记得羽林仙杖㉑外，曾随舅氏入园来。
　　蓬瀛清浅呼仙吏，君早金銮留秘记，

引见开元各一时，回头二十余年事。

汉家歌舞召黄巾㉒，鼓鼙惊破湖中春，

秋词那忍谈庚子㉓，国变无端又甲申㉔。

乘舆归后山河改，老锁离宫对三海，

但见苍头小吏来，更无白发宫人在。

荒坡野艇夕阳低，行尽山前山后堤，

漱玉泉声迷石舫㉕，渗金山色冷铜犀㉖。

伤心今有林宗老㉗，重来婘恋湖山好，

鹃泪空怜帝子花，莺飞又长王孙草。

我亦茫茫百感增，何须松柏怨山陵，

一天春水容消长，百代苍烟任废兴。

废兴消长亦寻常，过眼风花似梦凉，

何怪诗人严节度㉘，已成当代鲁灵光㉙。

古欢老人㉚亦不俗，冷抱湖云吸山渌，

十日春寒不出门，听我昆明歌一曲㉛。

①诗作于戊午年（1918年）二月，同游者郭宗熙（字侗伯）。　　②颐和园：在北京西郊，我国最著名的皇家园林，由万寿山、昆明湖等组成。③全盛：指1750年乾隆帝疏导玉泉诸水，将万寿山下湖泊改建为昆明湖。乾隆朝被称为清代盛世。　④南巡句：指乾隆帝下江南，归京后开凿昆明湖。　⑤睿（ruì）赏：受天子赏识。　⑥翠华：原指帝王仪仗中一种旗，竿上饰翠羽，代指皇帝。　⑦淀：指海淀。　⑧滇池：亦称昆明湖，在云南昆明市西南。"汉习楼船"，这里也是操练水军之处。慈禧太后移海军军费修缮颐和园为自己作寿，此处借以讽喻。下文"费尽海军四百万"也指此。　⑨玉泉：山名，在颐和园西，流泉密布，有玉泉池。　⑩万寿：万寿山，在颐和园内。　⑪九成：宫名，亦称"万寿宫"，是唐太宗每年避暑处，遗址在今陕西麟游县城西。　⑫木兰：围场名，辟于清初，为清代帝王秋猎处，址在今河北省围场满族蒙古族自治县。　⑬圆明：园名，原为清代大型皇家御苑，后被英法联军焚毁。　⑭明德：宋光宗后，性妒悍，借比慈禧太后。　⑮祝釐：犹言祝福。釐，通喜。　⑯奇肱车：精巧的快车。据《山海经》，奇肱为神话国名，其人"能作飞车，从风运行"。宛渠船：性能好的船。宛渠亦为神话国名，其民能制潜行海底的螺舟。　⑰水衡钱：意为官府的钱。　⑱长廊句：指昆明湖北岸的三个主要建筑：长廊、佛香阁、排云殿。　⑲彩缯（zēng）：五彩丝帛。慈禧作寿时命以彩帛装饰园中

成多禄集

树木。　⑳濯龙：汉代园林名，在洛阳。　㉑羽林仙仗：皇帝的卫队和仪仗，此指能随帝王入园的人。　㉒黄巾：东汉末年的农民起义队伍黄巾军，此喻指义和团。这里指皇帝奢靡无度，引来内忧外患。　㉓庚子：指庚子事变，1900年八国联军攻占北京。　㉔甲申：甲申年（1664年）明朝灭亡，诗中指辛亥革命推翻清朝统治。　㉕石舫：即清宴舫，为颐和园中著名的水上建筑。　㉖铜犀：即铜牛，在昆明湖东岸堤边。　㉗林宗老：汉代郭泰，字林宗，博学通典，名震京师。因同姓，代指郭宗熙。　㉘严节度：唐代严武。成多禄诗中多以严武比宋小濂。　㉙鲁灵光：灵光，西汉宫殿名，鲁恭王所建，东汉时，其他宫殿皆毁，唯灵光殿存。后以喻硕果仅存的人物。　㉚古欢老人：宋小濂，晚年室名为"古欢室"。　㉛自注："原拟与古欢室主人同游，后不果，故末语及之。"

挽李母①二首

一

树老台荒听挽歌，遗民涕泪满山河。
习闻寿母如松柏，忍见诗人废蓼莪②。
丝杼宵残余火冷，板舆③春尽落花多。
身衣手线悲游子④，望断慈云⑤鬓已皤。

二

秋老卢龙⑥塞外天，泷冈⑦待表是何年。
高秋夜月啼乌鸟，大野凄风哭杜鹃。
尽有容仪照千古，我因慈孝忆三迁⑧。
平生最有皋鱼⑨痛，百感中来更泫然。

①李母：疑为李葆光母。　②蓼莪：《诗经》篇名，有"哀哀父母，生我劬劳"句，父母死而不忍读，门人为废此篇。事出三国魏之王仪。　③板舆：古时老人的代步工具，后指官吏在任奉养的父母。　④身衣句：孟郊《游子吟》："慈母手中线，游子身上衣。"　⑤慈云：即指慈母。　⑥卢龙：古地名，在今河北东北部。　⑦泷冈：宋代欧阳修葬其父于江西永丰县南之泷冈，并作《泷冈阡表》文。　⑧三迁：孟子母为教子而三择其邻，使其有好的成长环境。　⑨皋鱼：周时人，悲亲之亡而哭死。

灵光寺①

野人意萧疏，不是城中物，

偶然踏翠微②，天风时一拂。

念彼伽蓝人③，妙香闻得不，

韬光与归来④，尘劫说仿佛。

夜分万籁寂，镫穗阇于佛。

①灵光寺，唐名龙泉，金改觉山，明改今名，为北京西山"八大处"之第二处。　②翠微：北京西山三山（翠微、平坡、卢师）之一，灵光寺在其东麓。　③伽蓝：梵语僧舍。伽，同"迦"。伽蓝人即僧人。　④韬光与归来：灵光寺外二庵名。

三山庵①

欲觅三山庵，来上青螺②顶。

到门僧未归，一犬宿花影。

①三山庵：为北京西山"八大处"之第三处，因处于三山之间，故名。　②青螺：颜色名。陆游《快晴》诗有"瓦屋螺青披雾出"句。

大悲寺①

竹舆彳亍行，袅袅散轻雾，

古磴阒②溪云，樵声人语误。

修篁动禅栖，万竿青可慕，

东入说法台，花雨堕无数。

僧雏揖远客，木末③设茶具，

道此万山中，襆被④宜小住。

诗老久无言，相看得妙悟，

野荷香沁人，如饮华池露。

坐令尘虑绝，蝉声送归路。

①大悲寺：原名隐寂寺，在平坡山半腰，为北京西山"八大处"之第四处。　②阒（mì）：隐而不见。　③木末：犹言树下。　④襆（pú）被：以包袱囊束衣被。

龙王堂①

闻说此峰顶，灵湫藏老龙；

灵湫通海底，时有大云从。

狂飙激县瀑②，怒涛鸣万松；

禅心正寂寂，溪午一声钟。

　①龙王堂：又名龙泉庵，为北京西山"八大处"之第五处，内有泉水自堂后石壁流出，经石雕龙头注入水池，经年不断。　②县瀑：县，通"悬"。

香界寺①

石径荦碃舆人歌，上山下山一刹那。

壁立千仞到香界，门外松楸②挂薜萝。

西来佛树金梭罗③，古色古香争摩挲。

笑撷七叶捋数子，手香不待旃檀④搓。

还山藏之群书窠，老不谈禅奈尔何？

愿留细字记无讹：某年月日香界过，

曾闻菩提萨婆诃。

　①香界寺：旧名平坡寺，西山主寺，为此京西山"八大处"之第六处。据成氏手书条幅，"是年夏六月与宋小濂同游香界寺"，游其他各处想必也是二人同行。　②松楸：条幅为"松枥"。　③金梭罗：金色之梭尾螺，即法螺，诗中以状树影。　④旃檀：檀香。

秘魔崖①

幽谷森欲秋，阴崖黯将夕，

灵气杂神鬼，天露一线窄。

闻说卢大师②，跨海不盈尺，

缚茅深箐③中，道行坚于石。

青童侍经窝，为霖显奇迹。

竭来风雨深，万岭浮一白，

渴霓饮涧曲，怒电裂岩隙。

奇景骇冷禅，惊定殊可惜。

山灵笑我顽，狂啸折㧓屐④。

回首说法台，陈迹感今昔。

老魔呼不出，石绣苔花碧。

①秘魔崖：在北京西山"八大处"第七处证果寺西北，是一块悬空伸出的岩石，石下有洞。　　②卢大师：传说隋唐年间，卢师和尚在此收了两个龙子为徒。值天旱不雨，二徒化青龙降雨，有功于民。人们便将此山称为卢师山，岩称卢师洞。　　③深箐：细竹林深处。　　④纳屐：一双鞋。

魔王殿①

四山围若环，梵语出香界。

不知何王殿，万古身不坏。

空房僧已寂，瓢杖壁间挂。

冥心问八还，妙谛参五戒②。

无生即有生，龙象通謦欬。

阅尽千百劫，眉目尚如画。

世事那可知，归与儿女话。

①魔王殿：在香界寺。寺内有天台山魔王树。　　②五戒：释教五戒：一戒杀生、二戒偷盗、三戒邪淫、四戒妄语、五戒酒肉。

碧云寺①

十年不到碧云颠，劫后重来话净缘。

云压牛羊争绝顶，雨挥龙象落诸天。

大珰②应有魂来往，遗构仍随国变迁。

数尽兴亡成妙觉，泉声到耳一泠然。

①碧云寺：在北京香山东麓，创建于元，明清时重修。　　②大珰：大的建筑。珰（dāng），指屋椽头装饰。

卧佛寺①

云护珠幢雨打头，空堂六月已深秋，

年来何处容高卧，满眼风烟佛亦愁。

①卧佛寺：在北京西山余脉寿安山南麓，始建于唐，元代铸造一尊大型释迦牟尼铜像，身长五米多，呈睡卧状，故称卧佛。

玉泉山^①

树老园荒岁几更，筇枝得得绕廊行。

偶从调水分符地^②，来听飞泉漱玉声。

得地便涵双塔影，出山能酿一湖晴。

烹茶领略真滋味，堪笑中泠浪^③得名。

① 玉泉山：在北京西北郊。有乾隆帝题碑"天下第一泉"。　② 调水分符地：指京城内。调水，玉泉山水疏调至城中三海，皇宫用水亦从这里供给。分符，分一半符节给功臣作为信物。　③ 中泠：泉名，在镇江金山，世称"天下第一泉"。浪：徒然；妄。

赠宋芝田侍御二首^①

一

一疏居然动九阍^②，河山虽改片言存，

先芬远谪曾金齿^③，此老生还入玉门，

铜狄吟秋余涕泗，铁函著史白朝昏，

平生意气倾湖海，欲话新诗酒满樽。

二

散材心迹议郎名，白发青衫也自惊，

卓荦幼安^④容片席，萧条瘐信话平生，

十年燕市黄花酒，万里秦关落叶声，

一样天涯感今昔，壮心直气总难平。

① 诗二首又载《诗汇》。宋伯鲁，字芝田，官清山东道监督御史，故称侍御。民国后，在京陕两地任职。　② 一疏：中日甲午战争后，清政府国势日衰，宋伯鲁上疏条陈新政。九阍（hūn）：九关，亦喻指帝王宫门，引申为京城。③ 自注："用宋文宪公事。"按：明宋濂（卒谥文宪）因长孙坐法，举家谪茂川（在今四川）。金齿，今云南保山。喻指边远荒蛮之地。　④ 幼安：三国时期魏国管宁，字幼安，有割席的故事。

送玉如^①六甥女于归

轻夫因嫁早，古人深刺讥。

汝能履女诫，三十始于归。

雎麟②有精意，雅化今已稀。

郑重告之子③，凡百期无违。

① 玉如，赵姓，余不详。　　② 雎麟:《诗经》中《关雎》《麟趾》两篇，写男女爱情。古人以为《关雎》歌后妃之德，《麟趾》歌文王后妃之子，他们都被称为"雅化"。　　③ 之子:《诗经·桃夭》:"之子于归，宜其室家。"之子，女子；于归，出嫁。

九日陶然亭①独坐

西山青到谷为陵，谁向荒亭问废兴？

半老年光秋似嫁，独来风味野于僧。

乡心满地滋鲈脍②，兵气缠霄引雁绳③。

欲折黄花还自笑，白头傲骨两崚嶒④。

① 陶然亭:在北京城南，为清康熙三十四年（1695 年）工部郎中江藻所建，初名江亭，后取白居易诗"更待菊黄家酿熟，与君一醉一陶然"之意，改今名。民国年间，已荒芜不堪，中华人民共和国成立后辟为公园。　　② 鲈脍：即鲈鱼片，常代指思乡之情，见《世说新语》。　　③ 雁绳：指书信。④ 崚嶒（léng céng）：原指山之突兀高峻，诗中指人的瘦削与孤高。

贤良寺杂诗二十四首①

岁戊午寓贤良寺，自春徂秋得小诗若干首，或感旧，或怀人，虽非一时一事，要皆与此寺相属，因名之曰《贤良寺杂诗》。

一

旧说贤王邸第开②，山丘华屋亦堪哀。

白头有客谈天宝，又向贤良寺里来。

二（法安③和尚）

老衲相逢似故交，参禅话语坐深宵。

何时了却尘中事，共尔穿云采药苗。

三

不思修禊会群贤，不愿看花逐少年。
策杖自寻诗境去，古松流水意萧然。

四（宋铁梅都督）

勋业兴安立马余，归来读遍五车书。
至今小院梅花下，共指潜溪④学士居。

五（徐敬宜参戎）

城此先生意不群，翔天鸿鹄感风云。
元龙⑤奇气倾湖海，百尺高楼合让君。

六（诗人张白翔）

张髯心迹似坡仙，鬓榻栖迟屋一椽。
今日逍遥湖上路，定教诗酒送流年。

七

晴潭云绕镜湖凉，满院蔷薇闲海棠。
春水方生秋水去，几回高庙访斜阳⑥。

八

儿女团栾⑦笑语声，夜深围著读书镫。
苦吟惹得山妻笑，道我前生合是僧。

九

蓦地⑧炎凉感不禁，商量花事几沉吟。
芙蓉泣露荼蘼笑，一样春秋两样心。

十

桐花小径豆花篱，尘外鹪栖借一枝。

绝受四时风日好，晓窗作字晚吟诗。

十一（游西山）

振袂天风踏白云，西山深处四无邻。
斜风细雨黄村^⑨路，画出骑驴觅句人^⑩。

十二（颐和园诸山）

看尽三山落照低，昆明深锁碧湖西。
可怜辇路成秋草，埋没铜麟与铁犀。

十三

宝禅门巷晚烟斜^⑪，少日相依是外家。
我到东陵重访旧，更无人问故侯瓜^⑫。

十四（游陶然亭）

黯澹西山一角青，沧桑问尔几曾经。
荒陂断苇城南路，无限边愁压此亭。

十五（游法源寺^⑬）

古柏参天夕照间，法源孤往复孤还。
残碑不拓灵芝字^⑭，一盏寒泉荐叠山^⑮。

十六（崇效寺^⑯看牡丹）

出郭微飔料峭^⑰寒，枣花寺里一盘桓。
青松红杏图千古，偏是游人看牡丹。

十七

闲从老圃话斜阳^⑱，春韭秋菘历历尝。
阅尽辛酸人世味，算来毕竟菜根香。

十八

梧桐月上晚风微，白蓼花开雪四围^⑲。
正是茶初香欲半，有人天外抱琴归。

十九

古木当门似老夫，疏狂偃蹇^⑳寄情孤。
爱他偏有林和靖^㉑，为写松根高士图^㉒。

二十

秋老江头燕子飞，重来故垒已全非。
广平^㉓自有梅花骨，手摘天山明月归^㉔。

二十一

蘼芜^㉕山下故人稀，有客彷徨怨黍离。
忍见白头周太保，鹧鹊风雨读残诗^㉖。

二十二

杜陵诸将入悲歌，三弄桓伊^㉗唤奈何。
门外风烟谁管领，一天兵气雁声多。

二十三

丁鹤^㉘高风不可寻，铜盘泣露亦何心。
梅村^㉙悟后思苍雪，独倚荒龛一细吟。

二十四

半是怀人半纪游，雪鸿权作爪痕留^㉚。
遗民未践还山^㉛约，瘦竹孤花又一秋。

① 部分诗题，原均在诗末，整理时移前。　②自注："寺为怡亲王府改建。"按：寺在北京东城煤渣胡同；怡亲王，即载垣。　③法安：贤良寺僧，与成多禄甚友善。　④潜溪：明代宋濂号潜溪，此指宋小濂。　⑤元龙：

三国时期魏国陈登，时人称其"湖海之士"。　　⑥自注："陈君秋水寓高庙。"按：陈德清，字镜如，号秋水。　　⑦团栾：犹言团圆。　　⑧蓦（mò）地：突然。　　⑨黄村：在西山。　　⑩骑驴觅句：唐代郑虔自称其"诗思在灞桥风雨中，驴子背上"。诗中亦为具指，由于山路难行，游西山者多租驴骑而缓行。　　⑪自注："先母舅荣润庭通侯故宅在宝禅寺巷内，乱后门户式微，无人继起矣。"按：宝禅寺，建于元，后废为民居；宝禅寺巷，即今北京市西城区西四北宝产胡同。　　⑫我到二句：为双关语，原指秦东陵侯召平种瓜事，诗中指荣润庭这位"故侯"，已无人问及了。　　⑬法源寺：在北京宣武区，始建于唐，是市内现存最古的名刹。　　⑭残碑句：寺内悯忠台墙壁上嵌有唐代苏灵芝写的《张石矜宝塔颂》，字作行草，笔势飞舞生动。　　⑮叠山：南宋诗人谢枋得，字君直，号叠山。元朝迫其出仕，强制送往大都（今北京）。谢被拘法源寺内，绝食而死。　　⑯崇效寺：俗名枣花寺，在北京广安门外，花木繁盛，尤以牡丹为最。　　⑰料峭：形容春天微寒。　　⑱自注："门前即菜圃。"　　⑲自注："寺中皆白蓼花。"　　⑳偃蹇（yǎn jiǎn）：高傲貌。　　㉑林和靖：宋诗人林逋，结庐西湖之孤山，植梅畜鹤，恬淡好古，卒谥和靖先生。此处指林纾。　　㉒自注："林畏庐先生为余作松根高士图。"　　㉓广平：唐广平郡公宋璟，工文辞，曾作《梅花赋》。　　㉔自注："谓宋芝田侍御。"　　㉕蘼芜：香草。古诗有"上山采蘼芜，下山逢故夫"句，故将蘼芜借作思念与故人相逢之意。　　㉖自注："谓陈弢庵太保。"鸱鸮（chī xiāo）：鸟名，即猫头鹰，夜间活动，故诗中以示风雨之夜。　　㉗桓伊：晋将军，善音乐，素仰王微之，曾为之奏三调。　　㉘丁鹤：传说汉辽东人丁令威，学仙化鹤归来，感叹"城郭如故人民非"。常以喻人世之变迁。　　㉙梅村：清文学家吴伟业，字梅村。才华艳发，后经丧乱，遂多悲凉之作。　　㉚雪鸿句：人生留下可值纪念的东西。苏轼诗："人生到处知何似，应似鸿踏雪泥。泥上偶然留指爪，鸿飞那复计东西。"　　㉛还山：回到"出山"（出仕）之处。此指归吉林故里。

自寿二首①

一

悔不空山自箸书，藏身人海计原疏。
了无恩怨何言党，自有升沈漫卜居。
社栎②宛随遗子在，苑花犹说故宫余。

人非城是思何限，转觉闲身鹤不如。

二

雪绘僧庵月绘池，年来随地好栖迟^③。
便逢佳日携吟榼，且对名花惜鬓丝。
读画心情黄绢重，消寒风味绿琴知^④。
白头兄弟争相寿，颇意旃檀玉局诗^⑤。

①诗作于诗人五十六岁生日。　②社栎：即栎社树。古以为不材之木，引喻为无用之人。　③栖迟：游息。引申为飘泊失意。　④自注："时与同人作消寒会，有某君善琴。"消寒会，见本书年谱（续）。据宋伯鲁"湘灵瑟曲和者寡，典午铙歌道且清"，"善琴者"应为张元奇，见《海棠仙馆诗集》。⑤自注："宋芝田、钱仲仙、冒鹤亭诸公迭相为寿。"

和铁梅食熊掌白鱼之作

老守余一馋，除此寡所欲，
旧梦熊与鱼，冰穴及岩麓。
两年客京辇，味让吾乡独，
何期古欢老，春宴开东陆^②。
隔宵卜嘉辰，奚事再三渎，
斫脍^③客已惊，胹膰宰不辱^④。
登筵发古怀，此味贡荒服，
白鲤与青黑，玉食到鳞蹄。
垂老周余民^⑤，每饭情愈笃，
翰思莼菜羹^⑥，坡忆花猪肉^⑦。
烧镫开上元，犹见古时俗，
隔邻春如海，稚子喧爆竹。
卓荦七诗人^⑧，冷语散馨馥，
吟弄风月边，咏归乐亦足。

①己未年（1919年）元宵节，宋小濂设熊掌白鱼宴，宋先有诗，成多禄等人和之。　②东陆：犹言东道。　③斫（zhuó）脍：削鱼肉片。　④胹膰句：《左传·宣公元年》："宰夫胹熊膰不熟。"胹（ér），煮；膰（fán），烤肉。　⑤周余民：易代而不仕新朝者，指遗老。　⑥翰思句：《晋书·张翰传》有思吴中菰菜、莼羹、鲈鱼脍的话，后人常引为辞官归乡之典。翰，张翰。　⑦坡忆句：苏轼在黄冈戏

作《食猪肉》诗，有"慢着火，少着水，火候足时他自美"等句，后人以为一种猪肉作法，并称之为东坡肉。　⑧卓荦句：指超绝的在座七位诗人，即除诗人之外的宋小濂、赵尔巽、周树模、林纾、马其昶、涂凤书、徐鼎霖。

涂子厚母寿①

锦江春色明夔巫②，中有老人清且癯，
问之名族曰古吴，母仪天下云阳涂。
为曹大家③为汉儒，风节美媲璠与玙④，
作诗戒旦⑤能相夫，贫家晚嫁孝于姑。
笄珈⑥邦媛无时无，庭前玉树生双株，
机云之陆轼辙苏⑦，以教以养老而劬⑧。
半生画荻⑨欧阳如，令子尽读名父⑩书。
回翔八表鸾凤雏，我识次公十年逾。
前则呼伦后卜枯⑪，吴公⑫治行万口呼。
卓卓北海东海隅，一朝共作长安趋。
燕喜诗歌来属余，愿补白华哦绛跗⑬。
月正初吉八日初，羽觞祝嘏⑭翱天衢。
纷银凿落金醴斝⑮，彩衣画烛红氍毹⑯。
千金寿母母曰毋，咬菜根香是故吾。
胡不俭约为世模，方今朝宁⑰伦纪扶，
丝褒纶奖相都俞，定有寿赐南楼⑱图。

①诗作于"己未孟春"。据《云阳涂氏家谱》所附，诗题原为《涂母关太夫人七十寿诗》。涂，即涂凤书。　②夔巫：夔门和巫峡，沿长江而上，过此则入川境。涂凤书，四川云阳人。　③曹大家（gū）：东汉班固之妹班昭，适曹世叔，继兄续撰《汉书》。和帝时，担任皇后及妃嫔的教师，人称曹大家。　④璠（fán）与玙（yú）：均为美玉，比喻美好的人。　⑤戒旦：天将晓，警人使醒。典出《诗经·鸡鸣》　⑥笄（jī）珈：成年妇女的首饰。　⑦机云句：指晋文学家陆机、陆云兄弟，宋文学家苏轼、苏辙兄弟。诗以比涂氏兄弟。　⑧老而劬（qú）：不懈劳苦。　⑨画荻：宋代欧阳修四岁丧父，家贫无纸笔，其母以荻（类似芦苇的植物）画地，教子读书。　⑩名父：父有盛名者。　⑪卜枯：即卜奎，地名，今齐齐哈尔。　⑫吴公：指吴太夫人之父。　⑬白华：《诗经》篇名，

内容是咏孝子的，以白色的花喻孝子心地纯洁。绛跗：指花萼为绛色。　⑭羽觞：酒器。羽，原误作"朋"，今据《云阳涂氏家谱》迳改。祝蝦（gǔ）：祝寿。　⑮凿落：镶镂金银为饰的酒盏。斞（jū），酌。　⑯氍毹（qúshū）：毛织地毯。　⑰朝宁：《云阳涂氏家谱》作"元首"。　⑱南楼：见页198注④南楼老人。

小集江亭为龙江话旧会，铁梅先有诗，书此奉和，示同人兼呈周朴老二首①

一

洒落巾裙脱筦弦②，深杯巍坐话当年。
共怜萍聚踪何定，且喜花时寿亦妍③。
别径寻诗鹦鹉冢④，谁家赏雨海棠筵⑤。
龙沙万里春如海，回首孤亭一惘然⑥。

二

野亭如笠矗城南，短荻新莎绿满潭。
北海风流容一酒，西山云物点层岚。
春随黍陌禾墟老，梦绕冰天雪窟酣。
领略濂溪⑦风月味，吾侪今夕莫轻谈。

①诗为黑龙江旧友集会陶然亭后所和宋小濂诗之作。当时在京的黑龙江旧友有周树模、张朝墉，涂凤书、黄维翰、宋小濂、徐鼐霖、张国淦、卢弼、王彭、萧延年、李鸿谟、何煜、贾景德、王杜等人。周朴老，即周树模。　②筦（guǎn）弦：即管弦。　③自注："是日为黄君生日。"按：黄君，为黄维翰，其生日为三月十八日。　④鹦鹉冢：在陶然亭公园内，据《万柳堂笔记》，清代书法家邓完白的一只鹦鹉被猫咬死，葬于此。　⑤自注："友人又有法源寺看海棠之约。"　⑥自注："黑龙江有龙沙万里亭。"　⑦濂溪：宋代周敦颐晚年居庐山莲花峰下，世称濂溪先生。

寺夜①

山月清不寒，松响疑过雨。
泠泠②远近泉，如与诗翁语。
仰视韬光厂，放鹤人何许。

苔壁觅旧题③，念我前游侣④。

①诗为夜宿北京西山灵光寺所作。　　②泠泠（líng）：形容声音清越。　　③旧题：前一年成多禄游西山八大处，曾在灵光寺等处留题。据其后人回忆，亲见有题诗之刻石，今已不存。　　④前游侣：指宋小濂。

《苕溪秋泛图》为金拱北作①

琼云璧月苕花紫，夹岸人家三十里；
如此江山付阿谁，扁舟②艳说金公子。
当日宗人喜壮游，解衣盘礴瀛寰秋；
坐中佳士尽龙尾，海内高名知虎头③。
萧萧黄叶延陵道，红衫青笠惊霜晓；
北地新愁鞍马多，西风旧梦莼鲈好。
桃花庵主④是前身，画出秋怀十丈新；
东野⑤怕弹游子泪，伟元⑥偏作泣诗人。
白云有尽秋无尽，家与长安谁远近；
一发青山独往时，十年凉月思归引。
竭来把臂东华东⑦，回首苕溪事已空⑧；
感君高卧丹青里，忆我联吟风雨中。

①《苕溪秋泛图》是近代画家金城（字拱北）所绘。苕溪，分东苕、西苕二水，源于天目山，合于金城家乡浙江吴兴县后，流入太湖。　　②扁舟：诗人所书扇面作"大名"。　　③虎头：晋书画家顾恺之，世传有三绝（才绝、画绝、痴绝），人称虎头将军。诗以比金拱北。　　④桃花庵主：明代大书画家唐寅，室名桃花庵。　　⑤东野：唐诗人孟郊，字东野，有名诗《游子吟》。　　⑥伟元:晋代王裒，字伟元，读诗常流泪。　　⑦东华东:北京东华寺（或门）之东。　　⑧自注:"辛亥秋苕溪道中，与朱彊村、赵香宋先生唱酬甚多，乱后此稿无一存者。"按：这里的"苕溪道中"，当指在苏州以南一带游赏。

己未七月同宋铁梅秦少观
游戒坛潭柘二寺四首①

一

联舆度椒眉②，曲磴绕山胁，
言寻戒坛松，奇古天下甲。

俯仰揖来客，四株③已千劫。
或如龙偃卧，兀傲不可狎；
或如孤柱擎，拏云护残塔；
自在与九龙，连蜷舞鳞鬛。
当时重宸翰④，勒碑示来叶⑤，
起讫千百言，如说生公法。
何来诸王孙，但解炙羊脾，
豪竹并哀丝，万事付一呷⑥。
感此夜无眠，络纬⑦动僧榻。

二

石檀高不极⑧，佛阁连香榭，
白头老帝师⑨，往往此销夏。
笙簧落天半，吟响答幽夜，
龟鱼识杖声，渔樵议诗价。
我踏软红尘，欲游苦无暇，
临流诗和陶，登山屐著谢。
名山尚易逢，名心岂易化，
达哉向子禽⑩，草草了昏嫁。
平生五岳心，徘徊夕阳下。

三

万绿萃一环，涌出精蓝秀，
嘉福及龙泉⑪，得名亦已旧。
溶溶月印潭，宛宛云生岫，
记曾跃两鸥，奚容飞一鹫。
冷泉净苔衣，花雨泻岩溜，
流杯猗玕亭⑫，清涟穿乳窦。
高阁延秋清，贤王有遗构⑬。
千霜老银杏⑭，孙枝半生瘤。
古柘化飞仙，拂拭香满袖。
亭亭杜鹃花，点染秋不瘦，
愈我餐霞⑮癖，同来销永昼。
幽鸟尔勿嗔，幽蛩尔勿咒，

但愁风雨来，唤起痴龙斗[16]。

四

老大[17]减风情，山色偏媚我，
偶然涤凡襟，似亦无不可。
贾勇升极颠，石路忘磊砢[18]，
凉雨洒山桥，好风堕岩果。
搴裳出深凹，身被湿云裹，
岩泉响螭喙，飞瀑溅珠颗。
上有石棋枰，不弈亦孤坐，
老僧蹀躞[19]来，欲乞人间火。
与结清净因，学道今亦颇，
回看潭上云，秋心殊澹沱[20]。

①据题，同游者宋小濂、秦望澜（字少观，又作绍观）。前二首写游戒坛寺，寺在京西马鞍山下，又称戒台寺；后二首写游潭柘寺，寺在京西潭柘山腰，两寺距八公里山路。　②椒眉：山顶附近。　③四株：戒坛寺内著名的"卧龙""护塔""九龙""自在"四株古松。　④宸翰：帝王题字、题诗。　⑤自注："松下有御碑。"按：指乾隆帝《题活动松诗》小石碑。活动松是寺内著名的古松，牵其一枝则全株皆动，故名，与前四株合称"戒台五松"。来叶：后世。　⑥自注："时有某王孙，在寺中引巵酒、啖生羊肉，歌饮甚豪。"　⑦络纬：即蟋蟀。　⑧自注："戒台石檀为天下冠。"按：此汉白玉石檀，周分三级，高约五米，是中国现存最大的石檀。　⑨自注："陈弢庵太保每岁来此逭暑。"按：陈宝琛曾为宣统帝的师傅，故以帝师称。逭（huàn），避。　⑩向子禽：后汉人向子平为子女办完婚事后，与北海禽庆俱游五岳名山。　⑪嘉福句：潭柘寺始建于晋，初名嘉福寺，唐代称龙泉寺。　⑫猗玕（yī gān）亭：在潭柘寺东院，为一方形亭，四柱间有坐凳栏杆，石砌地面凿流水沟渠，为"流杯亭"，有流觞曲水之妙。　⑬自注："寺有延清阁、猗玕亭诸胜。"　⑭银杏：寺内大雄宝殿东侧有三十多米高的银杏树，相传为辽代所植，清高宗封之为"帝王树"。　⑮餐霞：餐食日霞，为道家修炼之术。这里指遨游。　⑯自注："寺外有龙潭。"按：传说潭中老龙每日听华严禅师讲经，为佛法感动，愿"舍潭为寺"。老龙飞走后，潭为平地，遂建寺。　⑰老大：指游人年长。　⑱磊砢：岩石堆积很多。

⑲蹀躞（diéxiè）：小步行走貌。　　⑳澹沱：表示春日风光明净。

寿仲仙二兄六十九首①

一

汤汤江汉流，猗猗黄冈竹，
中有偓佺②俦，颜色沃如玉。
飘然吟凤鸾，歌芝意自足，
乔松共呼噏③，何必黄庭④读。
下视蛮触⑤争，此醉醒眼独，
刹那已六十，人间黍未熟。

二

物古乃可珍。人老斯可爱，
钟鼎何奇哉，所奇在三代⑥，
斑剥而陆离，随在弄姿态，
惟人讵不然，良友乐相对。
贞元朝士仅，开宝宫人在，
狂歌不入时，息息动天籁⑦。
有时掉白头，华发生光怪，
情移球璧间，赏在骊黄外⑧。

三

君本倜傥人，称觥⑨胡不忍。
刘毅畏丝竹，或有难言隐，
宵吟王裒莪⑩，朝咒孟宗笋⑪。
油然古怀抱。树静风犹紧，
此意无人知，孝哉自不泯。
世俗文滥征，万纸绝可哂，
名流窃攀附，朝贵互牵引。
人皆束高阁，我亦谢不敏，
何如留采豪⑫，润色吾曾闵⑬。

四

初梅冻欲花，雪意幽且迥，
高人养道气，起舞对清影。
仰敛冲斗芒，俯拾汲古绠⑭，
平生姜桂⑮心，到此愈孤冷。

五

天门有耆英，与君作同岁⑯，
泰山貌岩岩，可敬亦可畏。
素心同管鲍，馨逸散兰蕙，
偻指乙酉人⑰，俯仰殊自愧。
德行与道艺，不才唯我最。
岁寒松柏姿，念及黄花未，
愿君吟晚节，澹中有真味。

六

攫官人如饴，而我独为苦，
嵚崟⑱此中味，君亦得四五。
十年走江湘，循迹若兰雨，
何来大风歌，猛士杂龙虎。
安有随陆⑲俦，肯与哙⑳等伍，
觥觥汉议郎㉑，朝隐息倦羽。
人生亦暂耳，何处非乐土，
达哉庄叟㉒言，吾佩养生主。

七

我友五六人㉓，二老独矍铄㉔；
君于二老中，弥复健腰脚。
登临神似骏，翔步轻于鹤；
夜中观细书，眼目犹灼灼。
少年文已惊，等身饶箸作，
可知不朽才，何待长生药？
古人保金躯，相知努力各，
未知及君年，能否与君若？

八

君我两生辰，中才数日隔㉕；
东华与南池㉖，相去亦咫尺。
暇日辄相过，欢言喧今夕，
夕酌亦何为，此日足可惜。
前修正遥遥，桑榆㉗莫虚掷。

九

四坐且勿喧，听我为公寿。
我生鲜兄弟，性命视良友。
一真露肝膈，由壮至于叟，
相期在远大，相勖至耆耇㉘。
地北而天南，萍聚已非偶，
况乎吾道艰，冰霜阅历久。
君负出世姿，所惜遘阳九㉙。
小术陋管商㉚，高文媲韩柳㉛。
晚名动京辇，犹足传万口。
君自齐青云，我益坚白首。
它山道义交，岂独古人有。
好随看镜翁㉜，欢然酌春酒。

① 钱葆青：字仲仙，湖北黄冈人，回族。官湖南知县，历宰名区，素有政声，后为参议院议员。与成多禄为兄弟交。是年，钱六十寿辰，成作寿诗九首。　　② 偓（wò）佺：古仙人名。　　③ 噏（xī）：同吸。　　④ 黄庭：道经名。　　⑤ 蛮触：因细故引起的争端。据《庄子》，蜗之左角有触氏国，右角有蛮氏国，两国时相争地而战。　　⑥ 三代：指夏商周三代的钟鼎（古铜器）。　　⑦ 天籁（lài）：指诗歌不事雕琢，得自然韵趣。　　⑧ 自注："君精赏鉴，故云。"球璧，指玉器；骊黄，为黑黄两种颜色。　　⑨ 称兕（sì）：犹言举杯。《诗经·七月》："跻彼公堂，称彼兕觥。"称，举；兕觥，兽形酒器。⑩ 王衰莪：晋人王裒读《诗·蓼莪》，至"哀哀父母，生我劬劳"，三复流泪。　　⑪ 孟宗笋：三国时期吴国孟宗母喜吃笋，冬日笋未生，孟宗入林哀叹，笋忽长出。　　⑫ 采豪：即彩毫，此指毛笔。　　⑬ 曾闵：孔子弟子曾参与闵损，皆以孝行著称。⑭ 汲古：如汲水般钻研古籍。绠（gěng）：汲水器上的绳索。　　⑮ 姜桂：喻性情刚毅不移。　　⑯ 自注："谓周泊老。"按：周树

模，号泊园，湖北天门人，是年亦六十岁，其生辰为七月初四日。　⑰偻指句：屈指而数乙酉科同年人。偻（lóu），曲。成多禄与钱仲仙均为乙酉拔贡。　⑱崄巇（xiǎn xī）：艰险崎岖。　⑲随陆：汉初文人随何、陆贾。　⑳哙：汉初将领樊哙。　㉑觥觥（gōng）句：刚直貌。据《后汉书·郭宪传》："帝曰：'常闻关东觥觥郭子横，竟不虚也。'"郭宪，字子横，王莽代汉，拜郎中，郭宪逃至东海之滨。　㉒庄叟：庄子，有《庄子》一书，中有《养生主》篇，取顺应自然以养其生为义。　㉓我友句：指兄弟交的几位朋友，即长兄宋伯鲁，二兄钱葆青，三兄魁陞，四兄宋小濂，六弟徐鼐霖。　㉔自注："同谱中惟君与芝田年最长。"　㉕君我二句：钱葆青生日十一月初八日，成多禄生日十二月初八日。　㉖东华与南池：成多禄住东华门外贤良寺，钱葆青住南池子。　㉗桑榆：喻日暮，引喻为晚年时光。　㉘耆耇（qí gǒu）：年长而高寿。　㉙遘阳九：遇到厄运。文天祥《正气歌》："嗟予遘阳九，隶也实不力。"　㉚管商：战国齐相管仲、秦相商鞅。　㉛韩柳：唐代文学家韩愈、柳宗元。　㉜看镜翁：指钱葆青，钱有室名"看镜楼"。

《天山访古图》为新城王晋卿先生题①

读书不能行万里，一孔之儒而已矣。
探源不到河尽头，空负博望乘槎②游。
陶庐老人今大老③，踔厉雄心动八表，
凌山④古道盘撑犁，疏勒⑤飞泉听昏晓。
蜀陇从来世有声，凿空西入单于庭，
试看方叔旬宣地⑥，更擅欧阳⑦赏鉴名。
鉴赏深情托豪素，谈碑不改谈经度。
奇云看遍东西峰，古雪踏残南北路，
卅六名城入袖图，行尽班生⑧马行处。
莫高石室⑨搜奇文，科斗残经更足珍，
万僧行脚留奇迹，千佛悬崖证旧闻。
龚子销沈左侯逝，立言立功不当意，
上穷秦汉下隋唐，高文点缀新疆志⑩。
谁知雪北与香南，蓦尔荆凡⑪变天地。
画师一何超，神妙传秋毫，
驼鸣鸟飞疾，但闻风萧萧。

当年立马千山外，化鹤⑫归来成隔代，

料想先进泛斗牛，怀中机石今应在。

地老天荒复几霜，吾道自向名山藏，

诗坛屹屹⑬天苍苍，新城古今两渔洋⑭。

①诗作于庚申年(1920年)。王晋卿，即王树枏。天山，在新疆。　②乘槎(chá)：即登天之意。传说有人乘坐木筏（槎）从海上驶入天河。　③陶庐老人：王树枏自号。大老：指德高望重的老人，王时年已逾古稀。　④凌山：即新疆乌什西北的巴达里山口，是古代通西域的必经之路。　⑤疏勒：河名，在河西走廊，为间歇河，消没于新疆东部。　⑥方叔旬宣地：方叔，为周宣王时期大臣，曾率兵进攻猃狁（分布在陕甘及内蒙古西部的少数民族）。旬宣，指遍巡各地，宣布德政之意。　⑦欧阳：宋代欧阳修子欧阳发，精于赏鉴，对有书契以来的历史文物，无不研究。　⑧班生：汉将班超，在西域活动达三十一年。　⑨莫高石室：敦煌莫高窟藏经洞，清末发现。　⑩自注："新疆建省，议发于龚定厂，而左恪靖始竟厥功。公开藩新疆，创修《图志》，考古今事极详备。"按：龚子，即龚自珍，号定厂；左侯，即左宗棠，1875 年为钦差大臣，督办新疆军务，封恪靖侯；公，指工树枏，任新疆布政史，修《新疆图志》。　⑪荆凡：楚国与凡国。比喻存亡无定，见《庄子·田子方》。　⑫化鹤：丁令威化鹤归里事，见页 169 注 ㉘丁鹤。　⑬屹屹 (gē gē)：小土丘。喻诗坛不景气。　⑭新城句：同是"新城"人的两个学者王渔洋（清王士禛）和王树枏。但王士禛籍贯新城，是今山东桓台；王树枏籍贯新城，是今河北新城。

题孙师郑吏部陶然亭瓶庐雅集诗后四首①

一

铲尽纲常废尽经，年来师说②久凋零。

寰中落落惟诸子，都下萧萧占一亭。

乔木纵随松社③老，浣花犹见草堂灵。

西山未改风流在，多少诗人话长瓶④。

二

归田何早起何迟，枉说桓荣⑤是帝师。

自古国亡多放逐，到今私祭总悲疑。

眼中复社⑥千秋业，身后瓶庐一卷诗。

记得缥经龙寿夜，伤心金齿写残辞⑦。

三

瘦竹孤花感不胜，居然元老似残僧。

即论书法空寰海，已似琴声绝广陵⑧。

此日荒亭留野史，当年锁院定元镫⑨。

高吟入社寻常事，风义如君愧未能。

四

剑门孤月鸽峰秋⑩，廿载青山对白头。

郑马师生⑪皆北斗，谢羊甥舅⑫已西州。

高陵深谷应余恸，断苇荒波忆旧游。

莫向扬亭⑬思问字，长安风雨使人愁。

①己未年（1919年）四月廿七日，孙雄（字师郑）招同人集陶然亭，为其师翁同龢作九十生日，此会称瓶社雅集，始有瓶社之约。孙雄又于六月廿日编出《瓶庐诗录》一卷，当年刻印。成多禄的这四首诗是题此"诗录"的，又载孙雄所编《名贤生日诗》中。　②师说：唐代韩愈著名散文，诗中指尊师的风气很差了。　③松社：即瓶社，翁同龢晚号松禅老人。　④长瓶：指翁同龢，其室名瓶庐。　⑤桓荣：后汉人。光武帝时授太子经，明帝即位，尊以师礼。诗中比为光绪老师的翁同龢。　⑥复社：晚明江南士大夫的政治集团。其中有的成员曾参加抗清活动。　⑦自注："瓶庐老人三至龙寿寺，题元僧写经云：'潜溪三世之说，吾不敢知；第金齿远窜，事君不终，有足慨者。'余至苏州，获读此记。"参见本书前卷《半塘龙寿寺观元僧善继血书华严经同朱古微郑小坡吴仓石》一诗。　⑧广陵：广陵散，琴曲名。三国时期魏国嵇康被杀，刑前索琴奏广陵散后叹曰："袁孝尼尝从吾学广陵散，吾每固之不与，广陵散于今绝矣！"　⑨自注："余所藏松禅手札，其癸巳闱中有'一字不可易，元镫见矣'之语，盖即指君卷也。"按：手札共一百二十片，装裱成二册，"均致济宁孙文恪商量文字者"（郑逸梅《艺林散叶》）。现存成氏后人手中。自注中的"君"，指孙雄。　⑩剑门句：剑门、鸽峰均在江苏常熟虞山，翁同龢、孙雄为常熟人。　⑪郑马师生：汉代马融及其学生郑玄，皆为文学家，经学大师，尤以郑玄成就为大。故诗中称"北斗"。　⑫谢羊甥舅：晋代谢安死后，其生前所重之甥羊昙，行不由西州路，以深念舅恩。　⑬扬亭：代指汉代扬雄的居里。见页69注⑪问奇。

西山潜庐①

过雨空庭积翠流，晓来山气静于秋。

道人随意铺清簟，睡起槐花落满头。

① 西山潜庐，为徐鼎霖所建之别墅，在北京北山"八大处"灵光寺外韬光庵一带，已不存。

芝田老兄移居三教寺访之不遇①

万苇江亭②西复西，绝无人处访幽栖。

小车出郭可三里，古寺隔云如一溪。

恰好种花成野圃，但愁沽酒半春泥。

山僮似解公诗句，闲向僧墙觅旧题。

① 三教寺在北京宣武门外南横街盆儿胡同南头，明为玉皇庙，清道光年间改寺。庚申年八月十七日，宋伯鲁由贾家胡同迁此。次日，成多禄过访不遇，有诗见赠。　②江亭：陶然亭。三教寺在其西。

上柯凤老并约小饮二首①

一

天留遗老殿山河，一史新成两鬓皤②。

徙倚西山晴雪③好，古今东海大风多。

吟成诗社瞻乔岳④，话到师门感逝波⑤。

欲托渊源效趋步，望尘难及奈公何。

二

门巷春深绣绿苔，萧然心迹野禽猜。

几年学作城东隐，一语真惭冀北才⑥。

愁说帝乡丹陛冷，笑看儿辈绛帷开⑦。

隔宵便与山僮约，好待坡仙⑧笠屐来。

① 诗致柯劭忞，作于庚申年。　②自注："《新元史》成，为古今一大著作。"按：《新元史》为柯劭忞撰。　③西山晴雪：燕京八景之一。　④乔岳：高山。　⑤自注："次棠师尝谓公道德文章为当代之冠。"　⑥自注："公谓禄诗为吉林近来所未有。"冀北：为冀州以北，冀州为古九州之一，在山西

至辽宁一带。　　⑦自注："承荐塾师，是日儿辈上学。"按：塾师，据家人回忆，为吴闿生。绛帷：用东汉马融设绛帷讲学故事。　　⑧坡仙：苏轼，传世有其穿蓑戴笠著屐图刻石。

辛酉元日①

旭日曈昽散碧雯，天容人意两欣欣。

庭前花木添新意，日下②壶觞续旧闻。

鸡犬仙源③余岁月，龙蛇大陆④走风云。

剑南⑤千首吟诗兴，老去飞腾更不群。

①辛酉年（1921年）正月初一作于贤良寺。以下数首《澹堪诗草》卷二辛酉本不载，仅见壬戌本、癸亥本。　　②日下：指京城，清代朱彝尊著有记叙北京史地民俗的《日下旧闻考》。　　③鸡犬仙源：谚有"一人得道，鸡犬升天"，即指一人得官，亲友随之得势。诗有讽世之意。　　④龙蛇大陆：指当时军阀之间的战争。　　⑤剑南：宋代陆游有《剑南诗草》。

人日得白翔诗却寄①

东西劳燕苦吟身，才赋离筵②岁已新。

千古题襟宜汉上，一笺许我作诗人③。

干戈满地余樽酒，弟妹他乡亦主宾。

一样浣花今日事，留题先寄草堂春④。

①张朝墉（字白翔）自汉口寄《人日》诗（见其《辛酉集》），成多禄得而和之。　　②离筵：送别的筵宴。　　③自注："封题有'成诗人'之语。"　　④自注："白翔时在汉皋。"按：汉皋，即汉口。　　浣花：草堂，用杜甫故事。

呈芝田长兄用王晋老除夕韵①

三昧吟凫说妙明②，渔洋风调又新城。

草堂诗祭初烧蜡，花市人声入卖饧。

顾我难忘新旧岁，与君同听短长更。

消寒谁续扬州梦，万树梅花一广平③。

①诗作于辛酉年（1921年）初。芝田长兄，即宋伯鲁，王晋老，即王树枏。

②妙明：宋僧。能诗文，名公多与之交。佛说，面壁进入三昧这一心境专一状态时，便能顿悟佛理。　　③自注："芝老有和樊山扬州梦词，另有本事。"按：樊山，樊增祥。广平：唐代宋璟，作《梅花赋》。

游觉生寺①

欲雨不雨天盖低，兴来飞鞚②西郊西。

升坡历陀见深寺，觉生大字前人题。

入门老衲面犹熟，相逢一笑疑虎溪③。

人松人钟④两奇绝，年代虽远言可稽。

此松麟甲欲飞动，寿骨直与天汉齐，

拔地寻丈阴十亩，亭亭车盖绝攀跻；

苍龙拿云百臂出，摩挲畴敢探睡骊⑤，

怒涛卷地⑥霹雳响，摇魂荡魄心神⑦凄。

大镛⑧哑然闷深殿，以火来照光黳黳⑨，

苔花半蚀字痕锈，隐约三藐三菩提⑩。

先皇柔远有深意，岂以异教愚黔黎⑪。

南来太师妙说法，诸天龙象⑫驯如鸡。

锡飞敕赐此兰若⑬，众生宝筏津不迷。

我今偷闲来半日，此身渺如沧海稊⑭。

蒼葡挂林散花雨，衫袖隐隐天香携。

松声钟声一时寂，归路但闻山鸟啼。

吁嗟佞佛⑮亦何为，胡不味此空栖栖。

①诗题自注："俗名大钟寺"。寺在北京西直门外西北，始建于清雍正十一年（1733年），后运来大钟一口，故有此俗名。现辟为古钟博物馆。　　②飞鞚（kòng）：驰马。鞚，马勒。　　③虎溪：在庐山，见前注。　　④大钟：相传明永乐年间制，高近七米，直径三米多，重四十六吨半，被誉为"中国钟王"。　　⑤睡骊：卧着的马。骊（lí），黑色的马。　　⑥卷地：扇面遗墨为"四飞"。　　⑦神：扇面遗墨为"冷"。　　⑧大镛（yōng）：大钟为镛。⑨黳黳（yī）：黑貌。　　⑩隐约三藐三菩提：三隐约，佛家语。大钟体内外铸《华严经》全部八十卷共二十余万文字。　　⑪黔黎：黔首，黎民，即百姓。⑫龙象：诸罗汉中修行勇猛而力最大者。水行龙力最大，陆行象力最大，故以龙象喻。　　⑬兰若（rě）：梵语"阿兰若"的省称，指寺院。　　⑭沧海

稊（tí）：沧海一粟之意。稊，草名，结实如小米。《庄子·秋水》："计中国之在海内，不似稊米之在太仓乎？" ⑮侫佛：沉迷于佛教。

法安上人生冢①

生圹②说生公，巍然一亩宫。

塔成兰若外，山认翠微③东。

松小龙吟雨，宵深鹤唳空。

好留心普济，万古此桥中④。

①贤良寺僧法安，生前为自己修墓，址在北京西山。 ②生圹（kuàng）：生前所营造的墓穴。 ③翠微：北京西山的三山之一。 ④自注："上人新造一桥曰'普济'，在生冢前。"

陪凤老游三教寺访芝田长兄，纵谈畅饮日昃始归，赋呈两先生乞和①

春盍蒲轮②出郭迟，遄然风咏舞雩③思。

碑寻野寺人初到，花落闲庭鸟不知。

一箸蕨薇参冷味，十年江海剩残诗。

人生到处皆鸿雪，难得深谈浅醉时。

①时宋伯鲁仍住三教寺。凤老，指柯劭忞。日昃（zè），即日西斜时分。 ②蒲轮：本指以蒲草裹轮，使车不震动，古时聘贤士时用之，以示礼敬。此尊称柯凤老所乘之车。 ③风咏舞雩：《论语·颜渊》："暮春者，春服既成，冠者五六人，童子六七人，浴乎沂，风乎舞雩，咏而归。"

宿大觉寺①

大觉古名蓝②，客来僧睡酣。

老槐卧残雨，飞瀑响空潭。

双榼酒初熟，一镫禅可参。

拈花微笑③意，何事恼瞿昙④。

①大觉寺：在北京西郊群山旸台山麓，始建于辽。 ②名蓝：著名的佛寺。蓝，伽蓝的省称，指佛寺。 ③拈花微笑：传说释迦说法，拈花示众，

唯摩诃迦叶微笑。此处借此故事写自己的"一笑付之"。　　④自注："同游圣安上人，因寺僧不出颇怒，余则一笑付之。"瞿昙：为佛教创始人释迦牟尼之姓，代指佛及佛门中人。此指"寺僧"。

花池菩提树①

天宝归来白发侵②，手栽嘉禾渐成阴。

宫花辇草都零落，剩得菩提一树金。

　　①仍为宿大觉寺之作。　　②自注："守寺者为一官监，垂垂老矣。追述往事，不胜上阳白发之感。"按：天宝为唐玄宗年号。安史之乱后，人们"谈天宝"追忆前事。上阳，唐代宫名。

黑龙潭①

窄径深篁领绿苔②，纵横十亩鉴③塘开。

黑龙胜迹浑如昨，白马清流剧可哀④。

今古池台成短梦，仙灵车驾亦奇才。

溪头浣女心无事⑤，闲说当年翠辇⑥来。

　　①黑龙潭：在北京海淀区温泉以北山腰，直径百多米，传说有黑龙潜藏水底，故名。　　②自注："都中竹最难得，此地颇盛。"篁：即竹。　　③十亩：据地方志载，此潭"围广十亩"。鉴：镜，谓水平如镜。　　④自注："地为某党人所有，被祸后复归公家矣。"白马清流：指流入潭水瀑布如白马跃下。　　⑤自注："潭下成溪流，村女浣者极多。"　　⑥翠辇：指皇家。

柯凤老赐诗序赋此奉谢二首①

一

咸同遗老②自星云，对酒高歌兴不群。

四海待传皇甫序③，八家真见半山文④。

中间⑤词赋谁清发，下士心怀证晚闻。

偶忆种榆书院事⑥，当年小范⑦也能军。

二

落落经神⑧世所师，我来深海识公迟。

未窥碧海铿鲸⑨作，早有青云附骥⑩思。

薄醉春风真率会⑪，朗吟秋月晚晴簃⑫。

相期独愧南阳老⑬，自有千秋不在诗⑭。

①《澹堪诗草》卷二（辛酉本）编成，柯劭忞为之序（见前），成多禄作诗谢之。　②咸同遗老：柯氏生于清道光三十年（1850年），经咸丰朝，于同治四年（1865年）为生员，九年（1870年）中山东丁卯、庚午并科举人。③皇甫序：汉文学家皇甫谧所作《三都赋序》为古文名篇。　④自注："芝老谓此序逼真半山。"按：此序，即柯序；半山，宋代王安石，号半山，唐宋八大家之一。　⑤中间：指唐代高仲武所编安史乱后肃宗、代宗"中兴"时期的诗歌总集《中兴间气集》。　⑥自注："伯都讷书院名。"按：柯氏受于荫霖之请，曾为种榆书院山长。　⑦小范：宋代范仲淹，号小范老子。⑧经神：犹言经学大师。　⑨铿鲸：撞击鲸鱼。汉代班固《东都赋》："于是发鲸鱼，铿华钟。"喻力作。　⑩附骥：喻附于名贤（指柯）之后。骥，名马。　⑪真率会：宋代司马光罢政后，常与故老在洛阳游集，相约酒不过五行，食不过五味，号真率会，取其直爽、坦率之意。　⑫晚晴簃：徐世昌组织的以编选清诗为主旨的诗社，成多禄与柯氏于此相识。1920年中秋节，诗社诸人宴集赏月，即诗中"朗吟秋月"所指。　⑬自注："次棠师退老南阳。"按：次棠师即于荫霖；南阳，在河南。　⑭自注："次师尝言：'士先器识，而后文艺，有文无行，最为可耻'云。"

诗集四　澹堪诗草卷三
（家藏未刊稿）

　　按：此集为诗人的手抄本，计收辛酉年（1921 年）九月以后的诗作二百九十首。书签"澹堪诗稿"四字为成多禄本人亲题。诗大致按编年排列；时间以癸亥、甲子、乙丑、丙寅四年为主。

　　视张朝墉、王树枏、钟广生三篇序文，诗人生前有出版《澹堪诗草》卷三之愿。病殁后，五子世超、六子世坚对遗稿进行整理，并请父执辈张、王、钟三人作序，拟予刊出，但因家境日窘，终未如愿。原稿藏于五子世超家，由其子永嘉提供。

张朝墉序

塞上山水，惟吉林最雄秀。盖马大山，磅礴灵奇，襟带松花江，蜿蜒七百余里。远望千华、医巫闾诸峰，罗列起伏，如相拱揖。自入中国版章，其间孕毓人物，大率以材武雄杰著闻，至若儒雅风流，诗名被海内外，信可追古人而传诸后世者，则吾友成澹堪先生其首著也。

光绪丙午冬，予游黑龙江入同里程雪楼将军幕，即与澹堪定交，并交宋君铁某，皆吉林之以诗鸣于时者。铁某以诸生荐陟牧守，开府龙江，勋业烂然。澹堪则起家拔萃，科守绥化，甫期年便投劾去，遨游大江南北，又溯三峡入蜀，江介名流，皆争与交游，由是获江山友朋之助，而诗学益大进。未几，遭国变北归。买宅京师万松塔西，割地之强半，以为菜圃，盖"邵平种瓜"意也。小屋数椽，老槐十三株，澹堪啸歌其中余十年，不闻问人世间事，惟与螺江陈弢庵、新城王晋卿、胶西柯凤荪、醴泉宋芝田、侯官林畏庐、闽县郑苏戡诸先生昕夕往还，以学行相切磨；月与漫社、谷社同人一再课诗。虽频岁戎马进犯京畿，初未尝因以或辍，说者谓中国诗教之不替，盖可于此觇之矣。澹堪之诗，其音和以舒，其志廉以远，其天趣神韵，自然澹逸与予所薪向者，不甚相远，故澹堪乐与予论诗。往往花晨月夕，山砠水涯，吾二人者，或拈一字一句、一人一事，相与鞭秦笞汉，矩宋规唐，迄至灯炧酒阑，尚余味津津而不忍言去。乌乎！曾几何时，而此乐竟不可复得耶！年来诗社旧人，累感凋谢，其苟存于世者，又复饥驱寒走，散之四方。回忆北海泛舟，西山策蹇，净业湖之修禊，遥集楼之登高，往事历历，都如梦寐，而予亦年逾七十矣！

澹堪初选《吟草》一、二集，遴词检韵，予皆襄其事，今又选第三集。嗟夫！澹堪诗竟止于斯耶，然澹堪已不死矣！铁某先澹堪二年卒，遗诗极夥，予审定为八卷，亦将付剞劂云。

王树枏序

　　吾友澹堪既殁之三年，其哲嗣般若、士肩搜集遗诗，得若干篇，编为续集，而徵序于予。予既受之，读未终卷，而想慕凄怆，不知涕泗之何自也。

　　吾尝闻之：言者，心之声也。由心之郁塞，发之而为声；由声之要眇，宣之而为言。诗也者，根于心而播为声者也。盛世之言和以怿，衰世之言哀以思，故人之得失悲欢，世之安危治乱，胥于诗焉具之。孟子谓："知其人，论其世，始可以诵其诗"，正谓此也。澹堪身丁叔末，凡耳之所闻、目之所见、身世之所遭逢，连意伤肝，无可告语，往往盱时抒愤，假物鸣哀。其匪风之思，麦秀黍离之感，朋好之离合，小民之凋瘵流亡，篇中每三致意焉。愀兮其若悲也，怳其若思也，姽姽乎若空谷之幽兰，而无人自馨也；穆穆乎若孤弦之独韵，而天籁自鸣也。

　　澹堪素孤介，寡交游，而独目成于予。予与澹堪同居京师，无数日不相见，见则必以诗就质于予，一字之未安，虽三四易不厌也。当其居苏抚幕时值国变，力劝某公勿荧群议，复上书切直言之，率不见纳而去。其高尚之志，矍然不滓之心，至今读其诗如见其为人。昔晋之陶渊明、唐之罗昭谏，皆身丁叔末，蝉脱嚣埃，而独以其诗传于世。夫诗以人重者也，其诗为千古必传之诗，实其人为千古必传之人。今天下无诗久矣，非无诗也，无诗人也。若澹堪者高风亮节，不几与渊明、昭谏诸诗人并传千古哉！

　　予老矣，偷生燕市，悄焉寡欢，回思二三知己、酬唱之侣，半为古人。予序此诗，益不胜风雨晦明之感也。

钟广生序

古今世运凌迟之会，威君、权相、达官、显人、气势（董）[熏]灼，不可一世；及其既殁，则身与名俱逝，如飘风之扫箨，曾不留隙景于人间，千百载后，惟有道能文之人称焉。若晋陶潜、唐杜甫尚矣，如五季之罗隐、宋之林逋、金之元好问之数子者，皆以其高世之行，蓬蒙而处，声出金石，后之人向慕流风，每叹举世溷浊中，获此空谷足音，为难而可贵。此文学独行之传，所以见称于世而为一代史家生色也欤。

吉林成澹堪先生，有道君子也。生平敦尚气节，于书无所不窥，而尤长于诗。中年遭清末造，遂绝意仕进，麦秀草黄，时托兴篇什以见志。比岁侨居故京，与王新城师相过从，交酬互倡，诗格益臻老成。新城尝曰："澹堪之诗，如高人羽客，翛然物外。"又尝序其诗，诗谓"崛起长白阒寥旷荡之区，以为豪杰之士，无所待而兴。"其盛相推重若此。

先生旧刊《诗草》二卷，自归道山后，其第五子般若世讲搜集遗诗若干，续为一编。以予与先生有文字交，勤勤以叙言来请。予观今日世变之亟，有道能文之人，几将不为世轻重。顾一时之风虽变，而持世翊教之大闲，固有不得而尽变者，后之史官，千秋论赞，终不予彼而夺此。然则先生之蝉蜕秽垢，皭然不滓，百世下诵其诗，因以益想见其为人，而增国史之光，未可知已。古诗云："奄忽随物化，荣名以为宝。"览是编者，盍有味斯言？

西洋曲子行①

辛酉九月，西人沃氏饯吴将军于其家，夫妇并酬，礼甚至。坐间有西女，雪肤花貌，独誉将军，以蛮笺书小字颂之。袁君知其能歌，一再请，始许。抚琴度曲，倾倒座人。余老矣，美人、名酒，了不关怀。今夕闻此歌，有不能已于言者，亦聊寄西方榛苓②之意云尔。

> 秦家冈③上灯如月，华月绮筵两奇绝。
> 一声破子海西④头，香槽红坠珊瑚雪。
> 万里西乔沃氏家，庄严宾主罗香花。
> 名酒秋斟银凿落⑤，美人夜拨金琵琶。
> 琵琶不问夜何许，中外鸾凰尽俦侣。
> 画兰才女⑥马江香，况解欧文作欧语。
> 广平倦矣先客归⑦，龙虎将军逸兴飞。
> 自言辽北生擒贼，盛说天山雪打围⑧。
> 隔坐玉人笑不止，英雄儿女销魂矣。
> 佳庐小字赫蹄笺⑨，愿为君歌为君起。
> 主人情重客生怜，花底踌躇九管弦。
> 那知吴季观风⑩地，正是袁安卧雪⑪天。
> 卧雪袁安酒未醒，左右名花弄娇影。
> 闻说能为白雪歌，回头便作紫请云。
> 无端啼笑强人难，高情古调岂轻弹。
> 莫将中外相知意，当作箜篌⑫曲子看。
> 一唱氍毹⑬红满地，再唱九天珠玉坠。
> 好花共艳曼陀罗⑭，新曲争传意大利。
> 将军欲行可奈何，恨不圆圆细马驮⑮。
> 依稀江上青峰影，犹是当筵子夜歌⑯。
> 澹厂散人不解事，不食不饮果何意。
> 平生彼美感榛苓，抚此聊成三百字⑰。

①辛酉年（1921年）九月作于哈尔滨。诗中西人沃氏不详，可能为意大利侨民。吴将军即吴俊陞，字兴权，山东历城人，时任黑龙江督军兼省长。袁君，疑即袁金铠，时在哈任东省铁路公司代理理事长。　②榛苓：榛栗和甘草。《诗经·邶风·简兮》："山有榛，隰有苓，云谁之思，西方美人。"借此典以喻座上的西女。　③秦家冈：哈尔滨南冈。　④破子：即《破阵子》，唐教坊曲名。这里借以形容西女歌喉之美。

海西：即大秦，我国古代对罗马帝国的称呼。　　⑤银凿：银制的酒盏。白居易《献裴令公》诗："银含凿落盏，金屑琵琶槽。"　　⑥画兰才女：明代女画家马守贞（1548—1604年）字湘兰，金陵名妓。善诗，工画兰竹，笔墨秀雅有致。　　⑦自注："铁梅使君未入座即归。"按：时宋小濂任东省铁路督办。广平：唐代名臣宋璟，字广平。诗中代指宋小濂。　　⑧自注："吴将军盛言杀贼打猎诸事。"　　⑨赫（xì）蹄笺：传西汉末流行的一种小幅薄纸。　　⑩吴季观风：春秋吴国季札出使鲁国，欣赏周代传统音乐诗歌，借以考查时事的盛衰。风，指乐曲。　　⑪袁安卧雪：袁安（？—92年）东汉大臣，汝阳（今河南商水西北）人。早年家贫，一日大雪丈余，门户为封，不得举炊。别人皆除雪外出乞食，独袁安闭门僵卧，不愿给别人添麻烦。见《后汉书·袁安传》。诗中借以形容室外雪势之大。　　⑫箜篌：古拨弦乐器。《隋书·音乐志》谓出自西域。有竖式、卧式两种。　　⑬氍毹：毛织地毯。　　⑭曼陀罗：花名，梵语音译，意译为悦意花。　　⑮圆圆：指明末苏州名妓陈圆圆。这里喻西女。细马：良马。唐·李白《对酒》："葡萄酒、金叵罗，吴姬十五细马驮。"　　⑯子夜歌：晋代时流行的曲子。相传是晋代吴女名子夜者所作，故名。　　⑰三百字：概数，全诗计四十四句三百零八字。

题黄申甫《寒江钓雪图》二首①

一

雪打敝裘寒不春，依然叔度②旧吟身。
风尘满目忧赪尾③，濠濮④遐心记素鳞。
出水头鱼香到我，立冰拳鹭瘦于人。
一竿江水云千尺，独抱空寒学隐沦⑤。

二

千点桃花尺半鱼，兰阳风味近何如⑥。
比邻我亦称馋守，罢钓君应得素书⑦。
奇士穷边半毡雪，英雄末路托樵渔。
此心更胜严滩老⑧，星象⑨文名两不居。

①此为壬戌年（1922年）十二月初漫社第四十集社题。图为陈汝霖（号榕斋）所绘。家藏稿题为《题黄申甫寒江独钓图》。黄维翰（1867年—？）字申甫，号稼溪，江西崇仁人。光绪进士，清末先后任呼兰、龙江两府知府。民国后任国史编纂处编辑部主任，漫社诗社成员。　　②叔度：东汉黄宪，字叔度，汝

南慎阳人。当时名士陈蕃、周举常相谓："时月之间不见黄生，则鄙吝之萌复存乎心。"郭泰称赞他："叔度汪汪若千顷波，澄之不清，淆之不浊。"初举孝廉，有人劝其进京求仕，亦不拒，但到京师后稍作盘桓便又归乡。　　③赪（chēng）尾：原指赤色的鱼尾，引申意为忧劳。《诗经·周南·汝坟》："鲂鱼赪尾，王室如毁。"汉代毛亨传："赪，赤也，鱼劳则尾赤。"　　④濠濮：相传庄子与惠施游于濠梁之上，又庄子钓于濮水。后指高人隐士寄身闲居之地。　　⑤隐沦：指隐居之人。　　⑥自注："君守呼兰，与余绥化接壤。"按：因呼兰南傍松花江，故又别称"兰阳"。　　⑦素书：古人用白绢写信，称素书。后称书信为素书。参见页201注④尺素。　　⑧严滩老：东汉隐士严光，垂钓于富春江畔的七里滩。后世遂称此地为严滩。　　⑨星象：古代天文、术数家据星体明暗的变化以占验人事的吉凶。

戏咏鼠嫁女二首①

一

不愧牙须即丈夫，但容皮相亦名姝。
合欢床上花如海②，十里春风放鼠姑③。

二

不用先归说御轮，文明昏嫁④早翻新。
妻荣夫贵凭君看，半是獐头鼠目人。

　　① 此为壬戌年（1922年）腊月廿三漫社第四十三集诗题。诗人原作有六首，但诗稿中仅录入三、六两首（另四首见诗集五）。周贞亮有序，专介绍鼠嫁女的来历：今年时图画，往往有之，盖小儿嬉戏之具也。考之古书，不载其说，亦不知其义云何。惟日本人原善先哲丛谈，称物茂卿博识洽闻，言事出某年某人所著小说，其书所载鼠类眷属名姓，矢口缕缕如注。所云出某小说，不知究为何书，殊无根据。其见于中土文士歌咏者，则自阮文达抚浙时，于正月十六日宴客，戏以此题征咏始。今燕俗相传其事在正月初七、八日，与文达征诗日不同，而楚俗则在小除日。其所以不同之故，亦莫可得而详也。间读孟元老《东京梦华录》云：十二月二十四日，都人夜于床底点灯，谓之照虚耗。始悟其说实沿于此。盖世俗谓鼠为耗，又谓生女如鼠。《礼》称女嫁曰醮，醮者燔燎为祭，与照义相近。所谓鼠嫁女者，殆即指"照虚耗"，欲遣而去之，如古逐贫送穷之意云尔。其事出于汴京，自以定于小除日为宜。漫社第四十三集，适以是日

招饮敝斋，因援文达例，戏以此题征咏，为之略考其事如此。至其说之当否，仍请诸君加裁定焉。　　②海：《漫社三集》为"锦"。　　③十里：《漫社三集》为"看到"。鼠姑：牡丹花的别名。　　④昏嫁：昏与"婚"通；嫁，《漫社三集》为"式"。

寒山子画

　　画为郑大鹤作①，余客苏州时所得。今年贼陷乌剌②，余家故箧倾倒无一完者，惟此画俨然在也，感叹赋此。

　　　　十载沧桑岁月惊，冷笺昏墨若为情③。

　　　　何来一幅寒山子，如见当年瘦碧生④。

　　　　宿草庐荒诗倡远，听枫人散酒怀平⑤。

　　　　几经劫火终能得，老眼相看分外明。

　　①郑大鹤：即郑文焯（1856—1918年），字俊臣，号小坡、叔问、大鹤山人。汉军正白旗人，自署山东高密人。长于金石、书画，通医道、谙音律。康有为《广艺舟双楫》曰："大鹤山人词章画笔医学绝艺冠时，人所共知。"　　②壬戌年（1922年）土匪"小傻子"洗劫吉林城北乌拉街一带。诗人故里其塔木当时亦属乌拉地面。　　③若为情：若有情。意与纸墨结不解之缘。　　④自注："大鹤别号。"　　⑤自注："朱古微斋名'听枫山馆'。"按：朱古微，即朱祖谋，浙江吴兴人。

元日试笔①

　　　　盎然天气缊初春，宛宛人心护喜神。

　　　　踪迹二千余里客，流连六十一年人。

　　　　老怀如骥真难已，吾道犹龙②自不驯。

　　　　一寸丹心何处寄，五云璀璨指金轮③。

　　①诗作于癸亥年（1923年）正月初一日，诗人时在哈尔滨。　　②吾道犹龙：据《史记》卷六十三，孔子问道于老子后，对弟子说："吾知鸟、知鱼、知兽，至于龙，吾不能知其乘风云而上天，吾今日见老子，其犹龙邪？"　　③自注："用顾亭林元旦诗意。"按：顾炎武于康熙二年（1663年）所作《十九年元旦》诗，有句："平明遥指五云看，十九年来一寸丹。"又按：十九年指明亡之年数。五云：五色端云，代指皇帝所居处。金轮：此指太阳。

成多禄集

羌人赠小刀

刀不三寸，江石为之，花文如玉带，以麋角饰柄、鬃以金、绝丽。玩之乃作是诗。

羌人[①]赠我江石刀，上有玉带围石腰。

鹿庐非金非琼瑶[②]，饰以麋角如蟹螯。

光可鉴人析秋毫，脱手满堂明月高。

千金匕首何雄豪，吾为老羌心惝惝[③]。

君不见肃慎[④]石矢常不朽，国不存矢何有刀[⑤]？

①羌人：此指俄人。　②鹿庐：一种形制的剑名。庐：应作"卢"。琼瑶：美玉。　③惝惝：难以平静。　④肃慎：东北古民族名，今满族人的先族。常不朽：指文献中对于肃慎石矢存有多处记载。远在帝舜时，"肃慎来朝贡弓矢"（见《竹书纪年》）；西周时，"贡楛矢石砮"（见《国语·鲁语》）。后来在《三国志》《晋书》《魏书》中也有记载。　⑤何有刀：稿本中"刀"字原脱，今迳补。

戏答垂叟[①]同年

垂叟代漫社来书，兼索异味，作此戏答呈垂公并呈社中诸子。

垂翁酒胆诗胆壮，敢以大言为社唱。

十行下笔惊伟词，一尺垂涎出馋样。

初言白鱼颐已朵[②]，继语熊掌神更王[③]。

油儿要觅红虾蟆[④]，鼻子尤称四不相[⑤]。

当年醉谧可封侯，此日食单如点将。

君之大索我已惊，我发狂言君莫谤。

公等若思莼菜[⑥]羹，除是先具韭花状。

谓君个个食指动，曰臣某某顿首上。

有如明主颁特赏，无数老饕拜嘉贶[⑦]。

不然虽知太守馋，或者又遇师丹[⑧]忘。

山人足鱼未可期，宰夫腼熊亦难量[⑨]。

活弃青蛙太残忍，生剐黄羊殊孟浪。

今年满篝满车来，只有沙鸡树鸡[⑩]望。

劝君燕雀要平分，慎勿操戈怒相向。

①垂叟：即陈浏，与诗人同年生，且同年拔贡。　②颐已朵：即"朵

颐"，指鼓动腮颊而嚼食的样子。朵，为动词。　　③神更王：王，通"旺"。兴致很高的样子。　　④红虾蟆：即哈什蚂。　　⑤四不相：亦名堪达犴。以其角似鹿，头似马，身似驴，蹄似牛，故称"四不相"。我国东北大兴安岭西部产有。其鼻，又名"犴鼻子"，属味中珍品。　　⑥莼菜：又名"水葵"，产于南方湖泊河流中，茎及叶柄有黏液，可作羹。　　⑦嘉贶（kuàng）：厚赐。　　⑧师丹：见343页注⑲师丹。　　⑨宰夫句：出自《左传·宣公二年》："宰夫胹熊蹯不熟。"胹，煮。熊蹯，熊掌。　　⑩沙鸡：鸟名，外形似鸽，羽有白斑纹，俗称"沙斑鸡"，肉味鲜美。树鸡：即"飞龙"，学名榛鸡，俗称树鸡，产于东北，肉味甚鲜。

寄白翔汉口二首①

一

散尽青钱未买山②，一襟春雨又南还。
春生水满鱼肥地，人在云来鹤去间③。
漫社嘉邀容我践，潜庐类句④待君删。
从今懒作诸侯客，一铗初弹两鬓斑⑤。

二

人生何处不忘形，羌语啁啾⑥亦可听。
春到江城⑦真入画，老来边地喜重经。
新诗彩笔酬元日⑧，短笠轻蓑送客星⑨。
为语南游半园老，好将烟月醉西泠⑩。

①癸亥年（1923年）春，张朝墉南下到汉口，此诗当作于哈尔滨。　　②买山：指买山归隐。《世说新语·排调》："支道林（人名）因人就深公买印山，深公答曰：'未闻巢、由买山而隐。'"按：巢，巢父；由，许由。二人皆为上古的隐者。　　③云来鹤去间：借拟唐·崔颢《黄鹤楼》诗中句，代指张朝墉客居地汉口。　　④潜庐类句：指上一年（1922年）重阳节漫社社友在徐鼐霖的西山别墅——潜庐所作的唱和诗。　　⑤一铗句：用冯谖弹铗故事，说自己连食客（幕僚）也不愿当了。　　⑥羌语啁啾：当指俄语发音。当时哈尔滨内俄人较多。　　⑦江城：哈尔滨北傍松花江，亦称为江城。　　⑧新诗句：指张朝墉对诗人的《癸亥元日》一诗有和作。见《半园诗草·癸亥集》。　　⑨客星：指故人。东汉光武帝刘秀邀学友严光叙旧，并共榻而眠。熟睡之际，严光的脚压在

刘秀的腹部。翌日，太史奏："客星犯御座甚急。"刘秀笑曰："朕故人严子陵共卧耳。"
见《后汉书·严光传》。　⑩西泠：杭州一桥名，为西湖孤山下名胜。

寿李仲都①母

李侯同作松阿②客，置酒论文乐晨夕。

相看游子鬓犹青，闻说高堂发已白。

江干朔雪京华云，祝嘏③偏征海内文。

南楼老人④拜嘉赐，褒崇不减钱陈群⑤。

当日德门相夫子，皖水家声重诗礼。

罢官东鲁守残经，偕老西辕称故里。

有子英英更绝伦，一家丁陆双凤麟⑥。

父书能读五千卷，慈寿方开七十春。

七十韶光天不老，八十九十颜色好。

笑看孙曾佩紫鱼⑦，喜将伉俪传青鸟⑧。

江南三月莺乱飞，寒花边草肥复肥。

西池王母留春驻，北地诗人吟古稀。

我与次公相识久，东来同作扶轮⑨手。

羌笛春生杨柳歌，吟觞夜泛蒲桃酒。

画堂银烛金屈卮，不问蟠桃问紫芝⑩。

感君莱子娱亲⑪意，益我刘霭⑫问乐思。

　①李仲都，不详。从诗中得知，李号次公，安徽人，能诗。　②松阿：
满语"松阿里乌剌"的简称，即松花江。　③祝嘏：原为告神祈福之词，后
世多指祝寿。　④南楼老人：即清代陈书（女），秀水（今浙江省嘉兴市）
人。自号上元弟子，晚号南楼老人。幼读诗礼，好法书名画。丈夫钱纶光在外
做一小官，家境贫寒，她亲教诸子，纺绩授读。酷嗜易理，并擅长作画。其
事迹受到清朝的褒旌。　⑤钱陈群（1686—1774年）：陈书之子。康熙进
士，官至刑部尚书。清高宗常寄诗相与唱和，与沈德潜并称东南二老，谥文
端。　⑥丁陆：夸奖李仲都兄弟像晋代文学家陆机、陆云兄弟那样富具才华。
凤麟：喻指杰出人才。　⑦紫鱼：唐代高官衣紫，并赐金饰鱼符，称紫金鱼带。
⑧青鸟：传为西王母的使者，后引申为爱情的特使或传信的使者。　⑨扶轮：
在车子两旁相推拥进之意。　⑩紫芝：菌名。陶渊明《赠羊长史》："紫芝谁复采，
深谷久应芜。"此句意谓不愿意去做官（不问蟠桃），而是愿意去过那悠闲隐居的

生活（问紫芝）。　　⑪莱子娱亲：周代老莱子七十岁时为取悦双亲，穿花衣，学小儿啼，以博一笑。旧为"二十四孝"之一。　　⑫刘鬷（zōng）：人名，不详。结合诗意，亦应为古之孝子。

春雪补漫社①

春影微微雪点明，扑帘有迹已无声。
酿来薄燠轻寒意②，画出拖泥带水行。
花事③正愁三日减，麦畦还怨一冬晴。
自惭下里巴人曲，古调传来和不成④。

　　①春雪为漫社第四十四集诗题，集社时间当在壬戌年（1922年）二月廿八日前后，时诗人不在京，后于癸亥年（1923年）春补作。　　②薄燠（yù）：微暖。此句谓因降春雪给天气带来微暖轻寒的变化。　　③花事：春时花开最盛季节，诗文中多有此词。宋·刘克庄《晚春》："花事匆匆了，人家割麦初。"　　④自惭二句：意指漫社同人所作之诗皆为阳春白雪，格调高远，前追古人，而自己属下里巴人（自谦之词），很难相和。自注："用阳春白雪意。"

寿靳母①

三十六沽②春水生，万花如海酒如渑③。
地当齐鲁论劳逸，子有陵婴④识废兴。
此日长斋宜佛火，当年亲深忆篝灯⑤。
消寒⑥人物飞腾远，惭愧登堂竟未能。

　　①靳母，待考，疑为靳云鹏母。靳云鹏（1877—1951年），山东邹县人，曾任陆车总长，代理国务总理。靳云鹏有弟靳云鹗（1879—1935年），时任直系陆军十四师师长。　　②三十六沽：天津一带，以沽为名的村镇很多，常以三十六沽、七十二沽代指该地。　　③渑：池名，在河南省宜阳县西。④陵：东汉隐士严光，字子陵。婴：汉初大臣灌婴，曾与陈平、周勃共同平定吕氏叛乱，迎立刘恒为帝。　　⑤篝灯：灯笼。《宋史·陈彭年传》："彭年幼好学，母惟一子，爱之，禁其夜读书。彭年篝灯密室，不令母知。"后喻母亲对子女的疼爱。　　⑥消寒：旧俗于冬至后，邀集朋友，轮流作东举行宴会，称消寒会。

读畏庐诗集①

何事亭林②十载中，荒陵残夜哭西风③。

乱来多寿宁为福，诗不能穷岂算工。

老辈唱酬惟太傅④，平生志节抗文忠⑤。

变风变雅⑥皆余事，早有纲常不朽公。

① 畏庐诗集：即林纾于1923年出版的《畏庐诗存》二卷。　② 亭林：明末学者顾炎武，号亭林。明亡后，誓不仕清，曾十谒明陵，绝食死。　③ 荒陵句：林纾以清朝遗老自居，于辛亥后，九次哭祭崇陵（光绪帝墓）。　④ 太傅：指陈宝琛。　⑤ 抗：并行，相齐。文忠：指梁鼎芬（1859—1919年）。梁属清朝遗老，亦曾多次哭祭崇陵。死后，清废帝溥仪谥为"文忠"。　⑥ 变风变雅：语出《诗经·国风·关雎序》："至于王道衰，礼义废，政教失，国异政，家殊俗，而变风变雅作矣。"

铁老馈藤花饼①

经旬不驻止园②车，颇负云醅与露茶。

小病午轻嫌药草，故人相饷到藤花。

尝新顿觉吟怀健，感旧应知饭量加。

何似吾乡枫叶饼③，一篮风味写田家。

① 时诗人身体欠安，铁老（即宋小濂）送藤花饼慰问，诗人以诗作答。藤花饼：藤萝花和糖作馅的面饼。　② 止园：此时宋小濂已买宅都下，名为"止园"，以示退老林下之意。　③ 吾乡枫叶饼：即吉林民间常食的"不落叶饼"。成氏的蒙师王凤年，曾以"不落叶饼"为题，作赞诗。夹注中称："不落树，似柞，裹叶作饼，甚可爱。"（《思旧集》）俗称"玻璃叶饼"。实即椴树叶裹黍面蒸制的甜饼。

瞿良士检书图二首①

一

一眙宝晋抗英光②，虹月归来认旧藏。

不惜检书烧烛短，依稀红袖夜添香③。

二

高枕经巢月一窠，牙签④十万苦摩挲。

旧家何忍谈丁陆⑤，半付瀛东劫火多。

①据《蒚里瞿氏四世画像题词》，瞿良士检书图为贺良朴绘，贺有题跋："壬戌冬十月，良士先生属作检书图，并题二绝于后（略）。"瞿良士，见诗集五《题虹月归来图》注。　②一眙（chì）：惊视。抗：相敌，比得上。宝晋抗英光：宋代米芾选集。米芾的书斋名宝晋斋，有《山林集》一百卷，已散佚。岳珂重为编辑，所存不足十分之一。此句谓《检书图》像当年的《宝晋英光集》那样难得，使人感到惊奇。　③依稀句：意指瞿良士之妻曾陪其苦读。古人诗有"红袖添香夜读书"句。　④牙签：牙制签牌。旧时藏书者系于书画上作为标志，以便检索。　⑤丁陆：清代四大藏书家（瞿、杨、陆、丁）之二。丁，杭州丁丙有"八千卷楼"，太平军攻破杭州时，毁于兵火；陆，浙江吴兴陆心源有"皕宋楼"，后其不肖之子将藏书全部卖与日本。

寄怀宋芝田长兄西安四首

一

迢递秦关万里余，故乡风味近何如。
果然彭泽①方归乐，未必长安不易居②。
百事浮空笑匄狗③，几年清梦冷钟鱼。
吟俦宫禁频来往，盼断终南尺素书④。

二

海棠馆下娭余春⑤，入眼繁华事事新。
契阔⑥情怀同惜老，乱离身世最宜贫。
愁看黄鹤留名画⑦，梦想青骢避故人⑧。
难得绛云东涧老⑨，天涯劫后问生辰⑩。

三

韦杜⑪城南万苇青，无边秋雪裹江亭。
饭香饱饫茅容馔⑫，茶好同披陆羽经⑬。
日落西山容酒榼，春深北海漾诗舲。
晚晴⑭人散匄伶老，一曲扬州不再听。

四

黄金台与玉门关⑮，一夕离心独往还。
我爱旧闻居日下，君留画笔满人间。

狂歌怕白朝来发⑯，苦忆偏凋病后颜。

读罢新疆疆域志⑰，大文明月照天山。

①彭泽：晋代陶潜曾为彭泽令，后弃官归隐。　②不易居：白居易初到京城长安，往谒著作郎顾况，顾以其名戏曰："（长安）米价方贵，'居'亦弗'易'。"及至读了《赋得古原草送别》诗后，赞赏："能做这样的好诗，'居'即'易'矣！"旧时常用来比喻在大城市里生活不容易。　③刍狗：草和狗，喻轻贱无用之物。《老子》："天地不仁，以万物为刍狗。"　④终南：山名，今陕西秦岭。宋伯鲁，陕西醴泉人，时居西安。尺素：古人写文章或书信用一尺左右的绢帛，称为"尺素"。后用作书信的代称。汉·乐府《饮马长城窟行》："客从远方来，遗我双鲤鱼。呼儿烹鲤鱼，中有尺素书。"　⑤海棠馆：宋伯鲁室名海棠仙馆，著有《海棠仙馆诗集》二十三卷。婘：通"眷"。眷恋。　⑥契阔：离散，久别。　⑦黄鹤：代指宋伯鲁，取唐·崔颢《黄鹤楼》诗"昔人已乘黄鹤去"句。名画：当指宋伯鲁所赠。　⑧青骢：代指宋伯鲁。后汉桓典为御史，常乘青骢马，执法严峻，连当政的宦官也感畏惧，为之语曰："行行且止，避骢马御史。"宋伯鲁曾任监察御史，百日维新期间，大胆进言，拥护新政，并与杨深秀弹劾礼部尚书许应骙（守旧派）。故人：当指在京好友（包括诗人自己）。　⑨难得句：明末清初人钱谦益（1582—1664年），晚号东涧遗老。绛云为其藏书楼名，宋元版本颇多，后遭火焚。　⑩自注："谓钱仲仙二兄在汉口新被焚如，来函犹欲为芝老作生辰也。"　⑪韦杜：唐时韦氏、杜氏两家为望族，韦氏居韦曲，杜氏居杜曲，皆在长安附近。后以喻高门贵族。　⑫饭香句：后汉人茅容留客时，杀鸡供母，自以草蔬与客共饭。　⑬陆羽经：唐代陆羽嗜茶，著《茶经》，后世奉为茶神。　⑭晚晴：指晚晴籍诗社。　⑮黄金台：燕昭王在易水东南筑黄金台，延接天下士。后人慕其好贤之名，筑台于大兴县东南。后成燕京八景之一"金台夕照"。玉门关：在甘肃省敦煌市西阳关之西北。诗中以此代西北。　⑯狂歌句：谓应及时行乐。李白《将进酒》有"君不见高堂明镜悲白发，朝如青丝暮成雪"句。　⑰新疆疆域志：宋伯鲁在伊犁将军长庚幕中时，曾著《新疆建置志》。疑指此书。

寿赵氏姊四首①

一

老姊六十六，尚如年少人。

不须筇竹杖，翔步总如神。

顾我亦周甲，此生胡不辰。

篝灯慈母教，相伴忆前尘②。

二

冰蘗③感平生，年华喜又惊。

难平余爱惜，家破费经营。

餐饭思千里，晨昏仗两甥④。

显扬钟鼎⑤意，祝尔早飞鸣。

三

婞直⑥不可近，申申能詈⑦余。

共怀衰世感，如读屈原书。

当日先姑侧，严亲孝友余。

白头关冷暖，自愧百难如⑧。

四

道我小时事，高堂偏爱多。

各人有家室，从此走关河。

莽莽黄尘起，堂堂白日过。

天留老兄弟，相对话蹉跎。

① 诗人无兄、弟、妹，只有姊一人，长其五岁，名不详，嫁与打牲乌拉总管赵云生之子赵锡臣（又名富森保）。据赵家后人赵清兰老人回忆，成姊生辰为五月十三日。　　② 自注："先太夫人往往于灯下，左教女绣，右课儿读，今日思之，如在目前也。"　　③ 冰蘗：饮冰食蘗，指生活清苦。唐·刘言史《赠孟郊》："素坚冰蘗心，洁立保贤贞。"　　④ 两甥：赵海荫、赵一鹤。　　⑤ 钟鼎：指钟鸣鼎食之家。形容乌拉赵氏过去门庭显赫。　　⑥ 婞直：性格倔强。　　⑦ 申申：重复。詈：责备。屈原《离骚》："女媭之婵媛兮，申申其詈予。"　　⑧ 自注："先府君与先姑，老年友敬特至，颇得司马温公问饥问寒之意。"按：先姑，即"赵氏姑"，非成姊之婆母，参《年谱·三十三岁》。

哈尔滨竹枝词①十首

一

万家门巷绿杨烟，麦子南风五月天。

要买白鱼渡江去，大家齐上小轮船。

二

许公路下许公碑②，绿女红男簇一围。
满地杨花太无赖，乱人堆里打团飞。

三

华灯人影间衣香，跳月齐来入广场。
有女十三郎十五，化为蝴蝶作鸳鸯。

四

酒泛蒲桃作冷餐，犓肩羊胛矗杯盘。
旁人大嚼先生笑，冰雪满胸寒不寒？

五

宝马香车结队来，唪轻声彻喇嘛台。
电灯夹道人如海，更醉花亭酒一杯。

六

清钟振耳教堂蔽，新月盈盈上柳梢。
来践星期前日约，公园深处看花苞。

七

马戏园中把臂游，短裙高屐自风流。
好酬六日辛勤意，挥尽青蚨③不自由。

八

趁墟④人逐电车遥，未到南岗已过桥。
虮蛣⑤市前呼卖菜，洋葱洋柿一肩挑。

九

道外风光不可寻，行人惆怅画桥阴。
元规⑥尘汙寻常事，一两春泥二尺深。

十

徙倚松花唱竹枝，一春羌笛怨参差。
巴黎声色今何似，心醉欧风总不知。

① 竹枝词：唐时巴渝地区（今四川东部）的一种民歌。最先由刘禹锡开始拟作。　② 许公：即许景澄（1845—1900 年），清末外交家，浙江嘉兴人。

同治进士，官至总理各国事务衙门大臣。义和团兴起时，与袁旭等力主镇压，并反对与列强宣战，结果忤怒慈禧太后等人，被杀。其碑，据《东三省古迹遗闻》，原立于哈尔滨秦家冈（今名南冈），碑高两丈，以金字题曰"许公纪念碑"。下有路，直达傅家甸，曰许公路。许景澄曾出使俄国，订结中东铁路合同，"缘哈埠之兴，实因东路之成；东路之成，出自公手。民国十二年（1923年）春，经东路要人措资建立斯碑，以志不忘耳。" ③青蚨：铜钱的别称。 ④趁墟：赶集。 ⑤蚑蜡：庙名，俗称虫王庙。旧有集市。 ⑥元规：据《晋·庾亮传》，庾亮，字元规，任中书令时曾荐举苏峻，后苏峻举兵谋反，亮不敌兵败。陶侃本有杀之以谢天下之意，但见到庾亮的谈吐和风度不凡，便消除了不满。后用"元规"或"元规清淡"比喻有风度有才学的人。

南冈偶成

绿阴深护碧玻璃，睡起西窗日已西。
老眼渐花频拂拭，客心如草总萋迷。
难承旧学怜诸子，莫徙新居忘老妻①。
吟罢竹枝诗十首，最荒凉处我留题。

① 自注："今年京居将移西城马市桥。"按：即后来诗中所言"澹园""十三古槐馆"。

题怀园①挈家游西湖诗稿八首

一

相逢诗老话萍踪，哦遍西泠处处松。
记得联吟风雨夜，有人同惜凤林钟。

二

偏与西湖作主人，随州②诗笔自清新，
芙蓉欲泣梅花笑，添得逋仙③一段春。

三

慧业根因自不磨，莫将心事悔蹉跎。
青山独往香山句，毕竟诗人福最多。

四

镜水三分月二分，全家供养是烟云。
飘然一棹花如海，每到花时更忆君。

五

逐罢云龙世外踪，怀园要抚故山松，
秋声更与诗人约，一杵灵光古寺钟。

六

暮寒沧海感归人，窃喜雄文未美新④，
我亦欲归归不得，松花秋雨帝城春。

七

忏悔中年铁砚磨，要将诗骨补蹉跎，
画图权作心经⑤写，自祝波罗与蜜多⑥。

八

桃叶桃根⑦本不分，东坡归梦寄朝云⑧，
题诗别有要公处，许我他时见小君⑨。

①怀园：不详为何人之号。　②随州：今湖北随县。疑号"怀园"者，为此地人。　③逋仙：宋隐士林逋，有"梅妻鹤子"之称。　④未美新：意对时政没有歌颂之词。汉·扬雄著《剧秦美新》文，称颂王莽新朝之美。《颜氏家训·文章》："扬雄德败美新。"　⑤心经：佛经名，全称《般若波罗蜜多心经》。　⑥波罗与蜜多：即"波罗蜜"，或作"波罗蜜多"。梵语，意译为由此岸（生死岸）度人到达彼岸（涅槃，寂灭）。　⑦桃叶桃根：指桃叶歌，乐府吴声歌曲名。南朝陈时，江南盛歌王献之《桃叶词》："桃叶复桃根，度江不用楫，但度无所苦，我自迎接汝。"　⑧朝云：宋代苏轼之妾名朝云。后苏轼贬于惠州，朝云亦随往。　⑨小君：古称诸侯的妻子，后转为妻的通称。

赠李子健①

宦游真逐长江水，前度方西此又东。
快读君诗今更老，惊看我发②惭成翁。
当年北麓才三集③，旧友西曹渐一空④。

要使天骄识麟凤，大名千古继崆峒⑤。

　　①李子健：名葆光，曾与诗人同为松江修暇社社友。　　②我发：李葆光《涵象轩集》中，发为"鬌"。　　③北麓：指吉林北山。松江修暇社曾在此多次举行诗会。三集：自谓仅参加前三次诗会。　　④渐一空：《涵象轩集》中，渐为"竟"。　　⑤崆峒：即明代沈愚，号崆峒生，昆山（今属江苏）人。工诗，以诗名为"景泰十才子"之一。还精通音律、书法、医药。

题《归耕图》①二首

一

春雨复春烟，归人带晚天。

荷锄从此去，四野正苍然。

行客指华表，杂花生墓田。

平生蓑笠想，今日让君先。

二

别有羲皇趣②，荷蒉③云外归。

麦畦孤雨足，茅舍一烟微。

田父初携酒，儿童已候扉。

马家沟外路，此叟遁真肥④。

　　①图为马忠骏归隐而绘，绘者不详。吉林市图书馆藏诗人所书《咏遁园诗》拓册（1929年）题为"烟雨归耕图"。　　②羲皇趣：见页49注⑦羲原赋。　　③荷蒉：《遁园杂俎》为"荷锄"。　　④此叟：拓册中，叟为"岁"。遁真肥：即肥遁，隐居避世之意。《易·遁》："上九，肥遁，无不利。"《疏》："肥，饶裕也。……最在外极，无应于内，心无疑顾，是遁之最优，故曰肥遁。"

寄半园兼谢惠诗集①

名士清贫肯受怜，次风偏割俸余钱②。

黄金竟买诗无价，白发高吟喜欲颠。

一别京华红药雨，重来门巷绿杨烟。

白鱼风味君应忆，香到蛮姬浣玉船③。

　　①张朝墉诗自丁巳年结集，年刻一册。此诗可能是得张《壬戌集》后作于哈尔滨。　　②自注："谓齐照岩。"按：齐照岩，名耀珊，字照岩，吉林

伊通人，曾在梁士诒内阁任农商总长。次风：清代学者齐召南之字，代指齐耀珊。　　③自注："江干画船鳞集，浴者皆西女、游人往往于舟中烹鱼云。"

马遁厂生圹二首①

一

不识东皋②路，同称③马遁庵。
麦深④青浩浩，松小碧毵毵⑤。
造像⑥名亲写，峨封土共担。
欲寻生挽意，惆怅百花南。

二

生死一朝暮，瘝人⑦终不知，
达哉遁园叟，照破百年思。
下马宜它日，眠牛⑧释旧疑。
墓门秋月朗，应叹鹤归迟。

①马忠骏，号遁庵，辞官归后，便在哈尔滨市郊马家沟家中园内（亦称遁园）为自己营建墓穴，并邀时贤题铭以纪之。　　②东皋：向阳的高地或田野，喻隐归之处。《文选·阮籍奏记·诣蒋公》："方将耕于东皋之阳，输黍稷之税，以避当涂者之路。"　　③同称：《咏遁园诗》拓册（吉林市图书馆藏）与《遁园杂俎》皆为"争传"。　　④麦深：同上，皆为"麦齐"。　　⑤毵毵：毛发或枝条细长貌。　　⑥造像：古代往往在山崖或石碑上开龛雕造佛像，有的还镌有供养人或造像铭记，说明造像之原因。这里所言造像并不具宗教色彩，钟广生在《海城马遁翁生圹志》中叙述甚详："一日，导余游遁园，观所筑生圹穹隆如盖，其前华表上刻翁像，为古衣冠，面明堂而立。下甃石为池，其周隅有亭、有轩、有庐、有井、有畦，环植松楸、桦杨、桃李、棠梨、文杏之属。翁暇，则提壶与二三宾从娱咏其间。夔门张朝墉、吉林成多禄、江浦陈浏，皆翁诗友也。"　　⑦瘝人：《咏遁园诗》拓册与《遁园杂俎》皆为"世人"。　　⑧眠牛：指风水好的坟地。见页132注④牛眠。

过遁园生圹二首

一

鹤归大月墓门斜，才信人生自有涯。

百纸新诗题韭露①，一江浓绿绕松花。

好携表圣②王官酒，来醉渊明处士家。

领略隙驹行乐意，何妨团坐话桑麻③。

二

瓜李南皮④认旧游，莫将华屋作山丘⑤。

疏狂谁似陈同甫⑥，款段真看马少游⑦。

不著花圈群鬼笑，偶添金屋二乔⑧愁。

何如脱却尘埃好，无树无台更自由。

① 韭露：韭，疑应为"薤"（xiè）。古挽歌名。　　② 表圣：唐代司空图（837—908年），字表圣，虞乡（今属山西）人。著名诗论家。出身进士，官至知制诰、中书舍人。后因世乱隐居中条山王官谷，专意写作，不问家事。所撰《诗品》一书，对后世诗论颇有影响。　　③ 隙驹：即白驹过隙，《庄子·知北游》："人生天地之间，如白驹之过隙忽然而已。"桑麻：泛指农事。唐·孟浩然《过故人庄》诗有"开轩面场圃，把酒话桑麻"句）。　　④ 瓜李南皮：赠答互唱之意。见页151北山第二集示同人注④。　　⑤ 华屋作山丘：豪华的屋舍变成荒丘野地，常喻盛衰更迭。意谓人寿有限，富贵者亦终要死亡。曹植《箜篌引》："盛世不可再，百年忽我遒，生在华屋处，零落归山丘。"　　⑥ 陈同甫：即陈亮（1143—1194年），字同甫，婺州永康（今属浙江）人，南宋杰出思想家、文学家。出身状元。为人豪迈，有才气，喜谈兵，因力主抗金而屡次入狱。出狱后，志气更高，尝以"推倒一世之智勇，开拓万古之心胸"自许。所作诗词感情激昂，风格豪放。　　⑦ 款段：马行迟缓貌。即驽马。马少游：东汉马援之弟，曾对马援说："士生一世，但取衣食足，乘下泽车，御款段马，为郡掾史，守坟墓，乡里称善人，斯可矣。"见《后汉书·马援传》。　　⑧ 二乔：参见页52注⑤公瑾。

遁园杂咏十六首①

一曲花畦一角亭，秋螀②春鸟雅堪听。

空廊似少屐声响，故挈雏鬟来踏青③。

尘外亭

满眼风烟日日④深，幽人来此豁凡襟。

南华⑤读罢焚香坐，便有⑥逍遥世外心。

他年

高家祁连三丈高，巍巍华表插琼霄⑦。
夫人微怒⑧诸姬笑，生怕它年⑨锁二乔。

鹤归亭

人民城郭已全非⑩，笑问主人归不归，
老鹤也知难久待，化为春雉四田飞。

归来亭

归来与世了无争，南野开荒寄此情，
草屋数间田十亩，不衫不履一渊明。

野趣亭

豆熟瓜香各一时，萧然野趣⑪满疏篱，
此中自有天然味⑫，说与旁人恐不知。

西湖岳墓最风流⑬，士女如云互唱酬，
今日哈滨添韵事，马家坟上有人游。

小儿稚女尽欢哗，下学归来要摘花，
剪得新蔬⑭带清露，饭香⑮风味似田家。

轮车十里过香坊⑯，花作层阶榆作墙，
酒半茶初成惯例，先生来此梦羲皇⑰。

一碧桑麻动远空，洒然满院绿槐风，
晓来一览江山秀，万古青苍落手中。

生平颇有少游心⑱，一掷摴蒲⑲十万金，
今日尽捐湖海意⑳，一庵㉑风月坐弹琴。

才得兰成赋小园㉒，一庐人外息嚣喧，
澹堪诗与琴南画，一样高悬晚稼轩㉓。

垂杨垂柳满陂陀，落日桔槔㉔田水歌，
独立苍茫望平楚，可怜人少乱鸦多。

世人扰扰心皆死，偏说能存不坏身，
来去了然何所讳，始知君是有心人。

不向辽东去买山㉕，独来江上闭柴关，
他定时有魂来往㉖，常在边云塞月间㉗。

别有高楼渺入云，中西人士尽知闻。
美人名士争为寿，对酒高歌兴不群。

① 这组杂诗除十、十二两首外，余皆存录于《咏遁园诗》拓册（吉林市图书馆藏）。并据此拓册，补出二、三、四、五、六首的小标题。　　② 秋螀（jiāng）：即秋天的蝉。　　③ 空廊二句：意谓空寂的庭廊中缺少女人的脚步声，所以让侍妾相陪，出游至此。宋·范成大《吴郡志》："响屟廊在灵岩山寺。相传吴王令西施辈步屟，廊虚而响，故名。"灵岩山在今苏州市西。屟（xiè），即木屐（jī），底有二齿。　　④ 日日：拓册为"日巳"。　　⑤ 南华：也叫《南华真经》，是《庄子》一书的别名。　　⑥ 便有：拓册为"颇有"。　　⑦ 巍巍句：拓册中此句为"更兼华表上重霄"。　　⑧ 微怒：拓册为"不怿"。　　⑨ 生怕它年：拓册为"指点将来"。　　⑩ 人民句：借用辽东人丁令威化鹤归乡的故事。见页169注㉘丁鹤。　　⑪ 野趣：拓册为"野意"。　　⑫ 天然味：拓册为"天然趣"。　　⑬ 最风流：拓册为"剧风流"。　　⑭ 新蔬：拓册为"园蔬"。　　⑮ 饭香：拓册为"饭中"。　　⑯ 过香坊：拓册为"绕香房"。　　⑰ 羲皇：伏羲。见页49注⑦羲皇赋。　　⑱ 少游心：见页209注⑦。　　⑲ 摴蒲（chū pū）：古时博戏名，后世引申为掷骰子等赌博的通称。　　⑳ 今日句：拓册中此句为"今日全除年少气"。　　㉑ 一庵：拓册中为"一庐"。　　㉒ 赋小园：南北朝时著名文学家庾信，小字兰成，曾作《小园赋》。　　㉓ 晚稼轩：马忠骏的室名。王树枏《马遁庵生圹志铭》："筑草屋数椽，颜曰'晚稼轩'，示本事也。种菜、植树、栽花，以为娱老之计。"　　㉔ 桔槔：古代利用杠杆原理而设计的最原始的汲水工具。　　㉕ 买山：见页197注②买山。　　㉖ 他定句：拓册中此句

为"知君他日魂来往"。　㉗常在句：拓册中此句为"喜在江声月色间"。

病中忆梦①

忆癸亥八月道出沈阳，病星皆兄②家。昏瞀中，如乘云御风，千山万壑，有道者相与语，寤后以诗纪之。

凌厉长风落九天，回看身带万峰烟。
欲呼采药前游侣，隔却红尘六十年。

①诗载家藏乙丑年诗稿中，据小序，应知此诗已于癸亥年（1923年）八月吟成。原诗无题，编者补。　②星皆兄：即妻兄魁陞，时居沈阳东关老瓜行。

西城小筑①

妻孥成一笑，笑我几年谋。
此即十间厦，如封万户侯。
老夫行岂悖，晚岁何复求。
待得黄金足，经营百尺楼。

①成氏所迁新居，在北京市西城区马市桥南沟沿21号，亦即后来诗文中所称之"澹园"，或称"十三古槐馆"，癸亥年（1926年）秋新迁。具体方位参见《续年谱》。今已无存。从下首诗《澹园移居》其九来看，此宅原系别人的旧居，后经诗人买下并经翻修而成。

澹园移居十首①

一

不作城东隐，言寻马市桥②。
离情僧共语③，家具仆能挑。
古塔碧松落④，御沟红叶飘⑤。
槃阿⑥殊不远，此意正萧寥。

二

山林麋鹿姿，了不合时宜。

把卷招云共，开轩与月期。
秋痕凉到枕，人意澹于诗。
乍见相惊意，空庭鸟雀知。

三

随处皆堪乐，方归便是家。
安排新试墨，检点旧藏茶。
墙角培初笋，庭阴护晚花。
巷中人迹断，偏听晚晴车⑦。

四

妻解种园蔬，儿能读古书。
绿槐三十本⑧，落叶满阶除。
㹴吏守门户⑨，邻翁询起居。
辽东有邴管⑩，莫是此君庐。

五

孤花绝世好，幽草得天怜。
瘦骨秋逾健，文心老尚妍。
松低容笑倚，亭小趁幽眠。
能得荒荒趣，斯民即葛天⑪。

六

四面碧琅玕，小斋生昼寒。
灯摇新霁月，云绕小回栏。
桑落今初熟，楞严⑫偶一看。
陶家琴外意，不必向人弹。

七

南内初灰烬⑬，东瀛又陆沉⑭。
繁华一瞬耳，劳苦百年心。
我亦沧桑阅，秋来风雨深。
蘧庐⑮小天地，真意个中寻。

八

荒徼正鏖兵，川原战伐声。

穷边八百里，群盗莽纵横。
老屋几时补，荒田何处耕。
号寒虫有味，得过悟余生。

九

芳草感王孙[16]，高牙棨戟[17]尊。
即今成老圃，当日是朱门。
井角听新水，觚棱念旧恩[18]。
可怜王谢燕[19]，凄恋故巢痕。

十

慷慨忧天下，曾无屋半间。
老来成小筑，高卧比深山。
习静宜观槿[20]，逃名合闭关。
松花江上路，何日鸟飞还。

①自注："补癸亥六月。"属病愈后补作。　②自注："在马市桥稍南。"按：马市桥原为南北沟沿间一座桥，早已不存。旧址在现白塔寺十字路口。　③自注："寓东城贤良寺最久，临去，寺僧法安殷殷话别。"　④自注："东与万松老人塔为邻。"按：万松老人，即元初高僧行秀（1166—1246年）。　⑤自注："地名，沟沿即御沟也。"红叶飘：见页236注⑤红叶。　⑥槃阿：参禅拜佛意。因新居距白塔寺（妙应寺）颇近，故有此语。　⑦自注："晚晴簃诸诗老，时相过从。"　⑧三十本：实际澹园四周有槐树十三棵，诗人的室名"十三古槐馆"即由此而来。这里所言"三十"，或为虚指，言其多；亦可能为抄误。　⑨自注："门外有板屋，守望吏住所也。"堠吏：值更人。　⑩邴管：东汉时期邴原和三国时期魏国管宁，避乱至辽东，以山为庐。　⑪葛天：见页118注④葛天。　⑫桑落：古时一种酒名，暮秋时节酿成。杜甫《九日》："坐开桑落酒，来把菊花枝。"楞严：佛经名。　⑬自注："时故宫火。"按：1923年6月26日，北京故宫内建福宫起火，延烧六小时，焚屋一百三十余间，所藏珍贵文物尽毁，损失无法计算。　⑭自注："日本地震甚烈。"按：1923年9月1日，日本关东发生大地震。　⑮蘧（qú）庐：指不可久处之舍。暗含暂居于此之意。⑯芳草句：此句出自唐代白居易诗《赋得古原草送别》。王孙：游子的别称。芳草：因其一岁一枯荣，喻盛衰无常。　⑰高牙棨戟：居高位者出行的仪仗。高牙，即牙旗，因其高，故名。棨戟，涂油漆的木戟。　⑱觚棱：殿堂转角处的瓦

脊。旧恩：意谓此宅院的旧主人，当为前朝食君禄者。　⑲王谢燕：出自唐·刘禹锡诗《乌衣巷》："旧时王谢堂前燕，飞入寻常百姓家。"　⑳观槿（jǐn）：槿，即木槿花，朝开夕谢，常用来形容人心之易变。这里有暗讽时局多变之意。

寿星皆三兄二首①

一

半生出处总相同，朔雪燕云西复东②。
周甲一年差长我③，到官儿日更成翁。
天怜幽草回新绿，人爱斜阳驻晚红④。
见猎壮心还未已，笑看鹰犬⑤闹寰中。

二

伏处东门世亦猜，爱居何事引风回。
长斋绣佛无穷味，老圃寒香不世才。
林下怡情三友⑥共，花前行乐一樽开。
翟公门外堪罗雀⑦，难得今朝客又来。

①诗当作于妻兄魁陞生日（八月二十五日）之前，诗人时在沈阳。　②朔雪句：指多在东北和北京之间奔走。　③周甲句：魁陞生于壬戌年（1862年），诗人生于癸亥年（1863年）。相差一年。　④天怜二句：本李商隐诗："天意怜幽草，人间重晚晴。"　⑤鹰犬：指投靠帝国主义势力的各派军阀轮迭上台。　⑥三友：指《论语·季氏》所言"益者三友"，即"友直、友谅、友多闻"。　⑦翟公句：《史记·汲郑列传》："始翟公为廷尉，宾客阗门；及废，门外可设雀罗。"后用"门可罗雀"一典形容门庭冷落。魁陞于一九二二年五月任吉林省代省长，至十一月，因盗贼蜂起，以致伊通、乌拉相继失守，遂引咎辞职，在家闲居。翟公，代指魁陞。

和垂叟同年韵①

麦儿浮光绝点瑕②，学书未敢向人夸。
何来小简惊吟掌，一笑开门折屐牙③。
似怨朝云千里隔，依然暮影一楼斜。
可怜今夜潇潇雨，肠断江城是此花④。

①此诗为和作，但陈浏原诗尚未发现。　②麦儿浮光句：指宋代颇负

216

盛名的麦光纸。《方舆胜览》记："歙、绩溪界有地名龙须，出佳纸，有麦光、白滑、冰翼、凝霜之目。"宋·苏轼《和人求笔迹》诗有"麦光铺几净无瑕"句。诗人在这里用以形容他作书时所用的纸张品质优良。　　③折屐牙：典出《晋书·谢安传》。谢安得到前线攻破符坚的捷报，表面并未露出欣喜之色，依然与客下棋。在归内室时，因内心喜甚，连屐牙折掉也未发觉。屐（jī）牙，即屐齿。过去古人足著木屐，底有二齿。后用为鞋的泛称。　　④自注："二语另有本事，定山巫赏之。"江城：仍指哈尔滨，时陈浏被聘为黑龙江省长公署顾问，常居哈尔滨。

除夕①

文史三冬报岁除，今肖吾叟爱吾庐。

儿童处处烧红蜡，朋辈家家索白鱼。

消夜好音喧爆竹，咬春旨蓄②问园疏。

锦茵深坐思良友③，且喜年除病亦除④。

①诗作于癸亥年除夕（1924年2月4日）。　　②咬春：明清时京津两地习惯于立春日吃鲜萝卜，俗称咬春。甲子年（1924年）的春节这一天，又恰巧为立春日。旨蓄：储备过冬的美味。　　③自注："时病初愈，坐起颇不便，铁老赠以锦茵，可感也。"按：铁老，宋小濂；锦茵，绣褥。　　④且喜句：诗人自癸亥年（1923年）秋游哈尔滨归京后，因感苦寒，患腰疾卧床数月，直至年底方见好转。

甲子元日①

柴门初日曙光喧，名刺②朝来满澹园。

笔墨乍亲心自喜，衣冠不著客能原。

辛壬③过眼余陈迹，甲子从头说上元④。

日月光华朝市隐，此生何处不桃源。

①诗作于甲子年(1924年)正月初一。　　②名刺：拜访通名时用的名片。古时用竹、木，后改用纸。　　③辛壬：分指辛亥年（1911年）和壬子年（1912年），辛壬年爆发推翻帝制的民主革命，壬子年改国体为共和。　　④上元：阴阳五行家以一百八十年为一周始，第一甲子为上元，第二甲子为中元，第三甲子为下元，合称三元。

元日和半园韵①

何必心交问浅深，霜颠同感岁华侵。

流连旭日瞳昽②意，尔我闲云去住心。

佳节最宜杯泛玉，好诗何惜墨如金。

上元自有升平世，休向羲皇故纸寻。

　　①张朝墉作《元日试笔》（附），诗人和之。　　②瞳昽：太阳初出由暗而渐明的光景。引申为交情、思路由隐而显，有如日之欲明。

附

元日试笔

张朝墉

京尘汩汩佛楼深，不觉霜华两鬓侵。

一线春光萦岁首，几人诗境杂仙心。

登坛谁是才如斗，济世惭无术点金。

烽火迷离巴子国，桃源何处且相寻。

　　　　　　　　　　　　　《半园诗集·甲子集》

筠厚①三弟来贺年

仍行跪拜之礼，感而赋此

新年伏处逢迎减②，老友人扶拜舞频。

四海已无观礼③地，此乡偏有爱兄人。

师门著作争千古④，童稚交情在一真。

莫负中天好元日，常为上国⑤旧遗民。

　　①筠厚：即于翰笃，字筠厚，吉林人。诗人青年时期的密友。　　②新年句：诗人久病初愈，故有此语。逢迎：迎接，接待。　　③观礼：观察儒家所习沿的旧礼。　　④师门：诗人与于筠厚同出于荫霖门下。争千古：指于荫霖著述甚丰，可久留人世。　　⑤上国：有多种含义：诸侯称帝室为上国；京师、首都亦称上国。这里特指清朝。

泊老枉顾赋呈①

人来古塔②万松西，得得荒园驻马蹄。

如避面然邢与尹③，最关情处吕兼嵇④。

病逢人日欣能起，年与台星孰敢齐⑤？

绝爱中元新甲子⑥，草堂罨雪待公题。

①正月初七日（即人日），泊老（周树模）前来看望，诗人遂作此诗以表答谢。枉顾：屈尊来看望，属敬辞。　　②古塔：见页214注④。　　③邢与尹：汉武帝同时宠幸邢夫人与尹夫人，不令两人相见。后来在尹夫人的请求下，见邢夫人。相见后，尹夫人低头而泣，自愧弗如。见《史记·外戚世家》。诗中借用此典，意谓不愿与非朋友者来往。　　④吕兼嵇：据《世说新语·简傲》，嵇康与吕安友善，"每一相思，千里命驾"，因有"千里论交"之美誉。⑤年与句：意谓谁也不能指望自己的年岁与天上的星辰共久。台星：星名。齐：相同。　　⑥绝爱句：见页216注④上元。诗人时逢第二个甲子年，故称中元。

病中同筠厚听弹词

门外轻车日日停，庞公主客①久忘形。

家携妻子萍何定，方辨君臣②药亦灵。

身世怕看新发短③，科名犹怨故衫青④。

平生怒骂兼嬉笑，输与弹词柳敬亭⑤。

①庞公主客：据《后汉书·庞公传》，南郡襄阳人庞公，不愿作官，后携妻儿入鹿门山采药隐居。诗中比喻诗人与于筠厚均淡于荣利。　　②君臣：中医疗法中，起主治作用的药物为君，起辅佐作用的药物为臣。言外之意，诗人认为治世亦当采取君主制。　　③新发短：指辛亥后剪掉了辫子。　　④科名句：指自己过去在科名上未能中举人、进士，始终青衫一领。青衫，即青衿，明清时作为秀才的别称。　　⑤柳敬亭：明末泰州人，善说书，后为左良玉幕客，以说书激励士气。明亡，仍操旧业，后潦倒而死。

和亮伯①

小奚折柬报春深②，照眼琳琅曙色侵。

四座梅花名士韵，一杯竹叶故人心。

老夫唱和成双璧，豪兴飞腾抵万金。

差喜观涛③能愈我，会看蹑屐日相寻。

①陈浏有《和张半园呈澹翁》诗（附），成得而和之。　　②小奚：年幼的仆人。唐代李贺仆人称小奚奴，亦称诗奴。折柬：即送信，这里当指诗笺。　　③观涛：汉·枚乘在《七发》篇中提出观赏江涛可以愈病和陶冶性情，功效甚大。

附

和张半园呈澹翁

陈浏

南岗风暖雪犹深，帘外闲阶草色侵。

憔悴秋花疑是梦，弃捐团扇果何心。

相思枉化珠为泪，索句翻怜墨似金。

旧日风怀殊未减，柴门冷落不堪寻。

《澹园酬唱集墨稿》

再和亮伯①

草堂人语画帘深，瘦骨嵘峥雪不侵。

春草绿波空有梦，秋花暮雨已无心。

途长岁月销轮铁，世乱文章换饼金②。

底事小园花似海，与公相约把杯寻。

①陈浏得成所和前诗，又作《再和半园呈宋止园、成澹园》（附），成再作此诗和之。　　②饼金：即银元。此句意谓卖文自活。

附

再和半园呈宋止园、成澹园

陈浏

江波不敌旅愁深，揽镜须防白发侵。

雪后园林归隐志，阁前湖水望乡心。

相如生计琴兼酒，陆贾归装剑与金。

愿得澹翁扶病起，手拖筇杖事幽寻。

《澹园酬唱集墨稿》

甲子二月廿七日畏庐过访①

病起惊看已半年，蒲凋松健总由天。

死犹恨晚生何补，壮且无名老岂传。

撑骨有棱凭世骂，搰肝无地只公怜。

陵荒墓冷瞻何及②，话到清明更惘然。

　　① 二月廿七日，为清明节前五日，诗人因林纾来访有感而作。　　② 自注："先生谒崇陵已十一度，而禄因乡乱，三年不得展先墓矣。"按：崇陵，即清德宗光绪帝陵，在今河北易县西梁各庄附近。

病起

谢却茶烟与药烟，一筇①孤步觉身便。

天过寒食清明后，人忆神农太皞前②。

大地豺狼方奋斗，小庭猫犬自闲眠。

臧非穀是浑无那③，输与先生一莞然④。

　　① 筇（qióng）：手杖。黄庭坚《新居》："稍喜过从近，扶筇不驾车。"　　② 神农：炎帝。太皞（hào）：即伏羲氏。　　③ 臧非穀是：据《庄子·骈拇》，臧、穀二人一起放羊，一个挟着鞭杆读书，一个玩赌具，结果丢了羊。暗讽当权者以做官为儿戏，毫无事业之心。浑无那：全无办法，无可奈何。　　④ 莞然：微笑的样子。付之一笑，带有轻蔑意。

止园修禊①

长安三月乱莺飞，修禊人来花四围。

好友白惊双鬓短，名园绿抱一湖肥。

不辞薄罚依金谷②，颇有前游话翠微③。

笑我避人兼避酒，一春苔径屐声④稀。

　　① 诗为甲子年（1924年）上巳（三月三日）诗人于宋小濂止园修禊而作。此题目为嘤社诗题。　　② 金谷：晋代石崇于金谷园宴请宾客，赋诗不成者则罚酒三杯。金谷园，在河南洛阳西北。　　③ 翠微：北京西山三山之一，代指西山。此指壬戌年（1922年）重九节诗人登西山，并在徐鼐霖别墅潜庐宴饮的往事。　　④ 屐声：宋·叶绍翁《游园不值》："应怜屐齿印苍苔。"此谓门巷寂寞，没有来客。

和铁老新晴韵三首①

一

一海晴光绿到天，名园水木自澄鲜。

鸣莺②社近人初约，罗雀门深客不阗。

日似小年方算永，寿因微病转能延。

诗来触我飞腾兴，如在天风五岳巅。

二

塔影万松高插天，晓行花径露犹鲜。

病余步觉吟筇便，巷窄声无宦辙阗。

近代诗人谁白甫③，当年节度领丹延④。

风饕雪虐神尤王⑤，立马兴安大岭巅。

三

园林一样雨余天，景入平泉分外鲜。

吟到好诗如太古，觊同美玉出于阗⑥。

棋中黑白风尘远，卷底丹黄⑦岁月延。

我欲为公歌七发⑧，观涛人陟⑨五云巅。

① 据诗题，宋小濂应有《新晴》诗，但尚未发现。　②鸣莺:指嘤社。
③白甫：分指李白、杜甫。　④节度：疑指唐代严武。曾任剑南节度使等
职。与杜甫关系甚厚，助建成都草堂。丹延：疑指唐代丹州、延州，二州相
邻，在今陕西境内。　⑤神尤王：王，通"旺"。　⑥于阗：古西域国
名，在今新疆和田一带，以产美玉著称。　⑦丹黄：旧时点校书籍，用朱笔
书写，如遇误字则用雌黄涂抹。　⑧七发：是西汉辞赋家枚乘赋的篇名。假
设楚太子有疾，吴客前往问候，用七件事启发太子，使其对致病原因逐步有所
认识，故称《七发》。　⑨观涛：见页218和亮伯注③。陟（zhì）：登。

澹园消夏①

人心欲定时，不必如枯木。

百嚣出一静，凉意已先伏。

小园暑雨繁，今日热尤酷。

落落诸诗家，足音喜空谷②，

呼僮摘园蔬，下酒当肴蕨。

苦语凉肺肝，仙唾冷珠玉。

余情杂农圃，了不及朝局③，

高槐荫可爱，兼以蝉断续。

巴蕉生昼寒，四照窗户绿。

中有桔槔④声，泠泠畦水足。

不知谁主宾，巾带无拘束。

亦有斗棋者，奋袂乱花竹。

落子声铿然，隔帘听不俗。

可知冰雪胸，平生澹不欲。

嗟彼尘中人⑤，驱炎⑥方逐逐。

①此诗为嘤社的一次诗题，由诗人于澹园值课。　②足音句：空旷的山谷中听到了人的脚步声，比喻十分难得。当时北京酷热难当，人们不愿走动，故有此语。　③了不：一点儿也不。朝局：时局。　④桔槔：亦称"吊杆"。一种原始的提水工具。澹园东南角为果蔬区，中有井一眼。　⑤尘中人：指尘世中热衷于官场者。　⑥驱炎：驱，疑应为"趋"。

上陈弢庵太傅六首①

癸亥十月，病中蒙太傅往顾并题年谱稿②，情意殷殷，感而欲泣，因赋长句六章。前章则写素怀，末章则兼呈畏庐老人。畏庐亦屡来视疾者也。

一

旧学重开日月光，甘盘③风节自堂堂。

天将大笔尊燕国④，人以高轩识李郎⑤。

吾道呻吟皆至语，名山著作岂终藏⑥。

铁函野史埋幽井，冲斗犹生作作芒。

二

新赐名园地一区⑦，画墙春水绿于湖。

留将老眼看苍莽，抽得闲身入画图。

名教乐随行处有，官阶崇到本朝无⑧。

我来载咏遗山⑨句，万壑松风一酒壶。

三

早年严厉晚温醇，明道伊川⑩备一身。

不独门墙尽桢干⑪，即论风骨亦天人。

家山再起丹心远，帝学方成白发新。

赖此诗书存一发，焚坑何处不嬴秦。

四

辽海归来感暮天，茂陵⑫萧瑟卧秋烟。

时乖敢谓庸送误，世忘偏邀老辈怜。

活到兴亡留剩泪，乞来文字补余年。

螺江序与安溪砚⑬，一样藏箱世世传。

五

病榻依依似护婴，一寒一暖尽关情，

华颠⑭得此可无恨，青眼相看犹再生。

古柏十围垂荫远，寒潭百尺澈心清。

天怜幽草知公意，珍重斜阳一段晴。

六

一老争夸却聘书⑮，文章意气近何如。

思君独策荒陵塞⑯，爱友频停曲巷车。

执手与公同慰藉，偷生于我更唏嘘。

艾年⑰渐识安心法，一卷南华百虑除⑱。

① 诗作于甲子年（1924年）夏。陈弢庵太傅，即陈宝琛（1848—1935年），官太保，为溥仪的太傅。　②年谱稿：指陈宝琛为诗人自订年谱作序。③甘盘：商王武丁（盘庚弟小乙之子）的贤臣，传说他与傅说辅佐武丁，成中兴之业。这里借以称赞陈宝琛。　④大笔尊燕国：唐玄宗时，燕国公张说，许国公苏颋并以文章显世，时号"燕许大手笔"。　⑤人以高轩句：据《新唐书·文艺传》，唐李贺七岁能诗，韩愈、皇甫湜始闻不信，过其家，使李贺赋诗。李贺援笔辄就，诗题为《高轩过》，二人大惊。　⑥自注："太傅所著书皆未刻，不欲示人。"　⑦自注："谓钓鱼台赐园。"　⑧自注："本朝无真授太傅者，自公始。"　⑨遗山：金代元好问，号遗山。　⑩明道伊川：明道，指北宋理学家程颢，学者称明道先生；伊川，指北宋理学家程颐，学者称伊川先生。兄弟二人同为北宋理学的奠基者，并称"二程"。　⑪

成多禄集

门墙：即师门。桢干：原指筑墙时所用的门柱，后引申为能胜重任的人才。⑫茂陵：有二：一即汉武帝刘彻墓，在今陕西兴平县东北；另一即明宪宗朱见深墓，为明十三陵之一。这里所言茂陵，可能指前者，历代文人多有题咏。　⑬自注："余有李文贞公砚，太傅曾为铭。"按：李文贞，即李光地（1642—1718年），福建安溪人，康熙进士，累官直隶巡抚、文渊阁大学士。治程朱理学，有著述多种。卒谥文贞。螺江序：指陈宝琛为诗人自订年谱所作的序。螺江，为陈宝琛故乡福建闽县境内一水名，以之作为对陈的代称。　⑭华颠：指白头。　⑮自注："畏庐为余作寿文，谓余上程公之作不减叠山却聘书。"按：叠山先生，即宋代谢枋得（1226—1289年），江西弋阳人，号叠山。与文天祥同科进士。曾组织义军万余人抗元军入侵。宋亡后，元朝迫其出仕，作书辞之，后地方官强制送往大都（今北京），乃绝食而死。　⑯策：骑；蹇：劣马。　⑰艾年：年岁达五十曰艾。　⑱自注："病中，畏庐教余读南华经。"南华：见页211注⑤南华。

蛰公①惠花树不至，作此催之

蛰园有嘉木，千株万株夥。

主人移植之，垂赐忽到我。

当时言嗫嚅，左右无所可。

或曰此戏耳，剪桐今亦颇②。

否则楚人到③，印刓④终不果。

昨宵忽入梦，花木竞婀娜。

上有辛夷⑤枝，下有丁香颗。

仿佛蛰园物，万树花一朵。

扶筇一笑迎，徙倚修竹左。

公闻亦轩渠，鄙儒真琐琐⑥。

亟命捆载来，兼使园丁荷。

那知梦即真，打门急星火。

①蛰公：萧方骏，字龙友，号蛰公，名医。　②剪桐：语出《吕氏春秋·重言》："成王与唐叔虞燕居，援梧叶以为珪，而授唐叔虞曰：'余以此封女。'叔虞喜以告周公。……于是遂封叔虞于晋。"后因以剪桐为分封、封赏的典故。颇：出现偏差。　③楚人到：这里暗用"楚弓楚得"一典。楚共王丢了弓而不愿去寻找，认为弓丢在楚国，拾到者也是楚国人。见汉·刘向《说苑·至公》。

这里意谓唯恐花树被萧的同乡人得去。　　④印刑（wán）:刑，抚摩，通"玩"。《史记·郦生传》:"为人刻印，刑而不能授。"有爱不忍释之意。　　⑤辛夷:木兰树的别名。　　⑥轩渠:快乐之态。鄙儒:诗人的自称。

谢蛰公赐花树①

蛰公以桃李梅杏四花见赠，春已尽矣，不胜美人迟暮之感，赋此报谢。

已分群芳不可期，忽惊桃李杏梅姿。
来如生客偏多晚，嫁得贫家似怨离。
难免老年栽竹俏，莫忘故主惜花诗②。
割毡弃甑③何须忆，解脱伤春杜牧之④。

①诗题为编者所加，原题移作诗序。　　②自注:"蛰公有惜花之作。"　　③割毡:南齐诗人谢朓在雪天见寒士江革"敝袠单席而好学不倦，乃割半毡与充卧具"。见《南史·江革传》。杜甫《赠郑虔》诗:"才名四十年，坐客寒无毡。"弃甑:《后汉书·郭泰传》:"（孟敏）客居太原，荷甑堕地，不顾而去。林宗（郭泰）见而问其意，对曰:'甑已破矣，视之何益！'"后以"堕甑不顾"一典，喻往事已去，不必置意。　　④杜牧之:即杜牧（803—852年），唐代著名文学家。据传杜牧游湖州，识一女子，与其母约定十年后来娶。十四年后，杜牧始出为湖州刺史，此女已嫁人，惆怅不已，遂作《叹花》诗:"自恨寻芳到已迟，当年曾见未开时，如今风摆花狼藉，绿叶成荫子满枝。"此处喻萧所赠花，花期已过。

和半园二首①

白翔自题小照扇索和，时以哈尔滨新还京也。

一

此行不负哈尔滨，画出高吟客子身。
扇自扬风成二我，杯能邀月定三人。
谢安谈麈②真无敌，陆贾归装③此不贫。
更爱留题陈仲子④，诗肠酒胆两无伦。

二

秋老松花水不肥，瑶琴天外有人归。
招来朋旧情如昨，话到沧桑事更非。

它日好寻松桂梦，清风先上芰荷衣。

辽阳烽火⑤今何似，恨不冲天化鹤⑥飞。

①原题移作序，现题为编者据下一首《再和半园》题补加。张朝墉有《酬澹堪》二首（附），诗人和之。　　②谢安谈麈（zhǔ）：据《晋书》卷七十九，简文帝死后，桓温欲坐害谢安，安神色不变，谈笑自如，桓温不敢动手。麈，以驼鹿尾为拂尘，魏晋人清谈时常手执之，故称麈谈。　　③陆贾归装：汉代陆贾把出使南越所获宝物转卖成千金，平分给五个儿子。见《汉书·陆贾传》。　　④陈仲子：即陈仲，又称田仲，本为战国时齐国贵族，因耻食不义之禄，与妻逃居楚国于陵，自号于陵仲子。靠他本人打草鞋和妻子纺织维持生活。并因"乱世多害"，谢绝楚王的百金之聘。诗中以之比喻张朝墉不慕富贵，不做乱世之官。　　⑤辽阳烽火：时值江浙战争爆发，张作霖乘机派兵入关，爆发了第二次直奉战争。　　⑥化鹤：即丁令威成仙后化鹤归乡故事。

附 　　　　　　　　　　酬澹堪

张朝墉

一

细浪松花古岸滨，一鞭残照苦吟身。

墓门酾酒三千客，水阁传餐四五人。

悬榻偶因徐孺下，卖文自笑长卿贫。

新诗名画成佳箧，惠我清风迈等伦。

二

大漠盘雕草正肥，关山月冷客思归。

长安米价日腾踊，南北军情孰是非。

遁世每怀习凿齿，抄经欲著水田衣。

西山北海频来去，心逐秋云到处飞。

《半园诗集·甲子集》

再和半园二首①

一

一杯别酒饯香滨，团扇家家画此身。

闻说将军②能爱客，携来名句更惊人。

眼空余子安知老，腹有残书岂算贫。

自笑鏖兵同孟起，哪知髯也更超伦③。

二

芭蕉叶大蓖麻肥④，不卷湘帘待燕归。

颇有小园同庾信⑤，了无孤愤到韩非⑥。

胜流人识双吟社⑦，诗集谁编二布衣。

一掷摴蒲金十万⑧，喜君⑨豪兴老犹飞。

①张朝墉得前诗后，又作《再答澹堪》二首(附)，诗人再和之。　　②将军：指黑龙江督军兼省长吴俊陞（1921—1928年任）。　　③自注："用诸葛亮语。半园髯甚美，故云。"按：马超（字孟起）归刘备后任骠骑将军，与关羽、张飞并列。关羽藐视之，欲入川与超一比高低。诸葛亮得信后，恐荆州有失，又知关羽性傲，遂作此语答之。　　④自注："余斋南窗下遍种芭蕉、蓖麻，一碧无际。"　　⑤庾信（513—581年）：见页87注①兰成。　　⑥了无：毫无。孤愤：《韩非子》一书中的篇名。《史记·韩非子传》索隐："孤愤，愤孤直不容于时也。"　　⑦自注："谓前漫社，今嘤社也。"　　⑧十万：《半园诗草·甲子集》为"百万"。　　⑨喜君：《甲子集》为"多君"。

附

再答澹堪

张朝墉

一

卅年落拓大江滨，百劫销磨剩此身。

无复义熙全盛日，常思元祐太平人。

湖山跌宕襟初豁，金石摩挲志不贫。

小隐丘樊大朝市，唯君不愧许巢伦。

二

黄花清瘦蟹螯肥，烛剪西窗客未归。

囊涩空嗟人世拙，途穷不怨宦情非。

烽烟东道云如火，笠屐西山翠满衣。

羡尔蔬园瓜果熟，流萤粉蝶作团飞。

《半园诗集·甲子集》

照岩移居①，书蕉叶笺为贺四首

一

蕉叶复蕉叶，窗额阴稠叠。
宛转入新居，一绿天可接。

二

蕉叶复蕉花，城东移此家。
乐与北堂草②，五色成云霞。

三

蕉叶复蕉露，吸饮有仙趣，
如迁千尺乔，幽鸟鸣高树③。

四

蕉叶复蕉实，大斗赤为日，
食之令人寿，筮曰居贞吉④。

① 照岩：即齐耀珊，吉林伊通人，光绪进士，清末任湖北宜昌知府、湖北提学使。民国后任参政院参政、浙江省长、山东省长，徐世昌任总统时，在靳云鹏内阁任内务总长，在梁士诒内阁任农商总长。齐于甲子年（1924年）移居的地址不详。　②北堂草：北堂，母亲的代称。草，指忘忧草。见《诗经·卫风·伯兮》）。　③如迁二句：祝愿齐耀珊的新居能成为友朋的常聚之所。《诗·小雅·伐木》："伐木丁丁，鸟鸣嘤嘤，出自幽谷，迁于乔木。"　④筮：以蓍草占卜吉凶。贞：正。

大黄诗

余蓄一猫，性驯善，白质而黄章，若着半臂者然，名曰"大黄"，作诗美之。

飞将箭通神①，偏为尔写真。
半酣如中酒②，一冷便亲人。
捕鼠威方振，如龙气已驯。
书堆高卧处，亦似葛天民。

① 自注："李将军箭名大黄。"按：李将军，即汉代名将李广。　② 自注："《博物志》云，猫闻薄荷则醉。"中酒：这里当醉酒解。

初秋园居偶成

时贤不至便萧寥①，鸡黍②何妨旧雨招。

渐识秋心同蟋蟀③，偶分字课入芭蕉④。

夕阳鸦点东西塔⑤，古柳蝉声上下桥⑥。

说与红尘人不解，此身何必定渔樵⑦。

①自注："苏戡为余书斋榜曰'旧雨轩'，跋云：'竹山居京师，时贤不至其门，孝胥过而题之。'"按：苏戡，即郑孝胥。　②鸡黍：比喻朋友间的约期。见页106注②。　③渐识句：时已入秋，《诗经·豳风·七月》言蟋蟀按时而动："七月在野，八月在宇，九月在户，十月蟋蟀入我床下。"　④自注："余园中芭蕉甚盛，近日戏以此作书。"　⑤自注："万松老人塔在东，白塔在西。"　⑥自注："柯凤孙先生云：'古柳古字可改衰字'，尤佳。"按：柯凤孙，即柯劭忞。上下桥：自注："上曰马市桥，下曰红桥。"按：上为北，下为南。　⑦渔樵：捕鱼打柴之人。宋·邵雍著《渔樵问对》，以渔樵问答方式，阐明天地事物义理。

题三杰图①

余与更生、退思在京合照此影，醴泉宋芝田侍御题为"三杰图"云。

吉林有三杰，老辈②推为贤，

或以勋业著，或以文字传。

不才厕其间，竟若骖靳③然；

止园飒爽姿，老至忘其年；

退思意肮脏④，周甲神独全。

抗手立苍茫，风雪满我前；

豺狼塞九衢，酒醴成戈铤。

上思殷三仁⑤，节苦心弥坚；

下思汉三龙，出处判天渊⑥；

何如三侠士⑦，公子裘翩翩；

或则虬髯叟，划断扶余天⑧。

风尘出异才⑨，使我心悁悁⑩，

安得倚天剑，涤荡万古烟。

即今三人行，必有我师焉；

黄花复黄花⑪，晚节同勉旃⑫。

①九月，成多禄与宋小濂（大病得愈，自号更生）、徐鼐霖（辞吉林省长职后，自号退思）在京合影，宋伯鲁题为"三杰图"（见入版照片）。　②老辈：指张朝墉，其诗有"吉林三人杰"之称。　③骖靳：骖，驾车时两旁的边马；靳，指居中的马。喻前后相随。　④肮脏（kàng zāng）：同"抗脏"。性格刚直倔强。　⑤殷三仁：殷末的微子、箕子、比干三人。孔子称"殷有三仁焉。"　⑥汉三龙：指张良、萧何、韩信。刘邦曾赞之："此三者，皆人杰也，吾能用之，此吾所以取天下也。"见《史记·高祖本纪》。亦称为"汉初三杰"。张良原为韩国贵族，而萧、韩二人出身微末，故云"出处判天渊"。　⑦三侠士：即戏曲"风尘三侠"中的三个主要人物：红拂女、李靖、虬髯客。参见下注。　⑧虬髯叟：据《太平广记·虬髯客传》载，隋末有西京人张仲坚，髯赤而卷曲，因号虬髯客。在旅舍中与李靖和红拂女相识。当见到秦王李世民后，谓李世民为"真天子"，不可争锋，遂将其家私赠与李靖。临别时对李靖说："此后数十年，东南数千里外有异事，是吾得意之秋。"后来在贞观年间，传言有人将海船千艘入扶余国，杀其王自立，疑即虬髯客。　⑨风尘：喻乱世。异才：指所谓乱世"英豪"。　⑩悁悁（juān）：心情忧闷。　⑪黄花：即菊花，傲霜而开，常用以比喻人的晚节无瑕。　⑫勉旃（zhān）：旃，相当于助词"之""之焉"。

题吕庐老人箸书图为王维季①作

越中山水天下无，千峰万云仙所都；
怪松鳞蠹青珊瑚，中有幽人来结庐②。
结庐谁似吕庐老，白发青山相对好；
图成名画作家珍，传得楹书为世宝。
世宝家珍尽足奇，想见名山著述时；
紫阳桃李新阴满，薄海经生奉大师。
西湖风月文澜阁③，照遍青藜意盘礴；
奇文撰出塘栖篇④，余事补成金石略⑤。
南皮瓜李溯前游，北海琴樽付一沤⑥；
任尔荆凡⑦变天地，老泉⑧诗卷总长留。
古之虎头今鹤逸⑨，高卧怡园⑩常引疾；
当年杯酒屡经过，至今识得枚生笔⑪。
我亦丹青乞写经，秦火烧残百感生；
遗山有恨连家国，多少伤心画不成。

眼中之人今老矣，摩挲手泽为君喜；

笛渔能继小长芦⑫，传家自是贤公子。

① 清末画家王同，字同伯，一字有兰，晚号吕庐，杭州人。工诗文，善刻印，通金石，历主杭州各书院山长。王维季，为王同子。　② 结庐：构筑屋舍。　③ 文澜阁：在杭州西湖孤山之南，清乾隆时为藏《四库全书》而建。　④ 塘栖篇：王同著作名。　⑤ 金石略：王同有《校勘金石随笔》。　⑥ 南皮瓜李：见页151北山第二集示同人注④。北海：汉末文学家孔融，建安七子之一。曾任北海相，时称孔北海，闲居时常叹曰："坐上客恒满，尊中酒不空，吾无忧矣。"沤（ōu），气泡，喻不留痕迹。　⑦ 荆凡：本指楚国与凡国，后喻存亡不定。　⑧ 老泉：宋代苏洵，苏轼、苏辙之父。⑨ 虎头：东晋大画家顾恺之，小名虎头。鹤逸：清代画家顾麟士，字鹤逸，长洲（今江苏省苏州市吴中区）人。工山水。　⑩ 怡园：苏州名园之一。⑪ 当年二句：意谓诗人在苏州为江苏巡抚程德全幕客时，曾见过王同的墨迹。枚生：即西汉著名辞赋家枚乘，这里代指王同。　⑫ 笛渔：朱彝尊之子著有《笛渔小稿》。小长芦：即清著名文学家朱彝尊（1629—1700年），浙江秀水（今嘉兴）人，晚称"小长庐钓鱼师"。此句意谓王氏父子可与朱氏父子作比。

寿敬宜六弟五首①

一

庚寅始订交②，我长君二岁；

读书万山中，睥睨横一世。

中年走胡越③，南垂与北际；

宦海泛云涛，天地改时会。

生平八表心，可望不可遂；

岂知演箕畴④，富而不及贵。

门高室有瞰，车泽人必瘁⑤；

南阳澹泊言⑥，此中有真味。

二

八月庚子秋，穷边踏荒雪；

仓皇乱军中，万里人踪灭。

感君念老母，间道自出没；

赠裘及毡履，饥骨得全活^⑦。
古人肝胆交，青霄悬孤月；
回首二十年，忍说枯伦^⑧别。

三

持节向桑梓^⑨，桑梓实敬慕；
召伯有棠茇^⑩，苍赤声喁喁。
汉家贤长官，半出乡里中；
太邱道自广，胡为世莫容。
诛茅西山颠^⑪，怡然见高风；
箕踞坐潜庐，晚霜枫叶红。

四

吉林有三杰，老辈推为贤。
三人乃同病，我病尤君先；
病起互相庆，人忌天亦怜。
或曰诵金经，可以驻衰颜；
君早受孔戒，不结菩萨缘。
定而后能静，湛湛明镜悬；
此心益仁寿，何处非彭篯^⑫。
嗟彼佞佛人，仆仆蕲长年。

五

黄花耐秋霜，香晚性尤傲；
青松挺奇姿，后凋见贞操。
君非彭泽人^⑬，雅识菊松妙；
匝地烟尘昏，袖手哑然笑。
岂甘枥伏骥，聊作雾隐豹^⑭。
无用用最贵，犹龙^⑮老子教。
同葆岁寒心，吾学有深造。

①徐鼐霖（敬宜）生于清同治四年乙丑九月二十二日（1865 年 11 月 10 日），到甲子年（1924 年）已是六十整寿。作为知己，诗人作长歌以贺。　②庚寅句：关于成、徐二人的订交时间，《澹堪年谱》记为"光绪十九癸巳"，比诗中所记庚寅（1890 年）晚三年。　③胡越：胡在北，越在南，指徐南来北往，四处奔波。　④箕畴：即《洪

范九畴》(《尚书》篇名),古代相传为商末箕子所述,故又名《箕畴》)。 ⑤门高句:《文选·扬雄·解嘲》:"高明之家,鬼瞰其室。"意谓富贵人家必招鬼神窥望,将害其满盈之势,使之由盛变衰。车泽句:意谓人的处境若像生活在车辙中的鱼,那将是很危险的。 ⑥南阳句:三国时期蜀国诸葛亮,琅琊阳都(今山东沂南)人,出山前隐居于南阳隆中(今湖北襄阳西)。其《戒子书》有"非澹泊无以明志,非宁静无以致远"句。 ⑦感君四句:据《澹堪年谱稿》载,成多禄与魁陞奉老母逃难入蒙古地,时徐鼎霖在寿仁军中,携来羊裘、毡履,冒险相赠。 ⑧枯伦:即今内蒙古哲里木盟库伦旗。 ⑨持节句:指徐于一九一九年十二月至一九二〇年九月,总统徐世昌特任为吉林省长。 ⑩召伯句:周代召伯巡行乡邑,于甘棠树下听讼断狱,办理政事,公正无私,天下称治。后以"召棠"为颂扬官吏德政之典。《诗经·召南·甘棠》:"蔽芾甘棠,勿翦勿伐,召伯所芨。"芨:在草野间住宿,即露宿。 ⑪诛茅:剪茅为屋。西山:徐所建别墅"潜庐",在西山八大处的第二处。 ⑫彭铿:传说为颛顼帝之后,姓铿名铿。尧封之于彭城,在商朝为守藏史,在周为柱下史。年八百岁,别称彭祖。 ⑬彭泽人:即陶潜,曾作彭泽令。 ⑭雾隐豹:据刘向《古列女传·陶答子妻》,陶答子为官不顾名节,家富三倍,其妻劝道:"妾闻南山有玄豹,雾雨七日而不下食者何也?欲以泽其毛而成文章也,故藏而远害。"而陶答子不听妻言,终遭祸患。后世遂用"雾隐豹""豹藏"等比喻隐退避害,或比喻修养身心,操习功业,以待一鸣。 ⑮犹龙:见页195元日试笔注②。

贺陈太傅七十七岁寿兼重宴鹿鸣八首①

一

琼楼玉宇逼高寒,八代文章重一韩②。
人以犹龙尊苦县③,天将孤凤作甘盘④。
君心尚觉回天易,阅世方知再造难。
九老诗歌千叟宴⑤,一时争向画图看。

二

赐醴重开白兽樽,濂闽⑥气象杖朝尊。
文成内相龙蛇笔,世有清芬驷马门。
大疏⑦至今摇海岳,直声当日震乾坤。
揭来霁月光风⑧表,无复浑金璞玉痕⑨!

三

霓裳高咏记群仙，又是长安放榜天。

名字早登天宝篆，笙簧偏在迩英筵。

座中座客诗如海，门下门生雪满颠[10]。

往事成尘堪一笑，十联锦绣御屏前。

四

经纶转被文章掩，恩遇曾超侍从班。

三晋[11]云山持节去，两江风雨誓师还。

隋唐几见忠贞节，伊吕[12]真堪伯仲间。

晚遇艰难科第早[13]，前身或恐是文山[14]。

五

耆英水石自风流，瘦策宽鞭喜独游。

百道泉声潭柘雨，一团松色戒台秋[15]。

寻山竟忘来时路，听水如登故国楼。

学佛学仙都莫问，函关老子跨青牛[16]。

六

高卧东山[17]自古今，不知人世几升沉。

崚嶒颇有孤生感，萧瑟难为再起心。

不信偏安成岁月，故将绝学补高深。

引年[18]谁识天公意，要向河清[19]际会寻。

七

鹤貌松心日老苍，一联巍焕仰天章。

螺江字学兼欧褚，闽海诗传轶宋唐。

蕴藉平生桓沛国[20]，峥嵘当代鲁灵光[21]。

钓鱼台[22]下开芳宴，想见壶中日月[23]长。

八

苏黄[24]在望敢言诗？宏奖风流世岂知。

卑视万流偏爱我，抗希[25]三代自成师。

及人菽帛皆温语，出世松乔有古姿。

重宴琼林[26]应有兴，为公再进插花[27]辞。

① 陈宝琛：于同治甲子年科乡试中试，并按惯例参加鹿鸣宴。迨至一九二四

年（甲子）陈七十七岁，且为中举六十年。这在科举制度中称重宴鹿鸣，是值得庆祝和感到荣幸的，非少年中举且又享高寿者不能有此机会。故诗人作诗以贺之。　②八代：指汉、魏、晋、宋、齐、梁、陈、隋。一韩：即唐代韩愈，是唐代古文运动的倡导者。苏轼《韩文公庙碑》盛赞韩愈："文起八代之衰，道济天下之溺。"　③犹龙：见页195元日试笔注②。苦县：地名，故城在今河南鹿邑县东。《史记》载老子为苦县厉乡曲仁里人。　④甘盘：古人名，相传他与傅说辅佐商王武丁成中兴之业。见页223注③甘盘。　⑤九老诗歌：唐代白居易晚年退居香山，与胡杲等九人举行尚齿会，各赋诗纪事，时人称为"香山九老"，后又绘成《九老图》。千叟宴：见页366注⑦。　⑥濂闽：即"濂洛关闽"的省语，分别为宋代理学家周敦颐、程颢和程颐、张载、朱熹的籍贯地。　⑦大疏：光绪五年（1879年）慈禧太后遣太监出宫赴醇王府，而值日护军依旧例阻止太监由正门出，遂发生争殴。慈禧立逼刑部必拟以斩立决。时任内阁学士的陈宝琛与张之洞上疏力争之。　⑧朅（qiè）来：何来。霁月光风：喻人胸怀和易坦率。宋·刘克庄《后村集·刘英龙监察御史制》："尔仁而有勇，和而不流，接物见霁月光风，持身则严霜烈日。"　⑨无复：无乃；岂不是。痕：受轻微的损伤。据《花随人圣庵摭忆》记，陈宝琛的性格前后判如二人："近人但称为清室太傅，状貌恂恂，而未知六十年前，此老固踔厉风发，朝中目为清流党魁也。"　⑩雪满颠：头发已白。　⑪三晋：指春秋末韩、赵、魏三家瓜分晋国后的合称。近代作为山西省的别称。辛亥革命前夕，清廷起用陈宝琛任山西巡抚，未到任，被留作溥仪的师傅，并任弼德院顾问大臣。　⑫伊吕：伊，即伊尹；吕，即吕尚。分别为商周的开国元勋。　⑬科第早：陈宝琛十七岁中举人，二十一岁中进士，故称科第早。　⑭文山：即宋名臣文天祥，号文山。二十岁中进士第一。　⑮潭柘雨：代指名刹潭柘寺，在北京市西郊门头沟区潭柘山腰。戒台秋：代指名刹戒台寺，在门头沟区马鞍山麓。　⑯函关句：据刘向《列仙传·老子》，守关令尹喜，见紫气浮关，知有真人当过，果见老子骑青牛东来，因邀著《道德经》。老子是道教尊奉的始祖。　⑰高卧东山：东晋孝武帝时宰相谢安，曾隐居于会稽东山。后以此典比喻重要政治人物的退隐。　⑱引年：延年，享高寿。　⑲河清：旧有"河清难俟"一典，意谓人生短促，难见黄河之水有澄清的时候。这里意谓结束乱世、政治清明的那一天终会盼到。　⑳桓沛国：即桓谭，字君山，东汉哲学家，沛国相（今安徽宿县符离集西北）人，反对谶纬神学，提出"以烛火喻形神"之论。　㉑鲁灵光：见页159注㉙。　㉒钓鱼台：在北京阜成门外三里河，玉渊潭公园东面。据史载，金章宗完颜璟曾在这里建台垂钓；明时曾是太监和皇戚的别墅；清乾隆时在此修建行宫。后来溥仪将此园林赏给太傅陈宝琛居住。陈宝琛七十七岁寿宴当在此举行。　　㉓壶中日月：别有天地；超尘脱俗的境界。据《云笈七签·二十八治 》载，鲁人施存五升容量的酒壶中能变化出日月天地，夜宿其中，自号"壶天"。　　㉔苏黄：苏，即宋代苏轼；黄，即宋代黄庭坚。黄与秦观、晁补之、张耒号称"苏门四学士"。以此借称陈宝琛及其门生。　　㉕抗希："抗心希古"的缩语，谓高尚其志，以古人自期许。　　㉖重宴琼林：意谓待到戊辰年（1928年），再参加陈宝琛"重宴琼林"之庆。陈于清同治戊辰年（1868年）中进士。参见本书文集《闽县陈太傅弢庵年伯八十寿辰重宴琼林序》。　　㉗插花：插花于冠以为饰。旧时科举中试者，得插花披红以示荣宠。

甲子十月初九日纪事四首①

一

昨夜欃枪逼玉除②，今朝气色变皇居。
军瞻马首陈元礼③，士有龙头华子鱼④。
小丑有涎垂宝库，大妃无泪洒金舆。
可怜呜咽宫渠水，红叶留残恨有余⑤。

二

高阳之子定兴孙⑥，一样鹓鸾叫九阍⑦。
伉胄终为韩氏蠹⑧，辟疆竟负汉家恩⑨。
鸥鹭再毁漂摇室⑩，乌鸟空呼浩荡门⑪。
今日琼华真铲了⑫，遗山⑬回首更销魂。

三

惆怅王孙与客卿，早朝无地候鸡鸣。
左谋不用东方谏⑭，右袒谁为北府兵⑮。
玉玺果能远定武⑯，翠华何至到昆明⑰。
无端忆我同心友⑱，泉下如闻愤怒声。

四

芙蓉零落药园荒，一曲谣歌泪万行。
何物忍心催槁葬⑲，有人断指护椒房⑳。
吠尧㉑百犬声难息，破楚群雄祸恐长㉒。
不是辽东㉓扶义起，狼星碗大㉔果何祥。

①一九二四年九月二十五日（10月23日），直系将领冯玉祥发动北京政变，

十月初八日（11 月 4 日），清废帝溥仪被驱逐离宫。诗作于望日，即为此事而发。 ②欃枪(chán chēng)：彗星的别称，古代以这种星为妖星，主兵乱。玉除：即玉阶，代指紫禁城。 ③陈元礼：安史之乱后，唐玄宗逃至马嵬坡（今陕西兴平市西），随行亲军头目陈元礼等人逼迫玄宗诛杨国忠，并缢杀杨贵妃。诗中以陈元礼影射前来"逼宫"的鹿钟麟（时任北京警备总司令）。 ④华子鱼：即华歆，三国时魏大臣，字子鱼。东汉末举孝廉，任尚书郎。献帝时，任豫章太守。后佐助曹氏逼献帝禅让。诗中以华子鱼影射前来"逼宫"的李煜瀛（时任"清室善后委员会"委员长）。 ⑤红叶：唐代流传因宫女借红叶题诗而巧结姻缘之韵事，诗中意谓由御沟飘出的红叶也带有哀怨之情。 ⑥高阳：古有高阳氏（颛顼之号），有才子八人。 ⑦鸺鹠(xiū liú)：即猫头鹰。九阍：九天之门，比喻帝王的宫门。 ⑧侂胄：韩侂胄（1151—1207 年），南宋权臣，河南安阳人，北宋名相韩琦曾孙。以荫入宫，后以枢密院都承旨，加开府仪同三司，权位居左右丞相之上，后加封平原郡王，任平章军国事。他擅权舞弊，排斥异己，罢逐理学家，兴"庆元党禁"。后见金朝已衰，请宁宗下诏北伐，兵败求和，金人要求将其斩首，遂被杀，函首送至金廷。蠹：败坏、败类。诗中以韩氏影射清末大臣鹿传霖（1836—1910 年），因其孙鹿钟麟直接参与"逼宫"。 ⑨辟疆：即冒襄（1611—1693 年），字辟疆，明臣冒起宗之子，江苏如皋人。明末副贡，史可法荐之为监军等职，皆不就。入清后，著书自娱，常偕宾从宴游，毫无亡国之痛。据《溥仪外记》，在"逼宫"之时，内务府大臣绍英指责李煜瀛："你是老臣李鸿藻之子，李家都曾辈受皇恩，均为清室忠良，你何忍出此？" ⑩鸱枭：同"鸱泉"，喻奸邪之徒。 ⑪乌鸟："乌鸟私情"的省文，喻奉养。 ⑫琼华：岛名，在北海公园太液池中。属金元遗址。铲了：平白、无端地了结。 ⑬遗山：即元好问，金元之际著名文学家。 ⑭左谋：左，即东汉大臣左雄，政论家，反对豪族贪猾，多所检举。东方谏：汉代东方朔，善辞令，性滑稽，以善谏著称。 ⑮右袒：脱去右袖，袒露右臂。汉代周勃在除灭吕氏集团而誓师时说，谁愿助吕就右袒，谁愿助刘就左袒。结果全部左袒。北府兵：东晋谢玄镇广陵（今扬州）时，招募徐、兖二州骁勇所组成的部队，号为北府兵。后倚此军取得淝水之战的胜利。 ⑯玉玺：代指皇权。清末光绪帝实际上已是慈禧太后操纵下的傀儡，皇权衰微。定武：古定州（今河北定县），在唐时为义武军，宋时为避太宗赵匡义讳，改为定武军。宋仁宗时，发现兰亭帖刻石，命置于定州，后来宋徽宗时又命置于汴都宣和殿。世称此石为定武兰亭。诗人以此事喻皇权至高无上。 ⑰翠华：皇帝的仪仗。昆明：颐和园中的昆明湖。据史载，光绪帝本不同意挪用海军经费重建颐和园，但慑于西太后淫威，只好屈从。 ⑱同心友：

即指林纾（1852—1924年），此时刚刚去世（九月二十七日）。　⑲槁葬：草草埋葬。　⑳椒房：后妃居室。汉时皇后所居的宫殿，以椒和泥涂壁，取温、香、多子女之意。　㉑吠尧：桀的狗向尧狂叫，比喻走狗为主人效忠。　㉒破楚句：此句意指帮助刘邦灭楚的勋臣如韩信、彭越、英布等，后皆因遭祸被杀。　㉓辽东：可能指奉系首领张作霖不赞成驱逐溥仪出宫。　㉔狼星：古星名。碗大：喻贪欲多。

题水竹村人①为敬宜画松二首

一

阅尽荆凡剩柏松，依然不改后凋容。
一书生未遭秦火，五大夫曾受汉封②。
古雪年深朝语鹤，怒涛秋老夜吟龙。
凭将绘日雕云手，写出蟠天际地③胸。

二

一枝画笔似宣和④，洗沐苍髯雨露多。
一样穷边耐冰雪⑤，独留大木拄山河。
棋中黑白⑥谁能问，天上丹青自不磨。
要与黄花较颜色，寒香晚节更如何。

①水竹村人：即徐世昌（1855—1939年），字卜五，号菊人、弢斋，直隶天津人。1907年任东三省第一任总督兼管三省将军事务。袁世凯称帝后，辞去国务卿职，退居河南辉县水竹村，自号"水竹村人""退耕老人"。1918—1922年任中华民国第五任总统。晚年寓居天津租界，以编书、赋诗、作字自娱。　②一书生：指汉初经学家伏生，曾任秦博士，今文《尚书》的传授者。五大夫：原指秦始皇登泰山时借以避雨的五棵松树，被秦始皇封为五大夫松。　③蟠天际地：盘屈于天地之间。《庄子·刻意》："精神四达并流无所不极，上际于天，下蟠于地。"　④宣和：宋徽宗赵佶年号，后人以指赵佶，著名书画家。在位时广收古画，扩充翰林图画院，命文臣编辑《宣和书画谱》等书。　⑤一样穷边耐冰雪：意谓徐世昌为徐鼐霖所画之松，与徐世昌当年任东三省总督时一样，能经得起冰雪严寒。　⑥棋中黑白：喻指对政局的分析、看法。

乞苏戡①画松二首

一

宫阙尘生叫旧鹍，寒柯终日对苍虬②。

愿君暂忍忧时泪，但写风霜莫写愁③。

二

平生难吐腹中奇，洒遍云蓝④世不知。

心史已埋遗老在，海藏画与所南⑤诗。

①苏戡：即郑孝胥（1860—1938年），字苏戡。1923年夏投奔清废帝溥仪，任"懋勤殿行走"，总理内务府大臣。其诗作和书法颇有名，亦善画。　②寒柯：冬天的树木。苍虬：苍劲屈盘的松柏。　③自注："苏戡画松诗：'今日为君闲放笔，不知是墨是风霜'。"　④云蓝：唐代一种染色麻纸。传为段成式在九江造。　⑤所南：即郑思肖（1241—1318年），宋末元初人，诗人、画家。宋亡后，隐居苏州，坐卧必向南，自号"所南"。善画兰，常作无根兰，皆不画地陂，以寓赵宋沦亡之意。其诗感哀时世，多表现民族气节。终身不娶，萍踪浪迹。

前落叶诗四首①

一

宫柳宫槐叶叶明，难禁风力作孤鸣。

歌成玉树哀蝉曲②，听断边榆白雁声。

拥帚③忍将红尽扫，罢锄④还望绿重生。

菀枯岂尽⑤关天意，欲向⑥西风诉不平。

二

遗老攀条有泪痕，空将影事⑦说归根。

孤生易惹风霜妒，借荫谁思雨露恩。

何限素波怜帝子⑧，无端⑨芳草怨王孙。

残红似血难抛弃，恐有当年杜宇魂⑩。

三

故家乔木变恩仇⑪，桂蠹兰焚也自尤⑫。

枳化⑬可无迁地感，桐焦偏有爨余愁⑭。

参天柏社犹千尺，坠露梧宫又一秋⑮。

万户野烟高树尽，伤心凝碧⑯古池头。

四

萧瑟兰成赋树枯，空心断节总模糊⑰。

宿经鸾凤香仍在⑱，踏遍豺狼径已芜。

风扫长门⑲双锁寂，雨淋荒栈一铃孤⑳。

辽东自古夸松杏，定扫残柯起霸图。

① 孙雄作有《落叶诗十二首》，专咏"甲子十月初九日事"，有多人和之，后来孙雄编出《落叶集》，集中所收成诗的题目为《落叶四首和郑斋吏部》。"前"字为编者所加。　②歌成：《落叶集》为"歌残"。玉树：即《玉树后庭花》，为陈后主及其幸臣所造曲调。后来被视作亡国之音。　③拥帚：《落叶集》为"何事"。　④罢锄：《落叶集》为"痴心"。　⑤岂尽：《落叶集》为"毕竟"。　⑥欲向：《落叶集》为"莫向"。　⑦影事：《落叶集》为"前约"。⑧何限：《落叶集》为"渺渺"。帝子：指舜妃娥皇、女英。　⑨无端：《落叶集》为"萋萋"。　⑩杜宇魂：传说蜀主望帝让位后隐遁西山，化为杜宇（鸟名，又名子规、杜鹃），啼声悲切。　⑪故家乔木：意谓几代曾食君禄的世家。变恩仇：变恩为仇。　⑫桂蠹句：《落叶集》为"玉叶金枝不自由"。自尤：自取其尤。　⑬枳化：枳（zhǐ），植物名，亦称枸橘。据《周礼·考工记》："橘逾淮而北为枳。"　⑭桐焦句：喻遭受摧残。见页64注②碧甃句。　⑮参天二句：《落叶集》为"长年秋色悲何极，御水题痕咽不流。"　⑯凝碧：唐禁苑中池名。安禄山曾宴其部属于此。唐·王维《口号诵示裴迪》诗："秋槐叶落空宫里，凝碧池头奏管弦。"　⑰空心句：《落叶集》为"可堪金井又飘梧。"　⑱宿经句：《落叶集》为"化为蝴蝶生如梦。"　⑲风扫：《落叶集》为"风掩"。长门：用汉武帝对陈皇后失宠，居长门宫故事。　⑳雨淋句：相传唐玄宗因避安史之乱入蜀，雨淋旬日，于栈道中闻铃声与山相应，因悼杨贵妃，遂制《雨霖铃》曲。

后落叶诗四首①

一

岂是萧萧蒲柳姿，寒霜耐尽也辞枝。

无端飘泊天难信，如此摧残世亦疑。

一阕斜阳金缕曲，两行衰柳玉河诗②。

瑶阶铁马惊寒晓，惹起秋声万国知。

二

仙阙扶桑事有无③，樱花夹道树扶疏。

当年采药思秦帝④，此日餐芝庇汉储⑤。

沃若光阴成过客⑥，蓎兮风雨怨狂且⑦。

瀛洲草绿年年事，偶向东皇借一嘘⑧。

三

瀛家万里说新游，一叶将成不系舟⑨。

八骏风生天北极，群龙云护海西头。

落花有命何须怨，香草无心也自由。

独有寒柯老松柏，青青长向禁园留。

四

何人家住御沟西，玉叶流残未忍题。

添入边愁诗惓惓，种成宫怨草萋萋。

避风颇有爱居感，咽露如闻络纬⑩啼。

行遍空林吟不得，白山云树总凄迷。

①孙雄作《落叶诗十二首》不久，又作《续落叶诗再成八首索澹庵退舟诸君政和》（附），专咏"十一月初三日事"。是日（公历为 11 月 29 日），溥仪偕同郑孝胥由醇王府潜往日本驻华公使馆。　②金缕曲：词调名。玉河诗：即"红叶题诗"。玉河，同"御河"。　③仙阙：指神仙所居之地。扶桑：日本的代称。　④当年句：指秦始皇时派方士徐福率数千童男女入海求仙讨不死药事。　⑤此日句：指溥仪等入日本驻华使馆受到日本政府"庇护"之事。　⑥沃若句：意谓美好的时光一去不返。《诗经·卫风·氓》："桑之未落，其叶沃若。"沃若，润泽貌。　⑦蓎（tuò）兮：《诗经·郑风》篇名。有人认为此篇：贤者忧国乱被伐，而望救于他国。狂且（jū）：狂徒，且，助词。　⑧瀛洲：日本。东皇：指日本天皇。借一嘘：嘘，枯者嘘之使生。见《后汉书·郑太传》。　⑨不系舟：喻漂泊不定。《庄子·列御寇》："饱食而遨游，泛若不系之舟。"　⑩络纬：虫名，即莎鸡。

题周养厂《篝灯纺读图》四首①

一

廉吏胡可为，盖棺贫恻恻。

孤儿口中书，慈母手中绩。

一灯小于豆，人影淡无色。

辛苦拨寒灰，如画欧阳荻②。

至今四十年，劬勤可回忆。

犹闻机杼声，咿唔动四壁。

二

丈夫志四海，慷慨来关东。

艰难学乃成，百穷始一通。

惜乎桑梓间，邂逅未识公。

京华与湖湘，变化如云龙。

陵谷一己迁，举世安所容。

昔为抱经子③，今为退谷翁④。

三

退谷复退谷，满山云水香。

当年孙先生⑤，芳躅争颉颃⑥。

此中赋招隐，应有读书堂。

读书万千卷，不过知纲常。

纲常安在哉，满地纷豺狼。

安得有用书，一洗元与黄⑦。

四

鲰生⑧生也晚，授经多母教。

诗礼庭训余，以此补未到。

当日寒檠旁，儿女奉慈诏。

左姊授女红，右弟授谟诰⑨。

朅来披此图，不啻我写照。

可惜百无成，未免为公笑。

①张朝墉有诗《题周养庵篝灯绩纺图》，收入《癸亥集》。周养庵，名肇祥，浙江人，时任中国画会会长。　②欧阳荻：欧阳修母以荻秆画地，教其识字。　③抱经子：即卢文弨（1717—1795 年），号抱经，浙江余姚人。清藏书家、校勘学家。　④退谷：清初学者孙承泽，号退谷，曾居北京海淀寿安山西麓樱桃沟。周养庵后在谷口建退翁亭。　⑤孙先生：孙承泽。　⑥颉颃（xié háng）：抗衡。　⑦元与黄：即玄黄，指天地。　⑧鲰（zōu）生：

属诗人自谦之词，犹称小生。 　　⑨谟诰：《尚书》中的篇名。谟，指《皋陶谟》
等；诰，指《大诰》等。

寿筠厚①二首

一

平生最少友于②人，与尔相交意倍亲。

子骏早传刘向③业，微之④喜结乐天邻。

禅心定后忘三昧，世路尝深爱一顿。

莫问养生谁是主⑤，清明志气总如神。

二

三载依依住凤城⑥，惯听隔巷小车鸣。

避人转喜身微病，学道常嫌语未平。

长尔七年空落拓，误君半世是科名。

任他枭獍⑦声多少，老眼相看饮一觥。

　　①筠厚，即于翰笃。 　　②友于：喻兄弟。《书经·君陈》："惟孝友于兄弟。" 　　③子骏：乃刘向次子刘歆之字，汉成帝时，作为父亲的助手参加校书编目工作。父死后，他继承其志，在《别录》的基础上，撰成《七略》，为我国经籍目录学的建立做出了杰出的贡献。刘向：西汉经学家、目录学家、文学家，沛（今属江苏）人。 　　④微之：即唐诗人元稹（779—831年），字微之。他与白居易（772—846年）同年及进士第，同年登"书判拔萃"科，又同为校书郎，成为知心朋友。二人又长期合作，同为新乐府运动的倡导者。 　　⑤养生谁是主：《养生方》为《庄子》篇名。 　　⑥凤城：京都的别称。 　　⑦枭獍：古代传说中，枭为恶鸟，生而食母；獍乃恶兽，生而食父。多用以比喻大逆不道与忘恩负义者。

东坡先生汉砚为萧龙友作①

东坡先生有遗砚，得之于汉书所经。

年则元丰岁卅七②，日补山赠随园铭③。

吾友蛰公永宝用④，如圭如璧如日星。

偶然开匣佐良宴，古香四坐生芳馨。

上有老龙现鳞爪，下有石子犹螟蛉。

粗沙大石治不得，小斫山骨仍随形。

众宾摩挲色寒栗，空堂白日驱雷霆。

吾闻坡公岭南归，老抱砚石浮沧溟⑤。

或者有如醉道士，或者有如仇池灵⑥。

弹子之涡⑦文登玉，叩看眉子⑧声泠泠。

舟轻石重万涛怒，馋龙飞逐新空青。

幸留此石百无恙，人之所忌天弗听。

点黵⑨文章磨忠义，半丸犀璧云冥冥。

千百年来乡后笔，能将宝翰仪前型。

澄心之纸⑩廷珪墨，丹黄大笔挥无停。

即今文字无所用，一诗犹换酒一瓶。

愿借此砚与君约，它日为我细字书黄庭⑪。

①张朝墉亦有同题诗，疑为嘤社社题。据孙雄《赓社社友题名录》，萧方骏，字龙友，号息园，四川三台人。　②年则句：苏轼四十七岁时得砚，时为宋神宗元丰六年（1083年），卌（xì）：四十。　③随园铭：砚身上有清代袁枚的题铭。袁枚（1716—1797年），清著名诗人，晚号随园老人。浙江杭州人。　④自注："龙友别号蛰蛰公。"按：衍一"蛰"字。　⑤吾闻二句：苏在政治上倾向旧党，当他五十九岁时，被贬岭南惠州，又渡海转到海南岛的琼州儋耳。后遇赦北归。沧溟：大海。　⑥仇池灵：仇池，北魏郡名，西魏降为县，后改为灵道县。《仇池笔记》，旧题宋·苏轼撰，二卷。　⑦弹子之涡：可能指砚身上的石眼。砚佳者贵有眼。　⑧眉子：歙砚砚品之一。眉子砚在宋代极受推重，苏轼有《眉子砚歌》。　⑨点黵(niǎn)：草书飞舞之态。　⑩澄心之纸：即澄心堂纸，南唐纸名。后主李煜（937—978年）时设局特制，专供宫中御用。宋·苏易简《文房四谱·纸谱》："南唐有澄心堂纸，红薄光润，为一时之甲。"廷珪墨：廷珪，本姓奚，南唐墨工，易州（今河北易县）人，为著名墨工奚超之子。父子共同改进造墨技术，制出佳墨，丰肌腻理，光泽如漆。后得南唐后主李煜的赏识，任墨务官，并赐李姓。所制之墨极为当时所重，宋宣和时有"黄金易得，李墨难求"之谚。　⑪黄庭：见66注①黄庭经。

蔡伯喈箕山图①

庸流思作画，多与画龃龉。

营营尘土胸，岩壑羞与伍。

不观箕山中，许由独伴侣②。

黄屋本非心，一瓢③安累汝。

洗耳谢嚣竞④，悠然鸿鹄举。

中郎⑤有心者，独自出机杼⑥。

含毫隶法兼⑦，逸韵停琴仁。

但为山写真，一心澹无与。

披图企高风⑧，先生在何许。

①蔡伯喈，东汉文学家、书法家蔡邕（字伯喈）。绘图者与收藏者不详。　　②箕山：在今河南省登封市东南，又名许由山。许由：古代隐士。相传尧要把君位让给他，他往箕山，自耕而食。　　③一瓢：传说许由渴时，捧河水而饮，有人送瓢与他，他用过后将瓢挂在树上，因风吹树动，瓢发出声响，他感到烦躁，遂又取下而毁之。　　④洗耳：据晋·皇甫谧《高士传·许由》："尧让天下于许由……不受而逃去……尧又召为九州长，由不欲闻之，洗耳于颍水滨。"　　嚣竞：喧闹奔走，以求功名利禄。　　⑤中郎：即蔡邕（132—192年），董卓当政时被任为侍御史，官左中郎将，世称"蔡中郎"。　　⑥机杼：本指织布机，后比喻诗文创作中构思和布局的新巧。　　⑦含毫句：蔡邕工篆、隶、尤以隶书见长。创"飞白"体。　　⑧企高风：企，仰慕。

寿钱仲仙二兄二首①

一

高楼一镜古熹平②，看彻人寰法眼明。

汉上久随渔父隐，老来真有虎儿生③。

同年渐少怜兄弟，乱世相依爱舅甥。

金石生涯文字乐，白头奇气两峥嵘。

二

遗民谁复问周黎④，邺管⑤高风独与齐。

得句怕经神武北⑥，僦居偏近月华西。

纵谈天宝头如雪，余梦春明爪印泥⑦。

智水仁山皆可乐⑧，画图还望老潜溪⑨。

①诗作于甲子年十一月初八日（1924年12月4日），钱葆青，见《寿仲仙二兄六十九首》注，页178注①钱荷青。　　②自注："君有熹平古镜，故名其居曰看镜楼。"按：此为东汉镜，钱得自岘首山古墓（今湖北襄樊市南），镜背有

文四十七字："熹平三年正月丙午吾选作尚方明竟广汉西蜀合涷白黄大利无极世得光明贵人大富长子孙延年益寿长乐未央兮。"熹平三年即174年。　　③自注："文郎雄武，有如虎之概。"　　④周黎：周代百姓。《诗经·大雅·云汉》："周余黎民，靡有孑遗。"　　⑤邴管：即东汉末年隐士邴原与管宁。邴原为避世乱，举家迁至辽东，而迁居与之为邻者，一年中竟达数百人，游学者甚众。后虽归曹操，但闭门自守，非公事不出。管宁亦避居辽东三十多年，不愿入仕。　　⑥自注："君有过神武门近作，极悱恻缠绵之致。"　　⑦春明：唐代长安城东面居中的城门叫春明门。后作为京城的代称。爪印泥：喻往事留下的痕迹。　　⑧自注："己未贱辰，宋芝田长兄曾画《知水仁山图》为祝，今芝田已归长安，君亦拟索一画也。"　　⑨潜溪：即宋濂（1310—1381年），明初文学家。

忆旧梦①

又忆癸卯岁归自淘鹿②，旅邸中病甚危。梦一白须老人挟我飞行，骇极而寤，亦纪以诗。

残更荒栈一灯微，病里思归末得归。
仿佛风涛千万仞，有人挟我梦魂飞。

①此诗属诗人回忆癸卯年（1903年）之梦而补作。　　②淘鹿：淘麓，即今辽宁省西丰县。关于诗人的行踪及患病情况，参见《年谱·四十一岁》。

题冷红簃填词图①

江南春色王孙草，画出晓风残月②好；
冷红词客③世皆知，饮水纳兰④人未老。
公子翩翩出世家⑤，薇郎⑥著作妙词华；
无端故国歌杨柳⑦，何限秋词怨落花⑧。
人海京华不愿住，青笠红衫渡江去；
寒山⑨城外数清钟，孝义坊头听夜雨。
梅花香雪虎山桥，处处吟声上画桡；
瘦碧⑩微吟宜写韵，小红低唱记吹箫。
画者何人弄狡狯，小簃花竹生姿态；
先生含笑婢昂头，知有鹤归在天外⑪。
天外笙簧落吾手，卷里珠玑快人口；

南人不敢薄诗龛⑫，从此家家推祭酒⑬。

彊村香宋客成三⑭，常倚新声⑮作夜谈；

小印侍儿传可可，名泉佳制记憨憨⑯，

蓦然天地变荆棘，白发黄金两无色；

平生心契庾兰成⑰，可惜当年不相识。

吟坛我亦主齐盟，史馆方归又晚晴；

红袖青衫相伴处，不知谁画老新城。

①冷红簃为郑文焯室名。此图绘者不详。　②晓风残月：宋词人柳永有名句"杨柳岸晓风残月"。　③冷红词客：郑文焯别号。　④饮水纳兰：清词人纳兰性德有《饮水词》。　⑤自注："叔问为瑛兰坡中丞公子，官中书时即负盛名。"按：郑文焯，字叔问，清末官内阁中书，其父瑛棨。官河南巡抚，兼署河南山东河道总督，世称兰坡先生。　⑥薇郎：仍指郑文焯。薇，唐称中书省为薇省。郑曾为内阁中书，故有是称。　⑦自注："叔问有《杨柳枝》词，伤故国也。"　⑧自注："又有《庚子秋》词。"　⑨寒山：寺名。与后句之孝义坊、香雪（海）、虎山桥，均在苏州。郑侨居苏州达四十余年。　⑩瘦碧：即瘦碧生，郑文焯别号。　⑪自注："叔问蓄一鹤，暇时放之，故自号大鹤山人。"　⑫南人句：郑为奉天铁岭人，原籍山东高密。　⑬祭酒：喻指文坛首领，辛亥前，陈伯平在苏州建存古学堂，聘郑文焯为都讲大师。　⑭彊村：即朱祖谋（1857—1931年），号彊村。浙江归安（今吴兴）人。光绪进士，官至礼部侍郎。善作词、风格近南宋词人吴文英。辛亥后以遗老自居，多怀念清室之作。所辑《彊村丛书》，是研究词学的重要资料。香宋：即赵熙（1867—1948年），四川荣县人。字尧生，号香宋。光绪进士。诗才敏捷。梁启超曾从之学诗，郭沫若为其门人。善书法。郑、赵、朱三人过从甚密，多有唱酬，并皆为成氏的友人。　⑮倚新声：填词之别称。　⑯自注："虎丘有憨憨泉，叔问有记甚佳，已刻石。"　⑰庾兰成：见页119注⑧庾信。

甲子生日①

红桥白塔舍西东，十亩闲闲作寓公，

愿习勤劳惟稼圃②，未完昏嫁已瘃聋③。

眼中人物成何世，镜里勋名笑此翁。

赖有良朋能爱我，年年相寿一尊同。

①本诗为自寿诗，当作于十二月八日。　②自注："小园数亩，秋菘春韭，

皆自课之。" ③自注："五儿世超今岁授室。"

除夕

爆竹声喧白塔西，十年京国①足幽栖。

乍烧桦烛惊鸡唱②，早锁柴门避兽蹄③。

黔首至今思汉腊④，白头无复问周黎⑤。

新诗欲祭还惆怅，年代空存甲子题⑥。

①十年京国：诗人自 1916 年底寓居北京，至 1923 年底，实际为八年，此概言之。　②自注："近日鸡鸣极早。"桦烛：古时以桦皮卷蜡为烛。③自注："近日有人以'鸡鸣狗吠达四境，兽蹄鸟迹遍国中'为春联者，所慨深矣。第四句即仿其意。"　④黔首：战国及秦代对百姓的称谓。汉腊：汉代的祭祀名。　⑤周黎：见页 245 注④。　⑥指诗人不用民国纪年，只书干支。

乙丑元日

瞳瞳朝旭耀扶桑①，误认他乡是帝乡②。

空说瑞云随夏后③，有谁正月纪春王④？

边声不动山河影，兵气应销日月光。

室有琴书尊有酒，此生何处不羲皇⑤。

①扶桑：我国对日本的旧称。《南史·东夷传》："扶桑在大汉国东二万余里。"瞳瞳：日出渐明貌。　②自注："时帝在日本使馆。"按：指清废帝溥仪。　③夏后：亦称夏后氏、夏氏。《史记·夏本纪》："禹于是遂即天子位，南面朝天下，国号曰夏后，姓姒氏。"　④正月纪春王：《春秋·鲁隐公元年》："春王正月。"意谓隐公的始年，为周王的正月。表示儒家尊王室、大一统的思想。　⑤羲皇：见页 49 注⑦羲皇赋。

题《石琴庐诗存》二首①

一

笙簧缥缈玉参差，甘苦工夫②只自知。

气得幽燕天所赋，民如邴管古之遗。

名山自有千秋业，并世谁堪一字师。

今我病余识天意，要留老眼读③君诗。

二

几载编诗纪晚晴④，熙朝雅颂久无声。

谁知大漠龙兴地，尚有寥天凤一鸣。

医到伯休才是隐⑤，画兼摩诘⑥转无名。

独将王气归诗笔，松杏吟残万古情。

①《石琴庐诗存》是辽宁诗人张之汉（字仙舫，号石琴）的诗集，戊辰年（1928年）出版《石琴庐诗存》收载这二首诗时，诗前有序："大诗清丽芊绵，天人并至，其独到处实兼渔洋神韵、仓山性灵二家之长，三复十诵，钦佩无既，敬题二律，以证素心。" ②工夫：《石琴庐诗存》为"生平"。 ③读：《石琴庐诗存》为"看"。 ④晚晴：《石琴庐诗存》中自注："晚晴簃，东海集海内名流选诗处，鄙人与焉。" ⑤伯休：即东汉隐士韩康，字伯休。常在山中采药，到长安市上出卖，三十多年口不二价。桓帝请他到京师做官，他不受征聘，隐于霸陵山。才是隐：《石琴庐诗存》中，才为"裁"。 ⑥摩诘：即唐代王维，字摩诘，工诗善画。

题《倚剑看山图》为召棠作二首①

一

痛饮黄龙酒未干，归来诗思满征鞍。

十围战垒重关迥，万里秋风一剑寒。

世仰铁衣能霸越，我从玉塞早瞻韩②。

儒生不敢谈兵事，闲对青山袖手看。

二

一声朱鹭③听歌饶，辽海归人马正骄。

公事勾当曹武惠④，边功筹策李文饶⑤。

僧徒迎拜禅如月，宾从雍容酒似潮。

饮至策勋诸⑥将事，独弹长铗看昭峣⑦。

①诗作于年初。张焕相（1882—1962年），字召棠，抚顺人。曾在东三省任军职多年。时任中东铁路护路军司令（陆军中将）。 ②玉塞：本指玉门关，这里泛指东北边塞。瞻韩：对相识者的恭称。从"识荆""识韩"一典而来。 ③朱鹭：古乐曲名，汉《鼓吹铙歌》十八曲之第一曲。 ④公事句：宋代曹彬（字

国华，卒谥武惠）授宣徽南院使、义成军节度使。出师凯旋，从江南归，入见皇帝，自称"奉敕差往江南勾当公事回。"　⑤李文饶：即唐代李德裕，字文饶。在任西川节度使时，曾建筹边楼，制定巩固西部边疆的策略。武宗时由淮南节度使入相，当国六年，力主削弱藩镇。是牛李党争中李派首领。　⑥策勋：纪功于策（册）。　⑦长铗：战国时孟尝君门下食客冯谖自信才华出众，不甘作下客，因而弹剑把而歌，要鱼、要车、要养亲。这里借指才能高超。岧峣（tiáo yáo）：高峻。喻志向甚高。

导河马松坪百岁追纪徽诗①

吾闻古孝子，不忍死其亲。
亲年可追纪，事之如生存。
今之将军毋乃是，孺慕②直欲追先民。
导河老人八十五，小范③奇勋照千古。
养亲恨不到期颐④，后廿五⑤年思欲补。
当年导河公，传家有阴德。
义气干云霄，经营走南北。
千金之产万石君⑥，老来四海皆矜式⑦。
笑看子舍人中豪，涤荡乾坤付尔曹。
祝嘏⑧军中宜剑舞，直将斑彩辉旌旄。
即今将军头已白，长思长乐思恩泽。
但知帝梦能与三，漫道人生不满百。
人生满百古未闻，百年追荐何芳芬。
于戏⑨惟有马将军。

①诗中所称马将军（名不详）之父马松坪，导河（今甘肃临夏）人，去世时八十五岁。将军在父百岁诞辰时请作者追纪赋诗。　②孺慕：对先人敬仰之意。　③小范：宋代范仲淹镇守延安时有威名，西夏人惧之，称为"小范老子"。　④期颐：百岁之年。　⑤廿五：疑应为"十五"。　⑥万石君：富贵之家，尤指父为高官，子多贵显。　⑦矜式：奉为楷模。　⑧祝嘏：原为告神祈福之辞，后引申为祝寿。　⑨于戏（wū hū）：感叹词，同"呜呼"。

寿曹杜庵六首[①]

一

浙西[②]通德门，清芬洒兰雪。
南溪挺耆英，西村贞晚节。
君能绍家学，坚苦而卓绝。
官余犹著书，磨穿祖砚铁。
眼中人物新，朝露倏起灭。
冠盖满京华，英雄几耄耋。
出则历诸艰，归则养吾拙。
养拙自有真，养生自有诀。

二

相逢辽沈间[③]，君我并年少。
朗然玉山行，神采惊四照。
历历春明游，平生几同调。
惟君天下才，一语兼众妙。
诗以穷而工，官以冷而峭。
君年[④]我已忘，我岁君未料。
一日果谁长，互隐良可笑。

三

东海[⑤]日方出，曙霞蒸满天。
岂无禁近者，大官多得钱。
君胡守寂寞，若非沆瀣然。
当时领一县，清风闻歌弦。
今朝参密勿[⑥]，温树[⑦]温不言。
岁寒识松柏，冰雪寒而坚。
岂知冰雪操，皤然上华颠。
在官无所得，所得惟长年。

四

去年我疾作，束手惊群医。

君独排众议，方剂休杂施。

殷勤荐仲景⑧，一药惊神奇。

一药惊神奇，至今称颂之。

良朋关痛痒，况复沦我肌。

仁者寿之徵，斯言岂吾欺。

菊泉⑨有隐人，与君长相期。

五

过从一巷中，十步百步耳。

人语出深竹，叩门僮尸喜。

古人炳烛游，夕谈良有以。

动色论古今，亦或及书史。

嗟彼文字禅⑩，忧患⑪从此始。

科名换白发，桑海谢青紫⑫。

寒毡老一灯，俨若村夫子。

君曰世勿笑，吾乐即在此。

泉明真达人，卿去找眠矣⑬。

六

诸老晚晴筱，其人聪而寿。

喜君颜孔韶，不为作诗瘦。

每怀西园⑭游，人在云左右。

行吟出金石，野趣间蔬豆。

君时揖其间，天香落襟袖。

蓦然池馆更，回首群龙斗。

上阳白发人⑮，犹话天宝旧。

将寿补蹉跎，窃附钧天奏⑯。

愿君崇明德，晚福弥宇宙。

①诗作于乙丑年春。曹秉章，字理斋，号杜庵，清末民初诗人。　②浙西：曹为浙西嘉善县人。　③相逢辽沈间：曹曾在东北任东三省督署文案兼督练处督办随员，海龙府捐税总局总办。是时与成结识。　④君年：据民国九年（1920年）出版的《最近官绅履历汇录》，曹为五十五岁，如果无误，则小成三岁。　⑤东海：双关语，另指徐世昌，徐为东海县人，与曹关系较密。　⑥密勿：机要，机密。曹时任政事堂机要。　⑦温树：汉代孔光官至御史大夫，对家人绝口不

言朝中政事。家人或问宫中温室内所栽之树为何树，孔光嘿然不语。见《汉书·孔光传》。后世遂以"温树"作为居官谨慎的赞语。　　⑧仲景：即东汉杰出医学家张机（字仲景）。此处喻良医。　　⑨菊泉：令人长寿之水。据《艺文类聚·风俗通》："南阳郦县有甘谷。……谷中有三十余家，不复穿井，悉饮此水（指菊泉）。上寿百二三十，中百余；下七八十者，名之夭夭。菊华轻身益气故也。"　　⑩文字禅：以文参悟禅理。　　⑪忧患：意谓忧患者可使人勤奋，因而得生。《孟子·告子下》有"生于忧患而死于安乐"句。　　⑫谢：拒绝。青紫：古时贵官之服色。⑬泉明：即晋代陶潜。酒后有"我醉欲眠君且去"语。　　⑭西园：汉末曹操在邺都所建。曹植《公宴诗》："公子敬爱客，终宴不知疲。清夜游西园，飞盖相追随。"后以"西园"比喻佳美的园苑。　　⑮上阳白发人：唐代白居易《新乐府》中一首诗的诗题。叙述一白发宫女的不幸遭遇。　　⑯钧天奏：指天上的音乐。钧天，上帝所居。

游江亭同退思半园①

万点新芦②簇水明，几枝画角绕墙鸣。

城乌似有王孙感，亭燕犹知旧主③名。

小剔藓碑寻俊友④，大书苔壁骂狂生⑤。

归途相与诗翁约，明日香厨就笋樱⑥。

①诗为乙丑年三月与徐鼒霖(退思)、张朝墉(半园)游陶然亭所作。　　②新芦：当时这一带芦苇丛生。　　③旧主：当指清康熙年间工部郎中江藻，此亭系由他创建。　　④自注："半园谓碑上有相识歌郎。"　　⑤自注："壁间涂（雅）〔鸦〕，多不可辨。"　　⑥香厨：指佛寺中的厨房。笋樱：樱桃与春笋的合称，素食的原料。笋、樱的上市季节在春夏之交，故亦代指时令。

半园以游江亭诗索和

鹦鹉春凤①燕子秋，老来频作此亭游。

几年香梦随花发，无限诗心托黍油②。

依旧斜阳黄到地，斩新③小草碧如流。

同车偶忆西山事，一笑曾倾大路辀④。

①鹦鹉春凤：陶然亭公园有鹦鹉冢，据《万柳堂笔记》，清代书法家邓完白的一只鹦鹉被猫咬死，埋葬于此。碑文有"葬笔埋文，托之灵禽，寄之芳草"

句，又推测为落第举子葬文埋笔处。　②黍油：箕子朝周，路经殷墟，感宫室毁坏，种上庄稼，遂作《麦秀歌》："麦秀渐渐兮，禾黍油油；彼狡童兮，不与我好兮。"后来诗文中以"麦秀""黍油"指亡国之痛。　③斩新：斩，通"崭"。　④自注："前年，敬宜与某君同赴西山，车败不得行。余两人贾勇而前；而某君驴背逍遥，良久始至。今与髯翁同乘，惜无当年驴背人也。附此一笑。"

附　　　　　　　　　　　陶然亭

张朝墉

江亭不到几经秋，春尽燕台偶一游。
大野晴空天似笠，横塘冰泮草如油。
已无鸾凤巢高阁，时有壶觞集胜流。
坐久穆然生静趣，虚檐但听鸟钩辀。

《半园诗集·乙丑集》

游夕照寺①

出郭复入郭，行行歧路差。
三人夕照寺，一树古梨花。
老衲晒新药，小奚②烹苦茶。
大松百年物，四壁走龙蛇③。

①诗为乙丑年（1925年）三月诗人与张朝墉、丁传靖游夕照寺而作。寺在北京城东南。　②小奚：此处指小沙弥。　③自注："夕照寺殿壁有画松、《高松赋》，又有王安国之书壁。高丈余，而行款端若引绳。"

肃武王墓六松①

肃武为摄政王之侄，王忌之，遂加害焉。高宗朝始昭雪，封其墓，墓有六松甚奇。偶与张半园、丁闇公两髯来游此地，纪之以诗。

坤舆莽莽钟王气，诸王园寝亦多异。
遥稽秦嬴五大夫②，错节盘根蕴灵瑞。
肃陵六松昔知名，今朝忽偕两髯至。
墓门未到惊寒涛，身横五亩沁空翠。
一松亭亭车盖然，拳曲天骄拔其类。

横飞披披③虬上天，孤蹲岳岳猊踞地。

半山拗势老后文，东坡偃笔醉中字。

一松古干叶无多，龙性难驯气纵恣。

彼以密胜此以疏，转觉疏难密犹易。

最奇化作连理枝，双臂拿云成一臂。

一松正出一松侧，成岭成峰各有致，

其余两松亦恢奇，或仰而骄俯而媚。

朱阑环列数百椽，思古苍茫问园史。

当年肃武功最多，拓土开边廿年事，

剪桐不闻冲主④封，燃箕竟被豪宗忌。

赖有纯皇鉴覆盆⑤，封墓刊碑表亲懿。

我来剔藓重摩挲，静对长松生远思。

西陵佳气安在哉，长白苍苍亦憔悴。

难得崛强六君子，造化小儿⑥共游戏。

何时学作元人图，予嘱两髯为之记。

①诗为乙丑年三月三十日（1925年4月22日）与张朝墉、丁传靖游肃武王墓所作。肃武王：即清太宗皇太极长子豪格（1609—1648年），以军功晋封和硕肃武亲王，后被摄政王多尔衮（1612—1651年）构陷，死于狱中。　　②五大夫：秦始皇嬴政二十八年（前219年），登泰山封禅，遇暴雨，避于五棵松树下，遂封之为"五大夫"，称"五大夫松"。　　③披披：披散、舒展之态。　　④剪桐：喻分封。据《吕氏春秋》，周成王手摘桐叶以为珪（诸侯朝会时所执的长形玉版），授予唐叔虞曰："余以此赠汝。"周公闻之，遂封之于晋地。冲主：幼年在位的君主。豪格下狱时，清世祖福临（顺治帝）年仅十一岁。　　⑤纯皇：指清高宗弘历（即乾隆帝）。其死后上尊号为"法天隆运至诚先觉体元立极敷文奋武钦明孝慈神圣纯皇帝"。覆盆：喻指不白之冤。　　⑥造化小儿：戏指司命之神。

万柳堂①

古多好事人，无中可生有。

胜地本丰台，移此便不朽。

当年廉与冯②，游赏岁八九。

泊乎芸台③老，留题岁亦久。

我来登斯堂，万柳无一柳。

缅怀西河④翁，兼忆竹垞⑤叟。

退食作近游，斗韵集朋酒。

樵牧听吟声，自辰或到酉。

烟云一刹那，荒园剩五亩。

御书楼尚存，蟏蛸⑥悬户牖。

坏墙枕荒波，零落攒野藕。

世岂无富翁，腰金印悬肘。

高楼仿欧瀛，转眼皆刍狗⑦。

胡不葺此园，补图传万口。

或者佣贩姿，化作冰玉薮⑧。

野棠笑不言，其意似否否。

①诗为乙丑年（1925年）三月诗人与张朝墉、丁传靖同游万柳堂所作。京师有两个万柳堂，一在广渠门内，一在崇文门外。按诗中所述，应为后者。　②廉：即元代廉希宪（1231—1280年），字善甫，曾为相。建广渠门内万柳堂。冯：即清代冯溥，字孔博，官拜文学殿大学士兼吏部尚书，卒谥文毅。建崇文门外"南万柳堂"。　③芸台：即清代阮元（1764—1849年），字伯元，号芸台。著名学者、文学家。累官湖广、两广、云贵总督，加太傅。④西河：即清代毛奇龄（1623—1716年），字大可。浙江萧山人，以其郡望称"西河"。经学家、文学家。曾任翰林院检讨、明史馆纂修等职。　⑤竹垞：即清代朱彝尊（1629—1709年）。号竹垞。著名文学家，诗人。　⑥蟏蛸（xiāo shāo）：长脚蛛，俗名喜蛛。《诗经·豳风·东山》："蟏蛸在户。"　⑦刍狗：草和狗。喻轻贱无用。　⑧或者二句：意谓经商营利的庸流，若肯出钱修葺万柳堂，便可长留清名于此间。

寿半园①

鹤步龙腾兴不群，美髯如画最能文。

吟成杜老青油幕②，书遍羊欣③白练裙。

长我三年桑海梦，思乡万里锦城④云。

止园⑤明日开芳宴，好借花时一寿君。

①张朝墉（半园）生日为四月初三。　②杜老：指唐诗人杜甫。青油幕：以青绸涂油为幕，供接待宾客或歇息之用。　③羊欣：南朝时期宋朝书法家。

幼年为王献之所重。一日，羊欣著新绢裙昼寝，献之见而书数幅于裙上。羊欣临摹，书法益工。　　④锦城：成都，代指四川。张为四川奉节人。　　⑤止园：宋小濂在京所居之园。

题宋星五遗著①

早于思旧感离群②，今对遗编更忆君。

几载纳兰容若③客，一家皇甫士安④文。

悲歌边地皆奇气，名著衰朝有殿军⑤。

珍重吉光留片羽⑥，良朋风义薄高云。

①诗作于乙丑年（1925年）春。辽阳宋玉奎有《宋星五遗著》二卷，由金毓黻编辑。　　②自注："余编《思旧集》曾选其诗。"　　③纳兰容若：纳兰性德，字容若，清代著名词人。　　④皇甫士安：晋文学家皇甫谧，字士安。　　⑤殿军：最后入选者。　　⑥吉光留片雨：吉光，神马名；片羽，一片羽毛。比喻残存的珍贵文物。

和李子健

三年不踏江干路①，白发思君日几回。

吟社②客随秋叶散，讼庭③诗带落花来。

故人莺燕三春老，远道骅骝九漠开。

正是昏昏阴雨集，那堪时节九黄梅④。

①江干路：指松花江畔之路。　　②吟社：当指松江修暇社。　　③讼庭：诵诗于庭。讼，通"诵"。　　④九黄梅：疑"九"字为原稿笔误，可能为"久"字。

题《莳花种菜图》①

门外风尘百不喧，万花深处即桃源。

年来五亩思终老，我亦京华学灌园②。

①此图绘者不详。莳花种菜者，当为诗人。　　②学灌园：意即过隐逸生活。

同诗史阁主人游龙泉寺
观戴文节所画检书图卷子二首①

一

出郭风花二里强，龙泉来访旧禅房。

闲携笠屐随诗史，静对琴书忆侍郎。

世到承平人考据，画留天地节昂藏②。

编残简断谁收拾，付与当年粤雅堂③。

二

竹院深深锁径苔，海棠已过鼠姑④开。

僧因入定琴无语，诗恐难徵画作梅。

误笔竟书陈硕士⑤，高风谁继阮芸台⑥。

赏花名士多于卿，惭愧彭宣独后来⑦。

①龙泉寺僧明净，曾有赏花之约，一时名士云集。诗人与孙雄因故晚至。诗史阁主人，即孙雄。戴文节：即清钱塘人戴熙（1801—1860年），号鹿床，字醇士，道光进士，官至兵部右侍郎。卒谥文节，书画皆有名。　②昂藏：气宇轩昂。　③粤雅堂：戴熙室名。其诗书画有名于时，尤以画为著。有《粤雅集》。　④鼠姑：牡丹的别名。　⑤自注："卷中罗叔蕴所题如此。"按：罗叔蕴，即民国时期古文字学家罗振玉（1866—1940年）。陈硕士，为清代学者陈道之孙陈用光。　⑥阮芸台：见页256注③芸台。　⑦自注："寺僧明净，前有赏花之约。一时名士集者甚多，独郑斋与我未至，故篇末及之。"彭宣：东汉末年大臣，通经博古，颇负时名。哀帝时官至大司空，封长平侯。王莽专政后，辞归乡里。此处诗人以彭宣自况。

赠舒春华①

别未经年岁又新，重来仍结老鬐邻。

栖云古寺同僧侣，看竹闲门待主人。

薄饮最宜陶令酒，剧谈幸免庾公尘②。

故人且莫伤华发，风雨天涯老味真。

①舒春华，名正曦，字春华，又字实斋，贵州毕节人。生于同治癸亥年（1863年）。余不详。　②薄饮二句：此二句中，陶令，即陶潜；庾公，即庾信。尘：拂尘，见225页②谢安谈麈。

六月初十日羲人①来访喜而作此

巷僻时贤绝往还，西湖有客款柴关②。

鹏游难息云中翼，鹤瘦惊看病后颜。

剩有诗翁心似水，不应盐吏债如山。

玉成要识天公意，自在贫忧两字间③。

① 羲人：即翟文选（1876年—？），字羲人，黑龙江省哈尔滨市双城区人。曾任东三省盐运使，参议院参政。　② 自注："羲人新自西湖归来。"款柴关：敲柴门。　③ 自注："用西铭语。"

唁李仲都①失第三女四首

一

无限春风哭杳殇，孟郊②木老已堪伤。

呕心宛宛留文字，此亦君家长爪郎③。

二

昨宵相约看昙花④，泡影人天事可嗟。

今日曼陀⑤真一现，始知此谶在君家。

三

金环一去无消息，零落遗文似晓星。

无那故人韩吏部⑥，苦为孥女撰新铭。

四

一夜狂风特地吹，吹残弱柳第三枝⑦。

师丹⑧虽老偏难忘，怅触前尘⑨是此诗。

① 李仲都，生平不详。　② 孟郊：孟郊（751—814年），唐著名诗人。湖州武康（今浙江德清）人。少时隐居嵩山，近五十岁才中进士。一生困顿，其诗多寒苦之音，又称"苦吟诗人"。　③ 长爪郎：指李贺。贺为人纤瘦，长指爪，十几岁时被称为"东京才子"。卒年二十七岁。此将李仲都亡女的才调和早逝与之作比。　④ 自注："昨夜在王晋老家看昙花。"按：联系下句"今日曼陀真一现"，应知李之第三女突然死亡，或突然接到死讯。　⑤ 曼陀：

梵语，意译为悦意花。　⑥韩吏部：即唐代韩愈，晚年任吏部侍郎。曾作有悼侄文《祭十二郎文》。　⑦自注："此余戊子哭第三女诗也。"　⑧师丹：见页343注⑲师丹。　⑨怅（chéng）触：感触。前尘：喻往事。

史阁部①遗炮拓影

余友羲人②归自扬州，袖出墨拓一纸，视之，乃道邻阁部守城时遗炮影也。旧有陈君赞，记其祠中近事甚详。余生平最重阁部，沧桑之际恨无其人。今瞻此炮，犹凛凛然有生气焉。诗成不觉起舞，羲人读之，当亦为之起舞。时乙丑六月二十口也。

> 百劫难回一炮存，梅花③当日葬忠魂。
> 遗民④痛说围城事，剩纸犹看战血痕。
> 斑驳真将遗蜕写，声威幻作老罴蹲。
> 兴亡毕竟非人力，折戟沉沙且莫论。

①史阁部：即明末抗清名将史可法，号道邻。　②羲人：见页258六月初十日羲人来访喜而作此注①。　③梅花：即扬州梅花岭。相传史可法守扬州时，曾在此泣血誓师，并留下遗言："我死当葬梅花岭上。"现岭上有史可法纪念馆，内有祠及衣冠冢。　④遗民：扬州失守后，清军屠城。幸存者王秀楚，根据目击，写了《扬州十日记》一书。

林畏庐旅榇南归作此送之①

> 一棺零落欲何之，烽火天涯最系思。
> 不视可无千古恨，有灵终为本朝悲。
> 令威②归后空城郭，范式③朝来只涕洟。
> 幸有瀛寰旧人士，争传残画与遗诗。

①甲子年（1924年）九月二十七日（10月27日）林纾客逝北京，灵柩暂厝龙泉寺。次年，其妻杨道郁及其子林琮始扶榇南归福建。　②令威：即丁令威。传说汉辽东人，学道灵虚山化鹤而归。有少年欲射，鹤自空中唱道："去家千岁今来归，城郭如旧人民非。"　③范式：后汉金乡人。与张劭为友。张劭死后托梦给范式，告之死期与葬期。范醒后十分悲泣，星夜驰往。范未到，丧已发，及至坟地，棺柩不进，待范式赶到，才完成葬仪。作者以范张事比自己与林纾的交谊。

题《憩园图》为敬宜作二首①

一

逸老高怀妙写真②，小围花竹湛余春。

故乡持节朱翁子③，别业吟诗白舍人④。

何物龙蛇偏起陆，此中鸡犬久忘秦。

甘棠茇舍⑤今无恙，击壤歌⑥传太古民。

二

肝胆论交四十年，相期岂以画图传。

英雄菜圃成孤隐，天地蘧庐此一廛。

黑水⑦行营盘马地，净湖⑧尊酒听鹂天。

平生雅爱陶元亮⑨，五柳扶疏⑩意洒然。

①宋伯鲁为徐鼐霖作"憩园图"，徐以此向诸友索题，成诗为其中之一。憩园为徐晚年园名，并以此为号，有《憩园诗草》。　②自注："图为宋芝田侍御所作。"按：宋芝田，即宋伯鲁。　③朱翁子：即汉代朱买臣，字翁子，初家贫，后官至主爵都尉。　④白舍人：即唐代白居易。　⑤甘棠：果树名。又为《诗经·召南》的篇名。传说周武王时，召伯巡南，曾在甘棠树下听讼决狱。后用"甘棠"来赞地方官的清廉。茇（bá）舍：在草野中住宿。见《诗经·甘棠》。⑥击壤歌：相传古代最早的诗歌，反映尧舜时期人民"日出而作，日入而息"的安适生活。　⑦黑水：指黑龙江省。徐久官于此。　⑧净湖：净业湖，在北京。　⑨陶元亮：即晋代陶潜，字渊明，又字元亮。　⑩五柳：陶潜宅边有五棵柳树，并以此为题撰《五柳先生传》，后用为号。扶疏：枝叶茂盛分披之状。陶潜《读山海经诗》："孟夏草木长，绕屋树扶疏。"

寿涂子厚①

辽海云旌紫塞鞭，宦游角逐记年年②。

乡心玉垒浮云③路，社集金台夕照天。

阅世我将成顾怪④，知非君已到遽贤⑤。

愿将朋酒酬长健，烂醉疏轩旧雨⑥前。

①涂凤书（字子厚）生日为八月二十二日。　②辽海二句：指涂宦游北方。他在东北作官时间较长，曾任龙江府知府、黑龙江交涉局总办、警务公所总办、

黑龙江提学使、黑龙江教育司长、政务厅长兼通志局长。 ③玉垒浮云：唐代杜《登楼》诗有"玉垒浮云变古今"句。玉垒，山名，在今四川省阿坝藏族羌族自治州。涂为四川云阳人。 ④成顾怪：自谓成为明末志士顾炎武一类的人物，不谐于时。 ⑤遽贤：即春秋时期卫国遽瑗。年五十而知四十九之非。卫大夫史鳅知其贤，屡荐于灵公，皆不用。谥成子。孔子在卫时，常住其家。⑥旧雨：旧雨轩。代指诗人宅居。

过神武门①

士女如云塞九衢，朝游蓬岛暮方壶②。
园开博物③陈三古，市接通寰胜五都。
翠辇不来云幕合，金人已去露盘枯④。
挂冠触拨当年事⑤，忍泪聊为过阙趋。

①神武门：北京故宫北门。 ②蓬岛：传说中的海上仙山，此指北海。方壶：传说的海上仙山，此处可能指景山公园。 ③图开博物：乙丑年八月廿三日（1925年10月10日），北京故宫博物院成立。 ④金人句：见页318注④金仙泣露。 ⑤当年事：指辛亥革命推翻清政府，成辞去幕职，北返东北。

寿星皆三兄用前韵①

视草蓬瀛著祖鞭②，徵君难得是耆年。
亲知情话陶元亮，惮悦襟怀白乐天。
浊世几能称酒圣③，荒斋幸不到时贤。
笑看小凤清声远④，兰玉⑤英英正满前。

①魁陞生日为八月廿五日，前韵，即用《寿涂子厚》韵。 ②自注："被徵入都，为宪法起草委员。"祖鞭：据《晋书·刘琨传》，刘琨听说祖逖先于自己被任用，与亲故书曰："吾枕戈待旦，志枭逆虏，常恐祖生先吾著鞭。"此典意喻先走一步、先占一筹。此示诗人比魁隐退的时间要早。 ③酒圣：指豪饮之人。 ④笑看句：唐代李商隐诗有"雏凤清于老凤声"句，意谓魁家子女很有出息。 ⑤兰玉：兰芝玉树的省称。常用来称誉别人的子弟。

赠婢行

侍儿小玲，得之京师十年矣。每感渊明"此亦人子"之言，欲得一当意者嫁之。有张某者，苏州人，多财善医。往者余病危时，曾愈余疾者也。今年六月，介理斋①乞此鬟，余以其家固商也，当不至忧冻馁，欣然赠之。后月余，张来，意甚得。知余善藏书，辇明人善本数巨册相贶②。以婢易书，亦韵事也，因自赋长歌，并征社中诸人同赋。

澹堪老去耽书癖，手种寒花不知惜。

一曲春风嫁杏词，青缃③色映雏鬟碧。

小婢盈盈十五余，也随儿辈教之无。

饶他伸纸磨宫墨，侍我焚香读异书。

伶仃博得老妻爱，亲为梳头匀粉黛。

碧玉真成贫女吟，绿珠④或有豪商配。

东城十载隐东华，红叶沟边又作家。

樊素⑤花间常把酒，樵青⑥竹里每煎茶。

煎茶把酒年年事，签典琅嬛⑦解人意。

康成⑧红袖尽知诗，坡老⑨青衣能识字。

无端风雨茂陵⑩秋，病客归来已倦游。

梁鸿⑪骨傲身逾瘦，扁鹊方奇疾乃瘳。

药炉茗碗烟无影，老鹤回翔春昼永。

好偕诗客老曹邱⑫，为谢医师贤仲景。

仲景曹邱迩最亲，知他欲结小星因⑬。

云鬟认得帘前客，月老真为冰上人。

良缘巾栉皆前定，宛宛金姬随玉滕。

不比杨家女长成，聊同陇上春相赠⑭。

相赠相携剧可怜，欲投琼玖转缠绵⑮。

红蟬玉简输⑯嘉贶，乌鹊银河作聘钱。

从来百物聚所好，以婢易书成二妙。

紫玉箫⑰中旧籍来，黄金屋底新人笑。

一笑良人下值归，泥他京兆画双眉⑱。

西城偶尔同车去，东阁依稀捧砚时。

邺侯⑲老向书城住，香山晚得禅中趣⑳。

但解开帘放燕飞，管他啼梦招莺妒。

此时录得侍儿名，此日长歌记小玲。

倘惹河东狮子吼㉑，愿君同作护花铃㉒。

① 介理斋：介，媒介，转托；理斋，即曹秉章（字理斋）。　② 辇：载运。

相贶（kuàng）：相赠之意。贶，赐与。　③青缃（xiāng）：古代常用浅黄色与浅青色的布帛作书衣，因以为书卷的代称。缃，浅黄色。　④碧玉：唐代白居易侍婢名。绿珠：西晋豪富石崇爱妾名。　⑤樊素：唐代白居易有女伎名樊素。后世多以其为题材编剧。　⑥樵青：唐肃宗赐与名士张志和奴婢各一，志和配为夫妻，别起名为渔童、樵青。后来诗文中常以樵青为女婢的代称。　⑦签典琅嬛：签，标志，典，指典籍。琅嬛，指琅嬛福地，传说中藏书的神仙洞府，这里指书籍。此句意谓该女能帮助主人规整书籍、分插标签。　⑧康成：即汉代经学大师郑玄，字康成。《世说新语·文学》："郑玄家奴婢皆读书，尝使一婢，不称旨，方自陈说，玄怒，使人曳箸泥中。须臾复有一婢来，问曰'胡为乎泥中？'答曰：'薄言往诉，逢彼之怒。'"此二语皆出《诗经》。　⑨坡老：苏轼。　⑩茂陵：即汉武帝刘彻墓，在陕西省兴平市。　⑪梁鸿：东汉初隐士。　⑫曹邱：即曹丘生，汉初著名辩士。曾为季布宣扬任侠义勇，使其声名益著。后遂以曹丘作为荐引的代称。这里代指曹秉章。　⑬小星：妾的代称。见《诗经·召南·小星》。因：通"姻"。　⑭聊同句：据《荆州记》，南朝宋人吴陆凯与范晔友善，吴自江南寄梅花与范，并赠诗曰："折梅逢驿使，寄与陇头人。江南无所有，聊赠一枝春。"诗中陇上，代指为诗人医病的张某。春，代指所赠之婢（小玲）。　⑮琼玖：答谢之物。缠绵：心绪萦绕。　⑯红蝉玉简：对善本书籍的美称。输：表达心意。　⑰紫玉箫：指所赠书籍的原藏处。　⑱泥他句：典出《汉书·张敞传》。张敞曾任京兆尹，常为妻画眉，长安市中传为笑谈。后以"张敞画眉"比喻夫妇相爱。泥他：软求，软缠。元稹《遣悲怀》："顾我无衣搜尽箧，泥他沽酒拔金钗。"　⑲邺侯：即唐代李泌，德宗时任中书令同平章事，封邺侯。家中藏书甚富。　⑳香山句：唐代白居易晚号香山居士。晚年与香山僧如海结香火社。　㉑河东狮子吼：喻指悍妇发怒。　㉒护花铃：拉动发声以阻雀鸟伤花。

题莫君像①

祥麟威凤天人姿，槃才②岂受人间羁。
占以隆栋大厦支，夒龙岳牧相畴咨③。
通商惠工安足奇，经纬宙合涤荡之。
凌烟图画倾一时，彼欣而立何人斯。

懿④哉吾友莫子偲。

①诗为题莫友芝像而作。莫友芝(1811—1871年),字子偲,号郘亭,晚号眲叟,贵州独山人。学者,书法家。曾为曾国藩幕宾。　②槃才:即大才。　③夔龙:相传为虞舜的二臣名,一为乐官,一为谏官。岳牧:相传虞舜时有四岳、十二州牧分别管理政务和方国诸侯,合称岳牧。后用为封疆大吏的泛称。畴咨:访问、访求。见《尚书·尧典》。　④懿:懿美、美德。

题南居老人家训册子二首①

一

乌程当国日,麟凤②总驱除。
太息南居老,身经战伐余。
一编颜氏训,九秩伏生书③。
付托词深厚,光风霁月如。

二

绝学通瀛海,经传有外孙④。
云仍文字乐,题记斗山尊。
几复留残社,干戈念旧恩。
后先遗老在,宝墨重玙琨⑤。

①自注:"南居老人,柯凤老之远外祖也。"　②乌程:即指三国时期吴末帝孙皓(242—283年),景帝孙休时封为乌程侯,后迎立为君。在位期间,专横残暴,奢侈范淫。晋灭吴后,封之为归命侯。麟凤:喻指济世之才。　③颜氏训:即《颜氏家训》,北齐时期颜之推撰。主要阐述立身治家之法,辩证时俗之谬,以训戒子孙。伏生书:即汉初经学家伏胜。《今文尚书》最早传授者。伏胜传经时年已九十余。古以十年为一秩。　④外孙:即柯劢忞。　⑤玙(yú)琨:均为美玉名。

宝禅寺①巷中感旧

宝禅寺巷,余舅氏威勇侯故居也。公名荣全,字润庭,为忠毅公额勒登保元孙②,同治间授伊犁将军。归来老矣,子生而公卒。国变后,宅鬻于人,而嗣侯亦不知所之。重经其地,不胜华屋山邱之感。

云栋霓栌③甲第开,归来巢燕认池台。
外家梨栗④当年事,上将箕裘⑤此日哀。

成多禄集

路误羊昙惟宿草⑥，园空马燧⑦剩秋槐。

东京老却兰居士，怕触前尘入梦来。

①宝禅寺：在西城北沟沿，其巷现为宝产胡同。　②额勒登保：见页8注①荣润全。元孙：即玄孙。清代为避康熙帝玄烨讳，玄，写作"元"。　③云栋霓栌：形容原府邸之壮丽、高耸。　④梨栗：刻版印书之木。　⑤箕裘：喻指继承祖业。　⑥路误句：见页56注⑤西州句。　⑦马燧：唐中期大臣。早年弃文习武，以军功封北平郡王，后以平李怀光功，赐园铭。卒谥庄武，图形凌烟阁。

为某宫监①题画扇

画出龙池柳一株，丝丝饱②带露华腴。

青莲老去风情减，不比销魂赐庆奴③。

①某宫监：姓名不详。　②饱：疑应为"袍"。　③自注："见《墨庄漫录》，又见姚宽《西溪丛话》。"

和半园西山潜庐之作二首①

一

尚有闲情作俊游，一天诗梦澹于秋。

晴空约略盘孤隼，旧侣②回翔似野鸥。

宫树远含双阙恨，夕阳低画四山愁。

荒庵不见归来客，孤负平生管乐③俦。

二

穿肠酒内一僧骄，也学谈兵话蓟辽。

到此已嫌秋气重，听来不复市声嚣。

烹茶别院夸新构，借榻高吟忆旧寮。

吾爱吾庐殊自得，神仙何必羡王遥④。

①诗作于乙丑年（1925 年）秋。徐鼐霖邀饮潜园，张朝墉有诗（附），众人和之。　②旧侣：指同游同饮之张朝墉、徐鼐霖、涂凤书、袁金铠共作者五人，均为二十年前龙沙旧友。　③管乐：即管仲、乐毅。　④王遥：传说中的仙人。晋鄱阳人，治病无不愈。一夜，离家不归。三十年后，弟子

见王遥于马蹄山，王更显年少丰采。

徐敬宜邀同成澹堪、袁洁珊、涂子厚
驾车四平台游灵光寺饮于潜庐

张朝墉

一

饱食无营作远游，燕郊古寺踏清秋。
身如大漠松缰马，心似横塘浴水鸥，
著屐每添高士趣，息兵差解细民愁。
鱼生羊胛饶边味，小集龙沙旧酒侪。

二

莽莽平原战马骄，桑乾远影接清辽。
霜威杀草寒应重，野火烧天气亦嚣。
落日僧归携画轴，荒台劫后补云寮。
飞车一路穿红叶，好放香山眼界遥。

感事四首①

一

十道苍头②起异氛，斗鸡再厉莽风云。
连衡古有衣冠会③，孤注人忧玉石焚。
未必中原收远势，可能卿子冠诸军④。
江南江北哀鸿集，一片秋声不忍闻。

二

军声十万涌秋潮，有客东西话两辽。
果得民心曹武惠⑤，自应师律霍嫖姚⑥。
淮徐待饮黄龙酒⑦，瀛海真歌朱鹭铙⑧。
乐府⑨杜陵前出塞，西风振野马萧萧。

三

雪北香南万里阴，老罴⑩负固气沉沉。

黄金有价成功首，赤帜争先惑众心。

触拔龙蛇闲处斗，权衡鹬蚌老谋深。

琼华铲尽⑪何人力，愁听遗民说到今。

四

荜门跧伏⑫望承平，销甲空闻息战声。

一哄鲁邹成故例⑬，万邦欧业笑新盟。

诡书只可归秦火，劣卒何妨作赵坑⑭。

毕竟天心难测识，樊川⑮垂老莫谈兵。

①诗作于十月。时值浙奉战争爆发，奉军败北，国内各种政治势力此消彼长。诗人感慨时局不靖，遂作此诗，以抒胸中之懑。　②十道：犹言十路。苍头：本指以青巾包头的士卒。这里代指直系军阀孙传芳所统率的浙、闽、苏、皖、赣五省联军。　③连衡：衡，应作"横"。连横，是在战国时期错综复杂的形式下所产生的一种政治斗争策略，当时以三晋（魏、赵、韩）为主，东连齐或西连秦，称作"连横"。衣冠会：即衣裳之会。指国与国间以礼交好的盟会。　④卿子冠诸军：据《史记·项羽本纪》，楚怀王命宋义为上将军，其他将领皆隶属宋义，"号为卿子冠军"。卿子，犹言公子，属敬称，这里可能指孙传芳，时任五省联军总司令。　⑤曹武惠：即北宋开国勋臣曹彬（931—999年）。征伐南唐时任统帅，严禁将士妄杀，受到江南士民的拥护。以军功升枢密使，进检校太师兼侍中，封鲁国公，卒谥武惠。　⑥师律：谓治军有方。霍嫖姚：即霍去病（前140—前117年），西汉名将，军事家。武帝时为嫖姚校尉，官至骠骑将军，封冠军侯，曾六次出击匈奴。　⑦淮徐句：指孙传芳部已攻至徐州。黄龙酒：犹言胜利酒，见《宋史·岳飞传》。　⑧朱鹭铙：古乐曲名。汉《鼓吹铙歌》十八曲的第一曲。　⑨乐府：诗体名。本指乐府官署所采集、创作的民歌，也用以称魏晋至唐代可以入乐的诗歌和后人仿效乐府古题的作品。唐代杜甫的《前出塞》，则属新题乐府（即事名篇，无复依傍）。　⑩老黑：喻声势逼人。据《北史·王黑传》，当王听到敌人入城的声音，手持白棒而出，大呼："老黑当道卧，貉子那得过！"这里可能借指段祺瑞（1865—1936年）。　⑪琼华铲尽：意谓消灭民国后残存的清室小朝廷。　⑫荜（bì）门：义同"蓬门"，指草野之家。跧伏：同"蜷伏"。　⑬鲁邹：即邹鲁（1885—1954年）。一九二五年十月初，以邹鲁为首的国民党右派十余人，在北京西山碧云寺召开所谓"国民党一届四中全会"，史称"西山会议派"。成故例：意为以后再难出现的前例。　⑭劣卒：当指军阀混战中，由流氓、土匪、兵痞这些乌合之众所组成的军队。赵坑：指秦昭王四十七年（前260年）发生的秦赵"长平之战"中，赵军四十多万人被俘坑死。　⑮樊

川：即唐代杜牧（803—852年）。著名文学家、军事家。曾为曹操所定的《孙子兵法》十三篇作注，并著有论治乱守战之理的文章多篇。

寿陈太傅①

房州②两载驻征鞍，行馆秋灯九月寒。

乱世豺狼皆地上，全家鸡犬自云端。

汉廷疏傅真元老，鲁殿灵光旧讲官③。

待得琼林重宴日④，笙簧醽醁赐金銮⑤。

①陈太傅，即陈宝琛，时在天津。　②房州：今湖北房县。　③汉廷二句：见页103注⑰疏傅，另见页159注㉙鲁灵光。　④待得句：见页235注㉖重宴琼林。　⑤醽醁（líng lù）：美酒名。赐金銮：意指由清废帝溥仪颁赐。

陈太傅以福桔橄榄相遗，赋此为谢

甘分闽海贡余时，穿出烽烟果亦奇。

少者先尝同腊酒，老人所赐即商芝①。

如闻憔悴吟边颂，颇有缠绵谏后思②。

问讯来禽与青李③，全盘消息倘能知？

①商芝：隐者之食。据晋代皇甫谧《高士传》，秦末有四皓（即四位高士），因见秦政暴虐，乃共入商洛隐地肺山，并作歌曰："晔晔紫芝，可以疗饥。"　②谏后：见页236注。　③问讯句：晋代王羲之《来禽帖》首句为"青李来禽"。来禽，即沙果。此处为水果的泛称。

题《稽山负土图》为冒鹤亭作四首①

一

白杨声萧萧，上有乌返哺。

毕逋复毕逋②，翛音而瘁羽③。

吾披稽山图，贤母足千古。

三棺数百里，致之力孔武④。

寒门出孤孀，经画仗嫠女。

岂然马鬣封⑤，操作日旁午。

想见荷锸时，寸寸皆辛苦。

空山燐火青，怪鸱叫风雨。
留将万古泪，渍此一抔土。

二

自来纯孝人，天亦孝报之。
不有欧柳母⑥，讵生曾闵⑦儿。
儿书未读尽，儿发忽已丝。
遗编付秦火，中心有余悲。
问君何所悲，天地忽倾隳。
生存逮禄养，誓墓今何为。
彼黍何离离，此冢何累累。
可怜衔石禽⑧，来往坟前飞。

三

吾舅威勇侯，遥遥世家胄⑨。
巍巍戡定功，铁券勋已旧。
愧我无纪闻⑩，外家祖与舅。
岂期陵谷迁，朱门换圭窦⑪。
小时读书处，万卷今已售⑫。
昨谒清河坟⑬，宿草绿如绣。
残碑卧斜阳，牧火燎石兽。
那来负土人，但见鼯鼬⑭斗。
深愧宅相言，当日赏已谬。
君今还故园，学种南山豆。
永怀龙门公⑮，吾佩杨子幼⑯。

四

忆昔定交始，同客在长安。
我时已鲜民⑰，而君犹承欢。
拟上君子堂，白发劝加餐。
娓娓道家常，旧闻闻数端。
或及负土事，悲笑杂辛酸。
瞻拜心未已，华屋秋云寒。
悲风号宰木⑱，草露凄不沄。

三复展墓诗，清泪为君弹。

此中有手泽，老人心力殚。

莫教贤子孙，但作图画看。

①稽山：即会稽山，在今浙江绍兴市东南。冒鹤亭，即冒广生，时任财政部顾问。绘此图者不详。 ②毕逋：鸟尾摆动的样子。 ③翛音句：此句似应作"瘁音而翛羽"。 ④力孔武：即"孔武有力"。甚武勇而有力。 ⑤马鬣（liè）封：坟墓上封土的一种形状。 ⑥欧柳母：欧，当指宋代欧阳修，四岁而孤，母郑氏亲教之，家贫，以画地学书。柳母，不详。 ⑦曾闵：即孔子的弟子曾参和闵损（字子骞）。俱以孝悌著称。 ⑧衔石禽：当指精卫鸟。此喻负土葺坟者。 ⑨自注："舅氏荣公全，为额忠毅公四世孙，袭威勇侯，同治中为伊犁将军。" ⑩自注："鹤亭有《外家纪闻》。" ⑪圭窦：指穷人的门户。墙上凿门，形状如圭（上锐下方）。 ⑫自注："余幼时曾读书舅氏家。"按：当指诗人陪业师王桐阶、七舅秀峰赴京乡试，寓居伯舅荣全家。见《年谱·己卯年》。 ⑬自注："外家墓在清河。"按：清河在北京城北，属昌平区。舅氏荣全墓在此。 ⑭鼯（wú）：俗称飞鼠，形似蝙蝠，前后肢间有飞膜，借此可在树间滑翔。鼪（shēng）：即黄鼬，黄鼠狼。 ⑮龙门公：汉文学家、史学家司马迁。生于龙门，故称之。 ⑯杨子幼：汉代杨恽，字子幼。官中郎将，封平通侯，有文名。其母为司马迁之女。 ⑰鲜（xiǎn）民：失去父母的孤儿。 ⑱宰木：专指坟墓上的树木。

寿王晋卿先生二首

一

拂袖天风纪壮游，天山朔雪蜀江①秋。

神君早已人间颂，博士何须海外求②。

画烛夜归前史馆③，海棠春醉旧祠楼④。

喜公新著随年录⑤，甲子编成已再周。

二

平生深愧不能文，能诵公文亦不群。

万里江河正汹涌，百篇兰芷自芳芬⑥。

明知成德非容若⑦，偏爱扬雄拟子云⑧。

天意百年兴礼乐，故留此老绍河汾⑨。

　　①天山：代指新疆。王树枏曾任新疆布政使司布政使。蜀江：即蜀水（锦江）流经成都平原。王树枏历任四川青神、彭山、眉山、资阳、新津、富顺、铜梁等县知县。　　②自注："东海、胶西均为外国博士，而先生独否。"按：东海，为徐世昌，曾得法国文学博士学位；胶西，为柯劭忞，著《新元史》，日本东京帝国大学赠与名誉文学博士。　　③史馆：王树枏曾任国史编纂处总纂。　　④自注："畿辅先哲祠，海棠最盛。"　　⑤自注："公有随年录。"　　⑥自注："时刻《陶庐百篇》初成。"按：《陶庐百篇》四卷，为诗人选辑王树枏文一百篇汇刻而成。署"吉林成氏十三古槐馆刊"，书名由郑沅题篆。　　⑦自注："公作澹厂诗序，有以纳兰容若相况之语。"按：王之序见《澹堪诗草》卷二。　　⑧自注："公与张濂卿先生均偏爱扬子云。"按：扬雄，字子云，汉文学家；张裕钊（1823—1894年），字濂卿，湖北武昌人，清散文家、书法家，曾师事曾国藩。　　⑨自注："刘壎诗：'一代风流起晋宋，百年礼乐寄河汾。'"按：刘壎，字少宣，客居济南，金人。河汾：见页63注㉘河汾。

寿铁者①

后海一鉴②摇晴空，先生坐卧空明中。
下视人物小于豆，百怪变幻随东风。
十年京国③踏尘土，白云天半和冥鸿。
有时欢然入吟社，到门奇气惊长虹。
古来英雄岂不老，七十八十成边功。
先生今年六十六，胡不再起扶余东。
虬髯之辈④安足数，一扫猿鹤兼沙虫。
先生大笑酡颜红，谓我所见殊不同。
人生百年贵知止，有园可止为吾宫。
书生唾手致开府，天之报者良亦丰。
头颅虽白腰脚健，难得耳目明且聪。
况乎有子万事足，神骏千里今犹童。
乾坤涤荡此辈事，老夫坐看真豪雄。
任他人世几沧海，皓然角里东园公⑤。
它日若问先生几何岁，笑指晚郎戏彩⑥成老翁。

　　①宋小濂生日为十一月十二日。　　②后海一鉴：指止园中有一大镜。③十年京国：1914年，宋小濂以参议院参政身份进京，至今已逾十年。　　④虬

髯之辈：见页 229 注 ⑧ 虬髯叟。　　⑤ 甪里：汉代周术，字元道，避秦居商山中，为商山四皓之一。东园公：汉代唐秉，字宣明，商山四皓之一。另二人为绮里季、夏黄公。　　⑥ 晚郎：即晚哥，宋小濂幼子。戏彩：传说中老莱娱亲之事。见页 294 注 ⑪。

画松为敬宜作二首①

一

阅尽沧桑指一弹，劲枝拗作老龙蟠。

潜庐②也有松千尺，要与图中比岁寒。

二

李艳桃妖各一时，孤芳休怨赏音迟。

渊明老去何潇洒，偏爱东园独树姿③。

① 此为题画诗。《画松》作者不详。　　② 潜庐：徐鼒霖在北京西山别墅。　　③ 偏爱句：陶渊明《饮酒二十首》诗有"青松在东园，众草没其姿"句。

题《寒香馆遗稿》二首（代马通伯作）①

一

万口争传却聘书，叠山心迹自萧疏②。

东林③纵少回天力，北海犹堪避地居。

人老梁溪秋水外，诗成宾馆落花初。

寒香遗稿埋心史，井底重寻恨有余。

二

何事春秋来谒陵，何须江海去为僧。

说经安砚自千古，传钵授衣惟一灯。

畸士槃荰留瘄痳④，清芬兰雪到云仍⑤。

白头我亦悲陵谷，欲接高风恐未能。

① 《寒香馆遗稿》，清代辛陛著。辛陛，字克羽，梁溪（江苏无锡）人。马通伯：马其旭（1855—1930 年），字通伯，安徽桐城人，为桐城派末期代表作家。　　② 万口二句：南宋抗元将领谢枋得，号叠山。见页 223 注 ⑮。　　③ 东林：指明末东林党。由下野或在野的士大夫组成，代表进步势力的政治集团，后遭到阉

党的残酷迫害。　　④畸士：指奇特之士。軮莚（kē）：快乐、宽和的样子。《诗经·卫风·考槃》："考槃在阿，硕人之莚。"寤寐：醒时与睡时。引申作日夜。⑤清芬兰雪：喻品行高洁。云仍：泛指远孙。宋·陆游《秋夜读书有感》："妄意斯文力弗胜，苦心犹欲付云仍。"

精忠柏①

风波亭下坏云紫②，碧湖冤浸玻璃水。

老柏化人如故侯，南枝凛凛苍龙遒。

侯有坟首柏有庙，丹墀跪奸白铁笑③。

空心断节争寸丹，灵旗风雨精忠号。

钢柯三尺四尺长，元精耿耿神鬼藏。

树犹如此人不亡，番舶载去留纲常。

吾国纤儿④嘲且骂，纲常岂抵黄金价。

西陵⑤松柏今已无，盍观公园种树庐。

乌呼种树人几百，何人种得精忠柏！

①自注："漫社诗题。"据张朝墉《乙丑集》，全名应为"移奠精忠柏歌"。精忠柏原为杭州大理院狱中风波亭的古柏。岳飞入狱后，古柏枯死，坚如铁石，僵而不仆，人称"精忠柏"。后毁于兵火，至清同治年间，方掘得数段，已经石化。1922年王丰镐将之从众安桥下移到西湖。现在西湖岳墓入口处。　　②风波亭：相传岳飞遇害处。故址在今杭州小车桥附近。云紫：即紫云，祥瑞的云气。《南史·宋文帝纪》："江陵城上有紫云，望气者皆以帝王之符。"　　③丹墀句：岳墓阙下，有四个铁人跪像，即陷害岳飞的秦桧等四奸臣。墓阙上有联语："青山有幸埋忠骨，白铁无辜铸佞臣。"　　④纤儿：小儿。　　⑤西陵：清西陵，在河北易县城北十五公里的永宁山下，为清皇室陵墓群之一。葬雍正、嘉庆、道光、光绪及后妃。

拆城谣

昨拆正阳门，今拆宣武城①，

万夫力蹵神鬼惊，砖石嶕峣②怒不平。

夜深老砖作人语，大呼石兄吾语汝：

不惜千金买薜班，大人先生真好古。

砖公砖尔勿喧，听我为君作晋言③：

连云巨室④巉峣已尽，老夫牵率搜墙根⑤。

道旁闻者泪沾臆，几年战局可回忆。

败鳞残甲不敢前，保障万家谁之力？

岂知大府⑥别有权，治国如治大路然。

好官不过多得钱，区区一城何有焉。

君不见：长城崩，祖龙⑦死；

夺门来，赤帝子⑧。

①正阳门：俗称前门。原系明、清两代北京内城的正门。1916年拆除瓮城。宣武城：北京内城的西门。　　②巉峣（jiāo yáo）：高耸。　　③晋言：同"进言"。　　④连云巨室：豪富之家。　　⑤自注："谚之翻腾旧产为搜墙根。"　　⑥大府：指段祺瑞，时任临时政府"执政"。　　⑦祖龙：秦始皇嬴政的别称。祖，始；龙，皇。　　⑧赤帝子：指刘邦。

后大黄诗二首①

一

数载贤良寺，欢然与尔依。

嗜肝空见累，食肉可能飞②。

戏蝶随花舞，衔禽带雨归。

冬来偏近墨，憔悴尔金衣。

二

贪眠龙抱首，见客虎伸腰。

足便先登捷，毛宜遇顺调。

鸡虫谁得失，蛮触③任喧嚣。

乐子无知意，生平爱此猫。

①大黄：为诗人喜爱的猫名。参见《大黄诗》。　　②食肉句：见页60注⑭。　　③蛮触：见页96注④触蛮。

赠黄黎雍①

风雪柴门饯腊时，九天珠玉远相贻。

早闻落落袁安语②，盛说汪汪叔度③姿。

明月梅花江上酒，春风杨柳客中诗。

辽东自古推三老④，授钵传衣更属谁。

①诗赠黄式叙（字黎雍），作于十二月（腊月）初。 ②落落：坦率直言。
袁安：后汉汝阳人，字邵公。因"卧雪"而举孝廉、拜太守、迁太仆、进司徒。
反对太后兄窦宪专权，每每朝见时与大臣们言及国事，慷慨陈词。 ③叔度：
后汉慎阳人黄宪，字叔度。见页86注④黄叔度。 ④三老：清代辽东三
大诗人：即李微君（1686—1755年），奉天铁岭人，有《睫巢诗集》廿卷等；
马长海，字汇川，满洲人，有《雷溪草堂集》；梦谢山，字文子，蒙古人，乾
隆进士，有《太谷山堂集》。后人为这三人结集《辽东三家诗钞》，收三种十四卷。
推三老：在黄式叙《松客诗集》中，推写作"夸"。

生日待家人不至二首①

一

去岁我生日，戒余无出门。

今朝汝留滞，八表②正昏昏。

竹叶一樽酒，松花何处村。

知君坐今夕，含笑语儿孙。

二

一饔③常赖汝，况复值生辰。

草草杯中物，寥寥座上宾。

长怀乌剌国④，犹忆哈尔滨。

知否梅花意，含香待主人。

①诗作于十二月初八诗人生日。时夫人唐淑回吉林、哈尔滨看望儿
孙，尚未归京。 ②八表：见页132注⑧八表。 ③饔：烹调菜肴。
④乌剌国：即乌拉部，明海西女真四部之一。都城在吉林市北七十里乌拉街。

除夕寄内①

灯火人家簇玉河，最无聊赖是笙歌。

诗书未毁仍浇祭，寒暑全忘况寐吪②。

路渐可通音更少，别当垂老感尤多。

劝君好进屠酥③酒，莫望京华唤奈何。

①诗作于乙丑年（1925 年）除夕，时夫人留滞东北未归，因作诗寄之。
②寐吪（é）：熟睡不动之意。《诗经·王风·兔爰》："我生之初尚无为，我生之后逢此百罹。尚寐无吪！" ③屠酥：酒名。古代风俗于正月初一日饮此酒。

丙寅元日二首①

一

小园高卧四无邻，鸡犬仙源岁自新。
秋叶玉沟题梦地，春风白塔趁墟人②。
峨峨城阙迷丹凤，渺渺音书忆素鳞。
多谢朝阳呈异色。晴窗随处灿金银③。

二

行人驻马赏楹联④，又是春风贺岁天。
湖海风流燕市酒，辽金谣谚虎儿年。
商量旧侣敲诗地⑤，检点新游买画钱⑥。
老子婆娑同一乐，且看儿辈放风鸢。

①诗作于丙寅年（1926 年）元旦，诗人时在北京。 ②自注："余所居曰沟沿，盖御沟也。又对白塔寺，每逢月之五日、六日，游人甚盛。" ③自注："岁杪几为钱神所窘，故云。" ④自注："余署门曰：'门迎白塔寺，春满黄金台。'人颇赏之。" ⑤自注："谓谷社。"按：经短期酝酿，谷社于丙寅上元（正月十五日，1926 年 2 月 27 日）成立，社友有张朝墉、宋小濂、成多禄、延鸿、徐鼐霖、路朝銮、周贞亮、孙雄等人。 ⑥自注："谓厂甸。"按：厂甸，在北京和平门外至琉璃厂一带。每逢春节至元宵，该处遍设席棚出售书画。

新年三日寄怀陈弢庵太傅①

巢燕依然恋帝阍②，桥鹊久未听天津③。
偶逢正朔初三日，苦忆中朝第一人④。
芝草引年终为汉⑤，桃花避地不知秦⑥。
銮舆预计宜回狩⑦，鸿渚⑧公归或此春。

①正月初三日诗人作此诗时，陈宝琛仍在天津陪伴溥仪。 ②帝阍（hūn）：

指紫禁城。　　③桥鹊：意谓传讯之人。天津：时清废帝溥仪寓居天津静园。　　④
中朝第一人：这是诗人对陈宝琛的高度评价。　　⑤芝草引年：指延年益寿。汉：代
指清王朝。　　⑥桃花句：用晋代陶渊明《桃花源记》故事。　　⑦回狩：同巡狩。
盼溥仪回北京。　　⑧鸿渚：隐指大雁南来之时。

人日约饮①

人日约王晋老、柯凤老饮，并希携两公子同来。

春上旧松塔②，诗题新草堂。

客星白发短，人日绿醅香。

有子经传向，他年诗说匡③。

迟公携幼意④，饮酒当还乡。

　①题目为编者所加，原诗题移作序。诗应作于人日（正月初七日）之前，
系约王树枏、柯劭忞携子来饮的请柬。　　②松塔：即万松老人塔。见页
214注④自注。　　③有子二句：向，刘向，西汉经学家、目录学家、文学
家。其子刘歆亦为经学家。匡，匡衡，西汉经学家，善说《诗》，时引经义以
议论时政。　　④迟公句：迟公，当指上古贤人迟任。在《尚书·盘庚》中，
引迟任言曰："人惟求旧，器非求旧，惟新。"幼，指所邀两公子。惟新，意
指公子为后起之秀。

赠日人兼呈诸老三首①

十六日旧雨轩小饮，即席赠日本濑川、小田、切林出、今关诸君，兼呈蓼园、
陶庐、止园诸老。

一

携得瀛东②两袖云，雍容诗酒尽能文。
幽篁③深处留佳客，颇觉清风似此君。

二

经谈天竺拈花笑，舟引三山采药回。
一样流传古文字，圣人东去佛西来。

三

被酒高歌旧雨轩，纵横八表唱名言。

山人不预人家事，但买春灯过上元。

①诗作于正月十六日。同席之日人有四，均待考。蓼园为柯劭忞，陶庐
为王树枏，止园为宋小濂。诗题为编者所加，原诗题移作序。　　②瀛东：
指日本。　　③幽篁：竹林。旧雨轩为南客厅，周围环以竹林。

和李竹吾二首①

一

禁城此夜放金吾②，人影灯光画不如。

春到树云怀白也③，诗来秾丽似黄初④。

擘窠⑤有客惊龙鹘，行箧谁家渺雁鱼。

何必菩提真有树，闻声相忆味常余。

二

又结新诗一笑缘，拈花妙处可参禅。

开元白发金台⑥客，寒食黄州玉局仙⑦。

差喜神交通癙寐，但愁佳日似云烟。

张郎亦有江郎赋⑧，春草春波两黯然。

①李竹吾，即李祖荫，字竹吾，安徽巢县人，生平不详。此诗作于正月
十五日前后。　　②放金吾：犹言金吾不禁。金吾，汉官名，掌管京城戒备，
禁人夜行。惟正月十五夜及前后各一日敕许金吾开放夜禁。　　③白也：清代
李寅，字白也，画家，尤工桃花杨柳。　　④黄初：本为三国时期魏文帝曹丕
年号（220—225年），后世亦作为对"建安诗风"的别称。　　⑤擘窠：指以
大字作书。　　⑥金台：原为燕昭王为郭隗建筑的宫台。这里喻指贤良荟萃的
所在。　　⑦寒食黄州：指宋代苏轼存世墨迹《黄州寒食诗帖》。玉局仙：指
下棋的高手。玉局，是对棋局的美称。　　⑧自注："半园有小印曰'长鬣张郎'。"

附　　　　　　　　　　**和竹珊寄怀李竹吾韵**

　　　　　　　　　　　　　　张朝墉

一

大字擘窠果胜吾，关杨气味又奚如①。

南楼送我春灯后，北直怀君夜雪初。

卷地沙尘狂似虎，罹灾村舍食无鱼。

渭川千亩添新竹，明月三人快有余。

二

默证灵山香火缘，缘深无处可逃禅。

迢遥关塞鸿能度，老死书丛蠹亦仙。

何日同沽京口酒，残年且坐蓟门烟。

图南原具鲲鹏志，烽火纵横一惘然。

《半园诗集》

① 自注："关：李华；杨：惺吾。"

失小白猫

　　有猫曰"小白"，外国产也。洁白如银，尾作黄金色，毛毿毿三寸许。性驯甚，招之即至，闻吾吟诗声，辄于庭前戏落花，作狮子舞，楚楚然可人意，余甚爱之。忽入山不知所终，因作此诗。

春风吹却小狸奴①，颇搅情怀溷老夫②。

心似放猿偏怅触③，味如失鹤少追呼。

满身花露归犹未，一径槐风望欲无。

悔不书丛留倩影，倩人早画雪狮图。

① 狸奴：猫的别称。　② 溷（hùn）：打扰，受累。老夫：诗人自称。　③ 怅触：慨叹失意貌。

题延茜士小西涯图四首①

一

小小吟庐远远潭，最清幽处似精蓝。

晓风杨柳堤长短，春水桃花舍北南。

海内依然推祭酒②，画中何必定诗龛。

他年愿借江香③笔，添得狂吟客两三。

二

南洼以外此林塘，万苇青青夕照黄。

北望湖光连净业④，南来亭子比沧浪⑤。

几朝未了科名梦，十里犹闻云水香。

堪笑城南小万柳⑥，有人还占旧书堂。

三

人自荷香深处来，承平诗酒足生涯。

柳桥一路通银淀⑦，松树前头入玉街。

修史竹间分画笺，退朝花底索吟牌。

放怀未免成今昔，收拾清风入渐斋⑧。

四

高卧西涯已不群，唾壶击缺⑨况论文。

天涯裙屐联新雨，日下壶觞续旧闻。

买得上元千顷月，袖来前海一湾云。

冰蚕饮水词人事，雅颂诗名合让君⑩。

①丙寅年上元（正月十五日，1926年2月27日）谷社在延鸿住所举行诗会，此为诗题。小西涯即延鸿居处，在海潮寺、银锭桥附近。作者题下注称："小西涯图画为某女史作。"　②祭酒：官名，国子监主考者称祭酒，清末废，延鸿曾任考试留学生主试官，故称之。　③江香：清代女画家马荃，字江香，常熟人。　④净业：净业湖，即北京积水潭。　⑤沧浪：沧浪亭，在江苏苏州。⑥小万柳：即南万柳堂，清代冯溥建。　⑦银淀：银锭桥，在北京地安门西北，当年是城中看西山风景最胜处。　⑧自注："茜士斋名。"　⑨唾壶击缺：比喻诗兴很高。据《北堂书钞·语林》载，大将军王敦每在酒后，辄咏曹操诗："老骥伏枥，志在千里；烈士暮年，壮心不已。"并以铁如意击唾壶（即放在案上的痰盂）为拍节，结果"壶尽缺"。　⑩自注："《冰蚕词》，承龄作；《饮水词》，成德作；《熙朝雅颂集》，铁保选。"按：承龄，满洲镶黄旗人，姓裕瑚鲁氏，字子久，道光进士，官至贵州按察使。成德，即纳兰性德，姓那拉氏，原名成德，清代著名词人；铁保，满洲正黄旗人，姓栋鄂，字冶亭，乾隆进士，嘉庆时官至两江总督。晚年曾谪居吉林。

病忆①

世乱悲流转，年衰畏别离。

何堪今日病，更益远人思。

老屋萦心曲，新霜上鬓丝。

药炉香不断，冷暖自扶持。

① 题下有注："内子赴吉林未归。"

题慎始基斋校书图①

高隐城东慎始基，柳堂深处万花齐。

功兼黄顾②论甘苦，世以祁郊③共品题。

老辈文章香有瓣④，深宵仇勘焰吹藜⑤。

几年秦火连湘鄂，独幸陈编付枣梨⑥。

① 绘者不详。卢靖，室名为慎始基斋。　② 黄顾：黄，指清代黄丕烈，吴县人，大藏书家；顾，指清代顾广圻，仁和人，精于校书。　③ 祁郊：祁，指明代祁承业，浙江山阴（今绍兴）人。好藏书，精于校刊，有《澹生堂书目》。郊，究指何人，待考。　④ 香有瓣：古人以拈香一瓣，表示对他人的敬仰。宋·曹彦约诗："诗才清不美沧浪，曾向欧曾接瓣香。"　⑤ 焰吹藜：古人以燃藜照读，形容用力之勤。仇勘：即校仇。汉·刘向《别录》："一人读书，校其上下得谬误，为校；一人持本，一人读书，若怨家相对，为仇。"　⑥ 枣梨：指木刻书版。

咏半园所藏嘉庆御园图墨①

平生人与墨同磨，收拾龙宾②入放歌。

过眼风烟二月半，㩳身③楼阁五云多。

豪情吟共铁如意④，雅制爱犹金叵罗⑤，

谁向名园问今昔，伤心三十二丸螺⑥。

① 此为谷社第二集诗题，当作于二月中旬。张朝墉所藏御园图墨，"一面夔龙绕斋榜，一面岛屿精彫镌"（张同题诗）。　② 龙宾：神话传说中的墨精。　③ 㩳（sǒng）身：㩳，通"耸"。　④ 铁如意：见页281⑨"唾壶击缺"一典的注释。　⑤ 金叵罗：酒杯名。李白诗："葡萄金叵罗，吴姬十五醉马驮。"　⑥ 三十二丸螺：指御墨三十二块。丸螺，据明代陶宗仪《辍耕录》，"至魏晋时始有墨丸，乃漆烟松煤灰和为之。……自后有螺子墨，亦墨丸之遗制。"

清明日集子厚斋中分韵得郊字二首①

一

门掩长街有客敲，芳厨新试入闽庖。

抽芽处处惊雷笋，插柳②家家带露梢。

喜看锄犁耕绮陌③，怕听梁燕语危巢。

去年蚂蚁坟前路④，匹马春风纵远郊。

二

借得蓬瀛水一坳，庾园⑤佳处小于巢。

歌呼有客同燕赵，寒瘦何人似岛郊⑥。

酬节敢辞今日醉，倚楼惊看乱星抛⑦。

风流赌墅⑧浑闲事，一任扬雄⑨自解嘲。

①诗作于二月廿三日（4月5日）清明节。子厚，即涂凤书，字子厚。　②雷笋：俗说雷后竹笋怒生。插柳：属古代岁时习俗。每逢清明节，家家大门口要插柳条，小孩要戴柳条圈，有"清明不戴杨柳，外甥认不到娘舅"的俗语。　③绮陌：纵横交错的道路。　④自注："去年此日，曾出游城外蚂蚁坟诸处。"　⑤庾园：指晋代庾亮的私园。公暇时，庾亮常与僚吏登楼赏月，饮酒赋诗。　⑥岛郊：指唐诗人贾岛、孟郊，史有"郊寒岛瘦"之说。　⑦自注："时正有飞弹之恐。"按：飞弹，即飞机投掷炸弹。四月初，奉直鲁联军分四路向北京国民军进攻，战事正紧。　⑧赌墅：前秦苻坚率兵百万欲灭东晋，晋军统帅谢安镇定自若，在作好军事部署前还与人下棋，以别墅作赌注。见《晋书·谢安传》。　⑨扬雄：汉文学家，曾撰《解嘲》文。

酬黄黎雍二首①

一

天末响晴雷，危城日几回②。

春随余病去，风送好诗来。

刻画无盐意③，飞腾江夏才④。

平生寡期许⑤，襟抱为君开。

二

百年征戍地，圣武震⑥辽阳。

独以诗人殿，如闻王者香⑦。

群龙犹战野⑧，孤凤自鸣冈。

何日松花上，藏山业一商。

①黄黎雍，即黄式叙（1885年—？），辽阳人。时任中东铁路督办公署秘书。　②天末二句：指京城一带战事。　③刻画无盐意：细致地描绘

丑女无盐。比喻以丑比美，不伦不类。《晋书·周𫖮传》："庾亮尝谓𫖮曰：'诸人咸以君方乐广。'𫖮曰：'何乃刻画无盐，唐突西施也。'"　④江夏才：指东晋大臣庾亮，曾镇守武昌。　⑤期许：期望，企盼。　⑥圣武：意指清朝初年的武功。震：黄式叙《松客诗集》为"话"。　⑦王者香：兰的别称。《乐府诗集·猗兰操序》："（孔子）自卫反鲁，隐谷之中，见香兰独茂，喟然叹曰：'兰当为王者香，今乃独茂，与众草为伍。'"　⑧群龙句：指当时军阀混战。《易·坤》："龙战于野，其血玄黄。"

题筠厚僧衣小照四首①

一

漂泊孤城炮火飞，豪家争向外侨归②。
道人长物浑无有，一个蒲团一衲衣。

二

佛老功深三十年，欲将出入较前贤。
东坡老去朝云逝，何必谈禅总是禅。

三

如何了却两如何，斩断根尘一刹那。
悟得散花③皆幻相，诸天岂有病维摩？

四

朗诵华严度众生，生公法力最堪惊。
我因早受尼山④戒，不敢随人说妙明⑤。

　①于翰笃（字筠厚）穿僧衣照像，诗人见之有感而为诗。从诗意看，于可能削发为僧，或长年礼佛。　②豪家句：意谓避居于外国在华租界。　③散花：佛教故事。维摩诘（佛名）生病，有一天女用天花散在诸菩萨及大弟子身上，唯大弟子身上著花不落。天女曰："结习未尽，故花著身。"　④尼山：山名，在山东曲阜市东南。后世以尼山、尼丘作为孔子的别称。　⑤妙明：指精深的佛理。

寿黄申甫二首①

一

太守贤声动四邻②，伯鸾③风度自嶙峋。

尊前落落金台酒，袖底萧萧玉塞尘。

一穗青灯裁旧史④，百年黑水传先民⑤。

白头颇爱陶彭泽，自署羲皇以上人。

二

当年灵谷⑥看奇云，云海仙璈⑦处处闻。

章贡⑧之间留此老，欧曾⑨而后见斯文。

豺狼满地成何世，鸾凤翔天自不群。

椿树八千⑩君六十，此中春色要平分。

① 黄维翰（字中甫）生日为三月十八日，时值六十整寿。　② 自注："君守呼兰，我守绥化，境相接也。"　③ 伯鸾：即梁鸿，字伯鸾，东汉初隐士。　④ 裁旧史：黄维翰时任国史编纂处编辑部主任。　⑤ 黑水传先民：黄维翰撰有《黑水先民传》一书。　⑥ 灵谷：山名，在今江西省抚州市临川区东南。山中有石灵像，故名。　⑦ 仙璈（áo）：仙乐；高妙的乐曲。璈，古乐器名。　⑧ 章贡：赣江之西源、东源二水名。黄为江西人，故言之。　⑨ 欧曾：唐宋八大家的欧阳修、曾巩，均为江西人。　⑩ 椿寿八千：《庄子·逍遥游》："上古有大椿者，以八千岁为春，八千岁为秋。"

哭铁梅四兄四首①

一

中宵坐起总心惊，老友无端隔死生。

陵谷已成千古恨，笠车况复廿年②情。

清新诗草思开府③，绰约梅花忆广平④。

正是怕闻邻舍笛⑤，风泉卷入鼓鼙声。

二

石大兴安⑥万里遥，魻魻伟略慑天骄⑦。

当年戎幕同盘马，尚有胡儿说射雕。

金甲春农王相国⑧，画楼⑨边策季文饶。

弓衣绣遍浑闲事，付与中西士女谣。

三

城西城北各为家⑩，十载春明纪梦华⑪。

一局棋枰观壁上⑫，满襟涕泪又天涯。

竟辞吟社朝来酒⑬，愁看名园雨后花。

太息楹联成绝笔⑭，尚留奇气走龙蛇。

四

挥尽千金⑮不复来，当时薏苡⑯枉疑猜。

空悲良友⑰成佳传，最晚孤儿⑱亦隽才。

老屋数间寒似水，遗书万卷乱成堆。

同游同里皆堪忆，忧患余生老更哀。

①丙寅年三月初十（1926年4月21日），宋小濂在北京逝世。民国政府明令抚恤，徐鼐霖经理其丧事，成多禄等友作挽诗哭之。　②廿年：成与宋自1904年于齐齐哈尔副都统程德全幕中结识订交。至诗人作诗时已二十余年。笠车：即"车笠交"，指贵贱不移的好友。晋·周处《风土记》："越俗性率朴，初与人交有礼，封土坛，祭以鸡犬，祝曰：'卿虽乘车我戴笠，后日相逢下车揖。我步行，君乘马，他日相逢君当下。'"　③清新句：唐·杜甫《春日怀李白》诗："清新庾开府，俊逸鲍参军。"这里是对宋小濂《晚学斋诗草》的赞评。开府，指庾信，南北朝时著名诗人，官开府仪同三司。　④绰约句：唐代宋璟，封广平郡公。工文辞，曾作《梅花赋》，皮日休极称之。　⑤邻舍笛：见页63注㉒短笛句。　⑥石大兴安：外兴安岭，亦称斯塔诺威岭，"石大"与"斯塔"谐音。　⑦觥觥（gōng）：刚直壮健之貌。天骄：当指沙俄。　⑧金甲句：杜甫《诸将五首》之三有"稍喜临边王相国，肯销金甲事春农"句。王相国，指十六国时前秦丞相王猛。　⑨画楼：唐代李德裕任西川节度使时，在今四川成都西郊建筹边楼，四壁画边地险要，每日与僚属在此研究守边之策。宋代陆游撰《筹边楼记》以纪之。　⑩城西句：成住城西，宋住城北。居京已十年。　⑪春明：原长安城一门，代指北京。梦华：即《东京梦华录》，宋代孟元老南渡后追忆北宋都城汴梁繁盛而作。　⑫观壁上：即作壁上观。冷眼旁观时局的变化。典出《史记·项羽本纪》。　⑬自注："前日社集，铁梅忽作庄语：'再不复来'云云。"　⑭自注："病日晨起，犹作楹帖两张。"　⑮挥尽千金：约指宋小濂晚年购置止园一事。　⑯薏苡（yìyǐ）：俗称"药玉米""回回米"，有药用价值。汉名将马援由交趾还军时，载之一车，备作种籽，而不明真相者却以为车中所载为明珠文犀。在他死后，有人上书诬告。后遂用"薏苡明珠"一典，喻清白之人无端蒙冤。　⑰自注："谓王晋老。"按：王树枏为宋撰墓志铭，句中"佳传"即指此。　⑱自注："谓晚哥。"

赠梅上人①四首

一

古寺野云边，巾瓢意洒然。

春随蓝尾去，琴带绿阴眠。

余亦能高咏，偶来思妙诠。

他年梅万树②，长老话龙泉③。

二

结夏托微病，踏春时一吟。

莺啼知酒意，花落悟禅心。

旧石三生远④，空堂一磬深。

孤寒培八百⑤，嘉木渐成林。

三

茫茫四海波，小劫坠修罗⑥。

笑尔龙狼⑦力，能如龙象⑧何。

帘深香自在，池小咒摩呵⑨。

欲了人天愿，众生如许多。

四

戴画翁书外⑩，含豪又一奇。

暗香和靖句⑪，佛火阆⑫仙诗。

冷月空边相，孤花定里姿。

袈裟如可借，颇动坐禅思。

①梅上人：即龙泉寺僧明净，又称逸梅，生平不详。　②树：原稿遗此字，据家藏条幅迳补。　③自注："上人为龙泉寺［僧］，工琴，善画梅。"④旧石句：借用三生石一典。此典以佛教的轮回观点，编述唐代李源与转世的惠林寺僧园观再次相逢的故事。诗文中常作为因缘前定的典故。　⑤自注："寺中有孤儿院。"　⑥修罗：即阿修罗，梵语。意译为非天，古印度神话中的恶神名。　⑦龙狼：龙，疑应作"厐"（máng），多毛的狗。　⑧龙象：佛教用语。比喻佛门法力之大。　⑨摩呵：池名，隋代萧摩诃所置。故址在今四川成都旧城东南。　⑩自注："寺有戴文节公画，翁常熟书。"按：戴文节公，即戴熙；翁常熟，即翁同龢。　⑪暗香句：宋代林逋，字君复，卒赐和靖先生。其《山园小梅》诗，有咏梅名句："疏影横斜水清浅，暗香浮动

月黄昏。" ⑫阆:疑为"阆"之误。唐代贾岛,字阆仙,一作浪仙。初为僧,后还俗。

饯春分韵得记字①

良友②云殂,好春又至,言饯于社,悠哉悠哉,伤时叹逝,短歌当哭云尔。

春去犹可还,人去不复至。
感旧复伤时,一样难抛弃。
数载京华游,老友仅三四。
往年送春归,曾作止园记③。
杯酒山石间,野坐乱巡次。
水风袭轻裾,里语④亦高致。
何来鼙鼓声,白昼现魑魅。
佳日不可留,匆匆了花事。
况闻薤露⑤歌,花市东头寺。
行人及涯返,滴尽伤春泪。
达哉路瓠庵⑥,齐物⑦得庄意。
修短知随化⑧,去来了无异。
夺彼造化权,付与小儿戏。
蟠胸万古春,任尔归何地。
何必闻晓钟,今夜不须睡。
一盏酬东君,我亦拼一醉。

①此为谷社诗题,由路朝銮值社。 ②良友:指刚逝世不久的宋小濂。 ③往年二句:指甲子春所作《止园修禊》诗。 ④里语:即俚语,或指东北方言。 ⑤薤露:古挽歌名。 ⑥自注:"是日路金坡值社。" ⑦齐物句:《庄子·齐物论》。 ⑧修短句:晋·王羲之《兰亭序》:"长短随化,终期于尽。"

寿白翔①

丝鬓禅床聚客星,好将萧寺作扬亭②。
卖文夙价腾鸾掖③,暖老痴情到凤伶④。
斗酒双柑⑤携屐至,黄钟大吕⑥把杯听。

289

壮心飞舞浑如昨，匹马秋边放海青⑦。

①张朝墉寿辰为四月初三日。　②自注："时在东城成寿寺。"　③凤价：意谓平时规定的润格。凤，平素，旧。鸾披：同鸾台，唐代门下省的别称。这里代指京师。　④自注："歌者凤云，半园极赏之。"　⑤斗酒双柑：指游春时携带的器具和酒食。唐·冯贽《云仙杂记》："戴颙春携双柑斗酒，人问何之，曰："往听黄鹂声……'"后指游春。　⑥黄钟大吕：古代乐律名称。　⑦海青：即海东青，一种能捕捉天鹅的猎鹰。

游崇效寺①

十里枣花香，人来白纸坊②，
朴公留此卷③，终古镇禅房。
松杏悲今昔，烽烟接混茫。
牡丹开又落，花外几兴亡。

①崇效寺：俗名枣花寺，在广安门内。花事最繁，尤以牡丹为盛，闻名北京。　②白纸坊：地名，在广安门内。崇效寺位于此地。　③朴公：指周树模（字少朴）。留此卷：当指留下墨迹。

乞弢老画松①

苏戡贻我苍松句②，拔地参天画最奇。
不是天留听水老③，更何人敌海藏诗④。
种桑难竟山河感，惜木能无际会⑤思。
同此风霜同此墨，请公放笔一为之。

①诗为请陈宝琛画松而作。陈工画，以画松尤精。　②自注："苏戡为我画松题句云：'今日为君闲放笔，不知是墨是风霜。'"按：苏戡，郑孝胥。　③听水老：陈宝琛自号听水老人。　④海藏诗：郑孝胥室名海藏楼，有《海藏诗集》。　⑤际会：清·孙希旦《礼记集解》："谓于吉凶之事，相交际而会合也。"

寿法安和尚①

年来心似退庵僧，颇爱瞿昙说上乘②。
兰若③东头听雨住，翠微高处带秋登。

风云常护三生塔，衣钵新传再世镫。

老兴与公同不浅，高吟洒遍剡溪④藤。

①诗为贺贤良寺法安和尚八十寿辰而作。　　②瞿昙：即瞿昙悉达，天竺人。唐玄宗时官太史监，受诏译佛历，称《九执历》，并著有《大唐开元占经》一百一十卷。诗中代指法安和尚。上乘：佛教大乘亦称上乘。　　③兰若：即寺庙。梵文阿兰若的略语。　　④剡（shàn）溪：地名，在浙江嵊州市。溪水制纸甚佳，古代以产藤纸、竹纸闻名。

送马通老南归二首①

一

一代雄文殿本朝，桐城嫡乳接方姚②。

校书天禄③云千卷，载酒春明月一瓢。

经作史材文更富，儒兼禅理境尤超。

识公深悔年来晚④，欲附青云鬌已凋。

二

江南三月乱莺飞，春水诗舲绿已肥。

乐府怕歌将进酒⑤，禽言偏唱不如归⑥。

伤心乡里多年别，回首沧桑万事非。

何日更逢千叟宴⑦，重来宫锦换荷衣⑧。

①马通老：即马其旭（1855—1939年），字通伯。丙寅（1926年）夏南归安徽，成作诗送别。　　②桐城：清代散文流派，方苞开创，姚鼐等继之。马其旭亦为桐城人，世誉为桐城派末期代表人物，故诗中称"嫡乳"。③天禄：汉殿阁名，萧何所造，为藏典籍之所。马其旭三十岁以后，专治群经，旁及子史，著述甚丰。　　④识公句：成结识马通伯，在漫社成立前后，因叹"年来晚"。　　⑤乐府句：指李白诗《将进酒》，属乐府体裁。　　⑥不如归：杜鹃鸟的啼声有似人言"不如归去"。　　⑦千叟宴：见页366注⑦。⑧荷衣：用荷叶编成的衣裳。引申为隐士之服。

荷花生日①

一从识濂溪②，花被君子号③。

相赏两相忘，虚声那可盗。

今日天气佳，随意恣吟啸。
何必作野游，江亭与高庙④。
盈盈十刹海⑤，雅称诗人棹。
一步一莲花，禅意动微妙。
水仙眷佳辰⑥，翩翩饰风貌。
红妆对白头，愈显老夫耄。
何修问六郎，颜驻年尝少。
狂歌酬花丛，神采惊四照。
何来辞社人，翩然白高蹈。
羞与花为伍，众作鄙蝉噪。
微闻媚古人，生日作诗料。
我欲问荷花，临风但一笑。

①诗作于六月二十四日。古称是日为观莲节，传说是荷花生日。此为谷社诗题。　②濂溪：宋理学家周敦颐，世称濂溪先生。　③花被句：周敦颐作有《爱莲说》，将莲花誉为花中君子。莲花，亦称荷花，二名多混用。④江亭：北京陶然亭。高庙：即太庙，是明清两代皇室的祖庙。今为北京市劳动人民文化宫。　⑤十刹海：在北京西城，当日荷花最盛。　⑥眷佳辰：水仙花可供冬季观赏，故称"眷佳辰"。

和晋老《小园秋坐》韵二首

一

柴门寡轮鞅①，独有长者来。
抱琴澹相对，竟忘弦与丝。
亦或摘园蔬，有酒斟酌之。
人语出深竹，泠泠②清露晞。
微闻世外声，蜩螗③一何悲。
胡不学海鸟，日日驯无机④。
翛首尘堛外，千古遥相期。
遐哉彭泽人，北窗卧凉飔⑤。

二

吾爱河汾老，著书称文中⑥。

忧乐满天下，负郭无一弓。

田虽无一弓，声蛩海西东。

拂袖凌天山，秉鞭历蚕丛[7]。

一时青云士，上下如龙从。

归来与世远，穆如林下风。

独将老人书，开拓孺子胸。

陶庐[8]出奇作，万丈虹光红。

昨朝高轩过[9]，秀色何青葱。

贻我立秋诗，兰芷将无同。

阳春谁能识，休问工与穷。

① 轮鞅：指车马。　　② 泠泠：家藏扇面题诗为"渐觉"。　　③ 蜩螗（tiáo táng）：蝉的一种。《诗经·大雅·荡》："如蜩如螗，如沸如羹。"马瑞辰通释："按诗意，盖谓时人悲叹之声如蜩螗之鸣，忧乱之心如沸鼎之热。"　　④ 胡不二句：典出《列子·黄帝》。意谓人无机心，海鸟从之游，一旦有了欲念，海鸟也就不来亲近。后遂用"海鸟忘机"比喻没有俗念的隐士亲近大自然的思想境界。　　⑤ 遐哉二句：典出晋代陶潜《与子俨等疏》。意谓夏日临北窗高卧，凉风徐至，闲适自得，俨如远古的高人。　　⑥ 吾爱二句：见页63注㉘河汾。　　⑦ 天山：代指新疆，王树枏曾任新疆布政使。蚕丛：代指四川，王树枏早年曾任四川青神、资阳等县知县，眉州知州。　　⑧ 陶庐：王树枏号陶庐，著述甚丰，多刊入《陶庐丛刻》。　　⑨ 高轩过：对王树枏来访时所乘车驾的敬称。家藏扇面为"辱高轩"。

题《秋林试马图》①

延倩士尊人健侯②先生有此图，倩士索题其上。

健侯先生真健者，思以豪雄剂风雅。

北平古有飞将军③，公亦追踪来试马。

一时骅骝不敢前，连钱蹀躞④秋林下。

笑他年少珊瑚鞭，豪贵长安日游冶。

满洲家法尚橐鞬⑤，未免诸君太潇洒。

当年纵辔入关时，不能武者非夫也。

目营八表闵周衰，欲策金源鞭宋瓦⑥。

独立苍茫意未申，此图当日为谁写。

我来见画不见公，但听萧萧声满野。

抚今追昔一怆然，对酒高歌泪盈把。

幸看小范⑦继弓裘，百代文名光吾社。

①此为谷社诗题，延鸿之父存《秋林试马图》(作者不详)，以此索题。　②健侯：延鸿之父，生平不详。　③北平句：汉将军李广，武帝时为右北平太守。匈奴畏之，称之为飞将军。　④连钱：马饰。蹀躞(dié xiè)：指马缓行。　⑤尚橐鞬：崇尚射箭之意。橐(tuó)，疑应作"櫜"(gāo)，盛箭之器。鞬(jiān)，盛弓之器。　⑥金源、宋瓦：见页83其塔木屯二首注⑤。　⑦小范：当指宋代范仲淹次子范纯仁，字尧夫。皇祐进士，父殁始出仕。官至尚书右仆射兼中书侍郎，后为观文殿大学士。

题圜璧重循图①

王晋卿、柯凤孙两先生，今年重游泮水②，在小园宴诸名士。社友路金坡为之图，余题其后。

忆昔同光③尊甲科，青衿乐育涵菁莪。

至今黄发谁皤皤，惟新城王胶西柯。

当时博士徵樊迟④，童觿早成吟萝摩⑤。

双剑出匣惊太阿，观场一时人尽矬。

胶西道气温且和，穷经至老犹吟哦。

注遍虫鱼蚪与蝌，一史⑥可订千秋讹。

几朝木天鸣玉珂⑦，午阶学士⑧趋廉靴。

词曹星使⑨金紫拖，直自湘楚浮牂牁⑩。

归来八表方荐瘥⑪，客星⑫忽换严陵蓑。

新城⑬涉世多坎坷，名虽早达身蹉跎。

千年古雪穿岷峨，访碑踏遍天山莎⑭。

来旬来宣⑮除政苛，独得雄直无婬婀⑯。

等身著作光不磨，能以经神降众魔。

城西忽养陶庵疴，乱世儿啼空饭箩。

即今世路成砢碬⑰，紫色蛙声旋斗䶪⑱。

百怪惶惑纷而磨，蛇神牛鬼乡人难。

两公慷慨徒悲歌，补天恨无挥日戈⑲。

东瀛之东古之倭，西极星宿穷黄河。

人迹少处声名多，往来购集人如梭。

问字驯比听经鹅⑳，我亦得师如磨礳。

铸金先事公之他^㉑，车声往往来吟窝。

澹园秋色生残荷，酒维薄薄宾偲偲^㉒。

大烹黎其兼瓜茄，茶甘舌本生细波。

就中二老尤婆娑，七十八十善饭颇^㉓。

颜童发秃如头陀，真见古佛罗仁涡^㉔。

不辞吸尽金叵罗，身虽未醉颜孔酡^㉕。

手香犹忆芹香搓，图成五瑞今嘉禾。

画之者谁路金坡，人则松柏衣薜萝。

不闻钟鼓思鸣鼍^㉖，九重巢燕寻旧窠。

何须索靖悲铜驼^㉗，东坡先生春梦婆^㉘。

斓衫利市青于螺，秀才今如天下何。

自惭短发丝鬖鬖，再十二年一刹那，

亦从圜璧重来过。

① 据张朝墉收入《丁卯集》的同题诗，推测为诗社社题。作于丁卯年（1927年）。　② 泮水：泮宫之水。这里当指北京国子监。清代童生录取后，赴学宫礼拜孔子，谓之游泮，满六十年再举行入学礼，称重游泮水。　③ 同光：指清同治、光绪二朝。柯劭忞为同治进士，王树枏为光绪进士。原诗稿同光二字下衍"之间"二字，属误抄，迳删。　④ 槃荙：见页273注④。　⑤ 自注："芄兰也，见诗疏。"童觹（xī）：即少年。出自《诗经·卫风·芄兰》。　⑥ 一史：指柯劭忞所撰《新元史》。　⑦ 木天：翰林院的别称。柯劭忞曾任翰林院编修、侍读、侍讲。玉珂：以贝装饰的马勒，振动有声。张华《轻薄篇》有"乘马鸣玉珂"句。　⑧ 午阶学士：指翰林学士。　⑨ 词曹：翰林的通称。星使：皇帝的使者。唐代高适《送柴司户充刘卿判官之岭外》诗有"星使出词曹"句。这里指柯劭忞离开翰林院出任湖北提学使事。　⑩ 牂牁（zāng gē）：古水名。一说即今北盘江，一说即今都江，此外还有今濛江、沅江、乌江等说，难以确指。　⑪ 荐瘥（cuó）：老天一再降临灾祸。《诗经·小雅·节南山》："天方荐瘥，丧乱弘多。"瘥，病疫，引申为灾祸。　⑫ 客星：平常未见忽现的变光星，古人认为是不祥之兆。严陵：东汉初隐士严光，字子陵。曾与光武帝（刘秀）同学，刘秀即位后，改名隐居，披裘垂钓于富春江畔。诗中将辛亥后隐退不仕的柯劭忞与严光作比。　⑬ 新城：对王树枏（河北新城人）的代称。　⑭ 访碑踏遍：意指王树枏为编纂新疆史志，到处搜罗资料。莎：莎草，植物名；或指莎车，汉西域名，在今新疆境内。　⑮ 来旬来宣：指遍巡各地，宣布德教。《诗经·大雅·江汉》："王命召虎，来旬来宣。"旬，遍。　⑯ 嫦

（ān）婀：违心依附他人的意见。婀，应作"阿"。　　⑰硪硪（è é）：高耸；动摇。形容世路危险。　　⑱自注："见《汉书·王莽传》。"紫色蛙声：以假乱真之意。紫色，间色；蛙声，邪音。　　⑲挥日戈：喻人力胜天。《淮南子·览冥》："鲁阳公与韩构难，战酣，日暮，援戈而㧑之，日为之反三舍。"　　⑳听经鹅：诗人形容自己在向王、柯二人请教时的谦恭之态。　　㉑公之他：即傅山（1607—1684年），字青主，清初思想学家、医家。　　㉒傞傞（suō）：醉舞之态。　　㉓善饭颇：老当益壮之意。据《史记·廉颇蔺相如传》，廉颇为求起用，当着赵王使者的面，一饭斗米，肉十斤，表示尚可临敌。　　㉔罗仁涡：疑即印度教神罗摩。　　㉕颜孔酡（tuó）：饮酒而红貌。　　㉖鸣鼍（tuó）：即扬子鳄。据说其夜鸣与更鼓相应，如初更一鸣、二更再鸣。　　㉗铜驼：见页114注⑲铜驼荆棘。　　㉘春婆梦：见页336注⑨春婆。

梅上人过访二首①

一

秋草蓬门径欲迷，忽惊杖锡访幽栖。
三年②久不窥燕市，一笑何妨过虎溪③。
黄叶声兼新屐响，碧纱诗④忆旧时题。
清谈小坐皆难得，烽火弥天日又西。

二

高吟大醉龙泉寺⑤，不见诗僧又一年。
草法细评猿叟字⑥，花时怕负鼠姑天⑦。
图经⑧补写还须考，琴到忘机不在弦⑨。
待得梅花寻旧约，便逢佳处一参禅。

①龙泉寺逸梅和尚来访，诗人有感而作。　　②三年：意指逸梅和尚三年未入京城。　　③一笑句：据传东晋慧明僧远居庐山东林寺，送客不过虎溪。一日与陶渊明、陆静修三人谈话，不觉过溪，引动虎啸，三人大笑而别。　　④碧纱诗：意将诗人去年题于龙泉寺壁的《赠梅上人四首》用碧纱笼罩，以示珍惜。据宋代吴处厚《清箱杂记》载，宋代魏野尝从寇准游陕府一寺，各有留题。后又同游此寺，见寇准诗已用碧纱盖护，而魏诗却蒙上灰垢。从行官妓即以袖拂尘，魏徐曰："若得常将红袖拂，也应胜似碧纱笼。"　　⑤高吟句：当指前一年事。　　⑥猿叟字：属诗人自谓。猿，表示臂长，可以运转自如。　　⑦鼠姑

天：指牡丹盛开的季节。　　⑧图经：文字之外附有插图的书籍。这里指佛经。
⑨琴到句：传说陶渊明不解音律，而蓄无弦琴一张，每逢酒兴，辄取之抚弄以
寄其意。见梁·萧统《昭明太子集·陶靖节传》。

题画二首

嘉平十日[①]，偶至宣南小肆，于断烂故纸中得画兰一幅。审之，则大雅斋[②]旧物也。因题两绝句以寄黍离麦秀[③]之思云。

一

珠玉丰姿九畹兰，天香高处不胜寒。
伤心二十年中[④]事，竟作前朝古画看。

二

王孙芳草已天涯，空谷幽香独此花。
仿佛恩陵[⑤]留墨妙，松风常在顾苓家[⑥]。

　　①嘉平十日：即丁卯年十二月初十日（1928年1月2日）。嘉平，腊月别称。　　②大雅斋：不详，疑为顾嗣立（1669—1722年），江苏长州（今常熟）人，字侠君，其室名大雅堂，喜藏书。　　③黍离麦秀：见页254注②黍油。　　④年中：家藏扇面题诗为"余年"。　　⑤恩陵：家藏扇面题诗为"思陵"。明思宗的陵称思陵，故恩字显系字误。　　⑥自注："顾云美家有烈皇帝所书松风二大字，因名其室曰松风寝。"按：顾苓，清初长州人，字云美，潜心篆隶，精鉴金石碑版。烈皇帝，即明思宗（朱由检），年号崇祯，清兵入关后追谥为庄烈愍皇帝。

戊辰元日[①]

爆竹声高响远空，红桥白塔路西东。
诗成粥鼓饧箫外[②]，春在轻阴薄旭中。
招饮每忘新历日，试灯已兆上元风。
太平欲问龙飞象[③]，惘怅成都卖卜翁[④]。

　　①诗作于戊辰年正月初一日（1928年1月23日），时在北京。　　②粥鼓：黎明时寺中召集众僧食粥的鼓声。饧（xíng）箫：卖饧（饴糖类食物，北京习称"关东糖"）者所吹之箫。　　③龙飞象：戊辰年为龙年，故有是语。　　④卖卜翁：西汉蜀人严遵，字君平，隐居不仕，常在成都市上为人占卜，日得百钱便闭门读书。诗人以之自况。

招吴北江①诸君饮

碎玉忽作声，起视雪满竹。

画墙上初日，点缀白与绿。

开轩绿闲敞，味冷意自足。

置酒于其间，客来亦不速。

桐城古文豪，海内惊老宿。

清言沁脾肝，有斐音如玉。

闲情说农圃，了不及朝局。

自惭学殖荒，恨未十年读。

八荒人奋飞，而我独雌伏。

老学补蹉跎，或亦天所福。

遐哉彭泽人②，卿去我眠熟③。

①诗作于年初。吴闿生（1877—1950年），字辟疆、北江，安徽桐城人。是桐城派后期代表作家吴汝纶（1840—1903年）之子。早年曾去日本留学，归国后在京师大学堂讲学。民国后任总统府内史、教育次长等职。晚岁敦治朴学，兼治金石。有《北江先生文集》存世。　②彭泽人：即晋代陶潜，曾任彭泽令。　③卿去我眠熟：肖统《陶渊明传》："贵贱造之者，有酒辄设。渊明若先醉，便语客：'我醉欲眠，卿且去！'"

和柯凤老

草堂星带春云妍，诗清酒薄争留连。

醉饱情深乱离后，萧寥意在羲皇前①。

异言奇服古徐市②，儒林丈人今孝先③。

种蔬莫叹英雄老，终近城南尺五天④。

①羲皇：见页150注⑨北窗句。　②徐市：亦作徐福，秦琅邪方士，奉始皇帝命，率童男女数千人，着异服向海上求仙。此处喻柯劭忞。　③丈人：对长辈的尊称。孝先：指后汉时期边韶(字孝先)，以文学知名，教授弟子数百人。此指柯劭忞。　④尺五天：意指柯劭忞寓所与紫禁城很近。天，代指帝阙、宫庭。尺五，形容距离甚近。

寄陈定山同年哈尔滨[1]

长公[2]海外讯何如，更□斜川作细书。

八表心情风鹤里，十年爪迹雪鸿[3]余。

白头渐觉同年少，碧眼[4]犹容异地居。

手把琼瑶生远忆，桃花如雪梦江鱼。

① 陈定山：即陈渊，时在哈尔滨。　② 长公：宋代苏轼。　③ 爪迹雪鸿：见页58注 ④ 苏子之雪鸿。　④ 碧眼：当指俄人。

苏戡悼亡，诗以慰之四首[1]

一

有恨余家国，何心问死生。

卸帆[2]方几日，举案竟无声。

杯酒难为寿[3]，风波胡可行。

剧怜沧海上，凄断绿琴[4]鸣。

二

樱花节已残，垂老别尤难。

有客持家计，何人劝夕餐。

莹斋比元相，忘事岂师丹[5]。

除却忧时泪，平生此一弹。

三

闽水复闽山，同来人不还[6]。

如何天下士，偏作老夫鳏。

侠气悲雄剑，归魂冷佩环。

空留悼亡作，恻恻动江关。

四

偕隐不复得，老怀今益孤。

海藏楼[7]上月，能照九原[8]无。

浅葬悲兵火，遗容付画图。

徘徊双鹤影，何处奠生刍[9]。

① 郑孝胥夫人去世，诗人作诗以慰之。　② 卸帆：指郑孝胥从日本归

来。　　　③ 自注："苏戡此归，为作生日也。"　　　④ 绿琴：即绿绮琴，原是汉·司马相如的琴，因有卓文君私奔相如的故事，也用以作为爱情的象征。　　　⑤ 师丹：见页 343 注 ⑲。　　　⑥ 闽水二句：郑之亡妻亦为福建人，故有此语。　　　⑦ 海藏楼：郑在上海任商务印书馆董事时，将其所居之楼命名为海藏楼。后又成为室名。⑧ 九原：此指墓地。　　　⑨ 生刍：新割的青草。见页 302 注 ㉑ 一束生刍。

遇雪公和尚①

桑海归来雪满颠②，维摩③悟彻病中禅。

早知无定云游后，恨不相逢国变前。

旧绩龙沙碑万口④，新恩凤诏日三迁⑤。

神仙毕竟归忠孝，欲话前游转黯然。

① 雪公和尚，不详。　　　② 雪满颠：指头发已变白。　　　③ 维摩：佛名，与释迦牟尼同时。曾向佛弟子舍利弗、弥勒、文殊师利等讲说大乘教义。其问答之辞后编成《维摩经》。参页 302 注 ⑯ 维摩。　　　④ 旧绩句：当谓在黑龙江的政绩和清名有口皆碑。　　　⑤ 新恩句：从此句可以看出，雪公和尚似曾在清朝为官，并得到清廷的赏识和拔擢。

诗集五　辑佚诗

按：从成氏友人的诗文集和存世墨迹中，搜辑佚诗一百七十四首，为各集所未载。未载的原因有三：有根据本人精选原则而割舍的；有些赠答之作因未留底而漏收；逝世前的诗作尚未整理。兹将佚诗单独编为一集，置于诗集之末。

哭亡室孟孺人十一首①

逝者已三日矣。独起挑灯，不复成寐，感念畴曩，如在目前，爰拥炉命笔，口占绝句五十首。情之所主，工拙殊不自知。时光绪丁酉十月十三日夜漏三下作此。竹山多禄自记。

一

空衾遗挂②冷凄凄，谁向高楼问旧栖。
怕见来春新燕子，双双飞向夕阳西。

二

君平名字久知严③，我亦从之一问占。
三十五年丁酉岁，决知飞镜破孤蟾④。

三

几回帖艳盼泥金⑤，报罢刘蕡⑥恨转深。
纵使春风能得意⑦，他年怎慰望夫心。

四

神仙何事驻芳颜，衹为情怀一笔删。
何日向平心事⑧了，好从五岳访名山。

五

生于豪富爱清贫，未卜何年列鼎裀⑨。

只剩裙荆钗布在，牛衣欲泣⑩也无人。

六

弹罢湘妃琵一遭，广陵绝调⑪曲弥高。
女嬰⑫吊汝尤怜汝，凉月一天吟楚骚。

七

哀蝉落叶总沈吟，一夕霜华继藁砧⑬。
堪笑还乡苏季子⑭，上书费尽典衣金⑮。

八

连枝比翼话前因，小病维摩⑯更可人。
独惜弥留无一语，教予何处访遗尘。

九

陶家截发⑰话留宾，卿比陶家意更殷。
垂死病中犹坐起，可怜含笑拜徐君⑱。

十

萱闱⑲无恙我劳形，儿女琅琅各诵经。
地下严君⑳如问及，细陈近事与爷听。

十一

一束生刍㉑尽故交，素车白马满衡茅㉒。
哀弦我正悲中断，何事纷纷劝续胶㉓。

①诗人曾作悼亡诗五十首，《澹堪诗草》卷一选录三十首。今承蒙吉林宋辛程先生帮助，提供此件（原件已残），仅存诗二十二首，辑出佚诗十一首，原跋语移作序。　②遗挂：死者遗物，指衣服之类。晋·潘岳《悼亡诗》："流芳未及歇，遗挂犹在壁。"　③君平句：见页298注④。此指卜者，即后句夹注所"言"董君。　④自注："董君乙订为丁，占之俱验。"飞镜：喻失偶。据南朝宋·范泰《鸾鸟诗序》，有孤鸾三年不鸣，临镜后以为见到同类，便慨然悲鸣，展翅奋飞而死。陆游《东园》诗："对镜每悲鸾独舞，绕枝谁见鹊南飞。"孤蟾：月宫孤影。蟾，月宫。　⑤泥金：用金屑涂饰的笺帖。《开元天宝轶事·喜信》："新进士及第，以泥金书帖子附于家书中；至，乡曲亲戚例以声乐相庆，

谓之喜信。"宋·杨万里《送族弟子西赴省》:"淡墨榜头先快睹,泥金帖子不须封。" ⑥报罢:科考落第。刘蕡:唐人,初举贤良方正,科试痛斥时政而落第。士子谈其文,感激流涕。牛僧孺邀为幕宾,以师礼待之。 ⑦春风能得意:指科场报捷。唐·孟郊《登科后》诗:"春风得意马蹄疾,一日看尽长安花。" ⑧向平心事:见12页注⑤向平。 ⑨列鼎裀:即"鼎食裀席"。喻富贵。 ⑩牛衣:用草或乱麻编织的牛身覆盖物。《汉书·王章传》:"初,章为诸生,学长安,独与妻居。章疾病,无被,卧牛衣中,与妻诀,涕泣。"后以"牛衣对泣"形容夫妻共守贫困。 ⑪广陵绝调:指晋竹林七贤之一的嵇康所善弹之琴曲《广陵散》。嵇康后遭司马昭害,临刑索琴弹之,弹罢曰:"《广陵散》于今绝矣。"此指亡妻孟孺人的长处,别人不及。 ⑫女媭(xū):原为屈原姊。屈原《离骚》:"女媭之婵媛兮,申申其詈予。"后用作姊的代称。 ⑬藁砧(gāozhēn):丈夫的代称。宋·唐庚《自笑》诗:"儿馁嗔郎罢,妻寒望藁砧。" ⑭苏季子:战国时纵横家苏秦,字季子。 ⑮上书句:据《战国策·秦策一》,苏秦初以连横游说秦惠王而失败归乡,"说秦王书十上而说不行,黑貂之裘弊,黄金百斤尽,去秦而归。"诗人二十四岁赴京朝考,因父病返乡,途中遇雨阻隔,资斧断绝,遂将随身衣物典当·尽。见《午谱》。 ⑯维摩:即维摩诘。曾以称病为由,同释迦牟尼派来问病的文殊师利(智慧第一的菩萨)等反复论说佛法,义理深奥,妙语横生。文殊等对他备加崇敬。 ⑰陶家截发:晋代陶侃家贫,有客临门,无以招待。其母湛氏剪发换取酒菜,砍房柱为薪,剁碎房草以作马料。 ⑱自注:"予友徐君敬岑入见,室人笑而答报。敬岑出,旋亡。"按:敬岑,即徐鼒霖。 ⑲萱闱:即"萱堂",北堂,古为母亲居处。 ⑳严君:父亲尊称,指荣泰公。 ㉑一束生刍:汉代郭林宗母丧,徐稚在她墓前置一束鲜草,取《诗经·小雅·白驹》"生刍一束,其人如玉"意,表示对死者德行的赞美。此指友人对诗人亡妻的祭奠。 ㉒素车白马:此指丧事所用的白色车马。衡茅:横木为门的茅舍,指陋室。 ㉓续胶:即"续弦胶"。意指再娶。

寄畏庐①二首

一

十丈生绡五字诗②,最苍凉处耐人思。
承天井底埋心史③,写遍幽兰世不知。

二

渐觉心情与世忘，盛年朋旧半参商④。

海臧⑤兄弟若相问，为语故山薇蕨⑥香。

《成澹厂书诗册》

①畏庐：林纾之号。《成澹厂书诗册》（辽宁图书馆藏）为诗人书旧作以赠宋小濂。封面署"甲寅初秋古欢室藏"，据此可知册中所录之诗，当作于一九一四年七月之前。　　②十丈句：指林纾为诗人所绘巨幅画并题五言诗于上。　　③承天句：意谓甘为世弃，不求闻达。《后汉书·郎颉传》："夫求贤者，上以承天，下以为人。"井底，喻襟怀澹泊。唐·孟郊《列女操》诗："妾心古井水，波澜誓不起。"　　④参商：二星名，相距甚远，此出彼没。诗中喻多年旧友天各一方，不得相见。　　⑤海臧：即郑孝胥，室名为"海藏楼"。臧通"藏"。　　⑥薇蕨：薇菜与蕨菜，是殷遗民伯夷、叔齐入首阳山所食之物，以示"不食周粟"。诗中意谓郑、林等人（包括诗人自己）不忘清朝，不愿出仕。

和铁隍①赴旅顺有感之作二首

一

一别金州②雪满身，河山破碎岂无因。

幽怀未免鹃思蜀③，往事空谈鹿逐秦④。

愁对樱花搔短发，强浮竹叶醉余春。

尊前一样沧桑感，独倚东风忆远人。

二

老我飘然物外身，闭关渐了六尘⑤因。

丹黄文字评迁固⑥，翠墨碑铭拓汉秦。

随意养花三月雨，及时行乐四山春。

惟余一事难抛却，浅草骑驴觅句人⑦。

《成澹厂书诗册》

①铁隍：即谈国桓，广州驻防汉军镶白旗人，寄籍奉天（今沈阳），光绪举人，清季历官锦州知府、营口海防同知。　　②金州：今辽宁省大连市金州区。谈国桓之父谈广庆（字云浦），曾任金州同知。　　③鹃思蜀：指古代蜀君望帝归隐西山，化为杜鹃（杜宇）鸟，至春月间悲鸣不止，以吐思乡之情。　　④鹿逐秦：喻群雄蜂起，争夺天下。《汉书·蒯通传》："秦失其鹿，天下共逐之。"鹿

指帝位。　　⑤六尘：佛教名词，色、声、香、味、触、法的合称，指人间纷扰。
⑥丹黄：旧时点书，用朱笔书写，如遇误字则用雌黄涂抹。迁固：汉代史学家
司马迁和班固。　　⑦浅草句：陆游诗："此身合是诗人来，细雨骑驴入剑门。"

白翔生日有述怀诗次其韵①

江城酿雨落寒声，朋辈联翩倒屣迎②。
照眼名花争笑语，登筵食谱自经营。
敦槃海外联新雨③，轮铁④天涯困友生。
比似剑南⑤老宾客，祝公岁岁有诗成。

《成澹厂书诗册》

　　①诗人和张朝墉（字白翔）《生日述怀》诗有三，另二首收入《澹堪诗
草》卷二，即《和张半园述怀诗二首》。时间当在甲寅年（1914 年）张朝墉生
日（四月初三）后不久。　　②倒屣迎：示对贤才或贵客的热情迎接。东汉
蔡邕对王粲的文才非常赏识，一日家中宾客满座，听说王粲求见，急忙穿鞋
出迎，鞋子穿倒了都顾不上。见《三国志·魏志·王粲传》。　　③敦槃：本
指天子与诸侯歃血为盟所用的器物，借指诗人结社。新雨：新相识的朋友。
④轮铁：指轮船、火车。　　⑤剑南：陆游，有《剑南诗稿》。

改宋星五《澹庵》诗①

苑花陵草老遗民，不买青山不买云。
屡下南州高士②榻，快谈司马子长③文。
秋生白发诗千首，人醉黄花酒一分。
我抱葛侯④宁静意，每因歌啸一思君。

《宋星五先生遗著》卷上

　　①宋星五有《澹庵》诗（附），并入《思旧集》。此诗属改作，时为宋星五
在成家设馆时（1914—1915 年）。澹庵为诗人的别号，又为书斋名。　　②南
州高士：东汉名士徐稚，家贫，不受征辟。太守陈蕃不接宾客，每徐至，另设
一榻，去而悬之，时称南州高士。　　③司马子长：汉代司马迁，字子长。
④葛侯：诸葛武侯。其《戒子书》有"澹泊以明志，宁静以致远"句。

附　　　　　　　　　　　　　澹　庵

宋星五

萧然笠屦老遗民，不买青山买白云。

万卷诗书容管领，一庐天地任平分。

交如白水能知我，人比黄花总让君。

他日结邻应有约，杜陵樽酒细论文。

同上

和宋星五《将军坟》①

嗟尔将军旧赐茔，当年八表瞻威棱②。

松根矗起连钱马，天际横盘带角鹰③。

一代勋名标石柱④，千金带砺誓金縢⑤。

我来别有兴亡感，风雨萧萧话二陵⑥。

《宋星五先生遗著》卷上

①将军坟，在乌拉街镇北五里，墓主为穆克登，吉林满洲镶黄旗人，姓富察氏，康熙年袭任打牲乌拉总管，以副都统衔出征，平定西部边疆叛乱，以军功授驻防阿尔泰等处将军。卒后，乾隆元年（1736年）敕建墓地。　②威棱：声威、威势。　③连钱马：晋·郭璞注《尔雅·释畜》："色有深浅，斑驳隐粼，今之连钱骢。"带角鹰：鹰的头顶有毛角，故又名角鹰。唐·杜甫《王兵马使二角鹰》诗："角鹰翻倒壮士臂，将军玉帐轩勇气。"　④自注："将军富察氏名穆克登，康熙朝与朝鲜分界，立'华夏金汤固山河带砺长'石柱于长白之东。"　⑤金縢：即金匮，古代保存文献之所。　⑥二陵：约指沈阳的福陵（又名东陵）和昭陵（又名北陵）。代指清朝"龙兴之地"。

附　　　　　　　　　　　　　将　军　坟①

宋星五

猿臂将军竟不侯，森森松柏锁荒丘。

勋开鸭绿纡边策，界划鸿沟据上游。

残照树翻孤鸟背，断碑苔上老鼍头。

额公故里常邻近。一样萧萧风雨秋。

《思旧集》

① 金毓黻所辑《宋星五遗著》将此诗列为成氏和作，前诗列为宋作。考成氏所辑《思旧集》，则将此诗视为宋作。当以成氏所定为确。

题吴氏祖墓碑记拓片五首①

星鹑先生曾与余共事督辕，别后遂不复见，今二十余年矣。顷晤宋君星五出示斯拓，则知先生已归道山，回环展读，为怆然者久之。附诗五章，聊以志感。

一

二陵风雨感沧桑，玉碗金凫旧梦凉。
何事吴家坟②下路，巍巍遗庙指龙王。

二

佳气无端说蔚葱，周行如矢水如弓③。
世间多少恩仇事，半堕青乌④一卷中。

三

齐东野语⑤本无稽，姑妄言之姑听之。
赖有康成⑥高弟子，代笺古注补亡诗。

四

平生风义重师门，瓜柳微言细讨论⑦。
留得中郎⑧黄绢句，千秋文字属星鹑。

五

戎幕相逢沈水⑨边，忽惊宿草墓门烟。
遗文犹在遗民老，一读残碑一惘然。

《宋星五先生遗著》卷下

① 诗为宋星五《吴氏祖墓碑记书后》一文所附。诗前小序，原为跋，并有"吉林成多禄识"六字，今移作序。诗题为编者所加，原为《附成澹堪诗五首》。吴氏，为吴文杰（1850—1914 年），字心存，又字星鹑，清戊戌进士。此诗当作于甲寅年（1914 年）冬。　②吴家坟：吴文杰祖坟在奉天辽阳（今辽宁省辽阳市），乡人称龙王庙吴家老坟。　③周行句：宋星五《书后》一文描述吴氏祖坟地貌："高丈余，周二里，沙河之水环其三面，其状如引百石之弓持满南向。"　④青乌：古代方士名，传其善葬术，著有《相冢书》。　⑤齐

东野语：喻所言无稽，不足为据。《孟子·万章》："此非君子之言，齐东野人之语也。"齐东，即齐国的东境。 　　⑥康成：后汉郑玄，字康成。著名经学家、教育家，有门徒数千人，宋星五为吴文杰学生，故以誉之。 　　⑦瓜柳句：吴文杰《吴氏祖墓碑记》中有"乞瓜、起柳"二僻典。乞瓜，出自《旧唐书·酷吏传》：杨宏义性残刻，微时与邻人乞瓜，邻人不与，宏义怨而告官，说邻人园中有白兔。官人以为祥物，遣人捕之，其瓜立毁。起柳，出自《汉书》，是说汉昭帝时上林苑僵柳复起，卜者说柳为卑象，天子当起自庶人。后汉宣帝继位，起自民间。初，宋星五曾以二典向吴文杰师求教，而吴师不以直告，仅答之曰："读书破万卷，自得之矣。"后来成多禄与宋玉奎二人经查检众书而得，"始悟先生之文皆隐语"。乞瓜，喻被怨者诬陷；起柳，喻乡人讹传龙王庙为官修。 　　⑧中郎：汉末大文学家蔡邕，灵帝时拜为郎中，后官至左中郎将。著有《蔡中郎集》。传其曾在曹娥碑背题"黄绢幼妇外孙齑臼"八字，为"绝妙好辞"四字的隐语。 　　⑨沈水：即今沈阳市南浑河支流小沈河（俗称五里河）。代指奉天。成氏于戊戌年（1898 年）出山入盛京将军戎幕，与吴文杰先生共事，始得相识。

和星五①

一别浑忘岁月遥，闲愁白发日萧萧。

春如遗老垂垂尽，诗共风人宛宛招。

检点楹书容旧架，栽培篱菊护新苗。

去年今日思君处②，笛里梅花江上桥。

《宋星五先生遗著》卷下

　　①宋星五于一九一四年在成家设馆，翌年五月辞馆，八月因受清史馆馆长赵尔巽之聘去京任名誉协修。一九一六年四月回奉天任国文专修科教师，五月返故乡辽阳探亲，并作《至家简报澹堪先生》以赠成氏。成作此诗答之。 　　②自注："去年五月在省城，故云。"按：省城，即今吉林市；去年指1915年。

附　　　　　　　　　　至家简报澹堪先生

宋星五

回首青灯入梦遥，乡音宛转雪飘萧。

吾庐松竹浑无恙，邻舍杯盘喜见招。

检点诗笺还旧债，安排畦韭长春苗。

松江水满鱼书到，记取襄河第一桥。

《宋星五先生遗著》卷上

小室新成，日坐其中，颇忆龙江藏书楼之胜，因寄张子半园二首[①]

一

占得一楼身入云，那知门外有尘氛。

流连雁塞诗千古，雕绘龙沙水二分。

著史生平宜日记[②]，爱才心事喜风闻[③]。

有人夸我夔门[④]句，吟望天涯一告君[⑤]。

二

涤尽红尘十斛余，小园东角辟吟庐。

一窗虚静容栽柳，半亩宽闲合种蔬。

笑我心情同野鹤，傲人滋味是江鱼[⑥]。

此中颇有同君处，坐看山光卧看书[⑦]。

吉林市博物馆拓片

①从注③自注可断，此诗当作于1916年。小室，约建于吉林；藏书楼，在齐齐哈尔城西。　②自注："半园有日记若干册。"　③自注："近日谓毕将军上书荐半园堪大用者。"按：毕将军，即毕桂芳（1865年—?），1916年5月以将军衔任黑龙江督军兼省长。　④夔门：即夔州，府名。治所在四川奉节县，由湖北溯长江入蜀的必经之地。代指张朝墉，其生地在此。　⑤自注："近日和铁梅诗有'天涯忽忆夔门张，此时著书正皇皇'之句。铁梅谓：'推开说甚佳，然以老张作诗料矣。'附此一笑。"按：此时张朝墉在黑龙江省通志局任纂修。　⑥自注："麦子黄时得大白鱼，长数尺，煮而嚼之，比鲥尤美。"　⑦自注："墙头数点山，雨奇晴好，颇幽胜也。"

简谈保帆[①]

征辟[②]闻度哈尔滨，又揖将军[③]作上宾。

旧地逢迎浑梦寐，好官滋味总清贫。

烟萝恐惹青山笑，猿鹤方惊白发新。

爱煞藏书楼上月，高吟重照两诗人④。

①谈保帆：即谈国楫，字饱帆，保应为"饱"。光绪进士，清季曾任黑龙江省文案处总办，黑龙江度支使司度支使。民国后，充临时政府顾问员、东三省屯垦总局副局长等职。诗人挚友。简：信函。　②征轺：负有使命的远行者所乘之轻便马车。轺（yáo），一匹马拉的小车，古时称为使车。　③将军：指黑龙江督军毕桂芳。　④自注："谓张半园。"按：两诗人，指张、谈二人。

读退思轩集①

独坐幽轩喜退思，老臣忠爱此编知。

清风兰芷湘中草，流水笙簧日下诗。

四海人才尊北斗，千秋谥法继南皮②。

长沙别有真功业，珍重梦香拜疏时。

①《退思轩集》为"长沙张文达公著"（原题注）。张文达，即张百熙（1847—1907年），字冶秋，湖南长沙人。同治进士，清末任管学大臣，主持京师大学堂，提倡教育。卒谥文达。　②自注："张子青相国亦谥文达"。按：张子青，即张之万，张之洞之兄，字子青，直隶南皮（今河北省沧县）人。道光状元，官至东阁大学士。

题潇湘夜雨图①

一

一片潇湘夜雨声，断烟荒树若为情。

濡毫欲作襄阳景②，多少伤心画不成。

二

山下蘼芜③几故人？西陵④拜罢泪沾巾。

节堪已老苏堪⑤远，独写烟波一怆神。

①此图为林纾于丁巳年（1917年）绘，成氏题诗有跋："畏庐作此画别有深意，殆亦古之伤心人。与静山，其宝藏之。成多禄题。"诗题系编者据林

310

纤署款所加。　②襄阳景：此指自然界的云情雨态。见宋玉《高唐赋》。
③蘼芜：香草名。《玉台新咏·古诗》："上山采蘼芜，下山逢故夫。"描写一
弃妇的不幸遭遇。引申为亡国之臣。　　④西陵：指清西陵，在河北易县，
光绪帝墓（崇陵）在此。林纾于辛亥后多次去崇陵哭祭。　　⑤节堪：梁鼎
芬（1859—1919 年），号节堪，广东番禺人，清朝遗老。苏堪：郑孝胥。

题周少白画①

女娲补天天不死，万古犹余一拳矣。
奇崛之气在笔底，生抉龙鳞落虎齿。
画者谁欤兰西氏，藏者谁欤吉林李②。
题者谁欤成伯子③，特立独行④皆似此。

吉林市博物馆拓片

①诗后有跋语："静山老弟属题周少白画，书此长句。时丁巳六月初三日也。"
按：静山，即李庆荣，字静山，时在吉林永衡官银钱号任职。周少白，即清代
画家周棠，字少白，号兰西，浙江山阴人，晚年以画石著名。　　②吉林李：
即李静山。　　③成伯子：诗人自称，常用图章中亦有此印文。　　④特立独
行：志行高洁，不随波逐流。特，独特；立，立身。

题瑞右丞所藏张稚公画卷①

话雨西窗赏鉴真，我来开卷亦伤神。
敢云白发成诗老，何处青山著逸民。
世外云烟同过眼，劫余书卷当随身②。
郁华已去匋斋渺，零落当年读画人③。

吉林市博物馆拓片

①瑞右丞：指瑞澂（1864—1912 年），满洲正黄旗人，博尔济特氏。清
末曾任江西按察使、江苏巡抚、湖广总督。武昌起义爆发，瑞澂弃城逃往上
海，旋被革职。张稚公：明代张恂，陕西泾阳人，字稚恭，崇祯十六年进士。
以善画山水闻名于时，善用枯笔皴法，颇有韵致。　　②自注："右丞官山西，
辛亥之变，万物荡然，惟此画随身独存。"　　③自注："盛伯羲祭酒、端午桥
尚书均与右丞最好，讨论金石书画颇多。"按：盛昱，字伯熙，满洲镶白旗人。
光绪进士，官至国子监祭酒。通经史，精鉴赏。有《郁华阁遗集》等。端方（1861—

1911 年），字午桥，号匋斋，满洲正白旗人，托忒克氏。曾任湖北巡抚、江苏巡抚、两江总督、直隶总督。1911 年任川汉、粤汉铁路督办大臣，在镇压四川保路运动中被起义新军杀死。

和非园闻寺檐鸣虫韵[①]

孤雨照廊鸣，间寮诗意生。

饥肠出奇句，残局斗危兵。

山果静还落，野鸥闲与盟。

晚凉趁归路，稍觉葛衣轻。

《松江修暇集》

① 松江修暇社，丁巳年（1917 年）夏组建。社长为郭宗熙（时署吉林省长）此诗为该社第二次诗会唱和之作，时为是年立秋先四日（六月十七日），地点在吉林北山。非园，为瞿方梅的号（时署吉林政务厅长），先作有《闻寺檐鸣虫》诗（附）。

附　　　　　　　### 闻寺檐鸣虫

瞿方梅

檐端蝈蝈鸣，凉意望秋生。

感遇刘文学，乞官阮步兵。

也来逐飞盖，相与证前盟。

一舸松江月，昨宵千虑轻。

《松江修暇集》

大水渡江，寻秋农场，颐庵节使先有诗，

即用诗中"一棹晓横江，诗人自来去"十字分韵得自字[①]

冲晓[②]棹叶舟，秋色背人至。

诗影动遥天，颇得微茫意。

放闲适农圃，餐秋[③]先一试。

方愁秋雨深，雁声尔奚自。

《松江修暇集》

① 松江修暇社于丁巳年（1917 年）立秋后四日（六月二十五日）在吉林

江南农事试验场（今江南公园）举行第三次诗会。郭宗熙（号颐庵）先有渡江口占五言绝句二首，诸人以其诗中十字分韵。　　②冲晓：意即时间选在早晨。冲（chòng），向，朝。　　③餐秋：指以花为食，多用来表现文人的雅趣。屈原《离骚》："朝饮木兰之坠露兮，夕餐秋菊之落英。"

贤良寺寓中奉怀颐庵节使
并寄松江修暇社集诸君①

偶从京华游，物外时一寻。
精庐敞前轩，散发披我襟。
高柳挂残暑，一蝉生远吟。
平生萧散意，嚣竞两不任。
扬舲大江渚，飞盖西山岑。
琼瑰出新语，俯仰成昔今。
四顾何逼仄，茫茫生夕阴。
微波动凉叶，感此怀素心。

《松江修暇集》

①丁巳年（1917 年）七夕后二日（七月九日），松江修暇社举行第四次诗会。登舟往游尼什哈山（即龙潭山）。当时诗人已离吉赴京，住贤良寺。此为补作，第五次诗会（九月九日）有和此诗者。

寄和王酌笙尼什哈山采马兰歌①

今我不乐游金台②，日饱驼乳胡羊胎。
归来古寺③嘿无语，哦遍庭松三百栽。
昏昏八表纷黄埃，雄诗一扫亦快哉。
知君纵笔小天地，清秋四望襟颜开。
惜乎摩写不到我，整冠落帽④难叨陪。
龙潭之顶松江隈，横树⑤诗敌军背嵬。
奇情郁起云涛堆，人生行乐止如此。
古时富贵今草莱⑥，江头大有王孙哀。

《松江修暇集》

①松江修暇社第四次诗会，王闻长（酌笙）作有《山麓采马兰歌》（附），诗人在京得而和之。时在重九节前。　　②金台：即黄金台，燕昭王为广求贤才，

筑黄金台,置千金于台上。故址在今河北易县。另京郊亦有黄金台。 ③古寺:指贤良寺。 ④落帽:用晋代孟嘉"龙山落帽"故事。 ⑤横树:指龙潭山顶之神树,清高宗东巡时(1754年)所封,后成偃卧之状。郭宗熙等人作有《神树歌》。 ⑥草莱:田野。喻野处之士。

附

山麓采马兰歌

王闻长

忆我儿时居芦台,清明马兰花初胎。

湘沅九畹具形似,丛根遍野无人栽。

五十余年几尘埃,庭阶玉树安在哉。

饥来驱我三千里,江山清绝天为开。

清秋幕府有暇日,酒社棋墅相追陪。

蔚然尤美鱼山隈,诸峰罗列何崔嵬。

绿绕红然锦绣堆,琪花瑶草不可辨。

惟有马兰委蒿莱,马兰马兰发吾哀。

《松江修暇集》

戊午元日

正月初一日,晴。余寓京师贤良寺东院,茅舍竹篱,颇有萧然尘外之意,饭后散步得元旦七律一首。

衫鬓全非旧日青,影痕驰隙总难停。

聊将踪迹藏人海,偏得朋游半客星①。

稚子欢声灯外动,老妻吉语镜中听。

今朝试笔矜家法②,惭愧南园与长瓶③。

《家藏墨迹》

①自注:"铁老、敬宜均在京。"按:铁老,宋小濂;敬宜,徐鼐霖。 ②矜家法:矜,敬重和取法;家法,前代书法大家的笔法。 ③南国:即钱沣(1740—1795年),云南昆明人,号南国。清代著名书法家,正楷学颜真卿,行书参用米芾笔法,清代中叶以后学颜字者往往取法于他。长瓶:即翁同龢(1830—1904年),江苏常熟人,晚号长瓶、瓶生。书法宗颜,闻名于时,论谓清末第一书家。

题徐中丞从军图①

唐家藩镇祸千古，已悔轻文与重武。

从容杯酒说从军，欲以夔龙②化豺虎。

文毅③家声世所闻，坐中佳士超等伦。

短簿髯参④何足数，大称独有徐天津。

天津方守礼庐⑤礼，情夺江陵人特起。

忍使衣将墨绖⑥更，不辞甲向黄巾洗。

薇垣星曜焕三台⑦，万里簪毫识异才。

拜表臣愈顿首上⑧，出关相度视师来。

蜀鹃哀泣陇鹦乐，共盼天戈指方略。

四面连营战鼓声，白莲灯照红莲幕。

文杨方费尽峥嵘，下马露布⑨惟公能。

三春盾鼻犹磨雪，一夜刀花已上冰。

冰雪千山万山冷，终南一发连秦岭。

断角猩猿处处啼，大旗人马萧萧影。

刺天酒崒⑩核桃瓢，鸟飞不下人中央。

一时神笔挥诸葛，十载边筹借子房。

班侯岂向玉门老，敲镫归来颜尚好。

几见金秋陇月圆，回看玉垒浮云小。

八闽政绩又三秦，旌节移来岁月新。

一样天姿出龙凤，何须高阁绘麒麟。

当日庙堂操胜算，迂回道里分明见。

随陆真兼绛灌⑪才，英姿入画犹酣战。

酣战盲风怪雨多，人头血浴马蹄波。

策勋蜀栈八千里，唱凯秦吴百二歌。

即今蜀栈秦关路，化尽虫沙不知数。

安得真儒入此军，凌属中原姿一顾。

忠孝才亡祸更深，几回抚古更伤今。

愿将此卷留天地，一挽滔滔未死心。

①诗稿现藏北京史树青先生处。诗后有短札呈曹秉章："题图一首，不知用得否？万乞改削后再行掷还为叩。此上理斋先生老哥吟长。小弟禄叩头。"按：理斋，为晚晴簃诗友曹秉章的别号。由此及所用"晚晴簃"稿纸，可断此诗当作于诗人

参加晚晴簃诗社期间。徐中丞：为徐炘，字晴圃，天津人，历官陕西、山西、山东、福建巡抚。徐世昌之从叔祖。从军图不知何人所绘。　②夔龙：古代传说形状像龙而只有一足的动物。　③文毅：似指明代罗伦。罗伦，号一峰，江西永丰县人。幼年家贫，樵牧诵书。成化时参加廷试，以对策万余言直斥时弊，擢为状元，后来引疾归乡，遂不复出。在乡里倡行乡约，扶危济贫，主持正义，贤名远著。后又著书山中，四方从学者甚众。嘉靖初追谥"文毅"。　④短簿髯参：东晋王珣、郗超俱受大司马桓温的器重。王珣为主簿，形体短小；郗超为记室参军，多须。时人语曰："髯参军、短主簿，能令公喜，能令公怒。"朝廷大臣谢安等一时均畏其权势。见《世说新语·宠礼》。　⑤礼庐：服丧期间在墓旁搭盖小屋居住，以守护坟墓。　⑥墨绖：黑色的丧服。绖（dié），麻布带子。　⑦薇垣：元代行中书省的代称。清初布政司也有此称。三台：星座名，象征人间朝廷中的三公之位。　⑧拜表句：唐代韩愈年轻时求仕进心切，在两次《复上宰相书》的结尾中，都有"愈再拜"三字。　⑨露布：指军中的紧急文书。　⑩崷崒（qiú zǔ）：高耸峻险。　⑪随：汉初辩士随何，在楚汉战争中，奉命赴淮南，说服淮南王英布归汉。陆：汉初政论家，辞赋家陆贾，曾两度奉使南越，说服赵佗接受南越王封号，臣属于汉。绛：汉初大臣周勃，封绛侯。灌：汉初大臣灌婴，与陈平、周勃共立文帝。

题《晚晴簃玩月图》①

云扫中天月色深，秋生别馆漏声沉。

万户多难余吟啸，一鉴悬空自古今。

玉斧好修前代缺②，冰壶③犹认旧时心。

南楼清兴西园宴，隔岁④依然酒满襟。

《团扇墨迹》

① 团扇为吉林赵清兰女士家藏。下同。作者款识为"壬戌伏日杂书旧作"。诗作于庚申（1920年）中秋节。晚晴簃诗社主人徐世昌《水竹村人年谱》抄本记载："（民国九年）九月二十六日旧历中秋节，是夕与晚晴簃诸君宴集看月。"宋伯鲁《海棠仙馆诗集》卷二十三载同题诗，题序称："……是岁月中秋，月明如昼，总统开宴，邀社宾赏月，命周养安绘图为卷，征题咏焉。"序中总统为徐世昌；周养安为周肇祥，时任中国画学会会长，浙江绍兴人。　②玉斧句：徐世昌组建诗社，意示偃武修文，并选辑清人诗，以补清诗之缺。　③冰壶：

比喻人品高洁正派，《宋史·李侗传》："郑迪尝谓（朱）松曰：'愿中如冰壶秋月，莹彻无瑕，非吾曹所及。'"愿中，李侗的字。　④隔岁：指前一年的宴集。《水竹村人年谱》记载："（民国八年）四月三日……又至西园约选诗社十数人宴集，即异日所刊行《晚晴簃诗汇》二百卷之发端也。"

游天宁寺①

菊花重九说天宁，驻马名蓝感不胜。
室有弓刀成武库，堂无钟磬剩雏僧。
空将劫火留双栝②，莫向传衣问一灯③。
阅尽兴亡孤塔影，夕阳红到十三层④。

《团扇墨迹》

　①本诗作于庚申年（1920年）重九节。天宁寺，在北京广安门外，初建于北魏，元末毁于兵火，明初重建。　②双栝（kuò）：两棵桧树。　③传衣：即"传衣钵"。师徒传继的泛称。衣，袈裟；钵，食具。灯：即"传灯"。佛家认为佛的教旨如灯照明，可以破除迷暗，因称传法曰传灯。　④十三层：天宁寺塔建于辽代，砖砌实心八角十三层密檐式。

和晋老《上元夜坐》诗①

依然灯向上元烧，老听宣南②旧管箫。
诗纪岁余成杜史③，文惊海内作韩潮④。
千声铁骑夜如水，万影玉蝀⑤人过桥。
也欲随风歌踏去，畏人嫌我太萧寥。

《团扇墨迹》

　①此诗当作于辛酉年（1921年）上元日（2月22日）之后。晋老即王树枏，字晋卿，长诗人十一岁。　②宣南：王树枏时居北京宣武门外大椿树胡同。　③杜史：杜甫之诗素有"诗史"之誉。　④韩潮：形容韩愈在中唐时期倡导的古文运动影响之深广。　⑤玉蝀（dōng）：指金鳌玉蝀桥，俗称北海大桥。

饮泊园①

料峭春寒压酒卮，抠衣独愧我来迟。

名园心迹殊飘泊，故国荒凉有梦思。

夜语客评春韭味，晚晴人赋雪花诗②。

东山③此日饶清兴，局外闲看黑白棋。

《团扇墨迹》

①此诗当作于辛酉年（1921年）春，时周树模在家中，泊园召饮。　②自注："座间樊山以其《雪花诗》传观。"按：樊增祥，字樊山，时亦在晚晴簃诗社。　③东山：指东晋谢安。《晋书》称他"累违朝旨，高卧东山"，年四卜余始出仕。此借指主人周树模。

北海修禊①

依然禊事暮春修，修禊人来也白头。

琼岛②阴晴天咫尺，银潢③昏晓日沉浮。

三朝故物④千丝柳，四海诗人一叶舟。

毕竟高吟推子建⑤，老来犹自赏风流。

《团扇墨迹》

①修禊：属古代民俗。每年于农历三月上旬的巳日（魏以后固定为三月初三），到水边嬉游采兰，以驱不祥。北海为北京三海之一，即今北海公园。　②琼岛：在北海太液池南部，全称琼华岛，元称万寿山。元时以"琼岛春阴"列燕京八景。　③银潢：指北海水城太液池。　④三朝故物：北海历经元、明、清三朝。　⑤子建：指三国时期魏国曹植，字子建，曹操第三子，少有文才，援笔成文。在建安文人中最负盛名。此处可能代指晚晴簃诗社中的曹秉章。

寿张白翔汉口二首①

一

东来冠剑忆丁年②，诗梦迷离玉作烟。

紫塞③已归他日马，白头谁拜故乡鹃。

春生小屋渔舟外，人老高楼画笛前。

满眼遗民兼故国，花时惆怅杜樊川④。

二

风度依然旧九龄⑤，华镫大几笔无停。
荒亭问字⑥客携酒，春水移家人踏青。
放眼乾坤余著作，侧身江汉炳英灵。
髯公⑦老作诗中霸，岂独风流继楚萍⑧。

《团扇墨迹》

①本诗当作于辛酉年（1921年）张白翔（即张朝墉）生日（四月初三）之前。张朝墉《辛酉集》中有《和成澹堪寄怀元韵二首》，显系和诗。但其一为下平声一先韵，同成诗第一首；其二为上平声四支韵，与成诗第二首下平声九青韵不同。可推知，成多禄这组诗不止这二首。　②丁年：成丁之年，壮年。此句言张朝墉于光绪三十一年（1906年），离开四川入署理黑龙江将军程德全幕府，时年四十六岁。唐·温庭筠《苏武庙》诗："回日楼台非甲帐，去时冠剑是丁年。"　③紫塞：万里长城的别称。出自崔豹《古今注·都邑》："秦筑长城，土色皆紫，汉塞亦然，故称"紫塞"焉。"　④杜樊川：唐诗人杜牧，有《叹花》诗。　⑤旧九龄：即张九龄，唐大臣，政治家，诗人。⑥荒亭问字：见76页注②京华问字。　⑦髯公：指张朝墉。　⑧楚萍：楚昭王渡江得到斗大的萍实，询于孔子，孔子说此物只有可能称霸于世的人才能获得。见汉·刘向《说苑·辨物》。

陪凤老访芝田长兄①

孤馆沧桑感旧吟，海棠②犹自笑春阴。
摩挲铜狄③当风影，叹息金仙泣露④心。
世态空悲棋局错，老怀更惜酒杯深。
陵迁谷变⑤浑闲事，门外西山自古今。

《团扇墨迹》

①此诗本二首，团扇仅录其一，另一首即《陪凤老游三教寺访芝田长兄……》，见本书诗集三。凤老：即柯劭忞（字凤荪）。　②海棠：即宋伯鲁，字芝田，有《海棠仙馆诗集》。海棠仙馆，为其室名。　③摩挲铜狄：慨叹光阴易逝，旧物犹存。铜狄，即铜人。《后汉书·蓟子训传》："时有百岁翁，自说童儿时见子训卖药于会稽市，颜色不异于今。后人复于长安东霸城见之，

与一老公共摩挲铜人，相谓曰：'适见铸此，已近五百岁矣。'顾视见人而去，犹驾昔所乘驴车也。"　　④金仙泣露：汉武帝时曾于长安建章宫造神明台，上铸铜仙人以掌托铜盘盛露，取露和玉屑，饮以求仙。魏明帝景初元年（237年）曾命人从长安拆移铜人等物，传说铜人下泪。　　⑤陵迁谷变：丘陵变山谷，山谷变丘陵。喻世事变迁，高下变换位置。《诗经·小雅·十月之交》："百川沸腾，山冢崒崩，高岸为谷，深谷为陵。"

和晋老①自寿二首

一

萧然人海乐忘饥，老却严陵②旧钓丝。
生怕头衔夸棨戟③，更无心迹问刀锥④。
天山冰雪回孤风⑤，国史文章借一鸱⑥。
莫向尊前数遗老，长年落叶不胜悲。

二

海内吟坛尊泰斗，渔洋今古大名齐⑦。
公当西笑常循发⑧，臣自东来窃祝蹄⑨。
春雨斜街名士酒，晚晴新句外孙廲⑩。
叨陪杖履平生志，不再城东学斗鸡⑪。

《团扇墨迹》

①晋老：即王树枏，字晋卿。　　②严陵：即严光，字子陵，东汉初隐士，会稽余姚（今属浙江）人。少时与汉光武帝同学，光武即位时，他便改名隐居，以垂钓自遣。　　③棨戟：官吏出行前导的仪仗。代指高官显宦。　　④刀锥：比喻微末的小利。唐代陈子昂《感遇诗》有"商贾竞刀锥"句。　　⑤天山句：王树枏曾在新疆任候补道、布政使，居留多年。　　⑥国史文章：王树枏在史学方面著述甚多。在新疆任布政使时总纂《新疆图志》，民国后为国史馆协修、编纂处总纂，参与编修《清史稿》。后又参与编撰《畿辅通志》《畿辅先哲传》《奉天通志》等。借一鸱：意谓王树枏在史学方面有如此巨大的成就，全靠他本人不慕荣利、隐逸为生。鸱，指春秋时期范蠡在帮助越王灭吴后化名为鸱夷子皮，归隐江湖。　　⑦渔洋：即王士禛（1634—1711年），清代著名文学家，号渔洋山人。齐：并列，齐名。　　⑧循发：抚摩头发。《汉书·李广传附李陵》："以此言微动之，陵墨不应，孰视而自循其发。"循，抚摩。　　⑨祝蹄：意谓礼

成多禄集

物菲薄。战国时诸侯举兵伐齐，齐王恐，派淳于髡"赍金百斤，车马十驷"赴越国求援。髡笑曰：刚才臣从东方来，见一农夫拿着一个猪蹄和一盅酒祈求丰收。臣看他拿出来的少而想得到的多，甚感可笑。见《史记·滑稽列传》。　⑩外孙斋：见页138注②。　　⑪斗鸡：古时有斗鸡之戏，曹植曾作有《斗鸡篇》。此二句意谓要珍惜时光，事王晋老为师，以求获得学问上的长进。

寿星阶三哥六十初度九首①

一

长白七百里，巍巍峙干载，
大松贯四时，柯叶常不改。
当年安楚人②，勋绩赫然在，
厥后盛簪绂，名族发异彩。
陵谷几变迁，河清有时待③。
仁者静而寿，灵府具真宰④。
清虚如日月，博大方江海。

二

我家与君家，相去百里余⑤，
戚旧相往来，何啻同巷居；
岁时伏腊间，鸡黍常相于⑥，
鼓枻⑦松花江，同为江上渔。
龙沙二十载，尘土生襟裾⑧，
君如腾霄鹄，我如潜壑鱼。
纂述穷岁月，君亦读我书⑨，
钩稽勤簿记⑩，我愧弗君如。

三

平生本儒素，艰难历冰雪。
二十青一衿⑪，所志何超绝；
三十事戎轩⑫，磨穿盾鼻铁；
四十与五十，昂藏佐节钺⑬；
今年年六十，自以勤补拙。
老至人不知，政成民乃悦。

此心澈冰壶，濯濯秋霄月。

四

在昔岁甲午，战事起中东，
借问大将谁？峨峨诚勇公。
君时佐莲幕，弓衣凌朔风，
草诏晓霜白，羽书宵烛红。
傅永[14]方杀贼，魏绛[15]忽和戎，
帝曰嘉尔绩，转饷萧何功。
管乐文武才，铜柱勋隆隆。
知人复善任，至今说伊通[16]。

五

庚子八月秋，黄巾起辽左[17]，
铁血照大陆，排空九关火。
担簦[18]纷载途，牵率[19]忽及我，
出门复入门，欲行犹未果，
家累乞护持，君遽任曰可。
流离乱军中，千人争一舸，
日或不再食，衣敝身欲裸。
感谢直到今，慈祥化坎坷。

六

老母走毡车，转徙思故县，
风雪歌戒涂[20]，天心亦厌乱。
君乃左右之，至情动深眷，
问视代子职，形迹忘亲串，
安舆奉慈亲，重与故乡见。
回头二十年，星移物已换，
抚膺[21]镜前尘，蜡泪积冰案。

七

吾爱苏子晋[22]，绣佛而长斋，
得君伯仲之，千古心为开。
素食竟何事，思亲心肝摧，

一例屏鱼肉，终身寄其哀，
每饭不能忘，绝嗜岂凡材。
笑彼今世人，佞佛^㉓为弭灾。
及观庭闱^㉔间，和顺殊舛乖，
所以闵子骞^㉕，圣门称孝哉。

八

龙江八九月，雪花大如手，
十年我与君，款段^㉖雪中走，
迢迢金谷司，渺渺绥阳守^㉗。
出处虽不同，我暂君则久。
京华作寓公，沈水凝组绶^㉘。
桓桓大将军^㉙，雄略吞九有^㉚。
前席备咨询，相知洵不偶。
运筹在帷幄，欢声腾万口，
藉此祝台莱，介眉晋春酒^㉛。

九

一觞复一觞，宛转为君祝。
浊世几大椿，故家亦乔木^㉜，
即此皆可乐，万事岂挂目。
山水音自佳，何必丝与竹。
藜藿^㉝味自甘，何必鱼与肉。
他喇泽孔长^㉞，佳客来不速；
绕膝子若孙，兰桂散芬馥。
和光同其尘^㉟，此境循之熟。
自惭蒲柳姿^㊱，难绘松乔^㊲福，
载赓诗九章，权作天保^㊳读。

家藏四扇屏

①诗题为编者所加。原有跋："辛酉八月二十五日为星阶三哥六十初度作此奉祝，即乞指正。"　　②安楚人：据魁陞所编《他塔喇氏家谱·渊源考》称："世居安褚拉库地方。尝考安褚拉库，属居邻朝鲜之瓦尔喀部……国初来归。至康熙十年，遂迁于吉。"按：安楚，即谱中所言安褚拉库，疑即今吉林省安图县。　　③河清句：原有成语"河清难俟"，这里反其意而用之。　　④灵

府：精神之宅，指心。真宰：指天为万物的主宰。　　⑤百里余：成家在吉林城北其塔木，魁陞家在吉林城南鳌哈达屯（今永吉县口前镇西），两地实际相距一百六十余里。　　⑥岁时伏腊：泛指一年中的节日。岁，指年；时，指春夏秋冬。秦汉时，夏天的伏日、冬天的腊日，都是节日。相于：于，似应为"与"。⑦鼓枻（yì）：摇动船桨。枻，船桨。　　⑧龙沙句：指魁陞先后在黑龙江省为官达二十年。尘土句：言魁陞为公事到处奔波，风尘仆仆。　　⑨我书：约指诗人先编竣的《吉林成氏家谱》。　　⑩钩稽：探索考核。对象可能指谱谍之学。簿记：记于簿册上。　　⑪青一衿：青衿，即青领，古代学生的服色，明清时专指秀才。　　⑫戎轩：兵车。光绪十五年（1889年），魁陞二十八岁，在新任黑龙江将军依克唐阿麾下任精锐营管带，充差遣委员。　　⑬昂藏：轩昂、气宇不凡。节钺：本指符节与斧钺，古代拜大将军以斧钺授之。这里代指清代驻防将军。魁陞四十至五十岁间，曾任黑龙江善后局财政总理、善后局督理、财政司长等职。　　⑭傅永：后魏时人，文武兼备，屡拒齐师有功。魏文帝誉之："上马能击贼，下马作露布。"后封平东将军、光禄大夫。诗中以之喻甲午战争中抗战派将领。　　⑮魏绛：春秋时晋国大夫，曾力主与戎族和好，为晋悼公采纳。诗中以之喻甲午战争中的主和派。　　⑯伊通：魁陞早年投效珲春副都统依克唐阿，深受信任，后来随着依克唐阿升转，魁陞亦被委以重任。依克唐阿，吉林伊通县人，这里以地名代称之。　　⑰黄巾：代指义和团。辽左：辽东的别称，其地相当今辽河以东地区，或通称今辽宁全省。　　⑱担簦：原意为背着伞，引申为奔走，跋涉。簦（dēng）：古代有长柄的笠，类似后世的雨伞。　　⑲牵率：牵引。这里有牵累之意。以下各句参见《自订年谱·庚子》。　　⑳戒涂：准备登程。涂，通"途"。　　㉑抚膺：捶胸，表示慨叹。　　㉒苏子晋：疑即唐代苏晋。年数岁便能文，作有《八卦论》。后举进士，官至吏部侍郎，颇负时誉。晚年虔心向佛。　　㉓佞佛：沉迷于佛教。　　㉔庭闱：古指父母所居，后借指父母。　　㉕闵子骞：即闵损，字子骞，春秋时人。孔子弟子，以孝悌闻名。　　㉖款段：马行徐缓。　　㉗迢迢二句：指诗人在任绥化知府的前后，魁陞曾任盛京西流水垦务总局总办、黑龙江善后局财政总理兼广信公司督理。金谷：分别代指财政和农业。　　㉘京华二句：指诗人去京寓居，魁陞旋任奉天政务厅厅长、代省长。凝：形成，固定。组绶：古代身份较高者佩玉为饰，系玉的丝带称组绶。这里代指省长之官阶。　　㉙桓桓：威武的样子。大将军：当指张作霖，时加军衔为陆军上将、盛武将军。　　㉚九有：即九州，泛指全国。　　㉛藉此二句：前句出自《诗经·小雅·南山有台》："南山有台，北山有莱。"此篇表达诗人对有德有寿之人的赞颂。后句出自《诗经·豳风·七月》：“为此春酒，以介眉寿。”　　㉜乔木：指树木高大而向上曲者。意指世家旺族。《诗经·周南·汉广》：“南有乔木，不可休思。”　　㉝藜藿：粗劣的饭菜。　　㉞他喇句：意谓他塔喇氏祖上所留下的恩德将惠及子孙后代。孔：甚、很。　　㉟和光句：此典出自《老子》第四章：“和其光，同其尘。”意谓将光荣和尘土等价齐观。　　㊱蒲柳姿：喻身体衰弱不能享高寿。蒲和柳在植物中入秋后凋零最早。　　㊲松乔：传说中的古代仙人赤松子和王子乔。　　㊳天保：《诗经·小雅》中的篇名。属祝福诗。

九日遥集楼登高①

鹤去云飞②剩此楼，高吟如见古时秋。
帝京风雨摇重九，大地烟云荡客愁。
谢朓③诗名尊白下，东坡春梦④记黄州。
人生到处皆鸿雪⑤，笑依天涯菊满头。

《漫社集》

①此为漫社第五集诗题，本诗作于重九节（九月九日），时诗人刚从东北回京。黄维翰诗有注：“为张文襄文宴之地。”曹经沅诗有注：“祠为张广雅旧日宴游之地，在斜街。”可见楼在张之洞（卒谥文襄）祠内。张祠旧址在城南宣武区下斜街北京第十四中学院内，今已不存。　　②鹤去云飞：模仿唐·崔颢《黄鹤楼》诗：“昔人已乘黄鹤去，此地空余黄鹤楼。”鹤，代指张之洞。　　③谢朓（464—499年），南齐著名诗人。其诗善写自然景物，清丽秀逸，五言小诗尤对唐代绝句很有影响。谢朓与谢灵运齐名，世称“小谢”。　　④东坡春梦：苏东坡被贬黄州（今湖北黄冈）后，年年春天到女王城“寻春”。其诗有“人似秋鸿来有信，事如春梦了无痕”句。　　⑤鸿雪：往事留下的痕迹。见页58注④苏子之雪鸿。

题讷夫先生画册并佛云石图①

一

个中三昧近迂痴，偶访仙樵或过之。
自有元人②衣钵在，不须崇拜麓台师③。

二

投袂从戎笔已枯，穷边土室困忠躯④。

犹留几片青山影⑤，传自烽烟战伐余。

《漫社集》

①讷夫：是孙雄的高祖孙潞安的号，他曾于乾隆年间赴西藏平叛、病卒。画册，为其手绘。佛云石，系出征时所得，形状奇异。孙雄请林纾、李瑞清补绘佛云石图各一幅，并附画册之后。在漫社第六次诗会上（九月二十四日），孙雄即以此册遍乞漫社诗友赐题。　②元人：元代四大画家，一般指黄公望、王蒙、倪瓒、吴镇。③自注："太守画法逼近元四大家，或以为师法麓台，误矣。"按：清代康熙年间画家王原祁，字茂京，号麓台，为清初画家"四杰"之一。　④穷边句：指讷夫本人出征到西藏、西康一带，最后殉职。　⑤青山影：指得佛云石图。

初到哈尔滨寄呈都门吟社诸老二首①

一

一脱京尘岁月徂，穷边冰雪浣吟须。
舞衫何处非优孟②，牢箅居然近贾胡③。
差喜结邻犹汉腊④，不妨避世作秦逋。
春风羌笛成哀怨，画壁昌龄⑤兴不孤。

二

向晚胡天画角哀，转篷⑥身世自疑猜。
遗民天使归空谷，乱世人犹想霸才。
松漠有闻和雪纪⑦，蓬瀛何日引风回。
五湖烟水生涯足，莫笑鸥夷⑧市井才。

《漫社集》

①诗人参加漫社第六次诗会后，又去哈尔滨，作此二律寄呈在京漫社诗友。　②优孟：人名，春秋时期楚国的艺人，楚相孙叔敖死后，其子穷困，以打柴度日。优孟装扮成孙叔敖，讽谏楚王，使孙叔敖之子摆脱贫困。见《史记·滑稽列传》。此句意谓诗人所游之处，都能受到友人的款待，生活无虑。　③贾胡：域外胡商。　④汉腊：即汉猎。以田猎所获之兽祭祀祖先。时间在冬至后第三个戌日。此句意谓仍能有幸看到民间传统的祭祀旧俗。　⑤画壁：即壁画，在墙上作画。昌龄：唐诗人王昌龄（698—757年），名句有"羌笛何须怨杨柳，春风不度玉门关"。　⑥转篷：喻身世飘零。　⑦松漠有闻：即宋代洪皓所撰《松漠纪闻》。和雪纪：意指洪皓和雪（伴随着雪花）写下《松漠纪闻》。

⑧鸱夷：见页 356 注⑥鸱夷句。

小诗辱承师郑先生
赐和再叠前韵奉酬二首①

一

草堂五见岁云徂②，人日梅花照鬓须。
白社有文资月旦③，青锋无价待风胡④。
新知偶集浑忘老，旧句隔年如索逋⑤。
拜得四朝诗史阁⑥，焦桐何碍赏音孤⑦。

二

山连松杏有余哀，一路征轺苦费猜。
杯底沧桑惊世变，眼中舆隶尽人才⑧。
如公著作真千古，使我吟哦日百回。
诗本酒痕同一惜，消磨多少栋梁材！

《漫社集》

① 诗人前作《初到哈尔滨寄呈都门吟社诸老》付寄后，在京漫社诗友于壬戌年（1922 年）人日（正月初七，2 月 3 日）齐集诗人寓斋举行第十三次诗会（诗人尚在东北未归），即以此二诗原韵酬和。共有和诗二十六首，其中孙雄（字师郑）的和诗有四首（附），诗人仍依前韵和之。　　② 草堂：旧时避世隐居的文人，多称其住室为草堂。这里代指贤良寺。五见：诗人自丁巳年（1917 年）秋借寓贤良寺，至此已届五年。徂（cú）：流逝。　　③ 白社：白莲社的省称。东晋时庐山东林寺僧慧远、慧永、慧持和刘遗民、雷次民等123 人结社，同修往生西方净土之法，因凿池植白莲，故称"白莲社"。此社在当时很有影响，连著名诗人谢灵运亦欲入社，但未果。月旦：为"月旦评"的省语。指对人物或作品的评论、鉴定。据《后汉书·许劭传》，汉代许劭与其从兄许靖好品评人物，每月一换议题，故称"月旦评"。月旦，即农历每月初一。　　④ 风胡：春秋楚人，即风胡子，善于识别剑之优劣。　　⑤ 旧句：指原诗为前一年所作。索逋：喻诗债当还。　　⑥ 四朝诗史阁：诗史阁，为孙雄室名。据郑逸梅《艺林散页》："孙师郑选道光、咸丰、同治、光绪四朝诗。"孙雄编有《清史绝句》，大概指此。　　⑦ 焦桐：见页 64 注②碧纕句。⑧ 舆隶：古代对某些奴隶或差役的称谓。《左传·昭公七年》："皂臣舆，舆臣隶。"

尽人才：指俱任显职，受到重用。诗中含有嘲讽之意。

附　　　　　　壬戌人日集成君澹堪寓斋
　　　　　　即用其哈尔滨寄都门吟侣韵

孙雄

一

改岁惊心乌兔徂，春灯社集照眉须。
上书休效长沙贾，设教谁宗安定胡。
玩世诙谐非执戟，催诗火急似追逋。
草堂人日风流在，星聚占祥德未孤。

二

蜎巢蜗角两军哀，鸥鹭吟朋耦不猜。
苏咏尖叉搜险韵，迁书货殖奖奇才。
夜读转苦更筹短，春意欣从斗柄回。
吾辈逃名甘臃肿，济时让彼巨川材。

三

无才东走与南徂，拥鼻微吟苦撚须。
绣虎挥毫涂雅颂，歌乌击缶舞蛇胡。
尽容穷鬼诗肠据，已过残年酒债逋。
且访澹堪谋一醉，边笳羌笛慰羁孤。

四

子山词赋写悲哀，鸾凤休教燕雀猜。
杀贼世原无厉鬼，读骚我自爱惊才。
嗷鸿中泽安无宅，辽鹤千秋往复回。
最羡陶朱三致富，懋迁未敢簿粗材。

《诗史阁壬癸诗存》

补祝东坡生日[①]

偶来古寺酌松醪[②]，小有春盘荐冷淘。

诸子风裁皆岳峻，千秋私祝比崧高。

雄文继起能追宋，大句重赓是和陶[③]。

俯仰去年今日事，髯公[④]犹见旧诗豪。

《漫社集》

[①] 壬戌正月二十日（1922年2月16日），漫社第十四集，为东坡补祝生日赋诗。以"大江东去浪淘尽千古风流人物"十三字分韵，诗人分得"淘"字。东坡（苏轼）生日为十二月十九日，已过一月，故称"补祝"。　[②]古寺：指成寿寺，张朝墉居此。孙雄同题诗有注："此次纕蘅（曹经沅）值课，又适假张伯翔成寿寺寓斋觞客。"松醪：用松膏酿成的酒。苏轼有《中山松醪赋》墨卷存世。　[③]雄文二句：宋，指宋玉；陶，指陶潜。　[④]髯公：指张朝墉。

补和周贞亮得曾批《文选》之作六首[①]

一

战尘[②]黯京国，一笑败崤函[③]。

独爱退舟[④]老，苦追钟与谭[⑤]。

新诗叠珠玉，我拜鹿鸣[⑥]三。

误喜人招饮，旁皇舍北南。

二

一代曾文正[⑦]，先生奉作师。

精研文选理，太息楚人辞。

花梦江淹笔[⑧]，莲生茂叔池[⑨]。

精神几来往，转汉定江时。

三

破庙闲摊外，奇书半不完。

一编落君手，得此亦无端。

马革思当日，鸰原冷一棺。

闻鼙需将帅，何力可回澜。

四

雄文方结社，佳气未消兵。

家室苍茫意，人人赋北征⑩。

推敲争好句，笺注寄闲情。

可惜封侯骨，蹉跎竟此生。

五

手定⑪真无匹，眉批讵不伦。

万千留细注⑫，六五继功臣。

墨经开勋业，丹铅⑬作隐沦。

他时缮日记，记自某年春。

六

颇记文襄⑭语，于诗取选材。

我将书一读，不惮日千回。

景仰前贤躅，流连故纸堆。

众仙同咏地，回首忆蓬莱。

《漫社二集补遗》

①壬戌正月初八日（1922年2月4日），周贞亮购得曾国藩手批《文选》。全书六十卷，九百七十三页，曾批有三万字，作于咸丰二年（1852年）。周贞亮作跋并赋诗六首索和[附]，以为漫社第十五集诗题。是时，诗人尚在东北，后补之。《文选》即《昭明文选》，南梁昭明太子萧统主编，是我国现存最早的文学总集。　②战尘：指第一次直奉战争。　③败崤函：借秦穆公崤山之败，暗指奉军在第一次直奉战争中败北，退回山海关。　④退舟：漫社诗人周贞亮，字子干，号退舟，湖北汉阳人。　⑤钟与谭：均为周贞亮师。谭，为谭仲修，仁和（今杭州）人，同治举人，晚清词人，撰《文选注疏》。钟，不详。　⑥鹿鸣：《诗经·小雅》中的篇名，共三章。　⑦曾文正：即曾国藩（1811—1872年），湖南湘乡人，道光进士，官至直隶总督，卒谥文正。有文学修养和书法造诣。有《曾文正公全集》。　⑧江淹笔：江淹少时梦得五色笔，故文彩俊发，成为南朝著名诗人。后人以此喻文才卓迈。⑨茂叔池：宋理学家周敦颐，字茂叔，性喜莲，作《爱莲说》，认为莲花是花之君子。　⑩北征：唐诗人杜甫有五言长诗《北征》。　⑪手定：指曾国藩手订《文选》。曾本人自署："壬子岁奉讳故里，束发不读几两月矣。偶检《文选》，尽十日之功而评识之，以勖温弟，国藩识。"　⑫万千句：周贞

成多禄集

330

亮跋《曾文正手批文选》称："全书用单夹圈，有批者十之八九，大都摘录集评，间下己意，书法挺劲，随手批抹，妙趣天成，确为真迹。" ⑬墨绖：黑色的丧服。时曾国藩正在家庐墓。丹铅：即丹砂和铅粉。古人多用来校勘文字。⑭文襄：即张之洞。

附　　**壬戌正月八日得曾文正公批《文选》，既为之跋，复赋数诗，征求同人赐和**

周贞亮

一

破庙捃残瓦，遗珠出敝函。
鸣原恢旧论，选巷补丛谭。
泪竹冰千点，寒梅月廿三。
何因余断墨，流播大湖南。

二

近古文章伯，湘乡号大师。
手胝班马赋，心醉楚骚辞。
素业传中笥，丹铅避砚池。
不关严勒帛，珍重棘闱时。

三

凡事从求阙，于书不厌完。
濡毫三万字，敝纸一千端。
问道方扶杖，慈茔罢掩棺。
墨痕与清泪，终古想汍澜。

四

狂贼纷如蚁，家山正苦兵。
十旬才息影，九命已专征。
墨绖从戎感，青毡恋旧情。
悬知精爽在，蟫蠹不能生。

五

百战收全局，门才冠等伦。

通侯原学究，哲弟亦勋臣。

一卷心犹炯，三河骨已沦。

当年期望意，庙食竟千春。

六

我自文人习，年年购选材。

直愁珠舶尽，肯负宝山回。

疑有奇缘合，收从故字堆。

平生铅椠意，未敢付蒿莱。

《漫社二集》

补和半园老人生日之作①

振衣苍苍长白山，展轮②橐橐山海关。

关耶山耶自来去，辜负多少春明筵③。

诗人老去隐朝市，残衫破帽氓一廛④。

有时掉头不肯住，楼外登楼天外天。

龙沙旧侣廿年⑤前，相看吾社人十三⑥。

炮声震耳祝生日⑦，笙歌天半非人间。

但觉枣梨盈案几，岂知荆棘时事艰。

东道不通北门坏⑧，行路之难难复难。

半园老子铺瑶笺，徙依大椿古寺⑧边。

长髯乌帽苏公相⑩，小印朱丝蜀国弦⑪。

浮云万事轻如棉，家中何必皆西川。

有歌且歌酒且醉，插花起舞年复年。

惜我迟来十日耳，吹笛李委⑫有诗篇。

东坡酒薄君莫笑，松风七碗茶同煎。

《诗社二集补遗》

① 寿半园老人，为壬戌年四月初三日（1922年4月29日）漫社第十九集社题，张作诗奉答（附）。据诗中"惜我迟来十日耳"，可知成多禄大约是在四月十三日（5月9日）补和的。　　②展轮：车驾启行前，向四周环视。轮（líng），车上的栏木。　　③春明筵：春明，唐代都城长安东面三门之一。后为京城的通称。　　④氓一廛：意为远居他地之一夫。《孟子·滕文公上》："远方之人闻君行仁政，愿受一廛而为氓。"　　⑤龙沙旧侣：指诗人与张曾同在黑龙江将

军程德全处为幕友，兼诗友。廿年：团扇墨迹写为"廿载"。　　⑥十三：漫社时有社友十三人。　　⑦自注："西人以炮为敬礼。"按：当时正值直奉战争。　　⑧东道：指东北中长铁路。北门：指北京至承德一线的交通。　　⑨大椿古寺：团扇墨迹有注："半园住大椿树胡同。"　　⑩苏公：当指宋代诗人苏舜钦（1008—1048年）。据石刻五百名贤图，其像为"长髯乌帽"。　　⑪自注："公有'蜀国弦'三字小印。"　　⑫吹笛李委：待考。

附　　　　　六十三生日同社诸君先有诗至赋此奉答

张朝墉

门外诗入排如山，手持新诗来叩关。
满拟卜昼兼卜夜，南台北莱开芳筵。
是时更阑万籁寂，何来爆竹喧市廛。
爆竹砰訇声远近，京畿黑夜光烛天。
忆我六十三年前，庚申四月月初三。
今夕何夕炮声起，计时恰在寅卯间。
降生已非黄农世，岂知投老遇益艰。
贾生忧时含悲愤，李白长歌来日难。
去年此日擘吟笺，仙娥解佩南楼边。
青山白发宴桃李，朱楼夜拨鸳鸯弦。
燕郊春尽柳吹棉，照眼烽火迷山川。
拔剑四顾天地窄，壮士洗甲伊何年。
有客粥粥哑然笑，避席高咏南山篇。
灞上诸侯儿戏耳，胡为对此心烦煎。

《漫社二集》

冷泉道中

冷泉村①落半欹斜，槐柳阴清水一涯。
闲看妙峰山②下路，行人归戴满头花③。

《家藏扇面》

①冷泉村：在北京颐和园西北，去妙峰山必经之地。　　②妙峰山：北京西山北麓的主峰。　　③行人句：原诗跋称："西顶进香，皆以花胜满头而

归。"按：西顶，即妙峰山上的碧霞元君庙，俗称娘娘庙或西顶。

漫社雅集即事用寂者见赠前韵[1]

莲社[2]风流几百年，敢云后起胜于前。
闲锄菜甲寒畦外，来听松声古寺[3]边。
数点残星余劫火，一杯凉雨散遥天。
老髯故逞龙蛇笔，题遍僧房意洒然[4]。

《漫社二集》

[1]此为壬戌年（1922年）四月间漫社第二十集社题。寂者，即漫社诗友陈
浏。　　[2]莲社：见页326注[3]白社。　　[3]古寺：指贤良寺。　　[4]老髯二句：
老髯，诗人自称。据成多禄六儿媳唐若兰女士回忆，诗人在贤良寺留下墨迹颇多，
甚至所有门扇楣均有书作。

和寂者

离乱同逢天宝年[1]，上阳人老落花前[2]。
伤心故国成三史[3]，脱手新诗动九边。
古寺联吟龙象地[4]，水亭[5]修禊燕莺天。
科名[6]鬓发皆堪惜，一话荆凡[7]倍黯然。

《家藏扇面》

[1]天宝年：唐玄宗年号（742—755年），天宝十四年（755年），发生"安
史之乱"，盛唐由此转衰。　　[2]上阳人句：唐玄宗天宝五年（746年）后，杨
贵妃得宠，而有些宫女在上阳宫内关闭了几十年，头发都白了。　　[3]自注：
"寂者时在史馆。"三史：即《史记》《汉书》《后汉书》。　　[4]龙象地：高僧
居处之地，借指此时诗人寓居的贤良寺。龙象，本佛家语，取在水中的龙力最
大、在陆地上象力最大之意，而用龙象一词形容众罗汉中法力最大者。后来也
借喻高僧。　　[5]水亭：当指陶然亭。　　[6]科名：科举的名目。　　[7]荆凡：
楚国与凡国。比喻存亡无定。见《庄子·田子方》。

附　　　　　　　　　　　赠成澹园

陈浏

两叟平头六十年，名场角逐卅年前。

未妨苑柳娇眉抚，不见宫花上鬓边。

密坐笙歌行乐地，广庭科跣纳凉天。

黄尘赤日都堪老，巾拂来游独洒然。

汉廷脣瑾是同年，恨不相逢贡院前。

新见购诗鸡塞上，悔教正策马江边。

腰间紫绶风吹水，眼底青瓷雨过天。

敝帚千金堪爱惜，再寻尘梦已茫然。

《澹园酬唱诗》

访寂者不遇①

偶向城西策短筇②，招寻旧雨话从容。

墙阴寂历惟双板③，塔影依稀指万松④。

何处留题着凡鸟⑤，此中高卧想元龙⑥。

山僮颇得幽人意，采药言师无定踪。

《家藏扇面》

　　① 原署："壬戌五月廿九日书近作。"　　② 策短筇（qióng）：拄杖而行。策，扶杖；筇，筇竹，产于四川邛山，可作杖，又名扶老杖。宋·黄庭坚《次韵德儒新居病起》诗："稍喜过从近，扶筇不驾车。"　　③ 双板：指北京双板胡同。　　④ 自注："万松老人塔相距甚迩。"　　⑤ 凡鸟：三国时吕安访嵇康不遇，遇见俗不可耐的其弟嵇喜，遂在门上题"凤"字。繁体"凤"写作"鳳"，拆字为凡鸟，以示对庸才的讥讽。亦喻高贵者的造访。见《世说新语·简傲》。⑥元龙：陈登（字元龙），见页139简张半园二首注⑤。

《名贤生日诗》题词二首①

一

瓜果当筵酒一卮，家风红豆瘦于诗。

何来论世知人感，颇有编年纪月思。

掩卷落花悲故相，开宗明月吊湘累②。

百年无日无生日，不尽苍茫感旧时。

二

我读名贤生日诗，不解诗人作诗故。

有生同坠形气中，古人今人一旦暮。

维诗有史经有神，独往独来帜已树。

公何仆仆不惮烦，遍爇南丰香③一炷。

先生闻之哑其笑，高叟言诗固哉固。

我岂平生低首人，把酒问天向谁诉。

不观亭林④辞祝书，身世飘零感流寓。

逐子小弁说我辰，故臣哀郢言初度⑤。

生日盖从忧患史，泪洒沧桑不知数。

即今岂少崧岳才，一样变同陵谷赋。

及时行乐良有以，聊假名贤动倾慕。

年年岁岁作生辰，花时雪时城外路。

彦流醉作鸾凤吟⑥，掷地金声出韶濩⑦。

任他文字说西来，那管焚坑竞东渡。

结成一家香火缘，借酒浇胸庶无忤。

先生结社本偶然，胶柱求之无乃误。

是庄是蝶两不知，非我非鱼⑧同此趣。

方知八九皆寓言，我亦因之豁然悟。

忌辰何必故国思，年谱何须诸老注。

古往今来只如此，生日循环在指顾。

后千百年谁寿公？留题当认公题处。

《漫社二集》卷上

①孙雄辑有《名贤生日诗》十卷。壬戌年五月二十四日（1942 年 7 月 7 日），漫社第二十三集，以此为题请社友题词。诗人遂作律诗、古风各一以应之。　　②自注："生日诗以屈大夫始，翁相国终。"　　③南丰香：见页 53 注②南丰。　　④亭林：即明末清初的思想家、文学家顾炎武。字宁人，别号亭林。辞祝书：《亭林文集》中一篇名。⑤逐子小弁：《小弁》，《诗经·小雅》篇名。旧说周幽王太子宜臼被废而作。幽王宠褒姒，黜申后，逐宜臼。故诗用"逐子"字样自喻。初度：出生的年、时。《离骚》："皇览揆余初度兮，肇锡余以嘉名。"哀郢：屈原《九章》中一篇名。　　⑥鸾凤吟：指汉代贾谊所作《吊屈原赋》。其中有"鸾凤伏窜兮，鸱枭翱翔"句。鸾凤，比喻贤俊之士。　　⑦韶濩：古雅乐的泛称。　　⑧非我非鱼：见页 157 注⑤濠梁。

渔洋山人生日二首①

一

诗老风流说带经，顺康②人物已飘零。
插花起舞宜生日，纵酒高歌半客星。
小说尚留香祖记③，大名真抗曝书亭④。
称觞⑤颇动前朝感，秋柳⑥吟成讵忍听。

二

天半笙簧绕碧雯，词坛一代有高文。
哀弦蜀国⑦诗千首，雅韵扬州二月分⑧。
人似春婆⑨温旧梦，我从香祖续奇闻。
合携李委腰间笛，一曲南飞兴不群。

《漫社三集》卷上

① 壬戌年八月廿八日（1922年10月18日）为渔洋山人生日，漫社于张朝墉寓斋雅集，举行第三十二次诗会。是时诗人在哈尔滨，由张朝墉代为拈韵。这两首诗均作于九月初。渔洋山人：即王士祯（1634—1711年），清代著名诗人，文学家。　　② 带经：王士祯的室名为带经堂。有《带经堂全集》。顺康：顺治、康熙两朝。　　③ 香祖记：指王士祯所著《香祖笔记》。　　④ 曝书亭：清文学家朱彝尊（1629—1709年）的书室名。王士祯与之齐名，有"南朱北王"之誉。　　⑤ 称觞：举杯祝酒。　　⑥ 秋柳：王士祯有《秋柳诗》四首，当时和者甚众，盖托秋柳以寄兴。　　⑦ 蜀国：康熙十一年（1672年），王士祯为四川乡试主考官。　　⑧ 扬州：顺治十六年（1659年），王士祯为扬州府推官。月二分：唐代徐凝《忆扬州》诗有"天下三分明月夜，二分无赖是扬州"句。　　⑨ 春婆：相传宋代苏轼贬官昌化，一日歌行于野，有老妪说："内翰昔日富贵，一场春梦。"当地人便以春梦婆称之。

题虹月归来图①

郑斋先生驰一笺，命我高吟归来篇。
长虹大月照今古，米家书画瞿家船②。
瞿家一船百忠孝，世守楹书食书报。
颜公真杲③尽传人，陆氏机云④正年少。
年少翩翩世绝伦，森罗武库拜经⑤神。

绛云劫后金题聚，爱日传来玉轴[6]新。

玉轴金题尽孤本，携来菰里菰中隐[7]。

万签密比雁行排[8]，一舸闲于牛背稳。

蓦地东南劫火[9]飞，慢藏惊作盗之媒。

地经楚炬成焦土，籍入秦燔认旧灰。

兄弟苍黄一出走，独仗扁舟落吾手。

瓦全玉碎徙纷纷，无家幸得书仍有。

有书离乱亦风流，暇日丹黄自校仇。

诸子百家时寄赏，铁琴铜剑[10]更名楼。

海门地小桃源大，鸡犬翛然逃世外。

事经陵谷已如烟，人与琴书皆入画。

画师今之道子吴[11]，解衣旁薄[12]成此图。

沧波白云望不极，琅环福地[13]无时无。

英光宝晋[14]真无价，米老沧州仍夜夜。

取名德父有深堂，触手邬侯[15]犹列架。

赐书五砚尽萧条[16]，士礼之居亦寂寥[17]。

兵火不侵通德里，故居争说望仙桥[18]。

为报四朝诗史阁[19]，在前珠玉皆名作。

辽鹤[20]不知身世非，蜀鹃[21]但觉归来乐。

我亦言归未得归，遗书半逐惊尘飞。

愿载满船明月去，松花春水几时肥。

《漫社三集》卷上

①图为吴灌英绘于丙寅年（1866年）秋日，为江苏常熟瞿浚之作。其子瞿启甲（良士）保存。在漫社第三十五次诗会上，以此图为题。时诗人不在京，应孙雄的函请而作。吴灌英，即吴隽，又字冠英，江阴人，以善绘画闻名于世。　　②米家书画：宋代米芾及其子米友仁，均善书画。瞿家船：清代瞿绍基及其子瞿镛，均为收藏家。船，取收载之意。　　③颜公真果：唐代颜真卿及其从兄颜果卿，均善书法。此喻瞿氏多善书。　　④陆氏机云：指晋文学家陆机及其弟陆云。此喻瞿氏多文才。　　⑤拜经：南齐臧荣绪常于孔子生日，陈五经而拜之。此句赞瞿启甲之父酷嗜藏书。　　⑥绛云：明末清初常熟钱谦益藏书楼名，所收多宋元版本。顺治七年（1650年），楼与书俱毁于火。金题、玉轴：隋唐人珍藏书帖，书签以金饰，以象牙或玉石制成轴心。　　⑦菰里：乡里，见页114注⑪乡先生。菰中隐：谓在家乡妥善保存。　　⑧万签句：指藏书丰富且又排列

有序。签，指书套上所别之牙签。　　⑨东南劫火：指洪杨（太平天国）兵火。
⑩铁琴铜剑：常熟瞿氏藏书楼名。瞿启甲之曾祖瞿绍基（1772—1836年），在嘉庆、道光年间广购善本，筑恬裕堂藏之。后绍基子镛重为搜辑，成为国内大收藏家。为避清德宗之讳，改名"铁琴铜剑楼"。　　⑪道子吴：唐大画家吴道子。以之比吴灌英。　　⑫解衣旁薄：《庄子·田子方》中形容一善画者神闲意定、不拘形迹的样子。旁薄，应作"般礴"，叉腿而坐。　　⑬琅环福地：传说中的神仙洞府，内藏奇书，西晋文学家张华曾游历此地。见元·伊世珍《琅环记》。　　⑭英光宝晋：宋代米芾有《宝晋英光集》。　　⑮邺侯：指唐大臣李泌（722—787年），京兆（今西安）人，原籍辽东襄平（今辽阳市）。唐德宗时封为邺侯。其父李承休，藏书达二万余卷，并告诫子孙勿得出门，有来求读者，别院供馔。后以"邺侯"代指藏书家。　　⑯赐书句：清代顾沅以其先人曾得雍正帝所赐古砚，遂称所居之室为"赐砚堂"。内中所藏古籍及金石甚富。　　⑰士礼句：清代黄丕烈的室名号为"士礼居"。所藏宋刻本百余种。　　⑱通德里、望仙桥：皆在常熟市境内。　　⑲四朝诗史阁：见页319注⑥国史文章。　　⑳辽鹤：见页169注㉘丁鹤。　　㉑蜀鹃：见页303注③鹃思蜀。

九日登高置酒潜庐同漫社诸子作①

看山不宜众，游山不宜独。
携我素心人②，宛转入西麓。
当日城北翁③，此间同卜筑。
开我山麓门，坐我西头屋。
长几生轻埃，楞严④久不读。
盈盈屋漏痕，渍雨连画轴。
三年十度来，荣落看林木。
飞泉沁心脾⑤，泠泠⑥漱寒玉。
今年作重九，呼群鸟争逐。
漫社社中人，巾屦满涧谷。
吟榼⑦酒无多，不必春醪绿⑧。
初熟饭亦香，况有山肴蔌。
山僧翩然至，相见面犹熟。
众宾各献技，非雅亦非俗。
吟者与画者，据案作雌伏⑨。

一觯时起舞，清影乱花竹。

嘲谈杂谰言，雅不及朝局。

那知八表昏⑩，风尘莽大陆。

家山谁可归，黔湘赣楚蜀⑪。

我本山中人，偶然亦东瞩。

吁天果何为，行乐愿已足。

老兴更飞腾，万事不挂目。

佳节无时无，好友吾所欲。

明岁约重来，早看东篱菊⑫。

《漫社三集》卷上

①此为壬戌年九月九日（1922年10月28日）漫社第三十六集社题。是日徐鼐霖与诗人邀集漫社诗友赴西山灵光寺登高，并在徐鼐霖别墅潜庐置酒，以"人世难逢开口笑，菊花须插满头归"分韵赋诗。孙雄撰有《潜庐登高诗后序》，今附于后，以为题解的补充。潜庐，在灵光寺西，韬光庵故址。　　②素心人：心地淡泊的人。　　③城北翁：徐鼐霖原住北京城北德胜门内甘水桥。隐喻战国"城北徐公"以相戏，见《战国策·邹忌讽齐王纳谏》。　　④楞严：佛经名。⑤心脾：脾，原为"牌"字，属刊误，今迳改。　　⑥泠泠（líng）：形容声音清越。⑦榼（kē）：古时盛酒（水）之器。刘伶《酒德颂》："止则操卮执觚，动则挈榼提壶。"　　⑧春醪（láo）：古时酒名。绿（lù）：酒面上浮起的绿色泡沫。代指佳酒。⑨作雌伏：原意为低头服输。《后汉书·赵典传》："大丈夫当雄飞，安能雌伏！"此处笑喻作书画时伏案的姿态。　　⑩八表昏：八表，八方之外；昏，不宁靖。晋·陶潜《停云》诗："八表同昏，平路伊阻。"　　⑪黔湘赣楚蜀：漫社社友中，路朝銮，贵州毕节人；陈士廉，湖南湘乡人；黄维翰，江西崇仁人；萧廷平，湖北黄陂人；贺良朴，湖北蒲圻人；周贞亮，湖北汉阳人；张朝墉，四川奉节人；向迪琮，四川双流人；曹经沅，四川绵竹人。　　⑫东篱菊：晋代陶潜《饮酒二十首》中有"采菊东篱下，悠然见南山"句，表达闲适隐逸之情。

潜庐登高诗后序

孙雄

壬戌九月九日，吉林徐君敬宜、成君澹堪招集漫社同人，至西山灵光寺登高，复于潜庐置酒觞客。茱萸共插，菊花正开，携壶榼而上翠微，赌棋枰而斟白堕。云山入抱，霜色迎眸，竞病之韵叠赓，瞻瞩之襟弥畅。作序续兰亭之禊，游目骋怀；纪年同赤壁之游，凭虚遗世。情来兴住，珍过眼之云烟；天高气清，息满城之风雨。幽赏未歇，俊句争奇，笑落帽之孟嘉，傲题糕之梦得。主人复予砻乐石，永寿鸿篇。志群彦之胜游，结千秋之遐想。蜗角之争，付诸梦寐；鸿爪之印，证以歌吟。逸至豪情，泂一时无两矣。是日同游者，奉节张半园朝埔、黄陂萧渔隐廷平、江浦陈寂者浏、蒲圻贺簧公良朴、常熟孙郑斋雄、崇仁黄稼溪维翰、汉阳周退舟贞亮、湘乡陈南眉士廉、毕节路瓠庵朝銮；期而未至者，双流向仲坚迪琮、绵竹曹缠蘅经沅；不期而会者，奉天袁洁珊金铠。洁珊诗即席先成，仲坚、缠蘅诗越旬日而补作。主人刊诗既竣，因属雄之为序。

《漫社三集》卷上

预祝陈祝六十生日①

荆棘名尘路已迷，君家偏住画墙西②。
吟坛豪兴长庚③酒，史馆清芬太乙藜④。
贫里诵诗惟骥子⑤，乱余举案有鸿妻⑥。
当头大月⑦秋千丈，除却高文孰与齐？

《诗史阁壬癸诗存》

①壬戌年（1922年）九月，成多禄、孙雄等漫社诗友为陈浏预祝六十诞辰。陈生于癸亥年（1863年）十一月十五日（12月25日），提前三个月祝六十整寿的原因不详。《漫社三集》所载第三十七集社题为《寿陈亮伯暨其夫人侯菽园六十》。　②自注："君寓贡院西墙。"　③长庚：本金星别名，又名太白。李白，字太白，性豪饮，以"斗酒诗百篇"闻名后世。　④史馆句：意谓史馆生涯澹泊、脱俗。陈浏时任国史编纂处编纂。太乙：山名，终南山。藜：野菜。　⑤骥子：喻儿辈中有才能者。《北史·裴延俊传》："二子景鸾、景鸿，并有逸才，河南呼景鸾为骥子，景鸿为龙文。"　⑥鸿妻：汉代梁鸿之妻孟光。梁隐居避乱寄人篱下，为人舂米。每次回家，妻将食案举到齐眉高处，送至面前。后以"举案齐眉"喻夫妻互敬互爱。见《东观汉纪·梁鸿传》。　⑦当头大月：陈浏生日为十一月十五日，月圆为"大"。

壬戌六十初度十首①

一

谢却纷华只信天，生平心迹总萧然。
空弹剑铗龙难化②，坐拥书丛蠹自仙③。

投笔怕谈年少日，挂冠④犹在国亡前。
长翁老作江湖长⑤，苦忆升平⑥六十年。

二

江干亭子岭颠楼⑦，良友招携最上头。
独倚天寒怜翠袖⑧，几更世变剩红兜。
鲜民讵有称觥乐，达士何妨炳烛游。
随处行歌随处住，羲皇休问几春秋。

三

跌岩湖云与岳烟，归来闲共客星⑨眠。
秋风暂起长门赋⑩，春水方生太液船。
中晚诗人成妙选⑪，贞元老辈认齐年⑫。
而今事事皆陈迹，赢得毡裘雪满天。

四

半生多累是多男⑬，误听华封吉语三⑭。
但觉不才安若素，敢期出我胜于兰。
老夫诗句谁能诵？廉吏儿孙或不贪。
赖有亭林甥似舅，不辞薄劣彻宵谈⑮。

五

记得茅檐腊酒香⑯，家家争祀古汗王⑰。
香灯画鼓人初到，佛粥神糕夜未央。
当日外家叨铺啜，遗风中古似陶唐⑱。
师丹⑲老昧从前事，每饭孤怀独不忘。

六

江南飘泊燕为家，少日依人念转差。
每向荒庵思落木⑳，空将晚节惜黄花㉑。
蘼芜㉒山下余心迹，禾黍宫前感鬓华㉓。
变尽青门旧名姓，怕人犹认故侯瓜㉔。

七

轮舆梓匠㉕岂能通，愧滥齐竽记考工㉖。
踪迹东西留古雪，山河南北御长风。
倦看王气消长白，喜博诗名满大东。

眷旧风流吟九九，消寒也在逸民中^㉗。

八

世事推迁到我初，已成老物阅居诸^㉘。

怕看瀛海方归客，又火嬴秦以后书^㉙。

才子狂于不羁马，名流多似过江鱼。

春风璀璨新桃李，剩柏残松或不如。

九

党牛怨李^㉚两无关，野鹤闲云独往还。

皮里阳秋新衮钺^㉛，眼中人物旧河山。

春回草木风声内，梦绕萑苻^㉜大泽间。

世有纷纭人自寿，始知老子是痴顽。

十

澹堪老去心犹澹，除却高吟百不知。

小草闲花观自得，老妻稚子远相思。

途长伏骥鸣千里，晚岁寒鹪借一枝。

笑荐香花酬彩笔^㉝，年年助我赋新诗。

《漫社三集》卷下

①"成澹堪六十"，为壬戌年十二月初八日（1923年1月24日）漫社第四十一次集社题，地点在张朝墉的寓所半园。社友及特别社友作诗甚多，也有后来补祝的（均附）。是时诗人亦赋诗十首自寿。　　②空弹句：意指早年科场失意。空弹剑铗：战国时期齐国冯谖曾在孟尝君门下弹铗（剑把）而歌，抒不得志。见《战国策·齐策》。龙难化：喻乡试落第。旧传鲤鱼跳龙门则化为龙，否则"点额"（碰了额头）而还。后世比喻科举落第。　　③坐拥句：意谓落第归乡后，直至出山前，仍闭门苦读，并自以为乐。蠹：喻钻研书本。　　④挂冠：指诗人于光绪三十三年（1907年）辞去黑龙江绥化知府一事。⑤自注："用物之无用者为'长'之意。"长翁：长，应读zhàng。　　⑥升平：疑应为"生平"。　　⑦自注："哈尔滨有致远亭，岭上有楼。"按：致远亭为辛酉年（1921年）宋小濂任中东铁路督办时建。　　⑧独倚句：杜甫《佳人》诗句："天寒翠袖薄，日暮倚修竹。"　　⑨客星：忽隐忽现的星，此指贵客。见《后汉书·严光传》。　　⑩长门赋：汉代司马相如为陈皇后而作，抒其愁闷悲思之情。　　⑪自注："谓晚晴簃选清诗。"　　⑫自注："周伯园中丞、宋芝田侍御，均乙酉同年。"贞元：唐代刘禹锡《听旧宫中乐人穆氏唱歌》诗：

"休唱贞元供奉曲，当时朝士已无多。"朝士，中央官吏的泛称。贞元，唐德宗年号（785—804年），刘禹锡为贞元进士。　⑬多男：诗人有子六人，即世奇、世英、世伟、世杰、世超、世坚。　⑭华封吉语三：据《庄子·天地》，唐尧游历到华州，该地守封疆之人祝他"寿、富，多男子"，后称"华封三祝"。　⑮自注："余两甥俱来。"按：两甥为赵海荫、赵一鹤。亭林甥似舅：顾炎武有甥徐乾学，号健庵，康熙进士，官刑部尚书，曾充《明史》总裁官并总纂《大清一统志》《清会典》，著《读礼通考》等。　⑯自注："吾乡多以腊初祭祖，用满礼也。"　⑰古汗王：指清太祖努尔哈赤。汗，亦作"罕"。　⑱陶唐：即帝尧。尧初居于陶，后封于唐，故称陶唐。陶，指山东省荷泽市定陶区。唐，指河北省唐县。　⑲师丹（？—3年）：西汉人，字仲公。曾从匡衡学诗，举孝廉为郎，官至大司空。后因忤逆外戚，免为庶人，遂缄口不谈旧事。　⑳荒庵：指诗人借居之贤良寺。思落木：思念故乡，取落叶归根之意。　㉑黄花：即菊花，入秋傲霜而开。喻人能保持晚节。　㉒蘼芜：见页309注③。　㉓禾黍句：出自《诗经·玉风》。见页253注②黍油　㉔变尽青门二句：见页60注⑥故侯瓜。流露出诗人隐逸避世的思想。　㉕轮舆梓匠：轮，指轮人，专制车轮；舆，指舆人，专制车箱；梓匠，指木工。《孔子·尽心下》："梓匠轮舆能与人规矩，不能使人巧。"此处意指经营管理。　㉖愧滥句：指诗人对身任"中东铁路公司理事会董事"一职的谦词。齐竽：即南郭先生。记考工：指《周礼·考工记》。铁路属工程技术，故以譬喻。　㉗自注："往日在京华，与王晋卿、宋芝田诸老作九九社。"　㉘居诸："日居月诸"之省语，言岁月流逝。见《诗经·邶风·日月》。　㉙怕看二句：担心因西学日盛而导致国学沦丧。　㉚党牛怨李：指唐穆宗至宣宗间（821—859年），以牛僧儒、李宗闵为首和以李德裕为首的朋党之争。　㉛皮里阳秋：口里不讲好坏，不作评论，而在内心里有所褒贬。见《晋书·褚裒传》。本作"皮里春秋"，因晋代简文帝后名春，晋人为避讳，故以"阳"代"春"。新衮钺：指民国时期迭相登台的权贵人物。　㉜崔蒈：见页89锦州道中注①。　㉝荐：遇时节供时物而祭。香花：以香和鲜花供佛，表示虔诚恭敬，是佛家的一种敬礼仪式。酬：报答，回赠。彩笔：指五色笔。《太平广记·梦二》载，江淹少时，梦人授以五色笔，故文彩俊发。

附

祝寿诗三十三首

澹堪六十生辰，置酒半园觞客

赋诗寿之

孙雄

澹堪诗格迈曹刘，朝士贞元硕果留。

琴梦重温香雪海，弧辰同降好云楼。
寓言欲续养生主，携酒还应与妇谋。
直谅多闻真益友，祝君椿算八千秋。

二

夜抚吴钩意不平，少年疏放悔谭兵。
杖头阿堵堪沽酿，陇上蚩氓半辍耕。
风节崚嶒犹岳峙，星辉纠缦待河清。
生逢舜禅休嗟叹，白首同坚戴笠盟。

三

松禅手札富储藏，居近裴公绿野堂。
手定元灯夸永叔，梦传彩笔授江郎。
蕹垂鸿戏疑仙境，莼味鲈羹忆故乡。
老衲相逢如旧雨，康雍轶事说怡王。

四

栖迟随地课桑麻，一滴禅开十丈花。
社集芳搴空谷蕙，外家诗咏故侯瓜。
荒波断苇江亭路，风马霓旌海客槎。
浴佛嘉辰宜煮粥，兕觥羊酒馈东华。

五

识荆已憾廿年迟，逾艾犹欣自得师。
修业真如麟角贵，从游欲附雁行随。
老成文笔高徐庚，晚学诗篇和陆皮。
抑戒宾筵赓卫武，跻堂侧弁舞傁傁。

六

处处民谣激楚音，风追邴管百年心。
春回北海寒梅绽，秋黯西山落叶深。
曼寿君斟千日酒，耽吟我抱一弦琴。
松盟柏悦宜兄事，把臂相期共入林。

寿成澹堪六十

周贞亮

曾著鸡林旧价来，感时霜鬓亦先催。
佛家胜事添供粥，诗社新题补到梅。
双阙云中瞻日近，一槎江上迓星回。
老饕久艳松鲈美，快取沽春入酒杯。

前题

黄维翰

单骑我驱穷塞北，扁舟君到大江南。
人生萍梗随流水，晚岁燕台重盍簪。
风骨翩跹疑瘦鹤，诗心澄洁似寒潭。
年来道德嗟衰落，强著书篇续老聃。

前题

路朝銮

宦迹才名绝域传，弓衣织句胜蛮笺。
一麾嚼雪龙江冷，万里乘风鹤背翩。
香火同龛参寿佛，粥盂腊味饯诗禅。
浩歌共醉长安市，铜狄摩挲五百年。

前题

贺良朴

五马宣勤万口褒，龚黄比绩最贤劳。
才符物望心偏澹，诗带边声调自高。
腊日占祥参我佛，德星初聚识人豪。
居家住近千秋岭，为祝千秋献碧桃。

前题

张朝墉

细马明驼冰雪毡，龙沙往事渺云烟。
参筹共话边方策，制锦频闻太守贤。
排日寻诗追竹垞，挥毫落纸入松禅。
闲来自斗尖叉韵，未觉空山岁月迁。

前题

郑沅

君与东坡同月生，读者诗笔亦纵横。
固知福慧从天赋，喜近波澜更老成。
欢伯泛春光潋滟，水仙献寿态轻盈。
巫闾山色辽河水，长与高人证旧盟。

前题

江瀚

沧桑见惯亦寻常，六十年华鬓未霜。
白合河边羁宦迹，碧奇山外雅人乡。
乱来思治心徒切，老去论文趣最长。
今我祝君无别语，但期岁月共称觞。

前题

林开谟

华发朱颜岳岳姿，联吟洛浦补新诗。
不忘汉腊能全节，及买春醪好介眉。
编集君如丁戊富，问年我愧甲辰雌。
承平未必终无望，人寿河清会有时。

前题

吴用威

萧寺城东屡叩扃，四年离绪绕津亭。
归田计熟游应倦，周甲筵开鬓尚青。
避俗诗盈冰雪卷，回天心付短长经。
江鱼入馔山醪美，洗耳松风且细听。

前题

关赓麟

侧帽萧然霜鹤姿，经年文酒忝追随。
一龛著述邦衡集，万口流传胜欲诗。
橐笔江南宗国恨，弓衣塞北故园思。
白山乔木长无恙，耆旧如君尚有谁？

前题

钱葆青

三友辽东号一龙，屹如太华峙三峰。
宁甘北海披裘钓，爱听西山隔院钟。
生日因缘根佛果，寥天心事指寒松。
汉铜宋墨盟金石，不信云峦几万重。

前题

丁传靖

千骑东方守柳边，边人犹忆使君贤。
庆孙入幕风生座，越石吹笳月满天。
著史远追兴定上，辞官还在义熙前。
藏身人海惟诗酒，水浅蓬瀛不计年。

前题

三多

平生助养有江山，花甲虽周鬓未斑。
身等神仙修福慧，心轻将相爱幽闲。
书超松舍梅庵上，诗在梧门竹坞间。
天许故人今复见，笑骑驴背入榆关。

前题

王树枬

一

白头我愧十年长，青眼思君一饮情。
五马边城迷旧梦，只鸡斗酒缔新盟。
会成真率无凡客，诗到开元有正声。
万事匆匆归一瞬，独从文字祝长生。

二

零落知交复几人，沉沉终日意常醺。
衣冠鹤望频思汉，风雨鸡鸣喜见君。
岸帻风流谢司马，恣天云卧鲍参军。
登堂便欲倾家酿，促膝深谈到夜分。

前题

陈宝琛

人海论交澹最难，十年僧舍借蒲团。
一庭花木观新意，满席图书结古欢。
商略谷音诗律老，过从洛社酒杯宽。
翠微拣得高栖处，且共苍松守岁寒。

前题

郭曾炘

邦衡风节南朝重，献吉文章北地雄。

尚友庵居聊借署，生天佛日恰相同。

岁周甲子今何世，我惜江湖老是翁。

收拾波澜入诗卷，犹能奇气吐长虹。

前题

樊增祥

盟鸥馆畔半成翁，又见稀龄庆祝同。

一种秋心如菊澹，百觞腊酒沁梅红。

平分旌节骚坛上，各赌声名幕府中。

府主退耕仍结社，晚晴花竹自春风。

前题

周树模

佛身浴罢现吟身，僧饭儒衣冷淡人。

同社鹭鸥将进酒，故山松杏本长春。

旧游虎阜留题在，近事鸡林得句新。

亥首未须论甲子，频年亲见海东尘。

前题

柯劭忞

栖迟人海送年华，胜日宾筵感有加。

野马尘埃新世事，蠹鱼文字旧生涯。

流连社酒宁辞醉，薜苕寒梅已著花。

最忆画图风景好，松江东岸是君家。

前题

王式通

参军俊逸厌谭兵，早见侨吴集里名。

坐上郑侯鸿宝气，书中张圣太湖精。

平居禅宇忘尘劫，乱世诗坛变雅声。
语取台郎寻寿相，峨峨清远一儒生。

前题

傅增湘

朱颜对酒自惜惜，生遭婴宁契道心。
图篆封泥传凤钵，篇章论价重鸡林。
洛中新启耆英社，海上旧闻韶濩音。
省识南华椿寿意，方春甲子与重寻。

前题

陈士廉

腰脚轻便鬓未丝，风神濯濯想当时。
登车空负澄清志，画壁时传讽谕诗。
千里飞鸢看缥缈，九霄孤鹤见清奇。
长吟即是延年术，何必餐霞饵紫芝。

前题

萧延平

后雕长保岁寒心，酒祝延龄取次斟。
夙仰边才驰雁碛，今看诗派启鸡林。
欢腾腊日千村鼓，彩绚梅花万点金。
富寿宁康箕福备，五株丹桂更森森。

以上据《漫社三集》

寿成同年多禄六十

陈浏

一

才过弱冠贡成均，忽忽今垂四十春。

昨始晤言真率会，相看俱是杖乡人。
雪堂斗韵豪逾昔，尘海论交老更亲。
私喜登临腰脚健，与君依旧少年身。

二

夺席谈经两少年，祇今雪发各盈颠。
诗筒络绎东华路，粥鼓丁冬腊月天。
总有才名高塞外，未妨泥饮到江边。
平头六十俱强健，我与先生是地仙。

《澹园酬唱诗》

寿成澹堪六十

涂凤书

一纸曾闻重万城，大江南北尽知名。
骨神全藉冰霜炼，怀抱争如水月清。
鸡塞文章传大笔，龙沙史志颂循声。
海东归去宁非计，会有桑田待耦耕。

《石城山人文集》

止园行为古欢老人作①

琼华后海②明如玉，画栋珠帘荡寒渌。
今古名园一鉴中③，日日主人看不足。
主人潇洒古欢翁④，旧日声名满大东。
遍尝朔漠穷边雪，大有幽燕老将风。
丈夫何以家为也⑤，凌历中原真健者。
眼前杜老有万间，宇下欧阳无一瓦⑥。
生事陈平本不治，能化朽腐为神奇。
卜枯⑦画戟兴安马，钟鼎文章各一时。
惟哈尔滨来最熟，能以精诚慑异族⑧。
龙符虎节东道开⑨，金槃玉敦西人伏。
乱世豺狼不可休，孤鸣鸾凤岂能俦。
筹楼⑩一角唐贤相，笔驿⑪三分汉武侯。

一楼一驿⑫皆千古，归买名园作园主。

疏泉凿石几经营，差幸近天天尺五⑬，

尺五平连罗雀门⑭，绣帏朱邸仓琅根⑮。

浩浩沧波怀帝子，年年芳草忆王孙。

人生知足良可贵，过眼金张⑯皆此类。

欲从林下话三生，胡不花前拼一醉？

主人乃开绮阁筵，兰亭⑰少长罗群贤。

共酌明日黄花酒，如坐西风白草天。

白草黄花几名迹，龙沙旧雨盛裙屐。

上客矜夸陆贾装⑱，旁人健羡扬雄宅⑲。

西园雅集南皮⑳游，中西人物镇风流。

谈瀛侈说地中海，照影同登天外楼㉑。

天外忽闻凉雁语，鹤唳风声成伴侣。

西瞻秋气胡为来，东望乡关在何许。

维时众宾颜已酡，据石拿云啸且歌。

长风一击铁如意，明月空余金叵罗。

主人萧然意自得，几变荆凡㉒不动色。

八千子弟任横行，九万扶摇容暂息。

园中松桂山中人，蓝田㉓谁认故将军。

可止则止亦寄耳，万事于我如浮云。

我为此园进一解，止止吉祥皆异彩。

花开寿相草宜男，他日为公歌小海㉔。

《漫社三集》卷下

①壬戌年十二月（1923年1月），漫社在止园举行第四十二集，祝贺宋小濂止园落成。关于止园，宋小濂在《止园落成》诗序中说："壬戌春暮，归自东路，得清某邸别墅于后海之南。虽故荒废，而水石花木之胜，固自在也。茸而理之，以为菟裘。历夏及秋，始克竣事。取知止止水之意，名曰止园。"　　②后海：即什刹海后海，在北京城北。止园在后海南岸，近接翔凤巷。　　③自注："园有巨镜，初名鉴园。"　　④古欢翁：宋小濂有古欢室，自称古欢室主人。⑤丈夫句：西汉名将霍去病语。汉武帝曾为建造府第，霍谓："匈奴未灭，何以家为？"见《汉书·霍去病传》。　　⑥眼前二句：意谓宋小濂已有宽敞的私宅，而此时诗人尚借寓贤良寺，无片瓦之存。杜老，即杜甫，代指宋小濂。欧阳，即欧阳修，代指诗人自己。　　⑦卜枯：疑即卜奎，齐齐哈尔。　　⑧

诗集五　辑佚诗

353

惟哈尔滨句：宋小濂曾于光绪三十二年十二月（1907 年 1 月）至宣统元年二月（1909 年 2 月），任黑龙江铁路交涉总局总办，办公地址在哈尔滨。在任期间，经宋氏极力抗争，废旧约，订新约，从俄国人手中收回权利甚多。　⑨龙符句：指宋小濂于一九二〇年七月再次出任中东铁路督办。　⑩筹楼：即筹边楼，在四川成都西郊。唐代李德裕任西川节度使时所建。楼四壁画边防图，李常与僚属筹画其上。　⑪笔驿：即筹笔驿，在四川广元市北，相传诸葛亮（武侯）出师运筹于此。　⑫一楼一驿：代指宋小濂在黑龙江省的经营和建树。　⑬近天天尺五：近天，指与宫廷（即紫禁城）相近；尺五，形容距离甚近。　⑭罗雀门：据《史记·汲郑列传》载，翟公在做廷尉官时宾客盈门，失官后门前冷落，可张网捕雀。后遂用"门可罗雀""罗雀门"等形容门庭冷落，以见世态之炎凉。　⑮绣幰（xiǎn）：没有帷幔的车子。仓琅根：装置在大门上的青铜铺首及铜环。　⑯金张：分别指西汉显宦金日（mì）磾（dī）和张安世，后代累世为宦。后以"金张"一词为功臣世族的代称。　⑰兰亭：在今浙江绍兴市西南兰渚山上。东晋永和九年（353 年），王羲之与谢安等四十一人修禊于此。所作《兰亭集序》中有"群贤毕至，少长咸集"句。　⑱陆贾装：指汉代陆贾辞官后，把出使南越所获的宝物转卖成千金平分给五个儿子的故事。见《汉书·陆贾传》。　装，归装。　⑲扬雄宅：扬雄，西汉末年文学家，宅居四川成都少城西南隅，一名"草玄堂"。　⑳西园：汉末曹操所建，在邺都。其子曹植常与友人在此宴游，并有《公宴诗》："公子敬爱客，终宴不知疲。清游西园，飞盖相追随。"南皮：即张之洞（1837—1909 年），直隶南皮（今属河北）人。每于公暇辄与幕宾宴游唱酬。　㉑自注："九月八日集，中西人士宴集，在楼上摄影。"　㉒荆凡：见页 180 注 ⑪荆凡。　㉓蓝田：山名，在今陕西蓝田县东。一名玉山，产美玉。　㉔小海：似指宋小濂侧室张氏时已有娠，预先起名为小海，即后来之晚哥（乳名）。

戏咏鼠嫁女四首①

一

纪岁因时识楚荆②，笑看鼠辈逸情生。
无端来嫁金龟婿③，也算初心了向平④。

二

华灯照夜艳于云，马水车龙认几群。
知否狐狸犹怨汝，故将妖态不平分。

三

东家穴隙早相窥，岂待桃秾李艳时。

学作雌雄双兔走，为君高咏木兰词。

四

窄窄青庐小洞房，口吹兰麝熨檀郎⑤。

何须古刺千金水，若辈生来竟体香。

《漫社三集》卷下

①此为壬戌年腊月廿三日（1923年2月8日）漫社第四十三集社题，共写六首，自选《澹堪诗稿》仅收其中二首。现据《漫社三集》补出。　②识楚荆：典出唐·李白《与韩荆州书》："白闻天下谈士相聚而言曰：'生不用封万户侯，但愿一识韩荆州。'何令人之景慕一至于此。"韩荆州，即韩朝宗，时为荆州刺史。荆州，旧为楚地。　③金龟：汉代丞相，三公、列侯、将军之印制，皆金印、龟纽，简称金龟。金龟婿，即贵婿。　④向平：见12页光绪七年辛巳十九岁注⑤。　⑤檀郎：晋代潘岳，小名檀奴，美姿仪，后人称为"檀郎"。

题子雍先生乔梓画像二首①

一

脱尽人间爱子心，聊将万卷当籝金②。

十年一掬童乌③泪，凄断渔洋④蜀道吟。

二

残经宛宛照青藜，回首趋庭日已西。

莫问玉鱼金碗事，伤心卷尾数行题⑤。

《菰里瞿氏四世画卷题词》

①诗应孙雄所请为瞿启甲作。瞿镛，字子雍，启甲之祖父。此图实为悼子图，由谢绶绘于甲午年（1834年）孟冬。画面上，瞿镛坐，四子立，环列周书彝鼎及龙虎鉴、龙凤钱、印章等。乔梓：本二木名，后喻父子。　②万卷：指瞿镛继其父瞿绍基的收藏事业，创建"铁琴铜剑楼"。籝金：《汉书·书贤传》："遗子黄金满籝，不如一经。"籝（yíng），筐笼一类的盛物竹器。　③童乌：汉代扬雄子。扬雄《法言·问神》："育而不苗者，吾家之童乌乎？九龄而与我玄文。"后因以童乌作早慧或早夭者之典。　④渔洋：即清代王士禛。　⑤伤心句：据瞿镛所题图跋，甲午年（1834年）七月，九岁小儿死于疟疾，因而叹曰：

"噫！人生非金石，胡竟柔脆至此耶？于其葬也，以龙虎镜一、龙凤钱一、铜牌一、铜印一、儿名章一，纳诸圹中，而属谢君补写此图，以抒余之悲云。"

遁园属和《秋夜》诗，口占应之[1]

初罢君王长夜饮，好诗艳敌张三影[2]。
谁倚秋江笛一枝，寄来边地梅花冷。

《遁园杂俎》卷二

[1]《秋夜》诗（附），为马忠骏（号遁园）姬人韩素（字冷艳）所作。韩素学唐诗尚未及一年。　[2] 张三影：宋代词人张先，其词有"云破月来花弄影""帘压卷花影""坠风絮无影"，故人称张三影。

附　　　　　　　　秋夜

韩素

菊浸美酒独自饮，明月相伴人之影。
更深四壁虫声起，露水沾花夜已冷。

同上

遁园杂咏[1]

江淹老去才华尽，欲洒烟云不满笺。
袁弟陈兄[2]皆健者，当筵莫忘索新篇。

《咏遁园诗》拓册

[1] 本篇与《遁园杂咏十六首》（入本书诗集四），同载成多禄墨述拓本《咏遁园诗》（吉林市图书馆藏）。　[2] 袁弟陈兄：袁金铠、陈浏。

题《遁园图》四首[1]

一

几经华屋几山丘，达士先成未雨谋[2]，
谁料谷神[3]常不死，空令林壑独千秋。

成多禄集

二

名流宴集四时同，大有君家琯璐风。
千标杏花百壶酒，山居不数小玲珑④。

三

画烛青樽互主宾，新诗题遍哈尔滨。
披图难免胡卢笑⑤，我亦当年画里人。

四

遁园文与遁园诗，点缀归装艳色丝。
更为鸱夷添韵事⑥，海天一舸载西施⑦。

《遁园杂俎》卷三

①《遁园图》为林纾所绘,题者甚众。　②未雨谋:即"未雨绸缪"之策。
③谷神：金代开国丞相完颜希尹，别名谷神。疑指此人。　④自注："马氏
小玲珑山馆，极一时之盛。"按：马氏，即马忠骏。　⑤胡卢笑:笑声在喉间。《后
汉书·应劭传》："夫睹之者，掩口卢胡而笑。"　⑥更为鸱夷句：指春秋时范
蠡在帮助越王灭吴后，改易姓名为鸱夷子皮，乘舟载西施泛五湖而去。后用此
典比喻功成身退，归隐江湖。　⑦自注："君新置一姬曰婉云，载与俱归。"

送马大①归农

廿年辽海逐风尘，犁雨锄云②忽此身。
遥忆京华应念我，当年同是耦耕人③。

《遁园杂俎》卷三

①马大:即马忠骏。　②犁雨锄云:指勤于职事,不避劳苦。　③耦耕人:
原指两人各持一耜并肩而耕。此指诗人与马氏曾共事。

遁翁姬人婉云生子和陈寂叟①

记载西施②去，秋风正此辰。
高楼思矗矗，小字叹真真。
燕姑占全验，麟儿洗更新③。
山荆频寄语，应否谢冰人。

《遁园杂俎》卷三

① 马忠骏得子，陈浏（别号寂叟）有诗（附），成和之。　　② 西施：代指张婉云，浙江人。　　③ 洗更新：为婴儿三朝洗浴，俗称"洗三"。

附　　　　　　　　　　遁翁姬人婉云生子

陈浏

珠襦承绣葆，汤饼及芳辰。
诗学传宗武，啼声试太真。
阶兰舒蕊嫩，庭桂吐香新。
大好园林在，刚添小主人。

《遁园杂俎》卷三

遁园口占

高隐辽东话故园，幼安①根矩已鸿迁。
白头老友遥相忆，三字亲题晚稼轩②。

《遁园杂俎》卷三

① 幼安：即三国时隐士管宁（158—241 年），字幼安，北海朱虚（今山东临朐东南）人。东汉末，避居辽东三十多年。　　② 晚稼轩：马忠骏室名。

和半园呈遁堪二首①

一

山翁②爱诗如骨髓，拈毫选韵夸彼美。
美人踏雪赏梅花，中庭月色凉如水。

二

桃花笺纸熨红罗，灯前得句枕上哦。
耐冷馆中春似海，花江一奏柳枝歌。

《遁园杂俎》卷三

① 陈浏有诗《冷艳行》，张朝墉作诗和之（附），诗人再和张诗。马忠骏，号遁厂，亦作遁堪。　　② 山翁：陈浏，字定山。

书陈定山《冷艳行》后

张朝墉

一

倒掇兰芝吸凤髓，白鱼何若鲈鱼美。

马生不啖哈密瓜，直剪吴淞半江水。

二

白绖为裳轻绮罗，手不停披口吟哦。

长斋绣佛爇龙脑，莫负尊前子夜歌。

《遁园杂俎》卷三

郑斋吏部过访视疾用韵赋诗二首[①]

一

病余人似傲寒蝇，鬖榻[②]相看辱我朋。

别后须眉犹落拓，老来筋骨白飞腾。

诗坛吟散[③]谁雄长，世路尝深别爱憎。

珍重及时行乐意，中元甲子上元灯。

二

浊世文章贱若尘，六经疏矣孔方[④]亲。

名山慧业功千古，沧海横流志一伸。

班马大名才自富，幽燕豪气岁争新。

小园计日花如锦，愿赏奇文醉老春。

《蝇尘酬唱集》

①癸亥年（1923 年）冬，孙雄（号郑斋）作《青蝇二首柬王叔均司长章祜、徐曙岑佥事行恭》（附）。两诗首句末字为"蝇""尘"，一时文士皆以此二韵酬和，以致编成《蝇尘酬唱集》。甲子年人日（正月初七，1924 年 2 月 11 日）孙雄访成多禄，探病于榻前。次日，成作诗二首以和"蝇尘"诗。　②鬖榻：指病人卧于床上，鬖发未梳理。诗人去年（1923 年）游哈尔滨归京后，患病久卧于床。　③诗坛吟散：至甲子年（1924 年），"漫社旧友散而之四方者，十之二三。"（孙雄《甲子集序》）其中：程炎震逝世，陈浏回哈尔滨，萧延平归湖北武昌，在京诸人，集会时每每不齐，故云"吟散"。　④孔方：指钱，旧铜钱中有方孔。典出晋代鲁褒《钱神论》。

诗集五　辑佚诗

青蝇二首柬王叔均司长章祜
徐曙岑佥事行恭

孙雄

一

无端谣诼集青蝇，贝锦萋兮累友朋。
瓦釜雷鸣贞士默，卮言日出谤飞腾。
侏儒臣朔殊饥饱，毛羽疮痂易爱憎。
文字交情关道义，不欺暗室有明灯。

二

卅年吏隐避缁尘，遣日惟将六籍亲。
鹬蚌纷争谁弋利，龙蛇蛰伏漫求伸。
桑田久叹陵为谷，兰契何分旧与新。
蜗角蚁巢休计较，心头养我太平春。

《诗史阁壬癸诗存》

和师郑先生二首①

师郑先生写示嘤社第一集四律，风韵佳绝，僭和两章，以博一粲。

一

赫蹄小纸字如蝇，十首珠玑酒百朋②。
手定丹黄成日课，眼看宝墨尽云腾。
镜中圆海须眉话，世外横流面目憎。
闻说幽人归路好③，满天楼阁正初灯。

二

分别世界一微尘，絮聚萍分更可亲④。
老去头颅招鹤笑，病余腰脚作熊伸。
人求莲社何妨旧，诗到花朝分外新。
我与海棠⑤商夙约，迟⑥公同醉小园春。

《蝇尘酬唱集》

① 甲子花朝节（二月十二日，1924 年 3 月 16 日），嘤社成立，并在宋小廉的止园举行首次诗会。嘤社社友共十五人，除原漫社的张朝墉、成多禄、贺良朴、孙雄、黄维翰、周贞亮、陈士廉、路朝銮、向迪琮、曹经沅十人外，

还有王树枏、宋小濂、徐鼎霖、丁传靖、涂凤书。首次诗会上，孙雄作诗四首(附)，成多禄和其二首。题目为编者所加。　　②赫(xì)蹏:见页120题胡右皆《瑶艇填词图》注④。百朋:朋，古代货币单位，百朋，言值高。　　③自注:"公诗有'归路萧疏见市灯'句。"　　④自注:"嘤社半系漫社旧人。"　　⑤海棠:甲子花朝节后二日，为春分。二十四番花信风中，春分有三候:一候海棠，二候梨花，三候木兰。　　⑥迟(zhì):等待。

附

中元甲子花朝嘤社第一集会于宋氏止园，用蝇尘韵成四律，呈铁梅中丞及同社诸子索和

孙雄

一

后海冰丌渐治蝇，空明宝镜大无朋。
比邻莺燕诗肠鼓，兼味熊鱼食指腾。
冻合玉楼寒已敛，罚依金谷客无憎。
月圆花好人同寿，元夜重周更买灯。

二

夏造殷因感若尘，嘤鸣伐木友声亲。
龙门浩荡容鸥泛，鹤寿绵长爱鸟伸。
宦辙羊肠舆颂远，骚坛牛耳主盟新。
澹园词客头风愈，药鼎茶铛沸早春。

三

雅集图成笔点蝇，乔柯偃仰揖诗朋。
问年我是中心点，入世却无捷足腾。
纸落云烟疑梦幻，缘深香火息嗔憎。
纵谈促膝忘移晷，归路萧疏见市灯。

四

名园幽绝屏缁尘，三五盈时酒盏亲。
斗起螈巢嗟额烂，句探骊睡喜眉伸。

在渊莫漫占飞跃，话雨何须问旧新。
太息河山犹似昔，万人家拥帝城春。

《蝇尘酬唱集》

奉和师郑止园修禊诗二首[①]

师郑先生见示止园修禊诗，其中"魏晋""清明"一联庚新鲍逸，妙造自然，为之拍案叫绝[②]。朝来率和二首，不足言诗，趁韵而已，邮呈一笑。

一

春深别院渐飞蝇，话雨招携有旧朋。
人倚小桃思烂漫，勋留大树意骁腾。
惯赊酒债春无价，偏负花时病可憎。
记否前宵寒食节，共分邻火入书灯[③]。

二

名园高挹镜湖尘，曲径来多花木亲。
杯底脸波容我皱，柳边眉绿为谁伸。
流连细雨鱼儿活，徙倚春灯燕子新。
折得吟笺三百纸，待公修禊补余春。

《蝇尘酬唱集》

①甲子年三月初五日（清明后三日，1924年4月8日），嘤社社友在宋小濂止园修禊，孙雄有诗二律（附）。成多禄作此二诗奉和。题目为编者所加。　②诗序中提到的魏晋、清明一联，即孙雄诗中的"魏晋之间风范在，清明过了石泉新"。清明一词双关，既为节气名，又关两朝名，与魏晋相对。　③寒食节：清明前一天，一说为前两天。相传晋文公哀痛介子推抱木焚死，为示悼念，遂定于是日禁火寒食，到清明重新起火。宋代王禹偁《清明》诗有"昨日邻家乞新火，新窗分与读书灯"句。

附

三月初五日宋铁梅中丞招集嘤社同人
修禊止园，感赋二律

孙雄

一

寒勒春花冻似蝇，诗坛赓和有高朋。

绿波别恨回肠曲，黑水循声万口腾。

羁旅暮年归未得，文章孤唱世方憎。

平生得力惟冲澹，觅句挑残五夜灯。

二

夹辅勋贤付劫尘，招邀笠屐我侪亲。

种桃前度成追忆，倚树怀人偶欠伸。

魏晋之间风范在，清明过了石泉新。

微飔今日真和畅，补禊依然值暮春。

与张半园联句寿诗史阁二首①

一

诗史年年寿古人成②，南州冠冕冠同群张。

高风正迓双修福张，生日于今再寿君成。

朋酒夜深燕市月成，师门秋老鹁峰云张③。

合词曾见天章阁张④，老辈乾嘉祝嘏⑤文成。

二

清浅蓬莱话旧游张，仙班回首卅余秋成。

家风颇忆双红豆成⑥，身世空怜一白头张。

古寺低回煨芋⑦火张，青门憔悴种瓜侯成⑧。

珂乡致敬方鸣炮成⑨，未免平添数点愁张。

《半园诗草·甲子集》

① 题目为编者所加，原题为《与澹堪联句寿诗史阁》。诗史阁主人孙雄，生日为七月十七日。　②诗史句：孙雄常作诗纪念古人生日，后辑成《名贤生日诗》八卷。　③师门句：孙雄是翁同龢的门人。翁逝世后，葬于常熟虞山鹁鸽峰下翁氏墓地。　④天章阁：宋代宫殿名，设天章阁学士、直学士等官职。　⑤祝嘏（gǔ）：祝寿。　⑥双红豆：彼此钦慕之意。红豆，相思木所结子，古代常用以比喻爱情或相思。　⑦煨芋：将芋放入火中，煨之令熟。唐代李泌在衡山遇号为懒残的僧人，知其不凡，中夜往谒。懒残将煨熟的芋让他吃，并说："勿多言，领取十年宰相。"　⑧青门句：见页60注⑥看彻二句。　⑨珂乡：对孙雄家乡（江苏常熟）的敬称。鸣炮：指1924年秋爆发的"江浙战争"。

怀垂窗同年二首①

一

独坐一园小，苦思天末人。
锋车忽中断，诗笔可能神。
怒马夜独出，饥鹰秋四瞵。
微闻老髯说，酒胆益嶙峋。

二

风雨秋不已，胡为君远行。
老来思奋迅，我意亦纵横。
白雁嘉兵气，黄骢出塞声。
夜深双剑语，冲斗气难平。

家藏墨迹

① 原有双款。上款:怀垂窗同年;下款:甲子九月付世超儿。垂窗:即陈浏。与诗人均为光绪乙酉科拔贡，故称同年。

题《石雪斋诗稿》二首①

一

过时朱粉向谁施，数亩荒园独乐机。
偏是辋川②新有赠，诗中之画画中诗。

二

槐天人坐绿成茵，谁写林亭雨后真③。
读得遂园诗一卷，画帘如水净无尘。

《石雪斋诗稿》

①《石雪斋诗稿》四卷一册，徐宗浩撰。徐字养吾，号遂园、石雪居士，江苏武进人，工诗善画。此二诗实为和徐诗（附），可推知作于甲子年（1924年）。 ②辋川:唐代王维在兰田县的别墅所在地。后人誉其"诗中有画，画中有诗"，此为对徐宗浩诗画的赞语。 ③谁写句:指徐宗浩为诗人绘"旧雨轩图"。

附

过成澹堪先生城西园林二首

徐宗浩

一

瑶笺玉趾感先施，十载钦迟问渴饥。
最是令人颠倒处，平原书法少陵诗。

二

古槐如幕草如茵，砚几清严见性真。
一白褰裳寻旧雨，不知京洛有风尘。

同上

奉和师郑先生自寿之作五首[①]

一

虞山[②]诸先生，相识苦不早。
谁知文字缘，仍自松禅老[③]。
丹凤飞腾久，遗迹犹足宝。
感此互唱酬，交晚[④]友逾好。
老圃怜孤花，夕阳爱幽草。
西砖[⑤]古门巷，一秋叶不扫。
我来读异书，樽酒事幽讨。
挥手谢三公，艰难守吾道。
夏峰[⑥]百岁翁，寂寞颜常保。

二

我朝千叟宴[⑦]，八十与九十。
诗人享大年，旷古不可及。
大哉诗史阁，天地入收拾。
慧业名山藏，富此等身集。
秘钥造化惊，奇语鬼神泣。
何须导引为，江海共呼吸。
惜非承平朝，绝世而独立。
难随诸老拜，但与众仙揖。

诗集五 辑佚诗

365

三

经学万古新，丽天如日月。
秦火烧不灭，于此见寿骨。
方今天地闭，百怪互出没。
黑白猧翻棋，元黄⑧龙战血。
六籍命已危，从此天下裂。
公独抉经心，力倡救时说。
振臂呼斯文，因之存一发。
废经如毁天，苦语严斧钺。
愿葆羲娥⑨光，吾学常不绝。

四

生平不佞佛，而能识佛理。
小阁曰双修⑩，画帘静如水。
添香夜读书，河东⑪参妙旨。
多情乃寿徵，吉祥吟止止⑫。
长斋绣金经，何必如衲子⑬。
有酒固陶然，无酒亦可喜。
古人三昧禅⑭，解脱盖如此。
以此券长生，当与佛终始。

五

海上多遗民，避地栖倦羽。
满颠雪萧萧⑮，漂摇感风雨。
惟公城南居，喜近天尺五。
回头望蓬莱，悦是干净土。
旧巢燕依依，故渊鱼煦煦。
彷徨周道间，秋风动禾黍⑯。
少年八表心，幽怀不可吐。
有涯与无涯，但诵养生主⑰。

《乙丑介眉集》

① 诗作于乙丑年（1925年）七月，孙雄生日为七月十七日。　　② 虞山：
为江苏常熟名胜。孙雄为常熟人。　　③ 自注："余所藏翁文恭闱中与孙文恪
手札有云：'一字不可易，元灯见矣'，即治君卷也。"按：翁文恭，即翁同龢，

号松禅。孙文恪，即孙毓汶，清咸丰进士，累官军机大臣、兵部尚书，历典会试，顺天乡试。闱中，指科举考场。孙雄当时参加乡试，试卷受到主考官翁同龢的赏识。　　④交晚：成与孙结交较晚，自漫社始互有唱酬。　　⑤西砖：据赓社社友录，孙雄住北京宣武门外西砖胡同三十八号。　　⑥夏峰：明末清初学者孙奇逢。字启泰，一字钟元，晚年居苏州夏峰，人称夏峰先生。享高寿九十二岁。　　⑦千叟宴：清康熙、乾隆间举行的宫廷大宴。赴宴者年龄要求在六十岁以上。赴宴者多达二千人，有官员、士民、兵丁、匠役等，此外还有在华的外国人。　　⑧黑白猧翻棋：猧（wō），小狗。唐玄宗下围棋时杨贵妃观局，每见棋势不利，就放出小狗将棋局弄乱。见唐代段成式《酉阳杂俎》前集。此指军阀混战，紊乱时局。元黄：即玄黄。　　⑨羲娥：古代神话传说中，太阳乘坐有六龙牵引由羲和驾驭的车子，每日在天上行走。"羲娥"，为羲和与嫦娥的合称，借指日月。　　⑩双修：即双修阁，为孙雄的室名。因孙之妻亦能作诗，故命之为"双修"。　　⑪河东：孙雄妻张元默，字惠芬，山西（旧称河东）人，亦工诗。孙雄的一些诗集，由其编校。　　⑫吉祥吟止止：谓吉庆之事不断出现。《庄子·人间世》："虚室生白，吉祥止止。"⑬衲子：僧徒的别称。　　⑭三昧禅：佛家语。解脱束缚，使心神平静。⑮萧萧：形容白发稀疏。　　⑯禾黍：见页253半园以游江亭诗索和注②。⑰养生主：《庄子》篇名。

乙丑仲冬遁园新举一雄
题此贺之①

平生苦为多男累②，不敢随人祝得雄。
一掷成卢真佛力，后来居上自神童。
团油遍饷筵方盛③，文葆思将路未通。
他日山庄添韵事，玲珑馆又小玲珑。

《遁园杂俎》卷二

　　①马忠骏所得子为第六子。　　②多男累：此句为诗人自诉多子之苦。见《壬戌六十初度》。　　③自注："岭南富家生子，三日或匝月，以团油饭遍饷亲友。即东坡所谓盘油饭也。见《老学庵笔记》。"

和柯凤老寄怀宋芝田长兄之作

晚晴簃散年同老，函谷关①遥世屡新。

生死几人贻翰札，烽烟何处走蹄轮。

宁甘薇蕨辞周粟，笑指桑麻作鲁囷[2]。

知否西华今夜月，白头相对忆诗人。

家藏扇面

①函谷关：古函谷关在今河南省灵宝市东北，战国秦置；新函谷关在今河南新安县东，汉元鼎三年移置此地。诗指当为前者，为古时入陕必经之地。宋伯鲁（字芝田）为陕西醴泉人。　　②鲁囷：指三国时鲁肃指囷相赠以助周瑜军饷事。见《三国志·吴志·鲁肃传》。

辞典籍厅再和柯凤老寄怀宋芝田
长兄之作[1]

下笔能写元代史[2]，大开琳馆[3]史尤新。

单寒共仰荒年谷，薄劣难扶大雅轮。

玉韫椟中[4]容焕发，松为涧底或盘囷。

思量老女终难嫁，羞对牵丝月下人。

家藏扇面

①典籍厅：国史馆下设机构，柯劭忞荐诗人任该厅厅长。诗人作此诗婉辞之。后由妻兄魁陞任此职，"民国十五年任国史馆典籍厅厅长"（《永吉县志·魁陞事略》）。　　②元代史：柯曾于1910年编成《新元史》，1921年，民国政府列为正史之一。　　③琳馆：本指道观，此代指清史馆。柯劭忞时任总纂。④玉韫椟中：保持不失之意。韫，藏；椟，木匣、木柜。《论语·子罕》："有美玉于斯，韫椟而藏诸？求善贾而沽诸？"

寄张白翔[1]

才出都门梦已酣，世情天气换凉炎。

几年归鹤辽东语[2]，当日兴龙漠北潜。

境内民心思武萧[3]，老来字课写华严。

西风黄叶榆关[4]路，有客高吟忆老髯。

《澹堪老人遗墨》

①该墨册为吉林赵清兰女士家藏。款署："丙寅十月归自京师，为吾楼甥书此册。"此诗当作于丙寅年（1926年）秋，诗人时在沈阳。张朝墉（白翔）

有《和成澹堪沈阳寄怀诗》（收《半园诗草·丙寅集》）。　　②几年句：诗人已有五年未归吉林。典见页 169 注 ㉘ 丁鹤。　　③武肃：为五代时吴越国王钱镠的谥号。钱镠在位期间，修建钱塘江海塘，发展经济，世赖其利。张朝墉曾在黑龙江省主管屯垦事，颇有政绩。　　④榆关：即山海关。

访世仁甫学士新居四首①

一

城东城北路，一径古烟霞。
知有高人宅，言寻学士家。
贺门余燕雀，书壁满龙蛇。
节晚香寒意，东篱鞠有华。

二

童子问姓名，先生无世情。
一庭尽生意，四壁但秋声。
朝士贞元感②，高门节孝旌。
可堪孙退谷③，余梦纪春明。

三

世乱贫堪乐，年高貌转丰。
著书千百卷，间课两三童。
樽酒陶元亮，梅花陆放翁。
偶闻孤鹤语，归梦过辽东。

四

时事了如何，逢人涕泪多。
几年仍劫火，高卧自槃莁④。
我亦悲桑海，因之共啸歌。
他时扬子宅，载酒更经过⑤。

《澹堪老人遗墨》

①诗成于丙寅年（1926 年）秋，诗人时在沈阳。世仁甫即世荣，时在辽宁国文专科学校任教。　　②贞元：见页 343 注 ⑫。　　③退谷：明末清初学者孙承泽，自号"退谷"，著有《春明梦余录》。　　④槃莁（kē）：退藏而自善其身。见《诗经·卫风·考槃》。　　⑤扬子：即汉文学家扬雄，字子云。

有《和成澹堪沈阳寄怀诗》（收《半园诗草·丙寅集》）。　　②几年句：诗人已有五年未归吉林。典见页 169 注 ㉘ 丁鹤。　　③武肃：为五代时吴越国王钱镠的谥号。钱镠在位期间，修建钱塘江海塘，发展经济，世赖其利。张朝墉曾在黑龙江省主管屯垦事，颇有政绩。　　④榆关：即山海关。

苏轼诗有"载酒无人过子云"句。

张石琴①为画《十三怀古槐馆图》
赋谢用元韵二首

一

三载不相见，苍然惊鬓华。

诗情高北地，画意埒南沙②。

红叶沟③边路，白云深处家。

老槐同不朽，终古稳栖鸦。

二

天意作重九，一篱黄菊华。

客如秋燕了，梦绕古龙沙。

他日读君画，有人知我家。

大书□深谢④，百纸尽涂鸦⑤。

《澹堪老人遗墨》

① 张石琴：即张之汉。诗人，画家。　②南沙：指清代蒋运锡，号西谷，一号南沙。康熙进士，累官文华殿大学士。工诗，善画花卉，与恽寿平齐名。　③红叶沟：诗人所居十三槐馆在北京南沟沿，原为御沟，因有唐人红叶题诗雅事，遂别称御沟为红叶沟。　④大书句：原脱一字疑在此处，或为"槐"字。大书：可能指诗人为张所作的擘窠之书。　⑤自注："为书楹联甚多。"涂鸦：喻书法幼稚，多用作谦词。

九日昭陵登高二首①

一

昭陵石马啸西风，万古烟尘在眼中。

王气升沉多塞外，人才今古属辽东。

相逢班马文章壮，振起幽燕气骨雄。

同醉茱萸重九节，几回惆怅杜陵翁②。

二

万古秋风汉武辞，菊芳兰秀有怀思③。

几年松杏余烽火，谁复山陵酹酒卮。

皂帽故人辽沈铁④，红兜残客画书诗。

满天雁阵皆兵气，惭愧高谈杜牧之⑤。

《澹堪老人遗墨》

①诗作于丙寅年（1926年）秋，诗人时在沈阳。据《石琴庐诗集》记载："丙寅重九日，澹堪归自京师，仁甫（即世荣）、洁珊（即袁金铠）亦适在奉，吴君灌依（即吴恩培）因加约同人雅集北陵。"据《佣庐经过自述》，雅集共廿四人，除上述四位，尚有关定保、孙祖昌、高毓衡、张之汉、王维宙、刘恩格、李东园、王光烈、崇俊峰、孙玉泉、邱烟云、于翰笃等，"灌依首倡二律，共和之。"昭陵，又称北陵，在辽宁沈阳市区北部，为清太宗皇太极和孝端文皇后博尔济吉特氏的陵寝。　　②杜陵翁：杜甫有多首重九节诗，表现了惆怅情调，其中《九日蓝田崔氏庄》有句："明年此会知谁健？醉把茱萸仔细看。"　　③万古二句：汉武帝刘彻《秋风辞》有"兰有秀兮菊有芳，怀佳人兮不能忘"句。　　④辽沈铁：指雅集者，多为辽阳、沈阳、铁岭三地之人。　　⑤杜牧之：即杜牧（字牧之），唐著名诗人、军事家。此处意在只谈其诗不涉兵事，而世上烽火正炽，因而有愧。

<h3 align="center">题《吕村锄园图》五首①</h3>

一

朝出耘田夜绩麻，呼鸡呼犬自当家。

食贫留得当年相，满面尘容不戴花。

二

不把春犁不荷锄，先生经训作葘畬②。

倘非内助贤如许，那有工夫事著书。

三

辛苦糟糠述旧闻，两罂新水一锄云。

当筵割肉风流甚，怪底东方奖细君③。

四

新图罗列绮筵前，高会重阳九月天。

二十六翁④齐拍手，无人不道孟光⑤贤。

五

今日重兴驷马门⑥，好将佳画付儿孙。

勿忘在莒⑦艰难意，半亩荒园说吕村。

《佣庐寿言》卷下

①诗作于丙寅年（1926年）九月，诗人时在奉天。原题为"洁珊老棣属题贤配苏夫人吕村锄园图，赋此呈教。"末署："丙寅九月如小兄成多禄初稿。"袁金铠（字洁珊）自甲午（1894年）以后，家境日下，以至无一瓦之覆，无一垄之植。其夫人苏利贞携子女迁至吕方寺村，"赁屋而居，食贫自励，拾薪种蔬，勤苦备尝"。乙丑年（1925年），袁请孙玉泉绘此图，以示后人不忘艰难。袁于丙寅年（1926年）九月出图，请众人题辞。　　②菑畬：田一岁曰菑（zī），二岁曰新田，三岁曰畬（yú），引申为开荒，耕耘。　　③当筵二句：指汉代东方朔欲将身上的肉割送给其妻（细君），以作答谢的故事。见《汉书》本传。　　④二十六翁：当指在场观图之二十六人，有赵尔巽、成多禄、张之汉、王光烈等。　　⑤孟光：指汉代梁鸿之妻，有贤名。　　⑥驷马门：形容门庭显赫。袁金铠时任东北保安司令部参议、东三省保安联合会委员长、参政院参政等职。　　⑦在莒（jǔ）：指离开故土，受困于外。春秋时期齐国鲍叔牙在向齐桓公祝酒时说"祝吾君无忘其出而在莒也。"见汉代刘向《新序·杂事》。莒，古邑名，即今山东莒县。齐桓公早年因襄公无道而出奔莒地。

丙寅九月归自京师
与吟社诗子会于江上草堂
漫成此诗，即索大和①

逐水柴门锁径苔，五年江上我重来。

衔杯处处如生客，入社英英喜隽才。

忆昨昭陵重九节②，竞夸吟馆十三槐③。

秋天雕鹗飞腾意，到此襟怀为尔开。

吉林市博物馆藏拓片

①诗作于吉林。《詹堪老人遗墨》亦载之，诗题为《江上草堂赠社中诸子》。吟社诸子，不详。　　②重九节：见页370前诗《九日昭陵登高二首》。③十三槐：诗人之十三古槐馆名，代指本人。

题李味秋适园二首①

一

无处遭逢不适然，如公真合号闲闲②。

洞开门户清于水，小有园林静似山。

芳草径中诗客到，落花声里讼庭③间。

我来顿觉襟尘④豁，对酒高歌一解颜。

二

退直西曹日已西，鸾凤干此定幽栖。

高人书画皆堪赏，浊世声名岂厌低。

随意安排分鹤俸⑤，偶然来去比鸿泥。

自惭春蚓秋蛇⑥笔，门榜居然待我题。

《澹堪老人遗墨》

① 诗成于丙寅年（1926年）秋，作于吉林。书于是年十月。李味秋，即李文蔚，适园为其室名别号。时任吉林高等审判厅庭长。　② 闲闲：金代文学家赵秉文（1159—1232年），号闲闲老人。工诗文，善草书。诗歌豪放清新，不拘一格，内容多写自然景物，著述颇多。　③ 讼庭：诵于庭。讼，通"诵"。　④ 襟尘：即尘襟，指世俗逼迫的胸襟。　⑤ 鹤俸：指微薄的官俸。　⑥ 春蚓秋蛇：喻书法拙劣。属诗人自谦之词。

晤吾楼甥①

五年②不见尔先惊，惊说愁多白发生。

朔雪不辞来远埠，春雷犹记撼危城③。

劫余我幸如天福，书妙人称似舅甥④。

窃喜是翁真夔铄，辽南辽北播诗名。

《澹堪老人遗墨》

① 吾楼甥：即诗人亲姊之长子赵海荫（字午楼）。时任中东铁路督办公署科长。　② 五年：诗人上次返吉时间为一九二一年七月。　③ 春雷句：可能指壬戌年（1922年）发生的胡匪"小傻子"洗劫乌拉街的事件。其中赵家所受损失最为惨重，参见文集《五姊七十寿序》。　④ 书妙句：外甥午楼亦善书法，且刻意模仿诗人的笔意。时人以舅甥二人书风相近而传作美谈。

过土门岭①

一路穿红叶，车声出土门。

洞烟数十里，炊影两三村。

枯树迷樵径，荒田没水痕。

偶逢田父语，烽火指边屯。

《澹堪老人遗墨》

① 土门岭在永吉县西北，是吉长铁路线上的一站名。

奉和师郑先生《元日试笔》诗二首①

一

蹉跎岁月催遗老，萧瑟江湖号长翁②。

厌乱心怀容卜祝，著书耳目共明聪。

翘瞻旭景云成瑞，竞说年光雪兆丰。

更喜邻翁能厚我，门前新拓地三弓③。

二

诗史编成不计年，双修阁上月双圆。

官灾管乐难纡策④，人老羲和⑤快著鞭。

拜舞朝衣仍旧赐，摩挲祖砚有新篇。

唐兴汉废浑闲事，且醉辛盘⑥斗酒前。

《诗史阁丛刊甲集·丁卯元日诗》

① 本诗当作于丁卯年（1927年）正月初，诗人已还京。有《元日》诗（已佚），张朝墉《丁卯集》有《和澹堪元日韵》一首。　②长翁：见页342注⑤。　③三弓：弓，为旧时丈量地亩的器具和计算单位，一弓合1.6米。　④官灾：指清朝覆灭之灾。官，即官家，是封建时代对皇帝的一种称呼。管乐：指春秋时齐国名相管仲和战国时燕国名将乐毅。难纡策：意谓虽有管乐之才也挽救无方，回天乏力。纡，回旋。　⑤羲和：见页366注⑨羲娥。　⑥辛盘：旧时元旦（指正月初一）迎春，以葱、韭、蒜等五种辛辣蔬菜为食品，以发五脏之气。

元日试笔

孙雄

一

陶情风月三千首，过眼云烟六一翁。

镜听登车闻吉语，炉香绕袖祷神聪。

仰钻诗圣疑天纵，锄耰经畲卜岁丰。

诀荡春门生意茂，八方和会盼櫜弓。

二

蓂阶易朔纪尧年，三五蟾辉几缺圆。

向礼雏婴刚舞勺，惜阴耄学欲加鞭。

壶觞喜酌屠苏酿，羹沸愁吟板荡篇。

东阁先春梅得气，履端诗兴发花前。

赠遁庵兼呈陈定山同年①

　　去年还吉四阅月之久，未得到哈尔滨一游，心尝恨之。因定山兄归，成此一诗，用当面话，可知客冬欲行不果之故，盖因家事牵率无如何也。惟涉及翩风阿社②，未免小不敬矣。请定山就近一笑解之。书此当柬，即乞遁园老弟两正。丁卯正月二十三日。

马家沟前马家路，中有幽人学种树。

种树余闲又种麻，绿荫深处全家住。

几年作客哈尔滨，相识相知我与君。

宵吟秦岭③南头月，晓泛松阿北岸云。

春云秋月连朝夕，听惯羌人④弄羌笛。

但说辛壬塞上来⑤，谁知庚子辽南绩⑥。

辽南一役最堪惊，玉帛干戈⑦世有声。

碧眼小儿齐下拜，无人不道马先生。

种桑忽值山河改，如剑隐光玉韬彩。

子真都市变姓名⑧，元龙⑨意气倾湖海。

元龙更有定山翁，一见倾心与我同。

金叵罗兼银凿落，座上酒杯常不空。

岭上高楼连院起，桃叶桃根镇相倚。

一家才调女相如⑩，半是随园⑪诗弟子。

筑来生圹自风流，佳日招携士女游。

老去司空⑫来往惯，王官华表共千秋。

无端博得妇人笑，粥粥⑬雏鬟年大妙。

是否春风锁二乔，世间好事谁能料。

定山烂醉应曰能，秦人旧例今堪评。

三良⑭死殉同泉室，百匠生歼共漆灯⑮。

三生何必长生塔，主人自有安乐法。

明知把酒后谁来，何不对花先一呷。

对花把酒且闲吟，谁识先生醉后心。

歌舞三千罗翠袖，交游百万掷黄金。

于今成得遁翁遁，门罗鸟雀无人问。

难得春归老友来，分明日远长安近⑯。

我逐边鸿告故人，向平愿了⑰剩清贫。

破书万卷诗千首，春水桃花共避秦。

《遁园杂俎》卷六

①遁庵：即马忠骏。陈定山：即陈浏。诗前小序原作跋，今移作序。　　②翾（xuān）风：取笑、打趣之意。阿社：属对马忠骏的昵称。
③秦岭：当指哈尔滨秦家岗，今称南岗。　　④羌人：指俄人。后句"碧眼小儿"同此。　　⑤辛壬塞上来：似指马忠骏早年在盛京将军增祺处任职时，曾与诗人约定在辛丑（1901年）、壬寅（1902年）二年内离奉到黑龙江来。　　⑥绩：这里作败绩解。　　⑦玉帛干戈：化干戈为玉帛。庚子之变，增祺派马忠骏两至旅顺与侵华俄军统帅阿列克塞也夫交涉停战事宜。唇焦口敝，终获成功。　　⑧子真：汉代梅福，字子真，寿春（今安徽寿县）人，通经学。变姓名：王莽代汉后，弃家而走，改易姓名。　　⑨元龙：三国时将领陈登，字元龙。许汜在刘表处与刘备共论天下人物时，称陈登"湖海之士，豪气未除"。　　⑩女相如：指马忠骏的妻妾能作诗文。
⑪随园：清著名诗人袁枚（1716—1797年），字子才，号简斋、随园老人，钱塘（今浙江杭州）人。有女弟子多人。　　⑫老去司空：指西汉大臣师丹（？—3年），见页343注⑲。　　⑬粥粥：象声词，鸟相呼声。常以喻女子言笑声。　　⑭三良：秦穆公死时，有奄息、仲行、针虎三人同时殉葬。　　⑮百匠生歼：古代贵族有将建墓的工匠殉葬的陋习。这里纯系戏言。漆灯：燃漆用作照明的灯。代指冥幽灯火。　　⑯分明句：意谓未能在新春之际与马氏相晤而直接返京，系

家事牵累之故，京师易回，哈尔滨难去。原有"日近长安远"一典，见《晋书·明帝纪》，比喻向往帝都而不得至。这里反其意而用。　　⑰向平愿了：见页12光绪七年辛巳十九岁注⑤。

定山欲行不果，作此嘲之，
用前韵再呈遁老①

执子之祛遵大路②，笑倒十三老槐树③。

欲行不行可奈何，问君何事行复住。

莫是天桥一水滨，苦留醇酒信陵君④。

海棠花下吟红雨，暮影楼前醉碧云。

云情雨意今何夕，懒听松花江上笛。

管他老遁课桑麻，日日朝耘与夜绩。

夜绩朝云百不惊，卧闻田水桔槔⑤声。

蚁争蛇斗浑闲事，淡饭粗茶了一生。

出关人老心难改，龙凤依然生异彩。

食薇纵下伯夷山，衔木终填精卫海。

我亦闲园种菜翁，秀才风味话三同。

词客高怀方落落，厨娘妙手已空空。

怪底醉翁呼不起，锁院西头装又倚。

当年凌厉五诸侯，岂让豪华四公子⑥。

著书自是复社流，浦雅⑦新成壮远游。

四海眼中几人物，十年皮里有阳秋⑧。

一江春水桃花笑，袁子⑨婆娑醉亦妙。

五年久不踏秦岗，偏被先生作诗料。

先生休问客何能，试向江楼阑一凭。

特起苍头齐拥篲⑩，横行碧眼尽传灯。

万家灯火千寻塔，且学醵金⑪出世法。

舍生不舍白鱼羹，心纵逃禅口仍呷。

七十年华爱远吟，愿君所欲尽从心。

去时龙剑弹孤铗，归日貂裘拥万金。

火急驰书告老遁，惹得红儿雪儿问。

为谁豚酒洗征尘，遮幕京华归客近。

京华还有未归人，独犬⑫天涯似水贫。

闻说将军开广厦，春风说士仗苏秦^⑬。

《遁园杂俎》卷六

① 此诗内容紧接前诗，诗人时在北京。陈浏可能因私事而延迟东北之行，故作此诗以戏谑之。　②执子句：出自《诗经·郑风·遵大路》："遵大路兮，掺执子之祛兮。"这是一首情歌，意谓拉着情人的袖子，请求对方不要抛弃自己。祛（qū），袖口。　③十三老槐树：诗人自谓。　④醇酒：醇酒妇人的省语。信陵君：战国魏公子无忌，因恐功高名盛为魏王所忌，遂称病不朝，"与宾客长夜饮，饮醇酒，多近妇女。日夜为乐饮者四岁，竟病酒而卒"。见《史记·魏公子传》。此处戏谓陈浏因贪女色而不能启程。　⑤桔槔（gāo）：井上汲水的工具。　⑥五诸侯：指春秋五霸。四公子：即战国四君：齐国孟尝君、魏国信陵君、赵国平原君、楚国春申君。　⑦复社：晚明继东林党之后由江南士大夫组织的政治团体，主张改良时政，救亡图存，后被清朝取缔。浦雅：陈浏的室名。著有《浦雅丛书》。　⑧皮里有阳秋：见页343注㉛皮里阳秋。嘲笑陈氏口中言行而又不行。　⑨袁子：可能指袁金铠。　⑩拥篲：即拥帚，清扫以待客至。　⑪醵（jù）金：出钱凑资。　⑫豚（tún）犬：旧时用为对别人称自己儿子的谦词。这里指五子世超，时在东北做事。　⑬闻说二句：指借马忠骏斡旋之力，使五子世超得以谋职。将军，可能指某省督军。

<h3 align="center">题丁闇公蜀葵扇画^①</h3>

遗老倾阳寄远思，岂同芍药女郎诗^②。

它年出入君怀袖，正是花开蜀结时^③。

① 录自家藏墨迹。款署："丁卯三月作，时在京师。"诗题为编者加。丁闇公，即丁传靖（1870—1930年），江苏丹徒人，字修甫，号闇公。光绪副贡。民国后寄寓天津，深得陈宝琛的赏识。工书法，著述甚富。　②自注："画为某女郎作也。"女郎，姓名不详。　③自注："蜀葵五月开，关东人谓之大蜀结花，末句暗用五月十三日事也。"按："五月十三日事"不详。

<h3 align="center">遁园老弟得第九子，赋此奉贺^①</h3>

老去师丹^②记不清，某儿第几某君生。

雍雍珠履三千客^③，落落金钗十二名^④。

别号自宜称小遁，冷怀未免袭香婴^⑤。

笑君一索争相贺，十索诗成世更惊⑥。

《遁园杂俎》卷六

① 本诗作于丁卯年（1927 年）春，诗人时在北京。　　② 师丹：见页 343
注⑲。　　　③ 雍雍：和谐。珠履三千客：意指马忠骏性慷慨，喜接天下之士。
战国楚公子春申君有门客三千，上客的鞋子皆镶以珠饰。　　④ 落落：高超不凡。
金钗十二名：喻姬妾众多。唐·白居易《酬思黯》诗："钟乳三千两，金钗十二行。"
自注："思黯自夸前后服钟乳三千两甚得力，而歌舞之妓颇多。"思黯，牛僧孺
字。　　⑤ 香缨：妇女之饰物。缨，与"缨"通。　　⑥ 一索：指男女同房一次。
此处的"一索"指得第九子，下句"十索"，谑称还将有第十子。

题《偶斋诗集》①

谏疏回天竟未能，衰朝无计望重兴。

生当华胄②偏如丐，死爱名山合是僧。

病后横陈同嚼蜡③，老来分韵每呼灯。

英雄末路多醇酒，岂独人才惜信陵。

《石琴庐诗集》

①《偶斋诗集》：清代宝廷著。宝廷（1840 年—? ），字竹坡，号偶斋，满
洲镶蓝旗人，宗室。同治戊辰科状元，任翰林侍讲。在朝以敢中谏闻名，后见
朝政腐败，乃以典乡试纳妓案自污，遂罢官。隐居西山，穷困而死。　　② 华
胄：世家贵族的后裔。宝廷为清宗室子弟。　　③ 嚼蜡：出自《楞严经》八："我
无欲心，应汝行事，于横陈时，味如嚼蜡。"比喻无味。

送别子厚兼贺涂母①吴太夫人
八十寿辰三首

一

前年送君归，遽返郑州辙。

去年君欲行，烽火路忽绝。

今年离筵敞，俯仰肠百结。

远道何茫茫，苦语畴能说②。

亦知不可留，相视难为别。

伤哉蜀碧③吟，犹战元黄血。

胡为君独行，兰陔④慕芳洁。

古人大孝心，不过亲颜悦。

至性能格天，天与好时节。

到门春酒熟，人日梅花雪。

二

高堂白发亲，望子如望岁。

相见辄惊问，颜色一何悴。

但言今年病，欲行行又未。

穿出虎豹丛，喜极反欲泪。

龙沙昔万里，客路无淹滞。

回首如羲皇，辛苦此为最。

乡里知君来，宛转相酬对。

戚旧知君来，殷勤道盛贵。

慎勿从时贤，日日作高会。

三

去年复去去，子高一抗手。

吾社十余人，分置扬亭酒。

云阳⑤君乡贤，逃禅抑已久。

张髯若故人，而亦为我友。

生平感旧知，独与蜀人厚⑥。

况君二十年，胡越同奔走。

但结文字缘，万事皆刍狗⑦。

羡君归最乐，斑彩时时有。

出则为陵婴⑧，入则为欧柳⑨。

临歧无他赠，一语君记取：

乱世言最危，金人要缄口⑩。

《云阳涂氏家谱》

①涂母:涂凤书（字子厚）之母，其八十寿辰为戊辰年（1928年）正月初八。丁卯年（1927年）十月，涂凤书欲先回乡准备为母祝寿，谷社同人皆有寿诗赠之。原诗题为"涂母吴太夫人八十寿诗"，今据诗意另改作此题。　　②畴能说：谁能悦？畴，谁；说，同"悦"。　　③蜀碧：书名，清代彭遵泗撰。专记明末张献忠在四川杀戮之事。然未可据为信史。　　④兰陔（gāi）:《诗经·小雅》的篇名，有目无诗。《诗经·小序》："孝子相戒以养也。"后以"兰陔"用为孝子养亲

成多禄集

之典。 　　⑤云阳：涂凤书为四川云阳人。 　　⑥蜀人厚：四川人中与诗人相交者，除涂凤书、张朝墉外，尚有向迪琮、曹经沅、萧方骏、舒正曦等。 　　⑦刍狗：草和狗，比喻轻贱无用之物。 　　⑧出则为陵婴：陵，当指西汉将领李陵，李广孙，以勇武著称。婴，当指春秋时齐国大夫晏婴，以机智著称。意谓任事时，要像李陵、晏婴那样勇武机智。 　　⑨入则为欧柳：欧，当指宋代欧阳修。柳，当指唐代柳宗元。柳欧二人皆主张革新政治，但在失败遭贬后，虽身处逆境，但都能收敛锋芒，以图自保。以上二句，即取儒家所主张的"用行舍藏"之义。见《论语·述而》。 　　⑩金人句：《孔子家语·观周》："孔子观周，遂入太祖后稷之庙，庙堂右阶之前，有金人焉，三缄其口，而铭其背曰：古之慎言人也。"

戊辰六月偶还吉林，作此记之

几日言归不得归，归来偏值雨霏霏。
人心机械崎岖路，天意阴晴厚薄衣①。
四海云深黄鹄远，一江水满白鱼肥。
苏郎②最有还乡乐，金尽依然逸兴飞。

家藏条幅

① 自注："时正修路。"机械：机诈。此以道路崎岖喻人心叵测，天意阴晴喻世路难测。 　　② 苏郎：战国纵横家苏秦。早年曾游说失败，金尽归里。后来成功，衣锦还乡。见《战国策·秦策一》。

为钟广生写诗扇索和①

几年饱听陶庐语②，雪岭天山见此才。
人称松阿窝集③去，文从太史马迁来。
骢嘶边草平原迥，鹏运秋涛大海回。
欲抚牙弦④商旧曲，可堪风雨满琴台⑤。

《逊庵诗集》

① 题目为编者所加。钟广生有奉答诗《成六詹堪自京还居吉林写诗扇索和，依韵奉答》。钟广生（1875—1936年），字逊庵，时任吉林省长公署顾问。 　　② 自注："陶庐老人盛称君为著作之才。" 　　③ 松阿窝集：松阿即松花江；窝集，满语"森林"之意。 　　④ 牙弦：意谓为知己弹奏。春秋时俞伯牙善鼓琴，钟子期能尽解琴中之意。 　　⑤ 琴台：古琴台有多处，此处为泛称，谓世事日非，

抚琴也无良好心曲。

戊辰七月再到龙江作杂诗六首①

一

一叶正报秋，我已先秋至，
朝曦虽余热，而亦有寒意。
开我西阁门，细认眠食地②，
馆人犹识我，能道当年事。
谓我时未髭，博闻而强记，
爱月夜不眠，披书朝作字，
磨墨未盈斗，僮已垂头睡；
往往故将军③，过从日三四，
纵谈每抵掌，亦或杂涕泗；
大风④动瀛海，人老世忽异，
君今归去来，蓬转一何悴？
便逢桃花源，恰恰⑤秦可避。
我感馆人言，此身真如寄。

二

大江⑥日夜流，襟带城西路，
小洲横亘之，微茫辨烟树，
狉榛历几朝，此地驻防驻⑦。
航权昧不知，渔业置弗顾。
边人拜打鱼，谬说鬼神附。
吾闻大兴安，嫩水此东注，
舳舻集如云，万里竞飞渡。
急流谓之湍，逆流谓之溯，
有蚌珠⑧暨鱼，鳟鳇鳜鲤鲋，
苟能利厥用，奥区⑨变财赋，
下可富闾阎⑩，上可充府库。
惜乎化未开，底事遭禁锢，
望洋辄兴叹，我来已三度⑪，

悠悠二十年，一水尚如故。

三

食为民之天，大荒本农国；
伟哉绥兰海⑫，雄视东与北。
昔我宦其间，为民富生殖，
东畴种瓜豆，西畴艺黍稷，
劳来⑬匡直之，惟日不遑仄，
至今万山中，畎亩食旧德。
何来跨海俦，鹰鹯苦罗织，
良田百万顷，攫之有骄色。
笑彼老夫愚，归无一垄植；
我笑圜土中，琅珰有贪墨⑭。
比如万重滩，入之不可测，
我不贪其宝，蛟龙曷敢贼⑮！
持此语故老，故老三叹息。
念彼拙鸠⑯心，纵我云鹤翼。
重来意萧然，心安理自得。

四

大风吹倒人，惊沙颣⑰人面；
前者入尘海，后者不可见。
忽听一夜雨，泥已深尺半，
车行轫倾辀，人行江没骭⑱。
此是古龙沙，街市窳⑲可叹。
当年匹马来，榛莽遏荒甸，
道湮久不治，崎岖若蜀栈⑳。
侧身眄四海，荆凡一以换，
省或改为区，府已化为县，
此邦何终古，竟与天不变？
推之沟与渠，官弃民岂便。
古之良有司，经画重畿甸，
周原平似砥，周道直如箭，
人人而济之，所以获清宴。

胡今路不平，侧听古谣谚㉑。
载歌行路难，今昔同一粲。

五

牵伦布枯兵㉒，精劲天下甲；
健儿好身手，忠勇作奇侠。
龙兴入关初，所战无不捷，
川陕及蜀鄂，再厉尤再接，
白衣致公侯，史册光中叶。
世风一再变，尺籍㉓易前法，
未成太西军，先坠修罗劫㉔。
扰民不辞勇，见敌不嫌怯；
朝朝饮美酒，夜夜置胡妾；
搴旗斩将才，不过一围猎。
有时镇乡县，襆被来驻札；
萑苻㉕通声息，居与农民杂：
满山莺粟㉖花，屯田此为业。
一闻事征调，胆落气已慑，
此岂兵为哉，主者实控压。
爱钱不惜死，所见岂能合，
所以广雅歌，独重满洲塔㉗。

六

黄鹄避矰缴㉘，一举空四海；
孤凤鸣高冈，初阳绚异彩。
平生惜毛羽，岁晚心未改；
穷边有敌人，谬以虚声采；
区区分肉枝，误作天下宰。
赠以明月珠，系之金凤彩；
穆醴久为设，陈榻县而待㉙。
感此意缠绵，车马不辞殆，
龙沙一万里，翔步如竖亥㉚。
江山落酒杯，浇我胸中块；
莲幕㉛旧游侣，俯仰几人在？

老秃不中书，何以作模楷；

或者古宾师^㉜，馨香供傀儡^㉝。

人以无用用，我以不解解，

不观燕昭王，骏骨殷勤买；

礼贤何由始，千金重一隗。

长揖东诸侯，高风共千载^㉞。

家藏墨册

① 该墨册后有陈浏、张朝墉、张伯英、陈紫澜、陈云浩、王树枏的多篇题跋，并附有夏孙桐、王树枏、路朝銮、钟广生的题诗。　　② 开我二句：约指龙江幕馆。陈紫澜跋此诗称："澹厂戊辰秋莅龙江幕府。"　　③ 故将军：当指程德全与宋小濂。　　④ 大风：指汉代刘邦所作《大风歌》。这里暗喻辛亥革命爆发。⑤ 便逢：家藏扇面为"忽逢"。恰恰：家藏扇面为"恰好"。　　⑥ 大江：指嫩江。　　⑦ 狂（pǐ）榛：群兽走动，草木丛生。形容原始未化之态。驻防驻：驻防，指黑龙江驻防；后一"驻"字为动词。　　⑧ 蠙（pín）珠：即蚌珠。松花江水系所产之珠，亦名东珠，为珍珠中上品。　　⑨ 奥区：腹地，未化之地。　　⑩ 闾阎：民间的泛称。　　⑪ 三度：诗人第一次来齐齐哈尔的时间，是在光绪三十年（1904年）四月，应新任齐齐哈尔副都统程德全之邀入幕。第二次是在宣统三年（1911年）九月，由苏州经上海、营口返归。此行为第三次。⑫ 绥兰海：道名，下设绥化、呼兰、海伦三府。为黑龙江省重要产粮区。　　⑬ 劳来：劝勉。　　⑭ 圜土：监狱。贪墨：贪污。　　⑮ 贼（zé）：伤害。　　⑯ 拙鸠：鸠性情拙笨，依赖它鸟之巢居之，即所谓"鸠占鹊巢"，这里比喻巧占他人的产业。　　⑰ 瀹（yuè）：黄黑色。这里作动词。⑱ 辀（zhōu）：车子的辕杠。骭（gàn）：小腿。　　⑲ 窊（wā）：低下，低洼。⑳ 道涂：泥途。蜀栈：西蜀栈道。　　㉑ 自注："'电灯不明，电话不灵，马路不平'，时谚语也。"　　㉒ 牵伦布枯兵：牵伦，明末清初黑龙江中上游以北若干游猎民族的总称。包括温鄂克、鄂伦春、达斡尔诸民族。清顺治、康熙年间，南迁今嫩江一带，以骁勇善战闻名。布枯，疑为"布特哈"一音的讹转。布特哈，满语音译为"虞猎"或"打牲"，引申为"打牲部落"。　　㉓ 尺籍：汉制，将杀敌立功的战绩，写在一尺多长的竹板上。　　㉔ 太西：即泰西，当时对西欧各国的别称。修罗：梵语阿修罗的省称，意译为非天。古印度神话中恶神名。全句谓新军未练成，反而成了扰民的贼匪。　　㉕ 萑（huán）符：见页89锦州道中注①。　　㉖ 莺粟：即罂粟。果中乳汁干后成鸦片：　　㉗ 自注："张文襄有《北五将歌》。"按：张之洞，

385

诗集五　辑佚诗

室名广雅堂，卒谥文襄。 　　㉘黄鹄：鸟名，天鹅。矰缴（zēng zhuó）：猎取飞鸟的射具。箭上系以丝绳。此句意谓贤者不能受利禄所牵，不能受人所制。 　　㉙陈榻县句：县，为"悬"的本字。见页304改宋星王《澹庵》诗注②。意谓黑龙江旧友亟盼诗人前往晤面。 　　㉚翔步：行走时两臂张开。竖亥：人名，传说为禹的臣子，以捷足闻名。 　　㉛莲幕：即幕府。 　　㉜宾师：指身无官职而受宾客师友的礼遇。这里指幕宾，旧时亦称作师爷。 　　㉝馨香供傀儡：如同受人恭敬却又毫不中用的木偶。馨香，祭品的香味。 　　㉞礼贤四句：燕昭王为招徕人才，向郭隗问计。郭隗用买已死骏马之骨而能得千里马事作比喻，劝燕昭王不惜以厚币招贤纳士。并说："请先自隗始。"于是昭王为其筑黄金台，并敬以为师，后来乐毅等闻讯相继而至。

赠定山①

闻说新添一尺髯，伽陵②风采与词兼。
生能豪放何关酒？饱阅辛酸不在盐③。
花满羌舻人更老，诗成戎幕律尤严。
我君学作君平④隐，但卜金钱不下帘。

《旧史楼诗》

①此诗与下五首，均作于哈尔滨。《旧史楼诗》为陈浏所编。 　　②伽陵：即陈维崧（1625—1682年），清著名词人，号迦陵，江苏宜兴人。康熙时中博学鸿词科。所填词多至一千六百多首，风格以豪放为主。 　　③自注："君昔执盐法于左海。"按：陈浏曾任福建盐法道。 　　④君平：即西汉蜀人严遵，字君平。成帝时，卜筮于成都市，每日得百钱，则闭肆下帘读《老子》，著书十余万言。一生不愿作官，自食其力，为当时著名文学家扬雄所敬重。

过遁园置酒欢甚，呈半园定山

南冈走马忆前游①，又卧元龙百尺楼②。
万里风烟连大漠，一园蔬果话新秋。
绿斟迁客③江边酒，白尽诗翁客里头。
难得美人亲入市，牵丝争话古风流④。

《旧史楼诗》

①南冈句：指癸亥年（1923年）诗人游遁园。 　　②又卧句：见页139《简张平园二首》注⑤。 　　③迁客：《遁园杂俎》为"名士"。 　　④自注："遁

翁姬人婉云亲购蟹市中，定山谓是酬冰山人。"

赠张髯兼呈定山翁

怊怅天涯马长卿[①]，秋风吹老卖文声。

金源宋瓦[②]输踪迹，玉垒青天记姓名。

斗句长髯三尺舞，写经初日一窗明。

几年诗酒流连地，休误金台[③]作北平。

《旧史楼诗》

① 马长卿：汉代司马相如。　　② 金源宋瓦：见页83《其塔木屯二首》注⑤。　　③ 金台：代指贤良荟萃的所在。见页386注㉞。

和定山饯别之作兼呈遁园半园
两老人二首[①]

一

天末凉风正黍离，江南风味喜莼丝[②]。

衔杯豪纵仍千古，说饼风流各一时[③]。

画角严更江上客，冷烟疏雨道中诗。

稻粱无限江湖好，且喜孤鸿到未迟。

二

一杯酒泛碧流离[④]，黄绢新词艳色丝。

有客烹鱼书到后，何人买蟹雨深时[⑤]。

遁园久著怀人集，浦雅[⑥]应编寄我诗。

怊怅阳春兼白雪，待刊名作和休迟[⑦]。

《遁园杂俎》

① 此诗当作于诗人将离哈尔滨之际，约在八月初。《旧史楼诗》亦载，但所和陈浏原诗未见。　　② 江南句：见页119注⑪鲈莼。　　③ 自注："谓张髯怀饼而归，将遗细君也。"按：细君，妻的通称。见页371注③当筵二句。　　④ 流离：玻璃酒具。　　⑤ 何人句：见前诗页386《过遁园置酒欢甚，呈半园定山》注④。　　⑥ 浦雅：陈浏室名。　　⑦ 自注："遁园谓《杂俎》十日内截止，投稿者须速送，勿得自误千古大名。"

寄遁园①

黄叶下纷纷，书来哈尔滨。

九秋相忆地，千里未归人。

病起灯无焰，吟成笔有神。

独留松柏意，奇气总轮囷②。

《遁园杂俎》

① 该诗为绝笔诗，诗人弥留时所吟。诗作于吉林，时约戊辰年（1928年）十年初。马忠骏跋此诗："澹翁短律甫至，而讣音随之。孝标握管不及答刘诏之书，樽酒未干而已闻山阳之笛，平生知旧，能不涕零哀哉！" ② 轮囷：高大不群之貌。《礼记·檀弓》："美哉轮焉。"郑玄注："轮，轮囷，言高大。"

附 　　　　　　　　追和成澹翁同年

陈浏

君真厌世纷，我尚滞松滨。

泉下添高士，尊前少故人。

哀音出诗句①，老笔见精神②。

相向倾肝胆，昏灯照郁囷。

《遁园杂俎》卷六

① 自注："君之第五句殊凄楚。" ② 自注："君致遁园书，下笔森森如剑戟，不意其竟不起也。"

文集

重修乌拉圆通楼记^①

乌拉城西北隅，有台耸峙，千百年迹也。国初于其上建佛殿^②，前有圆通楼三楹，每届春秋赛会，都人士杂沓其间。岁久风雨剥蚀，一郡殊为减色。云生^③久总斯土，因倡捐葺而新之，禅堂宾舍毕举。是楼俯瞰大江东来，全省形势瞭然在望，洵为前代名迹。而俗传佥为某女氏之点将台^④，语荒杳无稽；前有碑志，又未详溯所由。爰因庙工之竣，为之记曰：乌拉在国初发祥时，与叶赫、辉发、哈达为四大部落^⑤之一，太祖赐为婚姻，屡盟屡背。至癸丑^⑥，太祖率师平之，尽抚其众，编户万家。康熙十二年，因乌拉旧城有水患，于城东改建新城^⑦，以内府官分其司地是为设总管、翼领之始。盛京志载：乌拉为贝勒布占泰旧居，周十五里，中有小城门一，城内有台，高八尺，围百步。是为此台见于记载之（头）〔始〕，然因此谓即始于布占泰，则又不然。按乌拉地，在周称肃慎，汉称挹娄、夫余，唐称靺鞨，置燕州、黑水府等邑^⑧，辽则于此置宁江州^⑨。金源起于渤海^⑩，上京即今之阿勒楚喀^⑪。史载金太祖十三年伐辽，进次混同江之东宁江州，辽将战败，弃城渡江走。是州城即在大江东岸之明证。高士奇^⑫《扈从录》云：乌拉去船厂八十余里，即辽之宁江州是也。金于上京置诸宫殿外，有混同江行宫等殿，此台意即其址欤？而或疑金去今（来）〔未〕远，觚棱^⑬即废，何漫无碑甏^⑭遗迹？然考《金史》，正隆二年，遣吏部郎中萧延良尽毁上京宫殿、宗庙、诸大族邸第及储庆寺，夷其址，耕凿之^⑮。今之阿拉楚喀旧城，土垒巍然，与乌拉大致相类。然则此台废址为当时宫庙无疑，如必特指其名以实之，则凿矣。国朝龙兴云起，抚有乌拉，而因台建庙，甫三百年，已有传信传疑之论；是楼之重葺，其果能与此台永峙与否，实未可知。而第因功德在人，士民景望，则妥神灵而祈神佑，亦官斯土者所难已也。后之人登览于兹，仰见山河巩固，先皇帝缔造艰难，慨然兴鱼藻^⑯之思，尤为言治者之所切望。若仅取以存一郡之名胜，犹末也。工兴于光绪十九年七月，竣于二十二年七月，谨书其厓略^⑰于碑。

钦命头品顶戴、镇守盛京等处将军、管理兵刑两部、兼理奉天府尹事务、兵部尚书、都察院右都御史、总督奉天旗民地方军务兼理粮饷、法什阿巴图鲁^⑱依克唐阿

钦命头品顶戴、督办吉林边务事宜、镇守吉林等处地方将军恩特赫恩巴图鲁长顺

钦命头品顶戴、镇守黑龙江等处地方将军恩泽

钦命吉林副都统、军功花翎富尔丹

钦命镇守齐齐哈尔等处地方副都统增祺

钦加副都统衔、管理打牲乌拉地方总管、加级记录八次云生

管理打牲乌拉地方左翼四品翼领、记录八次金明

管理打牲乌拉地方右翼四品翼领、加一级纪录七次台春

大清光绪二十二年七月谷旦岁次　承修官三品翼领恩庆、骁骑校富森保[19]

录自《吉林乡土志》

① 该文勒铭于两通汉白玉石碑。碑题原署"乙酉拔贡多禄撰书"。1947年，圆通楼毁于战火，碑石下落不明。　② 佛殿：即娘娘庙，康熙二十九年（1690年）在乌拉古城土台上修建，正殿三楹。台下有圆通楼三楹，东西配庑各五楹，大门三楹。1947年，与圆通楼均毁于战火。原在台上西侧，建有八角凉亭一座，上有"乐贤亭"匾额，属成氏题书。　③ 云生（1830—1902年）：汉军正白旗人，一八八〇至一九〇一年四月任打牲乌拉总管。一九〇二年卒于伯都讷副都统任上。　④ 某女氏之点将台：史无记载，民间传闻不一，有言为金代完颜宗弼（金兀术）之妹者，也有言为元代女真族海郡王三女儿者；其名，或称白花公主，或称不花公主。　⑤ 四大部落：明代中叶，海西女真南迁开原东北至吉林松花江一带，形成乌拉、叶赫、辉发、哈达四大部落，清代史科称为扈伦四部。　⑥ 癸丑：明万历四十一年（1613年）。　⑦ 康熙十二年……改建新城：据《打牲乌拉志典全书》和《打牲乌拉地方乡志》，均言"康熙四十五年奉旨迁移"，与该文中"康熙十二年"有异。新城，即今乌拉街镇，在乌拉古城东南约里许。　⑧ 置燕州、黑水府等邑：唐时，乌拉地属渤海都督府所辖，既不属黑水府（府址在今俄罗斯境内的伯力），亦不属燕州（州址在今北京市怀柔区附近）。　⑨ 宁江州：据今人考证，辽代所建之宁江州并不在今乌拉之地，一说为扶余市的伯都讷古城，一说为榆树市的大坡古城。　⑩ 金源起于渤海：意指金朝起于渤海国旧地。金源，见页83《其塔木屯二首》注⑤。　⑪ 阿勒楚喀：今黑龙江省哈尔滨市阿城区。金上京会宁府，位于阿城区南部的白城村，左傍阿什河。　⑫ 高士奇：高士奇（1645—1702年），杭州人，曾卖文为生，偶被康熙帝发现，旬日中三试皆第一。康熙二十一年（1682年）以内廷供奉、翰林院侍讲职随帝东巡，后编成《扈从东巡日录》一书。"乌拉即宁江州"，纯属揣测之语，不足为据。　⑬ 觚棱：代指宫室殿宇。　⑭ 碑礲：碑碣、砖瓦之类。　⑮ 正隆二年……耕凿之：出自《金史·地理志上》。　⑯ 鱼藻：诗经中小雅的篇名，后世多取以追念先人功业激

励生者。　　⑰厓略：择边际处简略言之。　　⑱法什阿巴图鲁：巴图鲁，满语勇士之意，清代用作美称，赠给作战有功的官员，名为"勇号"。法什阿，功勋、奋勉之意。法什阿巴图鲁，义译为"勋勇"。下文"恩特赫恩巴图鲁"，义译为"恒勇"。　　⑲富森保：即成多禄的亲姐夫，又名赵锡臣，打牲乌拉总管云生之子。

养蜂说

　　余性喜蜂，养之不育，日尪羸①多病者。新城张君某②善养蜂，乃进而问之。君曰："嘻！养之道大矣哉。凡物皆物也，而蜂则物而人者也。合一族之众，以成一群；复聚一群之众，以成一国，于是君臣之义起焉。共戴一王，共勤厥职，同心协力，以保其国。然而薨薨③矣，绳绳④矣，弗宁厥居，则尽室行矣。君子知其然也，栋之宇之，以避风雨也；经之营之，以剂寒暑也；饮之食之，以备饥渴也；辅之翼之，以远网罟⑤也。审其好而先之，察其意而安之，夫如是始可以生，可以聚，子盍试之？"

　　余行之数月，生矣，聚矣，而仍不昌。又问张君，君视之曰："嘻！子知养而不知其所以养也。古之明主之为治，绝圣弃智⑥，使人人各安其性命之情而行所无事焉。若必束缚而驰聚之，非惟不能养，而人之死于养者，且益众矣。今吾子之于蜂也，朝一视焉东之，夕一视焉西之，不为安其居，不为适其性，而惟束缚驰骤之是求，是何异于络马首、牵牛鼻以为之御耶？庄子云：'"唯虫能虫，唯虫能天'⑦，任其天乃所以尽其能也。孺子之驱鸡也，海人之狎鸟也⑧，心惟无物而后物其物，物惟无心而后心其心。是以心与物习，物与心化，则所见无非蜂也，则所见无一蜂也，而养蜂之道于是乎成。"余闻之退而喜曰："问养蜂得养人。"古者圣人之治天下也，近取诸身，远取诸物。蜂之为物，知有君，知有国，知有纲纪，以卫其国而戴其君，非种者必锄，害人者必死，蛇蝎毒之而不惧，蝇蚁扰之而不摇，冻之馁之而不涣不散，有效死勿去之志，无见异思迁之心。呜呼！纲常之所以不敝，国家之所以长治久安者，吾观于蜂而知。古先圣王之所法者，盖在于是焉。今苦以张君养蜂之道治天下，吾知其必有合也。

　　张君退，因记其言，以公同好者。

录自《故旧文存》⑨卷四

① 尪羸（wāng léi）：瘦弱，佝偻。　　② 新城：今河北。张君某：不详。
③ 薨薨：象声词，飞鸣声。　　④ 绳绳：数量甚多。　　⑤ 网罟（gǔ）：捕
网的通称。　　⑥ 绝圣弃智：老庄学派主张的摒弃圣贤才智、无为而治的思
想。　　⑦ 唯虫能虫，唯虫能天：见《庄子·庚楚桑》。意谓自然界中唯有动物
能保持其天然本性。　　⑧ 海人之狎鸟也：指人无欲念、机心。《列子·黄帝》：
"海上之人有好鸟者，每旦之海上从鸥鸟游。鸥鸟之至者百数而不止。其父曰：'吾
闻鸥皆从汝游，汝取来吾玩之。'明日之海上，鸥鸟舞而不下也。"　　⑨《故旧
文存》：王树枏编。1927年家刻本。本篇《养蜂说》似应作于辛亥（1911年）前夕。

抱山先墓记①

　　有山自西北蜿蜒而来，曾岗复巘②，起伏百数十里。奇塔木河水绕其前，
大岭屏其后，西岭环其右，而太平山出其左，崎岖曼衍，屹然而行，突然而止者，
则抱山也。山去吾家三里许，尽处如玦环③，东西若张两翼而抱之，故以名山。

　　犹忆儿时，吾父于春秋佳日，携子侄辈尝登兹山。南望诸峰，崔嵳崛崎④，
柴池⑤隐见，不可涯际。东瞰松花江，隐隐如带，船帆灭没，时见黑烟一缕上
出霄汉而已。吾父坐极顶磐石，酌酒赋诗，时时指示辽金古今废兴出没战争之
处。自吾父退老，三十年不经此矣。先是光绪丙戌⑥九月念一日，葬吾父于南
阡，去祖茔数武。丁酉⑦，冢为盗发，始议改葬，浼枝江曹溪⑧先生卜此山大吉，
乃奉安吾父于此。后二十年，而吾母附焉，实（己）［乙］巳⑨三月十六日也。

　　国家当承平之日，吾成姓之居此山者，凡数十百户，无一他氏族杂厕其间。
虽无甚富盛显赫之家，而四民各安其业，衣食完给，无假他求。平时出入守
望⑩，匍匐⑪往来，情谊周浃⑫。每当岁时祭享之日，率诸父兄弟跄跄济济⑬
于一室之中，致义致让，无相逾越；而燕私⑭之际，献酬交错⑮，笑语醉饱，
想见先王礼教之遗泪⑯乎！

　　末世王政不纲，盗贼蜂起，搏掩圈夺⑰，民自是不宁厥居。数十年来，风
俗之醇漓⑱，人事之悲欢，休戚俯仰⑲，今昔有如隔世。予亦奔走四方，愀然
有违乡去国之感，而抱山之景象，则历历如在目前，未尝一日去诸怀也。

　　《诗》曰："维桑与梓，必恭敬止。靡瞻匪父？靡依匪母？"⑳今日者，丘

垄依然，以世变之多，故而春秋祭扫阙焉未备，益令我念属毛离里^㉑之恩，而叹我辰之安在也^㉒！

①此文与诗《抱山展墓》，约同时作于乙丑年（1915年）。　②曾岗复巘（yǎn）：曾（céng），通"层"。巘，大山之上的小山，山形如甑，也指山峰。　③玦（jué）环：古玉器名。环形，有缺口。　④崔嵬（zuǐ wěi）：山势高大。嵝崎：陡峭。　⑤柴（cī）池：参差不齐。　⑥光绪丙戌：光绪十二年（1886年）。念一日，即廿一日。《年谱》记葬父时间为九月十二日，与此有异。　⑦丁酉：光绪二十三年（1897年）。　⑧浼（měi）：请托。枝江：县名，在今湖北省。曹溪：人名，不详。　⑨乙巳：光绪三十一年（1905年）。见《年谱·四十三岁》。　⑩守望：指防备盗贼或水火之灾。　⑪匍匐：尽力。《诗经·邶风·谷风》："凡民有丧，匍匐救之。"　⑫周浃：周到，普遍深入，同"周匝"。唐·白居易《谢李六郎中寄新蜀茶》诗："故情周匝向交亲，新茗分张及病身。"　⑬诸父：对同宗族伯叔辈的通称。跄跄济济：跄跄，行走有节奏，从容而至；济济，人数众多。《诗经·小雅·楚茨》："济济跄跄，絜尔牛羊，以往烝尝。"　⑭燕私：祭祀后宴请同姓。《诗经·小雅·楚茨》："诸父兄弟，备言燕私。"《笺》："祭祀毕，归宾客豆俎，同姓则留与之燕，所以尊宾客，亲骨肉也。"　⑮献酬交错：饮酒时互相酬劝。《诗经·小雅·楚茨》："为宾为客，献酬交错。"　⑯先王：指上古尧舜。遗洎（jì）：遗风。　⑰搏掩围夺：乘人不备而突袭抢掠。　⑱醇漓：醇，厚酒；漓，薄酒。比喻民俗之淳朴或浇薄。　⑲休戚俯仰：休戚，指喜悦和哀愁。俯仰，本指低头和抬头，喻时间短暂。　⑳维桑与梓……靡依匪母：此句意谓桑树、梓树（由父母手栽），一定要精心爱护，谁不把父亲来仰仗？谁不靠母亲来抚养？见于《诗经·小雅·小弁》。　㉑属毛离里：《诗经·小雅·小弁》："靡瞻匪父，靡依匪母，不属于毛，不离于里。"属，连接，离，附着；以毛比父，以里比母。引喻父母抚育之恩。　㉒而叹我辰之安在也：《诗经·小雅·小弁》："天之生我，我辰安在？"辰，时运。

《香余诗钞》序

余自束发受书^①，尝闻吾吉有沈香余^②先生善为诗歌，欲从而求之，顾不可得。及壮就试，间聆同人诵其一二；忽忽时日，旋亦忘之。至辛丑岁，始由先生从孙德涵海楼③所，得读先生遗稿，凡言欢述别之情，属事此物之旨，与夫登临怀古诸作，无美弗备。信乎其能诗也。

吉林为关外劲武之区。高皇帝④发祥长白，由一隅而有天下，其时佐命勋臣，吉林几夺其半。即奕禩⑤而后，以武功战绩膺侯、封拥疆寄者，亦复踵接翩联、棨戟相望⑥。惟于文章歌咏之事，间世无之，识者用为叹憾。先生以一诸生⑦，独能卓然特出，纂箸鸿篇，上与一代武功遥相辉映，亦奇矣哉！"

往者乾嘉之际，铁某庵⑧尚书尝本周召江汉之义⑨，选辑八旗诗，名为《熙朝雅颂集》。作者姓氏往往冠以长白，一时称为盛事。究其所谓长白者，要皆以系言之⑩，实于吾吉土著固不与也。至若先生，则固生于斯、长于斯，而又坚忍卓绝成业于斯，是诚当时所寡有者。顾以其时稍后，未得以斯编与于铁氏之选，夫亦后生小子所同慨矣。然而编简常存，文明日进，迄今百十年，吾吉人士追数先朝作者，率以先生为之嚆矢⑪，较诸铁氏所选系于此而籍于彼者，其所谓不更大哉？

先生讳承瑞，字香余，吉林汉军旗人，嘉庆朝诸生。外有文稿若干卷⑫，兹不著；著其有关诗教者，用以训邦人而勖后进。

光绪壬寅⑬仲秋之月　　乡后学成多禄序

①束发：古代男孩年届成童，将头发束成一髻。成童，或云八岁以上，或云十五岁以上。受书：即受业，从师学习。　②沈香余（1783—1840年）：名承瑞，字香余，吉林汉军旗人，嘉庆十五年（1810年）优贡，累举不第，遂于乡里筑讲舍，受业者甚多。工诗文，有《香余诗钞》存世。成氏为之作序，宋小濂作传。　③德涵海楼：名海楼，字德涵。不详。　④高皇帝：清太祖努尔哈赤的谥号。　⑤奕禩：累世。　⑥棨戟相望：棨戟，以缯衣或油漆的木戟，用为古代官吏出行时的仪仗。相望，路途相接之意。　⑦诸生：即生员。宋小濂所撰《沈香余先生传》则云："以优行贡于朝，考列二等。"　⑧铁某庵：即铁保（1752—1824年），姓栋鄂，字冶亭，一字梅庵（某"梅"本字），满洲正黄旗人。乾隆进士，历官礼部尚书、吏部尚书、两江总督等职。曾充《八旗通志》总裁，辑成《白山诗介》，嘉庆帝赐名《熙朝雅颂集》。工诗善书，是清中期较著名的学者和书家。　⑨周召江汉之义：江汉，《诗经·大雅》的篇名。周宣王命召虎（即召穆公）领兵征伐淮夷，取得胜利。于是召虎作簋并铭诗记之。据近人考定，此簋即今存世的《召伯虎簋铭》。　⑩要皆以系言之：要，总归，总的，系，世系。　⑪嚆矢：响箭，箭未到而声先闻。喻事情的开始，与"先声"义同。　⑫文稿若干卷：据宋小濂《沈香余先生传》，沈原著有《仿初山房文集》，不幸于宣统三年（1911年）毁于吉林大火，惟诗草救出。　⑬光绪壬寅：1902年。

《吉林成氏家谱》序

先中宪公^①立族会、置祭田、作谱系图,俾子孙世守,传之亡穷。此旨殷拳^②,生平如恐不逮,尝顾族人训禄曰:"以父母之心为心,则天下无不友之兄弟;以祖宗之心为心,则天下无不和之族人。儒先精伦理之学,发为名言。 汝绎此旨而达吾志,家谱其一端也。"禄谨志之,受命以来夙夜祗惧^③。顾早年颠倒场屋^④,壮岁奔走,几不暖席。辛丑自塞上归^⑤,欲成此编,以参考一二事未确而止。既而于役龙沙,吏事迁延,又不果。及戊申送云阳中丞^⑥南旋,稽沪上者累月,乃遍徵名贤序跋弁诸首。今年春,中丞重抚陪都^⑦,余亦相从。幕次稍暇,始将乡之藏诸箧衍者敬谨抄录,厘为十篇,序次如右。

嘿念先中宪公生平,孝友性成,彝伦攸叙^⑧,而于族谱之事尤用兢兢,终以未克成书为恨。禄仰承先烈,智识谫陋,恶能谱世系而述遗徽?然而训诫之深、付托之重,言犹在耳,感不去心^⑨勉为编辑以冀慰先灵地下耳。后有贤子孙能光先业者,或详于记载,或精于义法,赓续重编,以为嚆矢可也。

宣统纪元己酉嘉平月　七世孙多禄谨识

①中宪公:即父荣泰,以成多禄官阶追赠为中宪大夫。　②此旨殷拳:旨,主张;殷,恳切;拳,忠谨。　③夙夜祗惧:早晚感到不安。　④颠倒场屋:意即多次参加科考。颠倒,反复,连续。场屋,即科场,旧称科举考试之地。　⑤辛丑自塞上归:庚子之乱,成氏保护母亲从沈阳出走,避难于蒙古库伦地。翌年正月(1901年2月)方归吉林。　⑥云阳中丞:即原署黑龙江巡抚程德全。中丞,清代对巡抚的别称。　⑦陪都:即今沈阳,旧称奉天。也称留都。　⑧彝伦攸叙:彝伦,伦常;攸,所。意谓阐发纲常伦理之道。《尚书·洪范》:"我不知其彝伦攸叙。"　⑨感不去心:铭记于心,不能稍忘。

附　　　　　《吉林成氏家谱》序例

世系图者,所以别昭穆,定秩序也。按图而稽,一谱之分合,若网在纲,有条而不紊。此为先中宪公手订,故冠诸首。万派发于一源,知其源乃知派之所以从出,故次支派。生卜居,卒营兆,生有所聚,死有所归,其义一也,

文集

故次茔墓。去国宜纪，去乡亦宜纪，散而涣焉，惧亡稽也，故次迁徙。会典庙制，天子以至庶人有家祭，则有家庙，禴祠蒸尝亡贵贱，一也，故次祠宇。范氏义田，孝子慈孙百世引为巨典，故次祭田。旗籍称名不称姓，谱系愈繁，命名易复。尝有本支卑幼之名，显犯尊长者，况远支邪？故次命名。诗云：不思旧姻，求尔新特。孟浩然云：为结潘杨好。苏轼云：何年顾陆丹青手，画作朱陈嫁娶图。古人于昏因之道三致意焉，故次昏嫁。言之无文，行而不远。孔子论夏殷之礼，文献并重，有献无文，征考阙如，故次艺文。《北史·张彝传》：子始均著冠带录，盖通籍者，纪国恩所以扬家庆也。《晋书·夏侯湛传》：伊尹起庖厨而登阿衡，宁戚出车下而阶大夫，外亡徵介，内亡请谒，矫身擢手，径蹑名位。簪笏满床，举世荣之，故以恩荣讫焉。凡十篇。（右序分篇之例）

谱曰：吉林志始也，断自始迁，戒妄附也。中宪公作世系图，序姓源，详其地，不详其人，慎也。述不博称，犹前志也。十一世萃于一谱，合之也。诸篇引首系以四言，汉书例也。《七略》称子云家牒，载以甘露生（《文选·王俭集序注引》）周氏谱载翼以六十四卒（刘孝标《世说》注引）。叙生卒，遵古法也。妇，谱卒而不谱生，其卒于我，而非生于我也。其卒有忌日之礼，其生非长幼所系也。详于表中不再立传，省复也。仿《金石例》，作墓图，系以甲乙，示别也。凡移拨迁徙，虽近必书，惧失考也。祠虽未成，礼举也。田虽未多，祭行也。旧谱名多相袭、定以字，则讳可亡犯也。归熙甫为夏太常作世谱（见本集），黄黎州自为世录杂记（见本集）。存艺文志，勿忘也。至制诰、玺书、旌表、耆寿，皆君赐也。隶于篇末，所以寓忠孝无穷之思也。（右序编纂之例）

字讳，事实并书，临文不讳也。佚名则字，佚字则次弟（今曰排行）佚次弟，则记以方空（《逸周书·穆天子传》凡阙字皆作方空），辞穷也。序述之文皆书字，佚字则名，亦辞穷也。八世以下皆名，卑乎我也。六世以上曰某公，尊也。七世则惟字，亡字则名，齐乎我也。继嗣书，立孙亦书，礼有变也。庶母不书所生母，统于嫡也。异母之子不分载，统于父也。殁而亡嗣者，书，别于存而有待者也。亡子而妇守节者，虽未立嗣亦不书（不书无嗣也），宜有嗣者也。妇改适者，书，庶氏之母孔门不讳，经义也。晋王氏之谱并离昏而不讳也（《世说》注引），今不书，隐夫凯风，孝子之恫也。（右序杂书法之例）

谱有表，欧阳氏、苏氏皆然（两谱各见本集）。兼作图，据钱氏例也（《通志·艺文略》：钱氏有庆系谱，后有庆系图。又《后汉书·卢植传》言：同宗相后，披图按牒以次可知）。详字与官爵，据《世说》注所引诸谱也。其亡官者，魏氏谱称处士（《世说》注引魏氏谱曰：颙，字长济，会稽人，祖允处士），今不从，恶饰也。汉代碑阴民与处士别也，苏氏谱注：不仕。今不注，无庸注也。

魏晋诸谱，妇皆注名，今不注，据《孔丛子》。(《孔丛子·抗志》弟十曰：卫将军文子之内子死，复者曰"皋姒女"。复子思闻之曰：此女子之字，非夫氏之名也，妇人于夫氏以姓称，礼也)。又或注弟(《世说》注引羊氏谱、谢氏谱、王氏谱)，今不注，妇次以夫为长幼也。有子，注生几子，欧阳氏谱例也。苏氏谱世世冠子字，文弗别也。其亡子者注名下，亦欧阳氏谱例也。苏氏注于次格，在末格则例穷也。欧阳氏谱格尽别起者重书一世，明所承也(询书弟一谱之末，又书弟二谱之首，托书弟三谱之末，又书弟四谱之首)。今次谱唯注某之子，省复也。图则合十一世为一，省注也。支派失传者入谱，《荀氏家传》例也(《世说》注引《荀氏家传》曰：巨伯，汉桓帝时人也，亦出颍川，未详其始末)。后裔无考者入谱，欧阳氏谱例也(欧阳氏谱于名下注"阙"字)。苏氏谱于祖父之名加"讳"字，欧阳氏谱则从。同谱者，一族之公非一人之私也，故不从苏氏也。序述之文，欧阳氏、苏氏皆名。苏氏乃至名祖父(族谱后录称：吾祖杲、吾父序)。今不从，嫌斥也。详谱本宗，别支则略，欧阳氏、苏氏例皆然。然二家之谱，一支一谱者也；今之谱，一族一谱者也。一支一谱各详所生，即彼此可以互明；一族一谱例无别见，义不得而偏略也。苏氏谱生卒注名下，今从。古法不记迁徙，今记，从欧阳氏也。苏氏不记妇族及女之所适，今亦记，从古法也(《世说》注引谢氏谱、袁氏谱)。谱载茔墓，据《隋书·经籍志》载杨氏谱也。其图则参用《金石例》也(潘昂霄《金石例》一，引古金石例云：墓图作方石碑，先画墓图，有作圆象者，内画墓样，各标其穴某人，其石嵌之祭堂壁上。无祭堂，则嵌围墙上)。谱载行事，据《唐书·经籍志》也(《唐书·经籍志》家传入传记，家谱入谱系，各不相属。《旧唐书·经籍志》始合为一类)。入谱之岁，古无正文，庾会终于十九，阮脩卒末弱冠，二氏之谱载焉(见《世说》注)。苏东坡年已二十，老泉乃不列于谱，非所详也。(谱称至和二年作，以东坡年谱考之，时已二十年，前一年昏王氏矣)景城纪氏定以十六岁，从版籍也(晋法始以十六成丁，见《晋书·范宁传》，今仍之)。(右序损益古法之例)

古以纪谥系者为牒(《史记·三代世表》司马注曰：牒者，纪谱系之书也)，故王氏有家谱，复有家牒(《唐书·艺文志》)。又以纪世次者为图，故欧阳氏谱所列世系全为表式，而别署曰图。然《史记·年表·桓谭》谓：旁行邪上，并效周谱(语见《南史·刘杳传》，刘知几《史通》亦引之)。则谱式本曰表。刘勰谓：谱者，普也，注序世统，事资周普(见《文心雕龙》)，则普为纪世之正名。仍曰谱者，从朔也。古但曰某氏谱(《世说》注所引皆曰某氏谱，唯王浑一条称家谱，疑其羡文)，曰家谱，据《隋经籍志》《唐艺文志》所载。题里居，亦据隋志、唐志也(隋志有京兆韦氏等谱，唐志有东莱吕氏家谱)。

曰某支,据杨氏谱也(《通志·艺文略》:杨氏枝分谱一卷)。其文始见唐扶颂(汉咸阳令唐扶颂,有苗胄枝分之语,见《隶释·五》)。其省为支,则据《北齐·魏收传》文也(传载,收对杨愔曰:往因中原丧乱,人士谱牒遗逸略尽,是以具书其支派)。不曰眷(《唐书·宰相世系》:裴氏称东眷、中眷、西眷),僻也。曰次弟,据《后汉书》弟五伦传文也(传曰:其先齐诸田,诸田徙园陵者多,故以次弟为氏)。已所自出曰某公,据白氏家传文也。族之尊者亦曰公,据柳子厚叔父墓版文。其亡官者亦曰公,据吴仲山碑文也(汉故民吴仲山碑称吴公仲山。洪适曰:故民者,物故之民也。见《隶释·九》)。妇曰某夫人,据欧阳氏谱也(睦夫人、钦夫人等,皆系夫之名;夫人黄氏等则系妇之姓)。士庶妻亦曰夫人,据《朱子语类》也(《语类》:无爵曰府君、夫人,汉人碑已有,只是尊神之祠)。曰元配,据《晋书·礼志》文也(志曰:前妻曰元配,后妻曰继室)。曰继配,据王介甫、葛源墓志文(志曰:继配卢氏),介甫又据《仪礼》也(《仪礼·丧服》传曰:继母之配父与因母同)。不曰继室,古之继室非妻也(说详《左传》隐公元年杜氏注及孙氏正义)。不曰中娶(《世说》注引温氏谱文),不曰次配(韩愈昭武将军李公志文),皆僻也。其父称讳,据《曲礼》文也(《曲礼》:妇讳不出门。正义曰:妇家之讳)。其佚姓者,曰某氏,据《晋书·礼志》文也(志曰:吴国朱某入晋,晋赐妻某氏)。内忌亡文,以内讳例之也(《世说》:王兰田拜扬州主簿,请讳。教曰:亡祖先君名播海内,远近共知,内讳不出于外,余亡所讳)。(右序称名之例。)

准之经易序、卦书序、诗序,皆列后(序卦移于李鼎祚,书序移于伪孔传,诗序移于毛苌,皆非古也。今唯序卦复其旧),准之史。《史记》自序、《汉书》叙传皆列后。准之诸子百家,《法言》《越绝书》《论衡》《潜夫论》《文心雕龙》,类不胜数,序皆列后,故序例后也。章析之,《越绝书》例也。有标目焉,《史记》正义例也。《说文》《汗简》类篇目亦列后,然旁证少矣,故弗为其僻也。小目列上,大名列下,古经解史传类然(《礼记》目录《曲礼》上弟一,疏引吕靖曰:既题《曲礼》于上,故著《礼记》于下。此古本小目列上、大名列下之明证)。陆游作《南唐书》,尚由旧也,重椠移之,陋也(语见钱曾《读书敏求记》)。谱,古制也,法从古类也。谱例甚多,而独多取纪氏一家之书,从所好可也。(右序编次标目之例)

〔说明〕原文夹注,括以()号。

成多禄集

400

《思旧集》序^①

　　呜呼！人生之聚散，岂偶然哉？良师益友，相处一堂，一歌一咏，似无足多者；及至忧患中，更沧桑屡易，则稍稍贵之矣。加以篇什虽存，而宿草将列^②，死者已矣，其存者，又如队蒂飞云^③，渺然天末，或经年而不复一见，然后知向之一歌一咏诚非偶然，则其人之生平之至可贵也。

　　禄之谫陋，曷敢言诗？独而师友教益之故，窃尝即其所著而一一思之。取材于选^④，取法于唐，朝夕谆谆以诗为教者，吾得两人焉，曰许少鹤，王秋篁；吟坛健者，未竟其著作之才，赍志以没，吾得五人焉，曰富文楼、文秀峰、沙研斋、刘叔蓉、宋伯泉^⑤；或达矣而心尝不乐，或穷矣而世无所容，要其孝友之心，忠爱之念笃于天性者，则同也，吾得三人焉，曰赵西岑、谈晳厂、邓东湖；眷怀故国，心念旧恩，其见于篇，发于言者，无处非黍离之感、麦秀之思^⑥，吾得两人焉，曰宋星五、林畏庐。作《思旧集》。

　　①《思旧集》为成氏于丙辰年（1916年）辑刊。精选十二位师友的诗作计九十六首，每人名下还附有小传。集后附成氏怀人诗十二首（每人一首，已收入《澹堪诗草》卷二）。原集由张朝墉题签。　　②宿草将列：意谓已近暮年。宿草，喻墓地，长逝。　　③队蒂飞云：比喻居无常所，飘忽不定。队蒂，失去根基。队，通"坠"。④选：指《文选》，南朝梁昭明太子（萧统）编。　　⑤以上所提十二人名，参见《十二师友诗话》。　　⑥黍离之感、麦秀之思：见253页注②黍油

《陶庐百篇》序^①

　　文所以载道者也。子贡^②言：夫子之文章，即夫子之性道，非文章之外别有性道也。孔子身任斯文之统，故其为教首重乎文，其所纂修删定以诏万

世者，皆孔子之文也。三代而下，孟、荀、庄、列、马迁、班固、相如、子云之徙，皆以能文鸣世。唐宋八家继起，倡为古文之学，其所以辅翼六经以卫道自任者，当亦在圣门弟子斐然成章之列。逮于有明，归熙甫氏③一人而已，外此者寂无闻焉。吾观古之善为文者，或数十世而一见，或数百世而一见，韩昌黎谓"戛戛乎其难之"④。此非心知其意者不能喻也。

康乾之世，方姚⑤崛起，以古文义法倡天下。湘乡曾文正公⑥继之以集其大成。一时若梅伯言曾亮⑦、陈硕士用光⑧、姚石甫莹⑨、管异之同⑩诸君，互相传授皆各有独至之诣，以自名一家。而武昌张濂亭裕钊⑪，桐城吴挚甫汝纶⑫，更以其学教授北方诸弟子，陶庐先生⑬与之迭主齐盟⑭，斯文之统，赖以不绝。国变而后，流辟、邪散、涤滥、噍杀⑮之音作，奸声乱色，犯节忘本，文与道几交丧而不可救。先生抱道自重，而又身享大年，岿然为斯文一发千钧之寄。吾读先生之文，宏博雅正，包孕众长，其间假事属辞，谲言庄论⑯，大都皆有关世道人心之作，非苟焉已也。兹谨择余之所深耆⑰者，手录百篇，简炼而揣摩之。其庶几于先生之文，稍有一得乎？

吉林成多禄谨序
录自《陶庐百篇》

①《陶庐百篇》：成氏于乙丑年（1925年）九月选刻王树枏文章一百篇，并亲为校订，取书名为《陶庐百篇》。　　②子贡：本名端木赐，春秋时卫国人，孔子的弟子，善于辞令。下句见《论语·公冶长》。　　③归熙甫氏：名有光，字熙甫号震川，昆山（今属江苏）人。明代著名文学家。重视唐宋文，尤推崇欧阳修。时人称为唐宋派。其散文对清代桐城派影响很大。　　④韩昌黎：即韩愈，唐代杰出散文家、诗人、哲学家。戛戛：形容困难而费力。语出韩愈《昌黎集·答李翊书》。　　⑤方姚：即方苞（1668—1749年）与姚鼐（1732—1815年），清代著名散文家。均安徽桐城人，为桐城派的主要代表人物。　　⑥曾文正公：即曾国藩，湖南湘乡人，谥文正。　　⑦梅伯言曾亮：名曾亮，字伯言。清道光进士，古文继承姚鼐，后主扬州书院。　　⑧陈硕士用光：名用光，字硕士。清嘉庆进士，由编修官至礼部左侍部，福建、浙江学政。曾拜姚鼐为师，以学行重一时。　　⑨姚石甫莹：名莹，字石甫，安徽桐城人。嘉庆进士，官至湖南按察使。　　⑩管异之同：名同，字异之。道光举人，受业于姚鼐，为桐城派后期重要作家。　　⑪张濂亭裕钊：名裕钊，字濂卿。清散文家、书法家。道光举人，官至内阁中书，曾师事曾国藩，与黎庶昌、吴汝纶、薛福成称为曾门四弟子。主张习古文应从仿习韩愈、欧阳修诸人入手，上推秦汉。　　⑫吴挚甫汝纶：字挚甫，安徽桐城人。同治进士，官冀州知府，充京师大学堂总教习。

为曾门四弟子之一。论文推崇桐城。　　⑬陶庐先生：即王树枏，字晋卿，号陶庐，河北新城人。光绪进士，累官新疆布政使。民初入清史馆任总纂。以善为古文辞名于时，对经学和训诂学有较深的造诣。　　⑭迭主齐盟：迭主，轮流主持。齐盟，即同盟。《左传》昭公元年："封疆之削，何国蔑有？主齐盟者谁能辨焉！"　　⑮涤滥：指音乐节奏急促。《礼记·乐记》："流辟、邪散、狄成、涤滥之音作，而民淫乱。"噍杀（jiào shā）：声音急促。《礼记·乐记》："是故志微噍杀之音作，而民思忧。"　　⑯谲言：委婉的说法。庄论：严正的议论。　　⑰深耆：深深喜爱。耆，通"嗜"。

《遁园杂俎》序①

余生长边陲，不敢攀风雅，倘有所作，辄自写襟臆，雅不欲与时贤竞一日短长。缘是，索和者往往废然而返，盖余之天性疏懒，诚不能勉强以徇于人人也。及乎兴之所至，意别有所会，则又欣然命笔，而无待于主人之请求。此非独余为然也，余之乡人若张君石琴②、袁君兆佣③，宜莫不然也。

马遁翁忠骏者，豪华人也④。岁晚悟道，弃官而归农，爰躬耕于马家屯⑤，饶有园亭、花木之胜，且自筑生圹，以誓意泊如也。余既一再赋小诗贻之，于是，张、袁诸君皆闻风兴起，诗筒⑥相属于道。同社生半园张犨⑦又从而张之。新城王晋卿方伯，为当代文章巨子，首宠以大篇，而海内耆彦纷纷以遁园为星宿海矣。宁独缪东麟太史之雅什⑧，足为吾三省之冠冕也哉？遁翁所得既多，汇而付梓，题之曰"杂俎"，盖各体具备，不能以一格谨限之也。

今国内亦多故矣。遁翁乃能自拔于扰攘之际，任其所止而休焉，谓非蝉蜕⑨泥滓者乎？集中诸贤，类多有田而不得归者，遁翁抑何其幸也！遁翁夙嗜读，年来藏书益富，好学之心老而弥笃，兹编其殆日夕不去手者也。缮稿既竟，亟走足示余。余虽不文，固始终其役者也，更述其源委归之。

　　　　　　　乙丑十有一月　吉林成多禄序于京师之十三古槐馆

①《遁园杂俎》，马忠骏于丁丑年（1925年）编，凡六卷，三册，署无闷主人。专收友人与马忠骏，特别与遁园有关的题咏唱和诗。集前有成氏序及编者自序。　　②张君石琴：即张之汉（号石琴），见页415注①。　　③袁君

兆佣：即袁金铠。见页 424 注①。　　④豪华人也：当理解为豪爽、慷慨之人。
⑤马家屯：在哈尔滨市香坊区，今东北农业大学校址。　　⑥诗筒：古时常以
竹筒盛诗，便于传递。　　⑦半园张髯：即张朝墉。　　⑧缪东麟：据张之汉《石
琴庐诗集》，卷首有署为"沈阳缪东霖太史润被"的题诗。可知缪东麟为沈阳人，
名润被，字东霖。雅什：对别人诗文作品的敬称。什，篇章。　　⑨蝉蜕：喻脱身。
《史记·屈原贾生列传》："濯淖汙泥之中，蝉蜕于浊秽，……皭然泥而不滓者也。"

闽县陈太傅弢庵年伯八十寿辰
重宴琼林序

　　岁在疆圉单阏①元月二十三日，为闽县太傅弢庵②年伯八十寿辰，又值
明年为重宴琼林之岁③，恭逢盛事，树枬谨与成太守澹堪捧献一言，以道公介
福④之盛。其所以致此者，殆有天焉，非偶然尔也。窃尝谓人生于世，凡帝
王之事业，贤圣之功能，皆可以人力为之，以求至乎其极；独寿夭之数，则
命之自天有，非人力所能强致者。故《书》之言寿曰"天寿"，《诗》之言寿
曰"天保"。古之善祷其君若臣者，莫不祈之于天，以献其日月冈陵之颂。
　　我朝选士二百余年，每科登进之数，至不可算，而进士之重与琼林宴者，
仅二十余人，盖非妙年登第而又获享遐龄者，不能与此。故溧阳相国史文靖
公⑤值乾隆庚辰设进士琼林宴，高宗命公重赴，以昭盛典。自兹以降，相国
嵇黼庭、蔡次明⑥诸公相继以高年踵行故事，传为美谈。而公以胜朝耆老殿
承诸公之后，其操心之危，虑患之深，以视诸公遭遇承平赐钱赐宴，以志熙
朝⑦之瑞事者，盖不无盛衰之感焉。虽然，天之生才，不限于治乱兴亡之世，
当开创之初，则生周、召、望、散⑧，以启兴主之运，及其末也，列国则有孟、
荀⑨，秦末则有申、伏⑩。其隐持世教以式靡俗者，厥功盖尤伟焉。我公遭逢
世变，琐尾流离⑪，持危扶颠⑫，从容启沃⑬，其所以保护圣躬者，实有合于
蒙难艰贞之义。而天又假公以大年，与我国同休同戚，则将来受天之祐，由
耄耋以至期颐⑭，其降大任以增益其所不能者，盖未有极也。
　　吾读《大易》⑮，至"剥⑯"之"上九"曰："硕果不食，君子得舆，小
人剥庐。"硕果⑰者，阳之象也；舆者，众民之象也；庐者，国家之象也。当

404

剥极之时，小人之剥，丧国家至于不可收拾，而究至失其所，复求一容身之地而不能。君子以孤阳处群阴之上，如硕果然，为天下众心之所归，而咸思得其所载，以俟天心之复。盖阳无可尽之理，剥极则复[18]，故有不食之象焉。今公所遭之时，与所居之地，亦今世之硕果也。承剥庐[19]之余，而以一身系天下之望，于以知天下之寿公者，所关至巨，非第一重宴恩荣已也。

甘肃、新疆布政使　年愚侄王树枬顿首拜撰[20]

黑龙江绥化府知府　晚生成多禄顿首拜书

北京史树青先生提供手件

①岁在强圉单阏：即丁卯年（1927年）。《尔雅·释天》：太岁在丁曰强圉，太岁在卯曰单阏。　②太傅弢庵：即陈宝琛。见页5注*。　③重宴琼林之岁：宋太宗太平兴国二年（977年），赐宴新科进士于琼林苑，因有"琼林宴"之名。明清沿袭。因干支纪年法六十年一转，故少年登第且享高寿者，方有重赴琼林宴之机会。陈宝琛于同治戊辰年（1868年）中进士，故称明年（1928年戊辰）为"重宴琼林之岁"。　④介福：大福、洪福。《诗经·小雅·楚茨》："报以介福，万寿无疆。"　⑤史文靖公：即史贻直，江苏省溧阳市人，康熙三十九年（1700年）庚辰科进士。卒谥文靖。　⑥嵇鹤庭：即嵇璜，江苏无锡人，雍正八年（1730年）庚戌科进士。蔡次明：即蔡新，福建漳浦县人，乾隆元年丙辰科进士。　⑦熙朝：盛朝。　⑧周、召、望、散：西周初期四大臣周公、召公、吕望、散宜生。　⑨孟、荀：孟子、荀子。　⑩申伏：西汉初期经学家申培、伏胜。　⑪琐尾流离：《诗经·邶风·旄丘》："琐兮尾兮，流离之子。"传："琐尾，少好之貌；流离，鸟也。少好长丑，始而愉乐，终以微弱。"后喻处境由顺转逆、由乐转忧。　⑫持危扶颠：在危急、动乱的情势下，予以扶持和帮助。《论语·季氏》："危而不持，颠而不扶，则将焉用彼相矣？"　⑬启沃：以治国之道开导帝王。《尚书·说命上》："启乃心，沃朕心。"　⑭耄耋：年岁达八十、九十。期颐：百岁。　⑮大易：指《周易大传》。《史记》称《易大传》。　⑯剥：《易》卦名，☶，坤下艮上，阳剥落之象。剥卦下五爻皆阴，上剥一阳。《易》："剥，不利有攸往。"后因指运数不利为剥。　⑰硕果：《易·剥》疏："硕果不食者，处卦之终，独得完全，不被剥落，犹如硕大之果，不为人食也。"后喻世之仅存的难得之物。　⑱剥极则复：阴尽阳来，喻衰而复盛。复，《易》卦名，☳，震下坤上，阳来复之象。　⑲剥庐：指国家运衰。　⑳本文仅见于成氏手书稿笺，且有本人的多处删增；祝文中语气，亦以王、成二人的名义。足见此寿序系代王树枬捉刀之笔。

五姊七十寿序

丁卯年夏五月，赵甥海荫、一鹤①抵书于余，且请曰："吾母今季年七十矣，家运迍邅②，吾兄弟又不肖，无可以取悦老人者；愿仿古者乞言之典，恳舅氏一言以为之寿。"时余方闭门养疴，不欲近笔翰，而又不忍拂两甥意，乃就向闻于吾姊者略述一二，以为康强逢吉之券。

吾母生平生吾姊弟各一人，姊固长也，因次堂兄弟行第为五，遂称五姊。姊长于余五岁，幼时尝佐余读。母篝灯③坐，命执女红者居左，而执书者右之。书熟，则奖以饼饵；绣工，则奖以枣栗。余先成诵，往往舍饼饵而攘取枣栗，吾母辄顾而乐之。今且余六十年，孩提情况思之如在目前也。犹忆光绪辛巳，余授室，姊亦同日归赵氏④。赵为乌剌名族，财雄一乡。尝归宁，吾母教之曰："高明之家，鬼瞰其室⑤。汝家太盛满，吾窃忧之。汝宜深自贬损⑥，载以厚福为久长之计。"吾姊夷然处之，无殊余家寒素时也。未几，姻丈奇峰先生弃世⑦，姊夫西岑亦逝。不数年间，遭丁壬戌土匪之变⑧，全城荡然。不独财尽，人亦随之，其一家琐尾流离⑨、颠连无告之状，有非常人所能堪者。当其避居江上，易衣而出，数米而炊，困惫极矣；吾姊亦夷然处之，无殊其家炫赫时也。姊之言曰："衣虽破，可再缝；家虽破，可再造。但愿吾身常健，儿辈能自立，则盛衰消长之机仍操之自我而已，戚戚胡为也！"旨哉言乎！夫富贵福泽将厚吾之生也，困穷忧患庸玉汝于成也。今吾姊无贫富之见存于心，而所以尽人以回天者，则无一时一事之或懈焉。然则天之所以玉其成而厚其生者，不独七十已也，进而至于八十、九十以至于期颐无算之世。天之眷佑善人者愈远，吾姊之牖启后人者愈大，盖绳绳蛰蛰而未有艾也⑩。恩斯勤斯，鬻子之闵斯⑪，唯两甥其深念之。

岁在强圉单阏皋月望日⑫弟成多禄顿首拜撰并书

录自吉林市博物馆拓片

① 丁卯：1927年。成姊有二子：长为赵海荫，字午楼，曾任中东铁路督办公署科长；次为赵一鹤，字松巢，曾任吉林省长公署秘书。　② 家运迍邅：指家境困难。　③ 篝灯：灯笼。　④ 姊亦同日归赵氏：见《年谱·十九

岁》。　　⑤高明之家，鬼瞰其室：见页 232 注 ⑤门高句。　　⑥贬损：抑制，压低。　　⑦姻丈奇峰先生弃世：奇峰，即赵云生（1830—1902 年），字奇峰。见页 12 光绪七年辛巳十九岁注 ③。　　⑧遘丁壬戌土匪之变：丁，值；壬戌，1922 年。是年发生的土匪之变，即为震惊吉林的土匪"小傻子"洗劫乌拉街的事件。见《年谱·六十岁》。　　⑨琐尾流离：见页 406 注 ⑪。　　⑩盖绳绳蛰蛰而未有艾也：绳绳，数量多；蛰蛰，多而盛；艾，尽，停止。　　⑪恩斯勤斯，鬻子之闵斯：出自《满经·豳风·鸱鸮》。鬻子，稚子。意谓让二甥牢记慈训。　　⑫皋月：农历五月的别名。望日：农历每月的十五日。成氏撰书此序的时间，当为一九二七年五月十五日。其姊生辰为五月十七日。

《石琴庐诗集》序①

辽东有诗人曰张仙舫。其为人也，神闲而气静，博学而多能。素工画，能以左右手运笔，各极其妙，望之如宋元时人。及遭国变，默伤身世，豪宕感激。凡目之所构、耳之所闻，一切悲欢喜怒、同休同戚之故，一发之于诗。诗工矣，而画益愈进。昔日王辋川②尝为诗矣，然读其《答裴迪书》所谓"辋水沦涟，夜火邻舂，犬声如豹"者，固俨然画也。思辋川当日，其于我仙舫何如？然其纵心孤往、清微澹远之意，吾知其必有合也。

忆昨岁，余过沈阳，相见万泉河酒楼。其时，野藕已花香冉冉，袭人衣袂，仙舫洒然而来，乃相与饮酒赋诗。越数日，又访日本人种松③者。天微雨，道无行，二人者衣襦半湿，坐小园中，短松细草苍翠欲滴，亦相与饮酒赋诗而去。吾不知仙舫此日之诗能及辋川与否，然其境已自不凡。诗中画耶，画中诗耶，彼乌得而知之；今仙舫耶，古辋川耶，吾亦乌得而知之。噫！其可传矣哉！

今年仙舫刻其诗凡若干卷，既成，属序于余。仙舫于诗，功之浅深，境之甘苦，当自得之，兹不述，述其诗之得于画者。仙舫，名之汉，号石琴，晚号"辽海画禅"也。

戊辰正月上元日　吉林成多禄

①《石琴庐诗集》：张之汉著，六卷，刊于 1928 年。集前有王树枬序及成氏此篇序。成还有题诗二首，见本书诗集四。　　②王辋川：即王维，唐

代杰出诗人、画家。隐居时曾居宋之问的辋川别墅，日与道友兼诗友裴迪等游息其间。　　③种松：日本学者，生平不详。

《调鼎集》序①

是书凡十卷，不著撰者姓名，盖相传旧钞本也。上则水陆珍错②，羔雁禽鱼，下及酒浆醯酱盐醢③之属，凡《周官》庖人亨人④之所掌，内饔外饔⑤之所司，无不灿然大备于其中。其取物之多，用物之宏，视《齐民要术》所载物品饮食之法，尤为详备。为此书者，其殆躬逢太平之世，一时年丰物阜，匕鬯不惊⑥，得以其暇，著为此篇，华而不僭，秩而不乱。《易》曰："君子以酒食宴乐"，其斯之谓乎？往者伊尹以割烹要汤⑦，遂开商家六百载之基。高宗之相傅说⑧也，曰："若作酒醴，尔为盐梅⑨。"遂建中兴之业。老子曰："治大国若烹小鲜⑩"，圣王之宰割天下，比物此志也。然则是书也，虽曰"食谱"，谓之"治谱"可也。

济宁鉴斋先生⑪，与多禄相知余二十年。素工赏鉴，博极群书。今以伊傅之资，当割烹盐梅之任，则天下之喁喁⑫属望，歌舞醉饱，犹穆然⑬想见宾筵礼乐之遗，而故人之所期许，要自有远且大者，又岂仅在寻常匕箸间哉！

先生颇喜此书，属弁数言，以志赠书之雅云。

戊辰上元　成多禄序于京师十三古槐馆

①《调鼎集》，凡十卷，藏北京图书馆善本部。北京邢渤涛先生提供本序。　　②水陆珍错：水里和陆地上出产的名贵美味，同"山珍海味"。③醯（xī）：醋。醢（hǎi）：肉酱。　　④周官：《周礼》的别称。庖人：官名。《周礼·天官·庖人》："庖人，掌共六畜、六兽、六禽，辨其名物。"后泛指厨师。亨人：官名。《周礼·天官·亨人》："亨人，掌共鼎镬，以给水火之齐（剂）。职外内饔之爨亨煮，辨膳羞之物。"亨通"烹"。　　⑤内饔：官名。《周礼》天官的属官，掌管王、后、世子的饮食和宗庙祭祀。外饔：官名，掌管外出祭祀、大宴、出师征伐及巡狩田猎等酒宴的事务。　　⑥匕鬯不惊：匕，羹匙；鬯（chàng），香酒。二者皆为古代宗庙祭祀用物，后因以指宗庙祭祀。《易·震》："震惊百里，不丧匕鬯。"后用"匕鬯不惊"一词，形容军

成多禄集

纪严明，百姓安居，宗庙祭祀不废。　　⑦割烹要汤：语出《孟子·万章上》：
"万章问曰：'有人言伊尹以割烹要汤，有诸？'"割烹，割肉而烹之；汤，
即成汤，商朝的建立者。伊尹，商初政治家，名伊挚，尹为官名，助汤攻灭夏
桀。　　⑧傅说：商王武丁时大臣。相传原是傅岩地方从事版筑的奴隶，后被武
丁任为大臣，成为商代著名的贤相。武丁死后，被尊为高宗。　　⑨若作酒醴，
尔为盐梅：此为商高宗武丁请傅说为相之辞。《尚书·说命》："若作酒醴，
尔惟曲蘗；若作和羹，尔惟盐梅。"盐梅，即咸盐和酸梅，皆为调味之品。借
喻整治国政。　　⑩治大国若烹不鲜：意谓治理大国，应像煎小鱼一样格外小
心，切勿乱折腾，躁则多害。见《老子·道德经》第六十章。　　⑪济宁鉴斋先
生：生平不详，待考。　　⑫喁喁（yóng）：众人向慕，如群鱼之口上向露出水
面。　　⑬穆然：默然，静思貌。

跋《手泽犹存》①

　　书中所谓"父所办之事"者：中宪公②在咸丰季年为乌拉总管衙门笔帖式，
掌堂稿，甚办③，三堂皆依重之。三堂者，俗称正副总管也。双城堡有京控
案④数年不得结，省移乌剌会治之。总管有难色，中宪公慷慨请行，至则发
伏摘奸⑤，不旬日而葳其事⑥，上游⑦愈益重之。乌剌开化最晚，人心愚而且
诈，又多忌，见中宪公能，将来必擢用，于是谗于总管。总管禄权为人阴深，
乃阳与中宪公善，而阴使人伺其短。葛成龙者，巨盗也，省檄乌剌会剿。中
宪公时兼缉捕，宜办贼。会先大母病，先期归里，禄权乃坐以"擅离"，遂罢积。
中宪公家居凡九年，至庚午⑧，以伊犁将军荣侯⑨之荐，乃复原官入都赴引⑩。
此书正在都时所作，所谓父事者，即指此也。

　　所谓"东西各院"：东院为卿保，西院即西头鹦龄五爷及其子万保也。七
奶奶，即寿龄之母，其时尚在。

　　所谓"来存"，是卢姓之子，是族中远支之外甥，曾为经理家事者。

　　所谓"小在"，即富永大爷之乳名也。

　　所谓"排花"：以药迷惑小孩，颇近邪术。其年北京甚多，殆亦白莲教⑪
之流也。

所谓"祥保"者,即永廉之父。人甚有才气,族中一切事,中宪公多委任之,故函中有责望之语,非仅为一身也。

所谓"宝禅寺胡同荣宅",即额忠毅公⑫之故第,润庭通侯之所居也。

宣统元年十一月　多禄谨注
录自家藏册页

① 同治九年(1870年),父荣泰自京寄给儿多禄(时年八岁)一封家书,宣统元年(1909年)装裱成册,取名《手泽犹存》,并请张朝墉、宋小濂题跋,多禄亦以注释的形式作跋。《吉林成氏家谱》收载。　② 中宪公:即父荣泰。见页399注①。　③ 甚办:作事甚为得力。　④ 双城堡:今黑龙江省哈尔滨市双城区,原隶吉林将军辖境。京控案:指讼至京师的案件。⑤ 发伏摘奸:揭露举发隐藏的坏人坏事。摘,应作"搲"。　⑥ 蒇(chǎn)其事:事情办妥。　⑦ 上游:上司,长官。　⑧ 庚午:同治九年(1870年)。　⑨ 荣侯:见页8注①荣润庭。　⑩ 赴引:应升补之员由吏部引见皇帝。　⑪ 白莲教:中国秘密宗教组织之一,源出于佛教之净土宗。尊信阿弥陀佛,崇尚光明。元、明、清三代常被农民利用组织起义。教派名目繁多。　⑫ 额忠毅公:即额勒登保。

附　　　　　　　　　　**荣泰家书**

父字示吾儿多禄知悉:

前于五月廿四日,将父到京平安及所办一切耽延、盼汝等平安家信等情示知汝等,此际谅早已接得矣。至今又及月余,又未接得吾儿平安家信,致父悬念吾儿,昼夜不寐;又兼因事迟延,欲罢不能,久羁都京,无时不躁。父临行时曾嘱汝母频通信函,父好在京久羁办事。父自家起身,至今将近四个月,并未接得一函,不知是何缘故,其意不解。父身虽在京,心实想汝,日形焦灼,夜实难寐。现在父所办之事不能逮速,亦无定局,难以告汝母子,自可听候,定有佳局,再示汝知。

吾儿于父信到日,速将汝之头疮现愈及汝母、汝姊、石头均好,更将东西各院、前屋东岭各家、大屯七奶奶老少均好,一一分晰,禀到父处,父方释怀。再问来存身侄:汝替吾操持家务甚属劳心费力,惟吾临行亦曾嘱汝将吾家中一切情形频寄信函,一切谕嘱,为何至今三月有余,并未令汝(旧)〔舅〕多禄寄一平安音信?望汝于吾信到时,即催汝老娘及汝(旧)〔舅〕多禄,觅人速写一信送至风口屯,令小在速送厂城,觅报便捎来,吾即放心。

再,京城内迷拐小孩儿者名曰"排花",现在肆起,被拐小孩甚多,但恐外衙别省,汝小(旧旧)〔舅舅〕多禄,汝得时常经理看顾,不时经心,总令

（稍）〔少〕出门外贪玩。并传令各家知之，将小孩均（稍）〔少〕令门口玩闹。俟吾旋回时，汝即有依。切嘱。

再问下屋伙计们均吉。吾不在家，谅必俱各齐心努力，俟吾旋里时再为深谢。特寄。

父名不泐　六月十五由京西城宝禅胡同荣宅寄

再谕吾孙祥保知之：汝两院、汝老幼现在平顷，汝得而知之，承欢膝下得舒心怀；吾羁异乡，何得而知之？日添悬念。吾非求荣于吾身，实欲有光于成氏。皆搣度外，吾何言哉？又想平素（代）〔待〕汝，毫无寸差，但有微言，谅必早到一音。特谕。

跋《吉林他塔喇氏家谱》

右他塔喇氏家谱九卷，吾吉星阶①先生之所撰也。星阶恂恂②儒者，孝友性生③，为吾师次棠④先生高第弟子。以余同里至戚也，故与余尤善。

壬寅之岁⑤，适余归自奉天，有纂述家谱之役，而星阶是时亦将谱其先世，撰箸鸿编。两人者相会于里门⑥，各出所业，朝夕惕厉，不约而同。屈指计之，盖已十二寒暑矣。其后，余迫于王事⑦，北马南船，奔驰戎莫⑧，然终以先世之故，此业未敢遽废。越八载庚戌⑨，而吾家之谱遂先星阶而成，星阶视之，跃然而起，则又皇然自谢，以为"马之工不如枚之速也⑩"。

岁之中冬⑪，星阶书来，以谱成见告，且令禄为序。余既受而绎之⑫，见其体例之精严、考核之翔实，方诸古之作者，盖亦未遑多让。余始悔从前之汲汲⑬，而星阶远矣。星阶以当代奇才，方为国家宣力，建树之宏，讵有涯堑⑭？顾其拳拳于是，以为宗族之光，其志诚有过人者。

余昔北走龙沙⑮，转燕洛，南历湖湘，东抵吴越、沧海⑯。每尝以谱牒之学就正当代儒硕。变后⑰归来，不复措意斯事，岂矫情⑱哉？鹤鸣于九皋⑲，天风为振；其归巢也，则遂寂然无声。文章之道，亦犹是耳。今星阶之为是书，岂鉴夫世族之式微，别有伤心之故欤？抑亦孝弟之心发于不容已也。

夫以星阶之学之力，凡天下能文之士、有道之儒皆足以致之，而顾垂逮⑳

于空山无闻之子。殆以为天下虽大，而相交之笃，相知之深，莫如吾两人之今日者，意在斯乎？意在斯乎？

或曰：白山黑水多逸民，往往离奇惝恍㉑，不欲世见。而星阶必欲见之，抑又何哉？

甲寅㉒十一月冬至后二日　成多禄谨跋

① 星阶：即魁陞（1862年—？），字星阶，吉林满洲镶红旗人。成氏续弦唐氏之兄。早年由附生投效珲春副都统依克唐阿，累任奉天督辖粮饷处帮办、盛京西流水垦务总局总办、督辖发审处总办、黑龙江财政司司长兼广信公司督理，花翎三品衔候补道。民国后，任黑龙江财政厅厅长、奉天政务厅长、奉天代省长、吉林省长等职。　　② 恂恂：谦恭和顺。　　③ 孝友性生：孝顺父母与友爱兄弟，出自天性。　　④ 次棠：即于荫霖，字次棠。见页76注②京华问字。　　⑤ 壬寅之岁：光绪二十八年（1902年）。　　⑥ 里门：乡里，指在吉林。　　⑦ 王事：为君王服劳之事；公事。　　⑧ 戎莫：军府。莫，通"幕"。　　⑨ 庚戌：宣统二年（1910年）。　　⑩ 马之工不如枚之速也：典出《汉书·枚乘传》，"（枚皋）为文疾，受诏辄成，故所赋者多；司马相如善为文而迟，故所作者少，而善于皋。"后多用"马工枚速"来称赞各有所长。　　⑪ 岁之中冬：岁，当指甲寅年（1914年）；中冬，即仲冬。　　⑫ 受而绎之：绎，推究。　　⑬ 汲汲：急切，急于求成。　　⑭ 涯墅：边际和停顿，墅：休息。通作"涯涘"。　　⑮ 龙沙：旧黑龙江省的代称。　　⑯ 以上所言燕洛、湖湘、吴越、沧海，系1908年随程德全南游及辛亥前入幕苏州时期所历经之地。　　⑰ 变后：指辛亥革命发生，清帝逊位。　　⑱ 矫情：违反常情。　　⑲ 鹤鸣句：鹤鸣为《诗经·小雅》的篇名。谓贤者隐居山林，自得其乐。　　⑳ 垂诿：钝滞、无为。　　㉑ 惝（chǎng）恍：模糊不清，难见真貌。　　㉒ 甲寅：1914年。

跋《名贤手札》

一、跋翁同龢致尧山①书

每观颜书②，便觉他人之书有恌弱气，翁书亦然。昔人谓如"老黑当道③，百兽震恐"，不虚也。

丙辰九月为退思主人④题

二、跋吴大澂⑤篆书札

窸斋于金石文字讨论极精，收藏极富，洵称风雅;独于兵事未免大言欺人，若不自知耳。因阅此札，聊记数言。

戊午二月　澹厂

录自吉林市博物馆藏册页

①尧山：即依克唐阿（字尧山）。见页19注①依诚勇公。　②颜书：唐代大书法家颜真卿的书法作品。　③老黑当道：老黑将道路拦住，它兽莫得通过。喻声势逼人，难与匹敌。见《北史·王黑传》。黑，马熊。　④丙辰：1916年。　退思主人：不详。　⑤吴大澂（1835—1902年）：号窸斋，江苏吴县人。精于金石文字之学。甲午战争爆发之际，时任湖南巡抚，自请率湘军三万人赴辽。在牛庄等地与日军作战，均告失利，被处革职，永不叙用。

跋谈玉厂写《楞严经》后

玉厂①生有以来，故于内典②无所不窥，而于《楞严》③致力尤深，尝焚香默坐，敬钞代诵，竭数月之力，成此巨帙，一无舛讹。而狐伦、毒伦、庸类、□类、□足复形之说，尤详加驳辨解释，探玄阐微，可谓勤矣。

忆往年余客苏州，过龙寿寺，观元僧善继所书《华严经》八十一卷④，后人赞之以为宋文宪前身⑤。今玉厂所书，吾不知与善公何如，然于潜溪⑥三世之语，洵非偶然，吾知其必有合也，宜乎写经之室之光腾万丈也。

戊辰七月　吉林成多禄谨跋

录自家藏原稿

①玉厂：谈国桓的号。一作玉庵。　②内典：佛教徒称佛经为内典。　③《楞严》：佛教经名。全称《大佛顶如来密因修证了义诸菩萨万行首楞严经》，凡十卷。　④华严经：指诗人幕苏州时所作《半塘龙寿寺观元僧善继血书华严经，同朱古微、郑小坡、吴仓石》。见诗集二。　⑤宋文宪：即明初文学家宋濂（1310—1381年），浦江（今属浙江）人。元末以文章学问

知名，官至翰林学士。明洪武初，主修《元史》，参与制作礼乐，官至学士承旨知制诰。文名极盛，著作甚丰，有《宋学士文集》。前身：意谓宋濂系元代僧人善继转世。　⑥潜溪：宋濂号。

《佣庐经过自述》①弁言

以司马编年之例，成史公自序之书，其中虽经纬万端②，而说来绝不费手。有纲领，有条目，厘然井然，而生平学问之渊源、出处之始末、与夫家庭朋友之薄物细故③，无不历历如绘者，是可以不朽公矣。此等笔墨，断非时手④所及，挑灯细读，无任钦佩。禄少懵于学，老大无成，读此旁皇，望道未见，尚望吾良友随时有以牖⑤我。

癸亥中秋日　如怀成多禄识

①《佣庐经过自述》实乃袁金铠自订年谱，袁将之与《佣庐日记语存》合刊。本文中，自篇首至"无任钦佩"，录自成多禄癸亥（1923年）八月初一日致袁金铠的信；下文，是成多禄批注《佣庐日记语存》时，于癸亥中秋日所写的几句跋语。袁将二者合为"弁言"。　②经纬万端：比喻头绪极多。经，织物的直线；纬，织物的横线。　③薄物细故：轻微而琐细的小事。　④时手：指同时代通达文墨之人。　⑤牖：诱导。通"诱"。

《石琴庐丛刊》①弁言

天才跌宕②，字字写生，太史之文③也。而五事④共为一篇，列以次第，又班书⑤体例也。盖风世之文⑥，虽在一乡一邑，一经史笔，自与稗官小说⑦不同，五人亦幸矣哉。读竟，钦佩无似。

丁卯秋七月朔日　澹堪弟成多禄谨注

①《石琴庐丛刊》：张之汉撰。1931年出版，凡二册。张之汉（1865年—？），字仙舫，号石琴，沈阳人。历任奉天省清丈局长兼屯垦局长、东三省银行督办、奉天实业厅长、东三省盐运使等职。工诗善画，曾任张学良的家庭教师。　②跌宕：性情豪荡不羁。　③太史之文：司马迁的笔法。　④五事：指丛刊中所收五篇纪实性小说。　⑤班书：指东汉史学家班固所编纂的《汉书》。　⑥风世之文：讥讽时政之文章。风，通"讽"。　⑦稗官小说：即野史小说，《汉书·艺文志》："小说家者流，盖出于稗官。街谈巷语、道听途说者之所造也。"稗官，小官。

先考保卿府君行状①

按谱载，我成氏族出山西洪洞，后迁河南之确山。国初，归京旗，隶汉军。七世祖凤鸣公始迁吉林乌拉城城距吉林七十里，再迁城北其塔木家焉其塔木距乌拉城八十五里。我高祖廉、曾祖绿俱处士②。王父萨秉阿公始仕于乡，授七品冠带，生三子：长明泰，次清泰，府君其季也。府君荣泰公字保卿，配先妣氏关，生子不存，旋亦即世。我母氏瓜尔佳，少府君五岁。府君年四十三始生禄，故少年事禄不详，然得诸先祖妣之言实多。府君天性孝友，生甫周岁，王父遽弃养③。稍长，先伯父持家严。府君事之维谨，自幼不与群儿戏，好听人读书，年十二就傅百里外，向学亡昼夜，先伯父爱怜之。弱冠欲就试，未果，遵旗制读上清书，肄国语④，遂授笔政。府君虽从仕，性质朴，不谐于俗，衣大布衣余十年。量不胜酒，食但期果腹，不求精，惟鼻观酷嗜烟⑤，往往心醉。服官骨鲠不阿。同治中诏采东珠，府君与其役。适有遗珠，竞取之，府君独漠然，不与校。居亡何，有双城狱经岁不决，长官⑥颇难此行，府君请与俱。至则亲为讯鞫，手批口辨，判决如流，遂得平反。长官方知其能，而嫉之亦愈甚。会先祖妣病，驰归，坐擅离，去官。家居十载，行吟泽薮⑦，恒与贩夫、牧子歌啸而往来，初不营营于利。禄先祖妣卒，府君哀毁骨立⑧，水浆不入口者累日。同治庚午光复录用，益以风节自励。屡应迁擢，皆为所沮，卒以骑尉老云。居恒寡交游，尝兀傲自喜，惟与卫辉高公⑨善。高公者，政绩炳一时，即世所称雨人太守者也。旅京、旅吉，时相过从。吾乡于濂洛关闽之学⑩，久泯其传，惟同里次棠中丞⑪出，稍衍其绪。一时学者竞相敦嘱，穷其恉趣，辄以理学为归。府君敬之重之，愿儿辈效之。禄不惮千里请业者，府君命也。驭下不拘常格，一出于宽，时存渊明"彼

415

亦人子"之意。兵燹之余，难民来自军中者，俗名"娃子"，贱之也。府君怜而收养，尝得三人：一关殿得，在哈察尔[12]，为之置田择耦，至今犹存；一李国昌，安徽故家子，府君命业贾，有所获乃得归；一李元，湖北孝感人，十岁来余家，府君悯其幼，虽异姓若骨肉，今则娶妻育子女矣。生平循循谨饬，不予人难堪，不发人隐事，故人始忌之，而终敬之。晚年好山水，喜禅悦[13]。有疾，进汤药辄却之，谓死生数也，参苓奚为哉？今年[14]春夏间，健饭，安眠，与畴昔亡以异。忽于五月十五日似有倦容，逾一晨夕，竟亡疾而长逝矣。呜呼痛哉！府君一生行事，曷克周知，惟其绩学之勤、秉性之俭、居官之廉、取友之端、遇物之厚、观理之达，犹能想像万一；其它得诸传闻者，是非互易，不尽书。府君生于嘉庆庚辰年十二月二十七日丑时，卒于光绪丙戌年五月十六日巳时，享年六十有七。子·，即不肖多禄，光绪乙酉拔贡，娶孟苏呷氏。女一，适邑庠生富森保。孙玺葆，女孙一。此府君生平大略。伏处乡间，亡以表襮[15]人世，海内博学鸿儒幸哀矜而润色之，感且不朽。

多禄谨状
录自《吉林成氏家谱》

① 府君：旧时子孙对其先世的敬称。行状：记述死者生平行事的文字。
② 处士：未仕于朝的读书人。　③ 弃养：儿子应当奉养父母，故谓父母死曰弃养。　④ 上清书：老满文。肄：学习。国语：即满语。　⑤ 鼻观酷嗜烟：指吸鼻烟。将晒烟叶和入必要的名贵药材，碾成粉末，不需点燃，由鼻孔轻轻吸入。烟具为鼻烟壶。　⑥ 长官：为打牲乌拉总管禄权，见《年谱·五岁》。　⑦ 泽薮：水塘草野之地。　⑧ 骨立：谓人极度消瘦之状。
⑨ 卫辉高公：卫辉，府名，治所在河南汲县。高公，名同善，字雨人，曾任昌图县知府。　⑩ 濂洛关闽之学：宋代理学的四个主要学派，以地命名。即濂溪的周敦颐，洛阳的二程（程颢、程颐），关中的张载，闽中的朱熹。
⑪ 次棠中丞：即于荫霖，伯都讷人。是吉林有清以来以科举走上仕途官职最高者。见页77注⑭三朝。　⑫ 哈察尔：《永吉县志·成荣泰传》记作"察哈尔"当以后者为确。　⑬ 禅悦：谓耽好禅理，心神恬悦。　⑭ 今年：指光绪十二年（1886年）。　⑮ 表襮（bó）：自我表现；炫耀。

先妣瓜尔佳太宜人①行状

416

呜呼！不肖多禄弱冠丧父，自后一丝粟之微，皆太宜人是恃。一朝弃养，家政棼如乱丝，千头万绪，莫理其端。不肖跼天蹐地②，益触孺慕之私，且惧懿训③就湮。而我母鞠育恩勤，不稍表襮于世，为辜滋大，此所为泪墨交挥、不知其语之无次也。谨按太宜人，瓜尔佳氏，乌拉满洲世族，赠伊犁将军、世袭一等威勇侯□公次女，原任伊犁将军荣侯荣侯讳全之胞妹也，年三十归先君，为继配。时先大母在堂，高年善病，太宜人曲尽孝养。议酒食，侍汤药，细如厕牏、洒扫诸役，必躬必亲。里姑闲章④，时举其事相风诫。先君供职乌拉，夙夜在公，不遑家（食）〔事〕，太宜人督仆婢、饬耕织，靡不惠行而事举禄。生时，先君已年逾四旬，先大母尤怜爱，故刻责为宽，太宜人素法程母⑤，遇事指授，楚督綦严⑥，虽小过不稍贷。禄之稍知成立者，太宜人教也。同治中，先君忤上官罢职，太宜人处之怡然，盖生长贵胄，初不萦情于轩冕也。丁卯年先大母卒，我母佐先君治丧，哀毁尽礼。光绪丙戌，先君弃养，时禄朝考在都，太宜人沉痛几殆，族党劝勉，扶病支拄，然宾祭之仪既戒既备。初为禄娶孟苏哩氏，继娶他他拉氏，入门必教以勤俭，躬琐务为之先，虽疾痛间作，不辍其业。尝训禄曰："汝家有阴德，厥后必昌，小子勉之。"生平天怀淡定，亡烦言、剧怒。驭下仁慈，腆恤姻旧，出于至性，故厨中食指⑦常满。禄驽钝不才，不能博甲乙第⑧上慰亲心。岁戊戌赴沈阳，赞戎幕⑨。逾年，以安舆迎养，异乡团聚，天伦至乐，毛生捧檄⑩不是过也。讵意庚子之变，辽海震惊，大府懔停战谕⑪，弛堵御，而乱民四起，城市为空。不得已，奉母北行，茹雪饮冰，备尝艰苦。先是同治丙寅乌拉马贼四扰⑫，太宜人携姊及禄遁避荒陬，历受惊悸。至是，间关朔漠，土匪梗途，太宜人虽轸抚诸孙，言笑自若，而迟暮之年，经此颠苦流离，气日以耗，体日以羸，精力为不支矣。辛丑春抵吉，痰嗽大作，夙之鼻衄症⑬至夏并发，参著杂投，卒无效。属纩⑭时，神明不减，所以处置家政、敦属子孙者，至周且当。呜呼痛哉！禄事父亡状，未得亲视含殓，万死莫赎，方冀长依慈闱、盖前愆而尽子职，胡天不惠，降此大戾？今而后又为失怙⑮之人矣，抢地呼天，曷其有极！兹以大乱初平，厝柩萧寺⑯，窀穸未卜⑰。谨述我母行略，尚冀大君子巨制鸿题，为之阐幽光而揭诸墓道，则禄举家之所厚幸也。太宜人于道光乙酉十二月二十五日巳时生，于光绪壬寅五月二十六日戌时卒，享年七十有八。子一，多禄，乙酉拔贡，花翎候选同知，娶孟苏哩氏，继娶他他拉氏。女一，适乌拉五品翼领富森保。孙：玺葆、霙葆、荫葆、枟葆、通葆；女孙一，适同知衔衣乃绅。不孝多禄谨述。

417

录自《吉林成氏家谱》

① 宜人是封建时代妇女因丈夫或子孙而得的一种封号，明清时以五品官妻、母封宜人。因成多禄曾官任黑龙江绥化知府（以四品），故有是称。　②跼天蹐地：

踏,弯腰。蹐,用小步走路。形容处境窘迫,恐惧不安。　③孺慕:对亲人的思慕、敬爱之意。彝训:指母亲的谆谆教诲。　④里闬姑嫜:里闬(hàn),里门,乡里。姑嫜,嫜同"嫜",古时妻称丈夫的父母,即公婆。　⑤程母:指北宋著名理学家程颢、程颐之母。据传程母教子有方,二子均成大器。　⑥楚督慕严:执家法甚严。楚,刑杖。　⑦食指:家中人口。这里指在成家就食的人。　⑧甲乙第:分别指进士、举人。明清时代通称进士为甲科,举人为乙科。　⑨赞戎幕:指入盛京将军依克唐阿幕府主文案。　⑩毛生捧檄:毛生,即毛义,东汉庐江人,以孝行闻于乡里,然家贫无以奉养。南阳太守张奉慕其名,檄以毛义为安阳县令,毛义捧檄,喜形于色,张奉甚鄙之。后毛母死去官,再请之,则不仕。张奉叹曰:"贤者固不可测,往日之喜,乃为亲屈也。斯盖所谓'家贫亲老,不择官而仕'者也。"见《后汉书·刘平传》。　⑪大府懍停战谕:大府,指盛京将军增祺。懍(lǐn),危惧。光绪二十六年(1900年)慈禧太后利用义和团"扶清灭洋",向万国宣战,后见势不妙,急忙下令停战。　⑫同治丙寅乌拉马贼四扰:见《自订年谱,四岁》。　⑬鼻衄症:见页20注①鼻祖。　⑭属纩:人将死,在口鼻上放丝绵,以观察有无呼吸,称属纩。后称病危将死之称。　⑮失恃:《诗经·小雅·蓼莪》:"无父何怙,无母何恃。"后世诗文中因称父死为失怙,母死为失恃。　⑯萧寺:即佛寺。相传梁武帝萧衍造佛寺,命人题曰"萧寺",故得名。　⑰窀穸未卜:意为墓穴尚未选定。窀穸(zhūn xī),墓穴。

附　　　　　　　　　　　哀启

哀启者:

先母体本清壮,习于勤苦。归先君时,大母在堂,年老多病,先母曲尽侍养,大母深以为贤。先君官本旗,不遑家务;督耕课织,内外井然,皆先母是赖。不孝生时,先君年逾四旬,以大母钟爱,故庭训为宽;独先母教责甚严,小过不贷,尝以程母为法。同治中,先君以事忤长官罢,先母无戚容;洎以伊黎军需复官,先母亦无喜色。生从世族,性若寒素。岁丁卯,先大母弃养,先母哀毁逾恒,佐先君营葬祭尽礼。光绪丙戌五月,先君病不起,时不孝朝考入都,先母沉痛几殆。因族党劝勉,始强起支拄。又以操劳既久,虽娶妇抱孙而家人琐屑,咸自庇治,疾病间作,犹自强力,不稍暇逸。生平无繁言,无剧怒,天怀淡如。尝训不孝曰:"汝家有宿德,厥后宜昌,小子勉之。"不孝无状,虽叨恩选,而年几强仕,本不能博一第为庭闱欢。比戊戌,乃赴奉从事戎轩,逾年,迎养而西,捧檄毛生拟亲色笑。居稍定矣,讵见庚子之变扰及陪京,不孝仓卒奉母北行,雪地冰天,备尝艰苦。先是,同治丙寅,马贼逼乌拉,先母携胞姊及不孝等面雍树驰，避乱荒村，历受惊悸；至是间关幕朔，寝膳难安，复时时轸抚诸孙、开慰不孝。老年人经此磨折，气体因以日羸矣。先母自五旬余咳嗽多痰，并尝有鼻衄症，患则血涔涔不可止。本年四月再发，未数日得药即愈。方冀日臻康复，陡于五月二十日因时症牵动宿疾，饮食锐减，不孝延医诊治，咸谓兼有外感，剂难骤补。更谒数医，多因气血过亏，药力难挽，延至廿六日申刻，神气谍越竟弃不孝而长逝矣。呜呼痛哉！此皆不孝平日督乱，罪戾至深，罹此鞠凶，抢呼何及！苫块昏迷，语无伦次，伏乞矜鉴。

棘人多禄泣血稽颡

十二师友诗话

许叶芬 字少鹤、直隶宛平人。光绪间进上，以翰林出守镇江，卒于官。著有《双薝阁诗集》。

少鹤先生学问渊粹，书法冠一时，几与翁常熟①齐名，虽片纸，人皆珍之。有清之季，诗派芜杂，多学西江②，遂入幽涩险怪一路。先生力挽此风，独宗盛唐，一以温厚和平、调高响逸为主。故其所诣，远接高、岑③，近凌施、宋④，余子不足数也。惟全集未及付梓，遽归道山⑤，论者惜之。兹将箧将中数什⑥亟录之，以公世好。

①翁常熟：即翁同龢（1830—1904年），祖籍江苏省常熟市。身膺同治、光绪两朝帝师，清末著名政治家。工诗文，书法闻名于时。　②西江：指清末黄遵宪、康有为、梁启超等人力倡的"诗界革命"所形成的新派诗体。西江，即珠江，因黄遵宪等人多隶粤籍，故又称为西江诗派。　③高、岑：指唐代诗人高适、岑参。二人在边塞诗方面成就最高，世人将其二人与王维、孟浩然并列，称盛唐四家。　④施、宋：分指清初诗人施闰章（1618—1683年）和宋琬（1614—1674年），时人有"南施北宋"之誉。　⑤道山：仙山。旧时称人死为"归道山"。　⑥数什：数，几个、几首；什，诗文的篇章。

凤年 王姓，字桐阶，号秋筐，奉天盖平驻防汉军正黄旗人。咸丰间诸生①，著有《松花吟草》。

419

文集

秋篁先生，禄受业师也。光绪初元游吉林，馆于余家，前后十余载，循循然②不厌不倦。先生为人慷慨任气，有古侠士风，乡党间以是重之。于书无所不窥，诗、古文辞皆能自成一体。常语禄曰："我文虽不传，我无憾；我诗有生平致力处，汝其为我梓之。"归后患风痹，遂不复出。卒年七十又三，侧室子尚幼。所著各稿强半散亡，兹所录者，仅百分之一耳。

①诸生：科举制度中，生员（即秀才）有增生、附生、廪生等名目，统称诸生。　②循循然：指有次序。《论语·子罕》："夫子循循然善诱人。"

富森　依尔根觉罗氏，字文楼，咸丰间诸生，著有《文楼剩稿》。

文楼先生为余姨丈行，才名噪一时。困顿秋闱①，屡荐不售。咸丰戊午，先生卷已中式②，因考官舞弊，辄撤去以易其私。比事发，闻者皆为先生扼腕③。先生念时命之不犹④，又谗佞之多忌，归后愈益无聊，佯狂诗酒间，年未及五十而卒。剩稿散佚，存者仅此矣。

①秋闱：即乡试。明清两代每三年八月间举行。　②中式：科举考试中乡试或会试合格者。此指乡试。　③考官舞弊：即"戊午科场案"。户部尚书、协办大学士柏葰任顺天乡试主考官，因舞弊被劾，次年被杀。考试亦宣布作废。扼腕：痛惜。　④不犹：犹通"由"，当"得"或"生"解。

文全　瓜尔佳氏，字秀峰，吉林满洲正黄旗人，同治间诸生。

先母舅秀峰先生，性孤傲，睥睨一世①。伯舅荣润庭通侯②往往以礼法束缚，辄郁郁不乐。尝诵晋人语曰："礼法岂为我辈设者？"自幼读书余家，王辑师丞③即以远到期之。欲投笔从戎而又不果。两试秋闱不售，竟卒。诗甚佳，惜不多存也。

①睥睨一世：自视甚高，目空一切。睥睨（pì nì），斜视。　②荣润庭通侯：见页8注①荣润庭。　③王辑师丞：名宗端，成氏十三岁时所聘家庭教师。奉天盖平（今辽宁盖州）人，与王凤年师为中表兄弟。

沙韫琛　字研斋，晚号味鞠老人。光绪间贡生，选官教谕。著有《味鞠庵诗文集》。

研斋，余之好友，自束发时同逐名场①，即同以古学相砥砺。君尤长于骈文②，长老叹为弗及。吾乡自沈香余先生③以诗鸣，继其后者辄推研斋。研斋诗笔意排奡④，唐贤学昌黎，近人则学赵瓯北⑤，不作一软俗语。生平学富力强，所志甚伟，以明经⑥终未能竟其学，文章憎命⑦，可叹也夫！

　　①束发：古时男童长到十五岁时，束发为髻，亦称"成童"。名场：科举时代的考场。　　②骈文：古代散文中的一种文体，起源于汉、魏，形成于南北朝。讲究对仗和声律，多用四、六言句相配，后亦称四六文。　　③沈香余（1783—1840年）：名承瑞，字香余，吉林人。以廪生补贡，累举不第，遂于乡里筑讲舍，受业者甚多。工诗文，有《香余诗钞》存世。　　④排奡（ào）：矫健。　　⑤昌黎：即韩愈。赵瓯北：名翼，号瓯北，江苏阳湖（今常州）人，清代著名史学家、诗人，著《瓯北诗话》。论诗主张独创，力反摹拟。　　⑥明经：清代对贡生的别称。⑦文章憎命：指虽有锦绣文章，但与时运不协。

刘志森　字叔蓉①，吉林人，光绪间诸生。

　　叔蓉天姿英迈，卓荦不群，力学甚勤，所得亦甚富。其为诗兼备诸体，皆徽徽②可诵。年二十余，妻女忽遘疫死，叔蓉痛之，未几亦亡。乃兄仲兰③亦能诗，而苦心孤诣尤推叔蓉。以长吉④之才竟不能副其愿，文人不寿，岂非命哉！

　　①叔蓉：《永吉县志·刘志森传》记作"叔蓉"。　　②徽徽：美善。③仲兰：即刘仲兰，见页46注＊刘葆森。　　④长吉：唐杰出诗人李贺（791—817年）的字。李贺十几岁时，被誉为"东京才子""文章巨公"。亡时年仅二十七岁。

宋惟清　字伯泉，吉林布衣，著有《雪蕉剩草》。

　　伯泉性情抗爽①，好臧否②人物；人以为狂，多厌之者；然与余论诗最洽，陶写性情，多有独到处。年廿余即殇，遗稿无几，存者仅我箧中物耳。生平博览强记，尤好藏书，经史子集凡数千卷。乃后人不知宝爱，群籍飘零矣，惜哉！

　　①抗爽：高尚开朗。抗，通"亢"。　　②臧否（zāng pǐ）：褒贬，批评。

赵锡臣　原名富森保，字锡臣，后以字行，又号西岑。吉林汉军正白旗人，
　　　　　光绪间诸生。

　　西岑先生，姓李氏，为明臣李国桢①之裔。清初移籍乌剌，遂易赵氏。性孝友，母夫人殁，庐墓②三年，远近感叹。伯兄③居官为同僚诬构，陷于狱。西岑奔走呼号，年余始脱于难，由是致疾卒④。诗无稿，得句后辄随手散去。幸获数首，以存其人。

　　①李国桢：明崇祯时将领，李自成攻打北京时任总督京营，战败后被捕、自尽。《明史》有传。　　②庐墓：服丧期间，在墓旁搭盖小屋居住，守护坟

墓。　　③伯兄：名乌音保，字宝臣。原任左翼翼领，宣统元年（1909年）任打牲乌拉三十六任（最末一任）总管。与弟赵锡臣（成氏姐夫）同为前打牲乌拉总管赵云生之子。　　④疾卒：赵锡臣卒于一九一三年二月，生于一八五六年十二月，享年五十八岁。

谈国桢　字饱帆，号暂厂，广东驻防汉军旗人。光绪间翰林，著有《暂厂诗集》。

暂厂为金州司马云浦先生哲嗣①。甲午之役，曾以庶常抗疏②，陈情代父远戍③，行谊久为世重。性和而介，独深契余，相交廿余年如一日也。其间，人世迁变聚散无常，往往寄之于诗。其诗初法三唐④，近则专攻汉魏，独有心得。卑视少作矣，有《暂厂诗集》行世。兹登虽一二篇，读者可以辨咸味知大海矣。

①云浦先生：即谈广庆，字云浦，广州驻防隶汉军镶白旗人。翻译进士，曾任开原、承德、广宁、金州等厅县同知。同知，尊称为司马。哲嗣：对别人儿子的敬词，同于"令嗣"。　　②庶常：即庶吉士。抗疏：上书直言。　　③远戍：甲午之役，谈父身任金州同知，登城守御，但因中流弹昏坠，兵士负之出城，城后陷，随以获罪，远戍边地。谈上疏，愿以身代。特旨赦免。　　④三唐：旧时对唐诗的分期，或分为盛唐、中唐、晚唐，或分为初唐、盛唐、晚唐。

邓廉喜　字洁三，吉林布衣，又号东湖，著有《东湖集》。

东湖诗沉著有力，洗伐之功①颇深。光绪丙丁间②与余同结诗社，其时有曹子季武、李子云松诸人，皆以诗名。今搜其稿，半无存者，独东湖诗尚留一二什。东湖性情滑稽，除吟诗外，无论何人均以（恢）〔诙〕谐出之，颇有淳于、曼倩③之风。世变后④，益纵情诗酒，歌哭笑骂无常态。家无儋石⑤，几不自存。甚矣，诗之能穷人也。

①洗伐之功：指推炼文字的功力。　　②光绪丙丁间：应为光绪十二年（丙戌，1886年）、十三年（丁亥，1887年）间。《自订年谱》记为光绪十七年（1891年）。　　③淳于：即战国时齐国谋士淳于髡，以博学著称，滑稽善辩，多次讽谏齐威王和邹忌改革内政。曼倩：即西汉文学家东方朔，字曼倩。武帝时。为太中大夫。善词赋，善诙谐滑稽。　　④世变后：指辛亥革命之后。⑤儋石（dàn dàn）：一石为石，二石为儋。常用来形容米粟为数不多。《汉书·扬雄传》："家产不过千金，乏无儋石之储。"

宋玉奎　字星五，号惺吾、奉天辽阳驻防汉军正白旗人，布衣。著有《惺吾诗文集》。

星五以清世遗民，志趣高尚，有不可一世之概。甲寅之岁馆^①于余，为儿辈课古文，相得欢甚。其记力最强，一读辄不忘；癖书，亦与余同。为文，力追马韩义法^②，宋以后不屑为也。间亦为诗，则学杜少陵^③，尤酷好亭林^④。盖其身世之感，故国之思，颇有与二公同者，音节苍凉，往往神似。兹仅录七律数章，以快先睹，余皆入全集中。

①岁馆：1914年，由袁金铠引荐，宋在成家设馆。　②马韩义法：指汉代司马迁和唐代韩愈写文章的笔法。　③杜少陵：即杜甫，自称"少陵野老"。　④亭林：即顾炎武（1613—1682年），清初杰出思想家、诗人，清代考据学派的创始者之一。初名绛，明亡改名炎武，号亭林。曾投身于抗清斗争，失败后以明朝遗民自守。

林纾　字畏庐，号琴南，光绪间举人。著有《畏庐集》。

琴南先生以名孝廉^①，工书善画。其古文词，海内推为祭酒^②；又善译欧西小说^③，尤为斯世风行。性孤冷，不与世通；而惓惓故国之思，无时去诸怀抱。每逢令节，必瞻拜山陵^④，欷歔流涕，经数日始还。与梁节堪^⑤先生最善，世所谓两遗老也。诗不多作，闻余至则喜，喜则作画以赠。兹所录皆画中诗也。

上皆录自《思旧集》

①孝廉：明清时对举人的别称。　②祭酒：古代祭祀或宴会时，由年高望重者举酒祭神。后引申为学宫的主持人。这里作首领、领袖解。　③善译欧西小说：林纾本人并不谙外文，依靠别人口译，用古文译述欧美等国小说一百七十余种。译笔流畅，对文学界有较大影响。　④令节：此指清明节。山陵：帝王陵墓。此指清西陵中的崇陵（光绪帝墓）。　⑤梁节堪（1859—1919年）：名鼎芬，号节庵、节堪，光绪进士，早年入张之洞幕府，亡清遗老。

《佣庐记日语存》^①批语选录

1.交友，疏于始胜于弃于终也。

2.有益于人，有益于己，事可为；有益于人，有损于己，事尚可为；若有损于人，有益于己，则绝不可为。

3. 代人谋而不避其险，是为有血性；望人贵而自享其利。是为无志气。

4. 天下惟知其短者，始能知其长。

5. 能指人之过不易，能改己之过尤不易。

6. 性命交，最难得。

7. "信"字是彻始彻终的。

8. 人能将书读得入，始能将字写得出。今人只于字中求字，失之远矣。

9. 不能悬腕者，终非书家。

10. 不学之俗，其俗不在貌而在骨。所谓"泽以诗书"，"泽"字最可味。

11. 以诗求诗，有止境；不以诗求诗，无止境。

12. 人无定识定力，凡百无成。

13. 人有风格始不俗，人有担当始不卑。

14. 古人称"马工枚速②"，今日读其文，似枚终不如马，可知文贵工不贵速也。

15. 人之虚生，如入宝山空手而归。

16. 作事如作文，孰谓八股③之无用哉。

17. 和气致祥，乖气致戾④，以诚相感。处家之法，无过于此。

18. 古今大儒无不是春气⑤者。

19. 心一清，不独热念顿消，冷念亦顿消，何必自煎其心而不一思振作哉！

20. 胸无宿物⑥，于我最快活。

21. 有吉凶祸福所牵，一心无主，百事无成。

22. 人无论是瞽非瞽，无不明者；一有所蔽，则不明矣。

23. 不恶而严，谓之严；不威而威，谓之威。

24. 平正通达，最难见好，所以中庸不可能。

25. 俗云："有能耐。"能，是一种事；耐又是一种事。究之，非耐不足尽其能也。

26. 大丈夫行事，如日月皎然，所以磊磊落也。

27. 退之（按：指急流勇退），受用甚大，惜人不能知耳。

28. 予以速成之具，而无应世之才，此其病不在学子。（按：针对刚从学堂毕业，即欲入政界谋差者而言。）

29. 天恶盈，鬼神亦忌盈，可不戒欤哉？

30. 圣人将富强藏于教之中，故人难知；西人将富强揭于教之外，故人易晓。

①《佣庐日记语存》为袁金铠所作，摘其1923年前日记中论议，汇辑而成。未刊前，

袁请成氏批阅，共有批语一百二十一则。今选三十则入集。袁金铠（1869—1946年）：字洁珊，号佣庐，辽阳人。光绪壬寅（1902年）岁贡，候补训导。民国后任清史馆协修、奉天省、黑龙江省秘书长、东省铁路公司董事、奉天省署高等顾问、参政院参政、东北政务委员会委员长等职。　　②马工枚速：见页413注⑩。　　③八股：明清科试所规定的文体。每篇由破题、承题、起讲、入手、起股、中股、后股、束股八部分组成。此句意谓办事亦当像作八股文那样，讲究节奏和轻重缓急。　　④和气致祥，乖气致戾：和气，和睦，致，招致。祥，吉祥。乖气，不和睦。戾，罪过。和睦招致吉祥，不和睦招致灾祸。　　⑤春气：温和可亲的气象或境界。　　⑥宿物：积郁不能言者。

附　录

附录一　时人评论

按：成氏的生前身后时人评论甚夥，散见于多种资料中。以当时人论当时事，足见其真。今汇辑成编，庶可窥见成氏人品和诗歌、书法成就之一斑。

论人品

君子有道

吉林成澹堪先生，有道君子也。生平敦尚气节，于书无所不窥，而尤长于诗。

钟广生《澹堪诗草》卷三序

岸帻风流谢司马，恣天云卧鲍参军。

王树枏《寿澹堪六十》

风节峻嶒犹岳峙，星辉纤缦待河清。

孙雄《澹堪六十生辰》

辽海诗人成澹堪，闭门种菜老长安。相逢客舍论交晚，如此横流独立难。

章华《题澹堪独立小像》

一日出此卷示余，生平备历艰虞，悉载其中。然坚苦自励，在奸诡蛆酷之宦途中能束身自立，君子人也。

林纾《澹堪居士年谱稿》跋

遮断群流立脚难，青鞋布袜自蹒跚。放翁画本家团扇，子夏才名岸小冠。

延鸿《题成澹堪独立小影》

风骨翩跹疑瘦鹤，诗心澄洁似寒潭。年来道德嗟衰落，强著书篇续老聃。

黄维翰《寿澹堪六十》

吾交竹山，观其敦学而谨伤，执义而清严。

郑孝胥《吉林成氏家序谱》序

鸡林三人杰，时人目宋铁某、徐敬宜、成澹堪为"吉林三杰"，澹翁实翘楚。

张朝墉《澹翁家训》跋

不慕荣利

予先后宦东北十五载，交游中以成澹堪为最贤。澹堪之为人，不慕荣利，善笔札，能诗，仪观彬雅，有高谢风尘之想。

李葆光《涵象轩集》

诗无近名心，率意吟尤好；唯其无争心，始许游澹园。

丁传靖《题成澹堪澹园图》

身等神仙修福慧，心轻将相爱幽闲。

三多《寿澹堪六十》

日坐萧寺读异书，权门怒我往还疏。鸾凤耻向笯中宿，鸥鹭甘为海上居。

李葆光《再次韵寿澹堪》

人生何必同，大节观出处。隆中无玄德，此身肯轻许？澹泊足明志，天地一逆旅。

郭曾炘《题成竹山澹园图》

竹山六兄崇修履道，虽居边陋，志轶群雅。自游吴后，益得江南烟水气，而所著亦日以进。取古人"澹泊明志"之意以颜其斋。余维水以澹而始清，云以澹而始闲，花以澹而始幽，人以澹而始高。竹山其有鉴于营营扰扰者之徒自缚乎，是亦有合于余退耕之旨矣。因并识之，以证素心。

徐世昌题成氏藏画

专力于诗，飘然有出尘之致，如其为人。

王树枏《陶庐老人自订年谱》

平居禅宇忘尘劫，乱世诗坛变雅声。

王式通《寿澹堪六十》

澹堪素孤介，寡交游。

王树枏《澹堪诗草》卷三序

澹园宁静室无蝇，人海藏身避燕朋。

孙雄《奉答澹堪》

性情和易

澹堪性情和易，工诗善书，受知于于次棠中丞，蚤著清誉。

徐世昌《晚晴簃诗汇》卷一百七十五

光绪壬午，以增奉命视学盛京，按试吉林，以选拔得成君多禄，温文尔雅，学有渊源。

朱以增《吉林成氏家谱》序

澹堪饮水真堪澹，冷暖能知不自谩。

章华《赋赠成澹堪》

澹堪澹荡人，如水论交久。

孙雄《澹园消夏》

予交澹堪逾十年，未尝见其有矜饰之容，矫激之论，而介然皭然。

陈宝琛《澹堪年谱稿》序

君气和而貌温，与人交，惟恐失人之意，人皆乐就之。君学于中丞，为高第弟子，窃谓：君盖善学中丞者。

柯劭忞《澹堪诗草》卷二序

余交竹山十余年矣，其人重然诺，急朋友之急，义形于色，而竹山亦悦余之忠朴，故过往甚密。

林纾《澹堪居士年谱稿》跋

澹翁家训，即其遗嘱也……读此，于老人之恺悌慈祥，恍然又见。

张伯英《澹翁家训》跋

论才名

一代诗人

澹堪，一代之诗人也。

宋玉奎《澹堪诗草》卷一跋

九皋鹤唳传新作，一代龙腾自故居。

李葆光《追和澹堪贤良寺自寿原韵》

夫诗为千古必传之诗，实其人为千古必传之人。今天下无诗久矣，非无诗也，无诗人也。若澹堪者高风亮节，不几与渊明、昭谏诸诗人并传千古哉！

王树枬《澹堪诗草》卷三序

然则先生之蝉蜕秽垢，皭然不滓，百世下诵其诗，因以益想见其为人，而增国史之光，未可知已。

钟广生《澹堪诗草》卷三序

一纸曾闻重百城，大江南北尽知名。

涂凤书《寿成澹堪六十》

一龛著述邦衡集，万口流传胜欲词。

关赓麟《寿澹堪六十》

关东诗豪

（东北）自入中国版章，其间孕毓人物，大率以材武雄杰著闻，至若儒雅风流，诗名被海内外，信可追古人而传诸后世者，则吾友成澹堪先生其首著也。

张朝墉《澹堪诗草》卷三序

夫竹山生长于洪荒朴塞之乡……独能一抉其藩，謦欬乎高岑李杜之旁，而下与完颜、纳兰诸子并驱中原，后先辉映。此庄子所谓"逃空虚者"之足音，见所未尝见于国中者，……孟子曰："待文王而后兴者，凡民也。"若夫豪杰之士，虽无文王犹兴，若竹山之不为地囿，不为习移，非豪杰之士，其孰能语于此哉？

王树枬《澹堪诗草》卷二序

关东诗豪，孰如君贤。

马忠骏《澹堪长兄像赞》

三友辽东号一龙，屹如太华峙三峰。（按：三友：宋小濂、成多禄、徐鼐霖，又称"吉林三杰"。）

钱葆青《寿澹堪六十》

总有才名高塞外。

陈浏《寿成同年多禄六十》

东鲁学者奚我后，北方学者未能先。

张朝墉《哭澹堪》

谁知大漠龙兴地，尚有寥天凤一鸣。

张之汉《吉林成澹堪太守多禄》

价重吉林

偶与乡人士言及吉林英俊之能事者，必曰成竹山。

宋小濂《澹堪诗草》卷一序

吾吉地处东陲，文化开最晚，二百年来未有以诗鸣者。澹堪独能孤怀远迈，逸想横飞，抗衡中原，未遑多让，洵足壮江山之色，增吾党之光矣。

同上

祝三以诗名重当世，书法平原，尤健拔多姿，吉林数贤士大夫，必推祝三。

钟广生《赵母七十寿言》

图篆封泥传凤钵，篇章论价重鸡林。

傅增湘《寿澹堪六十》

夙仰边才驰雁碛，今看诗派启鸡林。

萧延平《寿澹堪六十》

诗社牛耳

府主退耕仍结社，晚晴花竹自春风。

樊增祥《寿澹堪六十》

余设晚晴簃诗社，澹堪入社谭诗，同辈交重。

徐世昌《晚晴簃诗汇》卷一百七十五

牛耳应推诗社长。自注："谓澹堪。"

贺良朴《壬戌人日集澹堪寓斋和韵》

铜琶铁板大江东，两社人才组织工。（按：两社，指1921年在北京成立的漫社及1924年成立的嚶社。）

张朝墉《哭澹堪》

长白有奇气，郁郁孕精英。因缘如再结，仍主诗酒盟。

曾有翼《挽成澹堪》

论诗学

诗才惊人

吊公之诗，元轻白俗，郊寒岛瘦，一鸣惊人，众著卑陋。（按：元，元稹；白，白居易；郊，孟郊；岛，贾岛。均唐代人。）

徐鼐霖《代漫社诸友祭成澹堪文》

平分旄节骚坛上，各赌声名幕府中。

樊增祥《寿澹堪六十》

旧游虎阜留题在，近事鸡林得句新。（按：虎阜留题，指成多禄在苏州网师园题诗刻石。）

周树模《寿澹堪六十》

邦衡风节南朝重，献吉文章北地雄。（按：邦衡，南宋文人胡铨，字邦衡，有《澹庵集》百卷；献吉，明诗人李梦阳，字献吉。）

郭曾炘《寿澹堪六十》

大诗清丽芊绵，天人并至，其独到处，实兼渔洋神韵、仓山性灵二家之长，三复十诵，钦佩无既。

张之汉《石琴庐诗集》

唤起五湖心，仗尊前吟力。

朱祖谋《石州慢·听成竹山谈香雪海之游》

长生不用祈灵药，天地长留一卷诗。

张朝墉《次成澹堪自寿诗韵》

诗调清雅

才符物望心偏澹，诗带边声调自高。

贺良朴《寿澹堪六十》

澹堪之诗，如高人羽客，翛然物外，相与俦侣，吟啸于泉石间也。

王树枏《石琴庐诗集》序

澹堪之诗之佳，在乎原本性情，而山川之助，友朋之益，与夫世变之感，不过壮其波澜，藉抒怀抱焉耳。

宋小濂《澹堪诗草》卷一序

淡于荣利，使此心常若止水，不沸不波。精神敛而志气专，然后造意遣辞，选和练响，而真诗出矣。澹堪之诗，其佳处正在此。或大刀阔斧，或细针密缕，或云谲波诡，或如道家常，其气沉，其词炼，无一点嚣气犯其笔端，非养之有素、湛然恒清，不能有此境界，宜其以澹自命也。

宋伯鲁《澹堪诗草》卷二序

避俗诗盈冰雪卷，回天心付短长经。

吴用威《寿澹堪六十》

客有京华诗，清新耐披寻。

栾骏声《和澹堪京师见寄》

诗艺精深

澹园富文彧，时出惊人句。黄河落九天，波澜不到地。又如钧天乐，音岂筝琶细。

张朝墉《澹园消夏》

澹堪诗格迈曹刘，朝士贞元硕果留。

孙雄《澹堪六十生辰》

商略谷音诗律老。

陈宝琛《寿澹堪六十》

澹堪之诗，其音和以舒，其志廉以远，其天趣神韵，自然澹逸，与予所蕲向者，不甚相远。

张朝墉《澹堪诗草》卷三序

竹山之为诗也，本乎立命安身之义，发为温柔敦厚之词，举凡闻闻见见事物之纷集吾前者，柴乎其胸不能已已，于是，肖物呈形，因心以作律。其天才绮练，若流霞之散彩而云物变态也；其言之抑扬高下，鸣节赴拍，若调笙簧奏金石也；其清泠馨冽之气，若饮甘泉而嚼春雪也。

王树枏《澹堪诗草》卷二序

最君之学，莫深于诗，言近旨远，感事哀时，孑然若海外之逋客，凄然若夜泣之孤嫠。其籁天籁，其范天范，泠泠然，珊珊然，又若泉下滩而流响。春著树而皆花，维众制之森列，足传世而名家。

黄维翰《公祭成太守澹堪文》

诗笔抒愤

澹堪身丁叔末，凡耳之所闻，目之所见，身世之所遭逢，迕意伤肝，无可告语，往往盱时抒愤，假物鸣哀。其匪风之思，麦秀黍离之感，朋好之离合，小民之雕瘵流亡，篇中每三致意焉。愀兮其若悲也，恍兮其若思也。姽姽乎若空谷之幽兰，而无人自馨也；穆穆乎若孤弦之独韵，而天籁自鸣也。

王树枏《澹堪诗草》卷三序

乱来思治心徒切。

江瀚《寿澹堪六十》

登车空负澄清志，画壁时传讽谕诗。

陈士廉《寿澹堪六十》

《庚子塞上》诸作，苍凉悲感，不减放翁。……其惓怀家国之心，敦笃师友之谊，时时见于篇章。

宋小濂《澹堪诗草》卷一序

哀音出诗句，老笔见精神。

陈浏《追和成澹翁同年》

郑重诗人抱杞忧，残缣绝笔见忠谋。雀螂鹬蚌催危局，怅望筹边何处楼。

夏孙桐《戊辰七月再到龙江杂诗六首》跋

诗风高古

君诗出入经史，彬彬然质有其文，（于次棠）中丞所谓"朴塞之习"，岂足以囿贤者哉！

柯劭忞《澹堪诗草》卷二序

老成文笔高徐庾，晚学诗篇和陆皮。（按：徐庾，南朝梁诗人徐陵、庾信；陆皮，晚唐诗人陆龟蒙、皮日休。）

孙雄《寿澹堪六十》

澹堪先生所为各体诗，瓣香常在杜陵，而于汉魏诸贤之尤者，又复博观慎取，并蓄兼听，不屑屑于摹古，而无一字一句不合于古，固由其才力独到，亦以见所取者大，所施者远，故能出入上下，百变而不离其宗，洵无愧古之豪杰，独神其用者已。

宋玉奎《澹堪诗草》卷一序

十卷澹堪诗，嗣响杜陵叟。兴到自长吟，阳春能和否？（按：十卷，当为概指其多。成多禄诗，出版实仅两卷。）

孙雄《澹园消夏》

君与东坡同月生，读者诗笔亦纵横。固知福慧从天赋，喜近波澜更老成。

郑沅《寿澹堪六十》

排日寻诗追竹垞。（按：竹垞，清诗人朱彝尊，号竹垞。）

张朝墉《寿澹堪六十》

白苹著集推其倬，红豆填词数纳兰。何似文章贤太守，鸡林诗价重琅玕。

章华《赋赠成澹堪》

选诗精慎

勘诗三漏下，选梦十年余。他日论声价，词坛重璞琚。

张朝墉《酬澹堪》

诗集为生前所自刻，选存颇慎，诗境安雅，如其为人。

徐世昌《晚晴簃诗汇》卷一百七十五

冬间，澹堪乃另写诗集一通寄来，属为校刊。余阅其诗，虽稍增入续作，然视原编之本，已刊落十之三四，仅存一百五十篇，不分卷数。澹堪精慎之意，于此可见。

宋小濂《澹堪诗草》卷一跋

一卷新诗仔细吟，知君淘炼出真金。

同上

论书艺

诗书双绝

诗笔成双绝。

王树枏《戊辰七月再到龙江杂诗六首》跋

笔挟飞鸿势，词高倚马才。

同上

先生品绝高而蕴蓄宏伟，有所感奋，一发于书与诗，能上追古作者而与之并。

书超松舍梅庵上，诗在梧门竹坞间。

三多《寿澹堪六十》

观其手札，不惟书法雄健，能得瓶生神髓，即其吐属风雅，文情斐然，亦足令人展玩而不忍释。宜湘公珍同球璧，什袭藏之也。

许成踪《成多禄致湘帆手札》跋

书法遒逸

其感时抒议，豪气一如平时，书法尤遒逸，一笔不苟。

王树枏《戊辰七月再到龙江杂诗六首》跋

澹厂惓惓师门，不愧古人风义，况法书妙绝，尤可宝重乎。（按：师，指于荫霖。）

柯劭忞《悚斋诗存》跋

肥瘦书称绝，妍媸态横生。

王树枏《哭澹堪仁兄》

坐上郑侯鸿宝气，书中张圣太湖精。大字擘窠果胜吾，关杨气味又奚如。

张朝墉《和竹珊寄怀李竹吾韵》

芸阁有书皆宝笈，兰亭无字不金丹。何时付与鸡林贾，团扇家家一例看。

章华《题澹堪独立小像》

书承百家

吊公之字，两汉朴茂，六朝雅趣，欧柳褚颜，汇而为一。

徐鼐霖《代漫社诸友祭成澹堪文》

尤工书，得晋人笔法，名动一时。

雷霆冰雪，隽逸清新，平原书法，尤为世珍。（按：颜真卿，号平原。）

袁金铠《澹堪先生像赞》

满壁龙蛇争座帖，鲁公风骨照边楼。（自注：时贤用笔不能脱宋元窠白，而君取则平原，睥睨南园，获者矜为瑰宝。）

陈浏《吉林成澹堪同年挽诗长句八律》

松禅书极力精工，有作意太过者。澹翁学之，能任自然，故妙。

张伯英《戊辰七月再到龙江杂诗六首》跋

吉林成澹堪生平书法喜摩松禅，此册与湘帆往来书札外，更仿松禅简牍数纸，几于乱真。

张朝墉《跋成多禄致湘帆手札》

君书法极似文恭师。（按：翁同龢，谥文恭）

孙雄《澹堪六十生辰》

挥毫落纸入松禅。

张朝墉《寿澹堪六十》

论贤政

贤名远播

家有田圃，架有诗书，亦耕亦读，贤声载途。

徐鼐霖《代漫社诸友祭成澹堪文》

黑水白山贤太守，不徒诗字播余馨。

延鸿《挽成澹堪》

琢肾雕肝太苦辛，当年一现宰官身。绥阳小郡思贤守，东道诸侯礼上宾。

陈浏《吉林成澹堪同年挽诗长句八律》

千骑东方守柳边，边人犹忆使君贤。

丁传靖《寿澹堪六十》

五马宣勤万口褒，龚黄比绩最贤劳。（按：龚黄指汉代循吏龚遂、黄霸。）

贺良朴《寿澹堪六十》

勤政爱民

参筹共话边方策，制锦频闻太守贤。

张朝墉《寿澹堪六十》

竹山之守绥化，勤政爱民，得于庭训者实多，人顾不重家学哉？

张朝墉《手泽犹存》跋

祝三太守多禄，承其先德保卿先生家学，种学能诗，有治绩于绥化。

汤寿潜《吉林成氏家谱》序

光绪三十有一年，朝墉游黑龙江，道经绥化，闻知府成多禄竹山先生以经术饰吏治，廉能之声，出乎民舍，余惊且异焉。

张朝墉《吉林成氏家谱》序

附录二　哀挽录

按：成氏逝世之初，刊出《哀挽录》一册，分投各地亲友，告知吊唁日程并请赐唁。内有遗像、像赞、挽诗、诔文、讣闻、哀启等。今重加补辑，注明出处，未注者盖出原录。

哀启*

哀启者：先严生而岐嶷，颖慧异常。五岁识方寸字，日课尽廿余纸。先大父手抄《论语》《毛诗》，亲督教之，悉能成诵。八岁能吟咏。十五通群经，旁及史鉴、文选，为诗、古文辞咸有法度，事具先严自撰年谱。年十六补博士弟子员。时督学使者为武昌王孝凤府丞，凤以文章、风节名天下者也。见先严文，许为国器，拔置首选，并贻书籍数种，勉勖有加焉。光绪辛巳，先慈孟夫人来归。癸未，先严岁试，食廪饩，肄业省会崇文书院。巡道顾缉庭先生兼掌院事，博极群书，尤长于经世之学，课以读经史法兼及诸子百家。先严从游日久，学业益进。乙酉，举选拔第一。丙戌入都朝考，先大父忽遘疾，召归。抵家，而先大父已弃养，痛不欲生。先大母责以大义，杖而后起。自是，奉讳里居，益究心三礼之学，与徐敬宜、于笃厚、钟寿符、刘仲兰诸丈砥砺学行。癸巳，应京兆试，用执贽太世丈于次棠中丞门下，教诲恳挚，终身服膺不忘。丁酉，先慈孟夫人逝世；其冬，家慈唐夫人来归。先慈凡生不孝世奇、世英、世伟、世杰兄弟四人。不孝世超、世坚则家慈所生也。

己亥，先严偕舅父魁公星皆入盛京将军诚勇公依克唐阿幕府，时年三十有七，是为先严出山之始。庚子春，诚勇公薨；继任将军增祺公谂先严才，仍留司记室。未几，拳匪乱作，奉先大母避难蒙古，间关转徙，艰苦不可名状。乱定，始还吉林。壬寅五月，丁先大母忧，尽哀尽礼。甲辰服阕，适云阳程雪楼中丞开府齐齐哈尔，道出吉林，与先严旧交，以幕府文书相属。当是时，程公方励精图治，先严亦尽力襄赞，莅黑未期年，百废俱兴，政绩懋著。乙巳，程公嘉先严擘画贤劳，由候选同知擢守绥化。绥郡风俗朴塞，先严履任后，息讼锄奸，兴学课士，民咸德之。逾年，课最，真除。在任先后三稔。嗣与长官某龃龉，毅然引去，因自号澹堪云。戊申，中丞程公亦受代，约与偕行，由京而沪而杭，纵观钱塘、圣湖、普陀诸胜。宣统建元，程公复起用为奉天巡抚，先严仍居幕中佐治，勤劬一如曩时。庚戌，程公移节吴门，檄先严随往。东南为人文渊薮，如朱古微侍郎、郑淑问中翰、赵尧生侍御、夏剑丞观察、陈伯弢司马、吴昌硕大令，皆一时奇伟非常之士，与先严订文字交，觞咏殆无虚日。公暇时访冷摊，搜罗旧书精椠以自娱悦。并辑成氏家谱十卷，丐郑苏戡先生为之弁言，刊成分贻族人，遵先大父遗训也。是岁乞假回吉。辛亥，再至江苏默察幕府，气象一变，僚佐多倾险喜事之徒，心窃忧之。八月，武昌事起，沪上绅商多来苏密谋响应，幕僚应某实阴主之。程公召集会议以觇向背，咸劝公时不可失，亟宜独立。先严独排众议，上书以七不可力争。不报。嗣见时势日非，复上书劝程公引退，亦为左右所阻，仍不省。及九月望日，程公宣布独立。先严去之沪滨，贻书与程公诀别，并却其赆金，拂衣北还。自国变后不问时事，间与遗老名流结社联吟。卜筑都城西隅，曰"澹园"，林木幽翳，图史环列，日啸咏于其中，意豁如也。尝辑生平诗文若干卷付梓。又自订年谱，讫宣统三年止，自叙谓："既无东海衔木之能，又鲜西山作歌之节，泯然无闻，浮生若赘，即至八十、九十亦不过一忍辱翁耳，虽有甲子曷足纪哉？"亦可以觇素志矣。

癸亥秋，游哈尔滨归，因感苦寒，卧病数月，久之乃愈。近来起居康泰，时有山水文字之乐，虽年逾六十，精神矍铄。今岁中秋后来游沈阳，寄居舅父魁公星皆寓中。适新城王晋卿先生度辽都讲，与先严交谊最笃，时相过从，谈艺甚洽。八月杪，旧疾复发，饮食不进，势颇岌岌。不孝在吉闻信，奉家慈至沈省视，延医诊治，渐有起色，已能出门，遂附火车回吉。讵意抵家数日，疾势转剧，医药罔效，延至十月初九日未时，竟弃不孝等而长逝矣。呜呼痛哉！

泣念先严生平学行醇笃，澹于荣利，少负经世之略，入参节府，出守严疆，思得藉手以酬知遇。中更世变，弗竟厥施。晚岁隐居，不求闻达。然犹耄而好学，日手一编，时为歌诗以抒怀抱；尤喜作擘窠书，求者麇集。窃冀修养有素，大寿可跻；乃以微疴，遽至不起。皆由不孝等侍奉无状，罹此闵凶，抢天呼地，百身莫赎。祇以窀穸未定，家慈在堂，不得不苟延残喘，勉襄大事。

谨举先严行谊荦荦大端，陈诸当世仁人君子之前，倘蒙赐之铭诔以光泉壤，感且不朽。苦块昏迷，语无伦次，伏乞矜鉴。

孤 英伟 杰 泣述

棘人世 超坚

*此文列原《哀挽灵》末，今置前。

祭文四篇

公祭成太守澹堪文

黄维翰

呜呼！澹堪愤旧交之不终於国兮，誓言以绝之；既不辱身而归洁兮，夫谁得而涅之？昔管宁之避地兮，曾徜徉乎辽东，胡载疾以遄归兮，栖栖焉而不恤其躬？将以生为累，而欲自息其肩耶；抑修短有数，天亦不能操其权耶？君之壮也，典郡漠北，再游江南。天倾地侧，国步既更，尝与於啧室之议，人皆奋张，而我独默默。念天下之滔滔，将欲济兮无津，遂乃卷迹市朝，师抱瓮而友负薪。辛酉孟秋，漫社伊始，龙战纷纭，鸡鸣不已。岁续月赓，逮今盖六七祀。最君之学，莫深於诗，言近旨远，感事哀时，孑然若海外之逋客，凄然若夜泣之孤嫠。其籁天籁，其葩天葩，泠泠然，珊珊然，又若泉下滩而流响。春著树而皆花；维众制之森列，足传世而名家。晚更嗜马班韩欧之文，上下追逐而忘乎我生之有涯。万松塔西，为君遁栖：古槐十三章，寒蔬六七畦，高秋暮春，啸阮琴嵇，危言庄论，间以滑稽。曾几何日，室迩人远，遂为人天之分携。呜呼！铁梅已枯，君又长往，夜台不孤，霜钟辍飨。望长白兮嵯峨，吊松花兮渼渼，渺千里而陈辞，庶灵风其来飨。

《永吉县志》卷三十六

代漫社诸友祭成澹堪文

徐鼐霖

呜呼！公生于世六十有六年。家有田圃，架有诗书，亦耕亦读，贤声载途。吊公之学，王陆之俦；吊公之文，班马亚流；吊公之诗，元轻白俗，郊寒岛瘦，一鸣惊人，众著卑陋；吊公之字，两汉朴茂，六朝雅趣，欧柳褚颜，汇而为一。其居乡也，士之师资；其出守也，民之父母。方冀遐年，以享厥福，天胡太忍，降此鞠凶？叹公不可复也，弥想象于无穷。呜呼哀哉！尚飨。

同前

祭澹堪文

徐鼒霖

　　呜呼，澹堪何去之速也！忆昔订交，自庚寅年，彼此少壮，握手言欢。读书山寺，经史满前，商榷今古，志迈前贤。兄已拔萃，弟仍青衿，遭父之丧，慰问殷殷，指囷以赠，实悯我贫。逾年公车，费由兄措，老母赐裘，指兄与我，谓汝弟兄，早回乡国。落第而还，争自濯磨，甲榜相期，不甘沦落。戊戌之春，从戎奉天，贤牧星阶，左提右携，兄实主之，慨然以介。其年庚子，拳匪兆乱，中俄失和，天地色变。晋公芍航败衄，寿公仁山继起，弟赴前敌，兄佐居守。节度弃城，相将出走，中途相失，不能携手。兄奉老母，避兵库伦，弟佐寿公，督兵义州。思兄不见，百计搜求，忽闻兄耗，行商之口。知兄所在，喜极而忧，沙汉间阻，几不能谋，求得向导，是盗之首，许以不死，甘为前驱。计达兄所，历三四日，毡庐拜母，母喜而泣，兄时侍侧，亦为涕泗。赠金与裘，俾还乡里，临别有言，约以后至。患难居停，未忍相弃寿仁山都护。次年辛丑，返斾奉天，将军增瑞师媚敌，居停被掳，小人进言，咎归于予，因之拘禁，月零三日。兄与星阶，多方营救，急难之情，逾于骨肉。将军释嫌，谓予何辜？毅然擢用，屡登荐牍。云阳程将军突起，檄调黑龙，同入幕府，交相为用。云阳爱才，待以宾友，兄典绥化，政声卓著。弟牧海伦，未能出守，新政叠阳，余为谋主。兄与某仵，拂衣而去，苏杭壮游，诗歌自娱。东海督东，云阳病去，弟为斡旋，东山再起。兄乃复来，朝夕言处，云阳抚吴，相携而去。未满旬日，天门电至周朴帅，兴东兵备，荐之天子，煌煌纶音，相迫而北，兄留吴会，弟返龙沙。辛亥政变，共嗟靡家，兄辞云阳，遄返吉林。贻书告诫，云阳未闻。天门病去，铁梅继之，幕府乏才，折柬多次；弟已开藩，又兼军政，军书旁午，盼兄尤急。愿与心违，外交见逼，弟来京华，兄亦后至。国会列席，晚晴选诗，澹园憩园，联吟把臂。皤然老友，此乐何极！乃至己未，出长吉林，未逾一年，仍返都门。矢不复出，与兄常亲。本年政变，不谋而去，余心实疢，屡为之泣。四十年间，俨如一日。余狷而刚，不畏强御，中遭多难，气血先亏，发苍齿豁，自应先逝。兄心宽易，历险如夷，年虽加我，其颜不衰，自宜多寿。厄信胡来？今事反此，此忧何极！铁梅先亡，兄又我去，惟声与泪，独出胸臆。呜呼哀哉！尚飨。

同前

诔文

陈浏

　　清亡之十有七年，岁次戊辰十月九日，吾友成澹堪先生殁于吉林里第，年六十有六岁，哀哉！惟君丰镐旧家，金张显胄。幼而正字，佩觿佩韘之晨；游于泮宫，舞勺舞象之岁。太岁在酉，年始逾冠，爰膺拔萃，媲美于义山；式检唐书，曾志诸选举。名闻殿陛，刘枝桂之贡成均；语妙荼茶，汪庸甫之著述学。则余之乙酉同年生也。清标玉立，见张绪而动容；孤鹜霞飞，对子安而阁笔。高步骧于上国，而未簪珷帽之杏花；才名溢于辽东，而仍坐穿床之藜刺。由是服官黑水，跻秩黄堂。出守绥阳，则羌酋驯伏；入觐勤政，则当宁书名。文采风流，则照映乎东阁；流连志乘，则彪炳于朔方。天柱倾颓，乾纲弛纽，步移玉改，海立云垂，若乃悲甚黍禾，目蒿荆棘，扬帆京口，选胜山塘。李荐青之游升州，箧多好句；王夫之之睨海岳，座有名缣。浮湛坎离之间，潇洒晋宋之际。幅巾私邸，天骄为之霁威；带草空庭，米贼因而罗拜。维时南州高士，鳞集东京；天水塞人，旰衡关陇。君则卜居洛下，买宅河阳，家有僧珍之邻，月有真率之会。竹珽玒其若玉，大月横天，槐夭矫其如龙，清风送暑。昔为羽林之射圃，今作骚客之吟坛。击钵催诗，瓜果陈于芬榭；捧盘行炙，熊鹿割于行厨。翳漫社之酒豪，皆澹园之胜侣，亦既夺耆英之席，而营安乐之窝矣！岁月不居，风云递变，胡僧暴宋陵之骨，赤眉发汉宫之尸。天道难详，人心灭绝，乾坤可毁，日月无光。陆贾粤装，散给于子舍；晋公司马，特著于淮军。射盘空之雕，角弓在御；哀过江之鲫，颒尾俱焦。不脱白衣，避危太仆之征辟；耻题锦帐，类王钝翁之阿谀。障彼庾尘，恶兹楚臭，残年待尽，伤心事多，而君于是乎益厌世矣！走也，长卿卖赋，久淹滞于三边；郑国授餐，已绸缪乎六载。锦城雨重，少陵唯有东归；阳羡田荒，斜川不能南下。栖皇中路，客子于焉畏人；凄惨平生，山翁竟以不起，呜呼哀哉！兀坐江楼。蔬笋赏其乡味；安车远道，莼丝讽其小篇。马少游则谈笑风生，张子野则奋髯抵几，何尝不跌宕文史，周旋履綦，多蓄芳醴，弥坚后约。不知老之将至，谓可乐而忘死。天乎太酷！命也何如？狞飙号而惊沙舞空，药炉废而青灯息焰。子期长眠于高陇，琴操绝音；徐君赍志于重泉，剑光匿采。闭门塞卧，胡可不临张邵之丧；撰杖相随，仵看无愧林宗之笔。

　　澹厂六哥同年大人，为数十年来有数挚好。其殁也，余方仃长春道中，洒涕陈词，伤哽曷已。

年愚弟江浦陈浏顿首再拜　敬诔于南岗耄学斋

像赞九首

王树枏题

天地晦塞兮　　风潇雨凄

滔滔天下兮　　君将安之

维道不施兮　　维志不移

宁一瞑不视兮　　与古为期

君既长往兮　　吾谁与归

高歌望子兮　　涕泗涟洏

君之来兮载云旗　　蘅兰佩兮荷芰衣

既含睇兮笑又宜　　俨在旁兮尔容尔仪

慕予窈窕兮　　唯君我知

眼中之人兮　　使我心悲

袁金铠题

乌拉一部,乃产诗人。马雷溪既不朽,而澹堪为替身。雷霆冰雪,隽逸清新;平原书法,尤为世珍。胡古希之未届,遽脱离夫俗尘?冲襟远抱,超群绝伦。我瞻遗照,俯仰无垠。

谈国桓题

一

天不留遗老　　摧残又到君

几人存故国　　一代丧斯文

忧患当年共　　行藏大道闻

相交三十载　　望断白山云

二

四海论交易　　一生知己难

斯人今永诀　　遗像此重看

囊簏诗书在　　梦魂风雪寒

伤心贤太守　　无复旧衣冠

谈国桓题

谊兼师友倍相亲	不愧书生本色身
蕴玉怀珠谁识得	天教诗字老斯人

吴廷燮题

天半朱霞	云中白鹤
缥币争迎	大节卓荦
六镇溉润	三吴康乐
休誉赫赫	昌言谔谔
霜风遽雕	水鉴不作
长松灵芝	振秀广莫

吴闿生题

在雍熙世	俗美化醇
贤豪翊运	为凤为麟
大厦既倾	芝焚蕙叹
牺尊青黄	不如沟断
才生非世	世实轻才
尼山掩袂	胡为来哉
唯此高名	至精螭蚤
亘古先生	千秋式仰

马忠骏题

杂俎之刻	君开其先
续之再三	君绝笔焉
关东诗豪	孰如君贤
拟以鹰青	夫何间然

张朝墉题

蔼蔼澹堪	忽焉不讳

昔我赠言　　澹中有味
忆其为人　　雍容华贵
忆其为诗　　兰苕翡翠
瓜菜一畦　　优游卒岁
说剑弹棋　　此欢遽坠
载瞻仙容　　肃恭敬畏
两社吟朋　　一腔热泪

挽诗二十五首

哭澹堪仁兄

王树枬

一

忆昔初相识　　联交喷室中
八埏方鼎沸　　众说耻雷同
君本千人俊　　群真一顾空
纵谈过夜半　　相对两衰翁

二

世道嗟交丧　　人文惜久微
亲朋朝露尽　　故旧曙星稀
愧我真无似　　微君孰与归
不堪谈往事　　老泪共沾衣

三

僧虔常寡合　　袁淑独相亲
鸡黍高贤会　　莺花小苑春
携囊同觅句　　投辖屡留宾
日日劳青眼　　高歌望子频

四

抗心陶靖节　　低首谢宣城
肥瘦书称绝　　妍媸态横生

一蛇甘入蛰　　五马旧知名
风雨思君子　　相期同晦明

五

恶耗惊传日　　暌违仅一旬
音容尚如昨　　倏忽已成尘
历数知交士　　如君复几人
生平不下泪　　为子一沾巾

六

小别疑三岁　　其如永诀何
滂沱余涕泪　　睇笑杳山河
壁上新诗句　　篇中古乐歌
低徊真欲绝　　忍痛一吟哦

哭澹堪*

张朝墉

一

马市桥头屋数椽　　诗钟茶鼓渺云烟
聊充大隐来朝市　　同抱春心听管弦
东鲁诸生奚我后　　北方学者未能先
闭门种菜从何说　　长忆绥阳太守贤

二

铜琶铁板大江东　　两社才人组织工
消夏几家荐瓜果　　伤秋百韵入丝桐
飘摇世界看苍狗　　寥落生涯逐断鸿
过隙白驹吾老矣　　鞭秦笞汉更谁同

《半园诗集·戊辰集》

＊此诗曾刊入《哀挽录》，个别文字有异。

吉林成澹堪同年挽诗长句八律

陈浏

一

尊酒招邀一月前　　哀君此去竟生天
临分岂料成悲谶①　　垂绝犹能寄短篇②
彭泽五男知力穑　　香山九老罢开筵
李家太守风流甚　　空有叉头买醉钱③

二

毫端复不犯时流　　道貌清癯重有忧
房酒四罍山果熟　　蜀笺千幅海棠秋
芒鞋至此跫音寂　　铁骑何如腕力遒
满壁龙蛇争坐帖　　鲁公风骨照边楼④

三

琢肾雕肝太苦辛　　当年一现宰官身
绥阳小郡思贤守　　东道诸侯礼上宾
歧路交期难可并　　衰龄踪迹得相亲
天边风雪寒初紧　　握手论心少此人

四

拔萃同年古所闻　　不堪雪发对斜曛
杀青每诩收名椠　　俪白真能赏小文⑤
几日南冈亲笠屐　　频年北海集簪裾⑥
从今夜夜空江上　　把酒临风只哭君

五

行李风霜只厚颜　　茂陵遗稿在人间
荒城水黑星临塞　　大漠云黄日没山
伸脚偶然为汉客　　伤心不肯斥殷顽
有人元白同编集　　莫要轻将绮句删⑦

六

浦雅多君未见诗⑧　　　英灵如在北平时

窥斑悔未呈全豹⑨　　　据案仍疑隐老罴⑩

并世几人鏖险韵　　　穷泉无路觅亲知

嗟余后死终须死　　　地下相逢傥有期

七

云壑才华掩褚虞⑪　　　南宫书法⑫未凋枯

焚须曾进英公粥　　　奠酒稍陈孺子刍

浊世恶波齐解脱⑬　　　废京故宅任荒芜⑭

少微没后天难晓　　　更有何人是谢敷

八

劫后东华识面初⑮　　　笥班各自异篮舆

平生倡和诗成帙　　　永夜徘徊泪满裾

议谥盛传禽季诔⑯　　　问歌追答孝标书

巨卿恐是虚前约　　　嬴马应难驾素车

①自注："君见余之送别诗惨然不乐。"　　②自注："余所追和之五律，则君之绝笔也。"　　③自注："吉甫欲为胶州宋录事乞一小诗，方日夕治具以待，驸从之来。"　　④自注："时贤用笔不能脱宋元窠臼，而君取则平原睥睨南园，获者矜为瑰宝。"　　⑤自注："于余所著《澹园记》，誉之不容口。"　　⑥自注："仿千叟宴故事。"　　⑦自注："《浦雅》所录，多为君之集外诗。"　　⑧自注："余赠君诗，又颇有刊入拙集而尚未尝寄君者。"　　⑨自注："君许为余定文而终至蹉跎。"　　⑩自注："同唐人访道士不遇诗意。"　　⑪自注："谓赵午楼。"　　⑫"南宫书法"，自注："传其甥吴琚，见者莫之能辨。"　　⑬自注："君之厌世，盖非一端。"　　⑭自注："十三古槐馆也。"　　⑮自注："知名凤矣，始相晤于漫社。"　　⑯自注："君夫人为星皆魁君之妹。"

哭成六澹堪①

钟广生

一

琴台风雨听君歌　　　摧绝牙弦可奈何②

信有神交如水淡　　恨无识面比诗多③
遗文早已刊青冢④　　题扇犹能换白鹅⑤
漫社到今寥落尽　　广平⑥相望墓门过

二

鸿文精椠校无差　　同载陶庐问字车⑦
博览百家存柱史　　赏音千载失侯芭
龚生不拜新朝草⑧　　陶令初凋老圃花
重过鸡林空痛腹　　停车风雪满江涯

《逊庵诗集》

①原《哀挽录》仅载其一，后经作者改定并增作一首收入诗集。　　②自注："君赠余近作有'欲抚牙弦商旧曲，可堪风雨满琴台'之句。"　　③自注："欲余与君相晤时少，而唱酬之作倍之。"　　④自注："陶庐师刊君文于《故旧文存》。"　　⑤自注："君以诗扇见赠。"　　⑥"广平"，自注："谓宋铁梅。"　　⑦自注："君有精刊《陶庐百篇》。"　　⑧自注："君不受国史馆典籍厅之命，曰：'吾入民国未尝拜明令故也。'"

哭澹堪六兄

曾有翼

一

夫子闻名久　　都门始识荆
襟怀常淡泊　　道艺并峥嵘
锦章劳远和　　尘网苦繁撄
沈水一樽酒　　不胜阳关情

二

暌违甫逾月　　何遽赋骑鲸
大雅流风歇　　杜陵广厦倾
人琴伤俱邈　　槐馆凄以清
古今遗憾事　　圣跖齐殇彭

三

大难在来日　　涕泗各纵横
我为招魂赋　　止些东方明

长白有奇气　　郁郁孕精英
因缘如再结　　仍主诗酒盟

哭澹堪老伯大人

黄式叙

往者猛庵逝①　　祇今公又徂
天心遽如此　　吾道益云孤
诗品河汾集　　人才主客图
小楼前日别②　　飞梦尚能摹

① 自注："义州李文石。"　　② 自注："今秋曾蒙过访。"

挽成澹堪

延鸿

桥西旧地草堂经　　蕉叶垂檐竹覆亭
寒菜一畦怜夏病　　老槐几时哭冬青
只应俊李夸群玉　　难得良医赠小玲
黑水白山贤太守　　不徒诗字播余馨

《渐斋诗存》

挽成澹堪

章华

一

吾友澹堪子　　飘然望若仙
纳兰新乐府　　耶律古诗篇
韬略参军重　　文章太守贤
所思欲从往　　辽海隔风烟

二

避地名园好　　参天古木稠
新篁当户立　　寒菜畦旁收
江水松花远　　山阿桂树幽
凄凉旧宾客　　腹痛过南沟

三

久客宁知老　　依人岂为贫
返魂辽左鹤　　掩袂鲁西麟
白首犹堪壮　　朱颜不可春
知君九原下　　浩荡意难驯

四

已向王城隐　　胡为东出关
沧江一船月　　烽火万重山
道以花时见　　文应晚岁艰
遗诗多史法　　讽刺不须删

《倚山阁诗》卷下

雪中有怀亡友成澹堪

张朝墉

高槐已作古人看　　溜雨霜皮耐岁寒
盖马大山山上雪　　白头吟望泪栏杆

《半园诗集·己巳集》

挽联

张伯英挽

北地称贤　　早有才名动上国
西山抗节　　晚将诗酒送流年

张朝墉挽（存下联）

截发留宾和丸教子　　风规不让古人

家藏墨迹

附录三　书法作品目录

按：成氏一生书作甚夥，但经数十年之动荡，世传已稀。今将编者所搜寻到的有限资料，汇成是编，名为书法作品目录。

书碑目录*

吉林铭军宪遗爱碑

碑阳双钩阳刻楷书大字：樾荫宗邦。碑文计441字，中楷，碑题：前任吉林铭军宪遗爱碑记。题下署：光绪壬午科举人富隆阿撰，光绪乙酉拔贡多禄书。文末署：大清光绪十四年岁次戊子丙辰月中浣谷旦　乌拉总管衙门官丁谨志。

吉林希爵帅德政碑

碑阳双钩阳刻楷书大字：徵廉考绩。碑文计480字。碑题：吉林希爵帅德政碑记。题下署款与上碑同。文末署：大清光绪十四年岁次戊子丙辰月中浣谷旦 乌拉总管衙门翼校官等谨志。

二碑原立于永吉县乌拉街，1983年施工发现，移藏吉林市博物馆。仅存碑身，长172cm、宽70cm、厚20cm。质地汉白玉。

按：铭军宪,吉林将军铭安(光绪三年至九年任);希爵帅,吉林将军希元(光绪九年至十四年任)。

苏州网师园书条石

石横式，嵌于网师园中部主园西侧廊壁。诗题为《戊申七月随程雪楼中丞谒达馨山将军于网师园，因成五律六章》。文字与《澹堪诗草》卷一中《蓬园六首》略同，计266字。款署：吉林多禄竹山。印文有二：多禄长寿；多禄诗字之章。行书。

前有程德全和达桂所书两篇题序。

苏州寒山寺书条石

石横式，嵌于大雄宝殿后壁。计五言诗三十六首。款署：宣统庚戌九月程德全记。书体风格与上石同，系成氏代书。

代省长王公维宙德颂碑

立于吉林市北山公园西峰东麓，由两通石碑并列组成。碑文近六百字，楷书。款署：新城王树枬撰文，吉林成多禄书丹，岁次丁卯二月。

按：王维宙，即王树翰（1866年—？），辽宁凤城人。民国十一年十二月任代理吉林省长。

宋公小濂墓志铭

文载《永吉县志·艺文志》，计1300字。款署：丁卯夏五月，新城王树枬撰文，吉林徐鼐霖篆盖，吉林成多禄书丹。宋墓位于吉林市郊沙河乡虹园村，列入市级重点文物保护单位。参见家藏目录。

墓志当存于墓中。

重修乌拉圆通楼碑

清光绪二十二年（1896年）立，原置于乌拉街圆通楼前，共两通，今已不存。成氏撰文并书丹。

马遁庵生圹铭

位于哈尔滨市香坊区，旧称马家花园，今辟为东北农业大学校址。原石已不存，据吉林市图书馆所藏拓册，知成氏为马所书生圹铭有三。一为录陶渊明《拟挽歌辞》三首，计220字。款署：昔桓伊、庾晞、袁山松皆喜为挽歌，可见古人于生死不讳也。遁厂老棣生圹初成，遍征海内作者，自惭俚语无以告方来，因书渊明诗答之。二为撰书《咏遁园诗》十八首（见本书诗集五），计480字。三为桐城马其昶所撰《遁园生圹铭》书丹，计460字。

清云阳程公以身御难之碑

原立于黑龙江省齐齐哈尔。长176cm，宽72cm。计23行，56字，中楷。款署：

故吏吉林宋小濂撰文，故吏吉林徐鼐霖篆盖，故吏吉林成多禄书丹。碑阴有多人题诗并渤发起立碑者姓名。

＊家藏目录"碑书"栏，记有六方碑石，其中三碑可作本目录的补充。

题联目录

题其塔木关帝庙

愿吾宗子子孙孙　　春社秋尝　　入庙勿忘先业远
祝我里年年岁岁　　云旗风马　　有灵常保此邦宁

摘自《吉林省乡士志》

题乌拉街圆通楼

一层谁更上　　对秋空月色
三昧我犹知　　趁桂子香中

历千劫不坏身　　大地莲华开法藏
度一切众生苦　　诸天花雨现真王

题乌拉街后府

乌拉古江山　　想此邦秀毓灵钟　　企望久钦文潞国
鸾章新拜崇　　待他年中安外抚　　边功应迈赵屯田

题乌拉城过街牌楼*

北通凤阁
南接龙潭

山围圣地
水绕名区

457

＊牌楼有二，南北相对。上组额联悬于外侧，下组额联悬于内侧。以上五联于永吉县乌拉街民间访得。

题吉林北山玉皇阁

富贵贫贱总难趁意　　知足之谓趁意

山水花竹无恒主人　　得闲便是主人

摘自《吉林市文物志》

题吉林北山玉皇阁万绿轩

五载我重游　　桑海高吟诗世界

一层谁更上　　乾坤沉醉酒春秋

题吉林北山玉皇阁吟秋阁

绝妙朋游　　有明月一杯　　好山四座

是何意态　　看大江东去　　爽气西来

上二联摘自《吉林市寺庙概要》

题北京澹园

门迎白塔寺

春满黄金台

据吉林郑煜先生回忆

巷口万松塔

桥西一草堂

摘自郑逸梅《书林片页》

家藏目录
碑志书丹

吉林省长王公德颂碑（中楷）

署款：新城王树枏撰文　吉林成多禄书丹　岁次丁卯二月

规格：190cm×70cm

遁园生圹诗十首（行楷）

署款：吉林澹厂成多禄呈稿并书

印章：竹山　吉林成氏多禄

规格：178cm×25cm

诰授通奉大夫晋封资政大夫运用衔补用盐运使司运附加五级太学生孟公暨结配诰封夫人高夫人继配夫人高夫人之墓（大楷）

规格：132cm×128cm

黑龙江都督兼民政长宋公墓志铭（小楷）

署款：新城王树枏撰文　吉林徐鼐霖篆盖　吉林成多禄书丹丁卯夏五月

规格：79cm×77cm

特任内务总长浑源田君墓志铭（魏碑）

署款：辽阳袁金铠撰文　吉林成多禄书丹　长白金梁篆额

规格：60cm×57cm

（按：墓主为田应璜，字子琼，山西浑源人，民国九年任参议院副议长，后任内务总长。铭文中有"民国十六年"语。）

后汉寿亭侯书札题诗跋记（行楷）

署款：吉林徐鼐霖谨跋　吉林成多禄谨书　丙寅二月十二日

印章：徐鼐霖印　成多禄　长白山人

规格：160cm×64cm

函　册

手泽犹存

规格：31cm×28cm。封面由张朝墉署签为"手泽犹存　竹山珍藏　朝墉"。该册录有成父荣泰于同治庚午年（1870年）由京中致爱子成多禄（时年八岁）的手书。后面附有三篇跋语：一、成多禄跋（入文集），文末署：宣统元年十一月多禄谨注；二、宋小濂跋；三、张朝墉跋。

吉林成氏家谱

谱名下署："多禄敬题"。旁注："是书作于光绪戊申七月，成于庚戌九月。又记。"

此谱书为原抄本，一函三册，缎面。规格：30cm（长）×19cm（宽）×6cm（厚）。函套制作精美,属六面包严的"四合套"。宣统庚戌年（1910年）九月在沪刊出的《吉林成氏家谱》，系据此本影印。谱书分序集和上、下三册。序集封面由郑孝胥题签，内载郑孝胥、汤寿潜、张謇、程德全、朱以增、张朝墉、宋小濂、徐鼐霖、成荣泰九人的题序。上、下二册的封面，分由宋小濂、朱祖谋题签。谱书文字，均由成多禄恭楷缮就。

清赠中宪大夫成府君暨配恭人瓜尔佳氏
合葬墓志铭

规格：24cm×27.7cm。每页九字，朱丝栏，大楷，凡一百一十四页。铭文末署："新城王树枏撰，男多禄谨书，乙丑夏六月上浣。"

诰赠中宪大夫吉林成府君墓表

规格：35cm×20cm，朱丝栏，每页三十二字，凡十七页，中楷。文末署："胶西柯劭忞表，乙丑冬十一月男多禄谨书。"

有注："甲子春，多禄乞新城王树枏为墓志，又谓劭忞请为表以刊于外碑。"

澹堪诗稿

线装,规格：29.5cm×19cm。封签"澹堪诗稿"四字，为成多禄自题。凡三册，计收一九二一年九月至一九二八年诗作二百九十首，均由成多禄以行楷缮写。前有张朝墉、王树枏、钟广生作于一九三一年的三篇序。属家藏未刊稿本。

本书将此诗稿列为诗集中的第四部分，定名为《澹堪诗草》卷三。

澹翁家训

规格：36.5cm×22.5cm。封面由张伯英署签："澹翁家训吉林成氏世宝　己巳孟冬铜山张伯英敬题"。内载成多禄于一九二八年七月迄九月致五子世超的七封家信。其中后三封是病笃时在沈阳所书，最晚时间为九月廿九日（11月10日），距逝世仅十日。信札中多有督责教诲之语。后面还附有张伯英、许宝衡、张朝墉的跋语。

张伯英跋：

此澹翁家训，即其遗属也。翁恒化于戊辰之冬，般若（按：成世超）世兄以此数楼装乞题识。皆病时书，手泽依然，流风顿歇，人生朝露，可胜怆恻。读此，于老人恺悌慈祥恍然又见。成氏子孙，其世世守之。

己巳孟冬廿有八日，铜山张伯英观于嫩江旅寓。时匆匆将入关，倚装记之。

许宝蘅跋：

壬戌之冬，余始获交于澹翁。每过十三古槐馆谈艺，辄流连不能去。戊辰秋度辽，复相遇于翟羲人所。涉冬，翁病归吉林。俄而（赴）[讣]闻，羲人曰：澹翁殁，不复闻吾过矣。其信于友如此。顷来龙江，般若世兄出翁手训见示，皆立身涉世之要。后三札乃病中书，精采不减平时。追念旧游，感怆久之。

庚午五月廿八日　许宝蘅识

张朝墉跋：

嗟哉成澹翁，主人今已古。鸡林三人杰时人目宋铁梅、徐敬宜、成澹堪为"吉林三杰"。澹翁实翘楚。曩岁客春明，白塔共逃暑。桃杏红一林，瓜壶香半吐。选韵岁月深，猛士杂龙虎。为欢曾几时，修文赴天府。今读训儿书，语语出肺腑。谨言而慎行，不慢亦不侮。乃知古名士，整肃严步武。大匠守绳墨，初不遗累黍。汝兄能属文，一家古机杼，谓我门人栲葆。成四白眉良，拭目观成五。

庚午夏四月　七一老人张朝墉识于龙沙

《九歌》精楷墨册

规格：28cm×17cm。以小楷书屈原《九歌》中的七篇：《东皇太一》《云中君》《湘君》《湘夫人》《少司命》《山鬼》《卜居》，外此还附录宋玉的《九辩》。此册原题"离骚精楷墨册"，应正为今名。

张朝墉跋：

此澹堪白楷精楷所书《离骚》，亦近人所不能谙者；在昔为二妙，在今为二难也。

乙亥三月　七六老人张朝墉识

殿试对策书册

规格：44.4cm×11.4cm。以小楷誊缮前人殿试策问文章，计四页。

杂书册页

规格：28cm×19.4cm。封面题署："画课世超"。一面有五子世超的铅笔素描画十幅；另面为成多禄的行书杂录，计十二页。

仿翁墨札

行书。规格：38cm×27cm。内有致湘帆的信札九件，致"竹君会办""利锋仁兄"者各一件。此外，还收有专意摹仿翁同龢书体的信札三件。

张朝墉跋：

吉林成澹堪生平书法喜摩松禅，此册与湘帆往来书札外，更仿松禅简牍数纸，几于乱真，吾观之，不禁失笑。湘帆善藏之，不再得也。松禅，常熟相国翁同龢，薨谥文敬。

己巳四月朔日　七十老人张朝墉题于松滨

许成琮跋：

湘帆先生与澹庵主人为莫逆交。观其手札，不惟书法雄健能得平生神髓，即其吐属风雅，文情斐然，亦足令人展玩而不忍释。宜湘公珍同球璧，什袭藏之也。爰题数言，用志欣赏。

己巳中秋　稚簧许成琮识于滨江

扇面

一　正文：录自作诗《万松老人》《和寂者》，另面节录前贤书札署
　　款：壬戌五月廿九日书近作付世坚儿　是日大风雨　澹厂记
　　印章：澹堪　规格：18.5cm（股高）

二　正文：录无题七言诗十句
　　署款：甲子中秋日书　澹厂
　　印章：澹厂　规格：19.5cm

三　正文：录自作诗《甲子除夕》
　　署款：甲子除夕作于京师十三古槐馆澹厂成多禄时年六十二

印章：澹厂父　规格：18cm

四　正文：录傅青主五言诗
　　署款：乙丑　澹厂

五　正文：录前人诗六首
　　署款：乙丑夏五月书　澹厂成多禄
　　规格：18.5cm　洒金笺

六　正文：录无题五言诗十句
　　署款：乙丑端阳　成多禄
　　规格：17.8cm　洒金笺

七　正文：录前人骚体诗
　　署款：丙寅三月书于旧雨轩　付世坚儿　澹翁
　　规格：19cm

八　正文：录陶诗
　　署款：宝英贤侄女雅拂　澹厂时年六十五
　　印章：成　　规格：19cm

九　正文：录书札一通　另面画钟馗
　　署款：书付世超　丁卯五月　澹翁
　　印章：成

十　正文：论怀素等前人书法
　　署款：丁卯六月书于沈阳　宝英贤侄女属
　　印章：澹厂　成伯子　规格：18cm

十一　正文：录自作七言诗《和柯凤老寄怀宋芝田长兄之作》《辞典籍
　　　　厅再和凤老》《梅上人过访二首》录其一
　　　署款：戊辰五月既望，杰民贤甥婿千里远来为我老姊寿，出笔索
　　　　书，复录旧作澹园老人成多禄

十二　正文：录自作诗《重到龙江杂诗八首》
　　　　署款：书与世超儿　时戊辰七月　同在黑龙江　澹翁记
　　　　印章：竹山　规格：20cm

十三　正文：录汉诏两道
　　　　署款：世坚儿读　澹翁书
　　　　印章：成伯子　规格：19cm

十四　正文：录书信一札
　　　　署款：书付世坚儿
　　　　印章：澹翁　规格：19.5cm

十五　正文：录自作诗《乞苏戡画松》
　　　　署款：第一首第三句改为"愿君暂忍忧时泪"一语。此求苏戡画
　　　　　　　松诗也
　　　　印章：澹厂　十三古槐馆

十六　正文：录自作诗《赠马忠骏》等十八首
　　　　规格：19.3cm

十七　正文：录书札一通
　　　　署款：付世超
　　　　印章：澹厂　成白子　规格：17.2cm

十八　正文：录五言诗十二句
　　　　署款：成多禄
　　　　规格：18cm

十九　正文：录杨凝式《韭花帖》
　　　　署款：菊溪仁兄大人雅正　成多禄
　　　　规格：19cm

二十　正文：录书札一通
　　　　署款：书付世坚　　澹厂
　　　　印章：澹厂

廿一　正文：录元遗山诗
　　　　规格：18cm　无款

廿二　正文：录书札一通
　　　　署款：付世坚儿　　澹厂
　　　　印章：成竹山　规格：18cm

廿三　正文：录前人无题诗二首，未竟
　　　　规格：17.8cm　无款

廿四　正文：录书札一通
　　　　署款：坚儿　　澹翁
　　　　印章：成竹山　规格：19.5cm

廿五　正文：录自作诗《赠法安和尚》《赠明净和尚》
　　　　署款：此僧能琴与画，亦甚难得也。书付世坚儿　　澹翁
　　　　印章：澹厂父

挂轴及手卷

一　行楷（四幅）
　　　　录米芾《蜀素帖》
　　　　署款：锦泉十弟指正　　成多禄
　　　　规格：129cm×30cm
　　　　印章：多禄长寿　　澹堪

二　行草
　　　　录黄宗羲七言诗
　　　　署款：此黄梨洲先生作也。语在虚无缥渺间，似有仙气。甲子嘉平

月书于京师十三古槐馆　成多禄

印章：成多禄印　澹堪

规格：225cm×60cm

三　行草

同上

署款：甲子五月　澹翁

印章：澹堪

规格：157cm×43cm

四　行书

堂堂后堂堂　　子瞻出峨眉

早读范滂传　　晚和渊明诗

署款：甲子五月快雨　澹厂

印章：成伯子　规格：85cm×43cm

五　行楷

寿筠厚弟二首（入诗集四）

署款：甲子十月作于京师　十三古槐馆主人成多禄

印章：十三古槐馆

规格：50cm×37cm　　质地：梅花玉版笺

六　行楷（四幅）

临颜真卿法帖

署款：①甲子六月书于京师　澹厂居士

　　　②甲子八月成多禄临

　　　③④甲子十一月背临颜帖　澹翁

印章：①②多禄长寿　③④旧雨轩

规格：50cm×50cm　　质地：梅花玉版笺

七　楷书（四幅）

书颜帖

署款：甲子八月廿五日未得还乡，杂书颜帖为星阶三哥大人寿　弟

成多禄时在京师

　　印章：澹厂　成伯子　规格：83cm×33cm

八　行楷

　　　怀垂窗同年客哈尔滨（入诗集五）

　　署款：甲子九月书付世超儿　澹翁

　　规格：104cm×26cm

九　行楷

　　　录陶潜诗《归园田居》其一

　　署款：甲子十月录陶靖节诗　澹厂居士

　　规格：50cm×37cm　质地：梅花玉版笺

十　楷书

　　　草法简略　省繁略微

　　署款：乙丑正月书于京帅旧雨轩　澹厂

　　印章：澹堪　规格：66cm×44cm

十一　行楷

　　　录傅山诗

　　署款：录霜红龛诗一首　乙丑正月　成多禄

　　规格：225cm×60cm

十二　楷书

　　　录陶潜《五柳先生传》

　　署款：书五柳先生传付世超　乙丑初伏　澹翁

　　印章：颐寿堂　澹堪　规格：183cm×60cm

十三　行书

　　　录文天祥七绝一首

　　署款：文信国诗　乙丑八月　成多禄

　　印章：成多禄　旧雨轩　规格：108cm×62cm

十四　行书

录岳飞七绝一首

署款：岳武穆题雯都华严寺　乙丑秋八月　成多禄

印章：成多禄　旧雨轩

规格：108cm×92cm

十五　行书（四幅）

录裴将军诗帖

署款：裴将军诗　乙丑十月　成多禄

规格：245cm×60cm

十六　楷书

录《麻姑先坛记》

署款：乙丑嘉平　成多禄

印章：长白山人　澹堪

规格：127cm×48cm

十七　行楷

录王渔洋诗

署款：乙丑嘉平　成多禄

规格：245cm×60cm

十八　行书

录米芾《蜀素帖》

署款：乙丑嘉平　澹翁

规格：245cm×60cm

十九　行书

同上

署款：丙寅三月　成多禄

规格：245cm×60cm

二十　行楷

题丁闿公蜀葵画扇（入诗集五）

署款：画为某女郎作也。蜀葵五月开，关东人谓之"大蜀结
花"。末句暗用五月十三日事也。丁卯三月作时在京师
澹厂居士

印章：旧雨轩

规格：63cm×43cm

廿一　行书

故园小圃又东风　　杏子樱桃次第红
明日春照门外路　　清明消遣马蹄中

署款：丁卯八月　澹厂

印章：成多禄印　规格：84cm×43cm

质地：珊瑚笺

廿二　行书

秋宫肃肃古衣裳　　静女无愁黛亦苍
不点疏萤和月色　　绢头赢得百年凉

署款：丁卯秋八月　澹庵

印章：多禄长寿　规格：84cm×43cm

廿三　行楷

临杨凝式《韭花帖》

署款：杨凝式帖　澹厂

印章：澹堪所作　规格：132cm×65cm

廿四　行书

录苏轼五言诗一首

署款：东坡《黄州寒食诗》　澹翁

印章：多禄长寿　规格：132cm×65cm

廿五　行书

录顾炎武七言诗一首

署款：沚源先生　录顾亭林先生《重登灵岩寺》诗　成多禄

印章：多禄长寿　规格：193cm×43cm

廿六　行书

节录陶潜诗

署款：成多禄　规格：130cm×64cm

廿七　楷书

节录杜甫诗

署款：节杜句　澹翁

印章：澹堪　规格：129cm×43cm

廿八　行书

录苏轼诗

署款：东坡《黄州寒食诗》　成多禄

印章：成伯子　澹堪所作　规格：235cm×60cm

廿九　行楷

野人意萧疏　　不是城中物

偶能来翠微　　天风时一拂

老僧道机熟　　香如闻夫不

夜深万籁寂　　残灯照古佛

署款：午山仁兄正　成多禄

印章：多禄长寿　规格：132cm×43cm

三十　行楷（四幅）

节录米芾《蜀素帖》

署款：壬戌春二月上浣　佩鹤仁兄雅正

印章：澹厂　成多禄　规格：131cm×33cm

卅一　行草

录渔洋诗一首

署款：竹翁

印章：多禄长寿　规格：80cm×43cm

卅二　行楷

　　　　赠日人兼呈诸老诗其一（入诗集四）

　　署款：丙寅上元日旧雨轩招饮，赠日本濑川、林出、今关诸公兼

　　　　　呈蓼园、陶庐两先生。书应杰民贤甥婿属竹翁旧作

　　印章：竹翁　规格：63cm×32cm

卅三　行楷

　　　　丙寅元日诗其一（入诗集四）

　　署款：丙寅元口作二首录一，即呈杰民贤甥婿雅正。澹翁成多禄

　　印章：澹厂　规格：93cm×32cm

卅四　行楷（六幅）

　　　　录前人诗

　　署款：乙卯秋日书付世超儿　澹翁

　　印章：成氏澹堪　成博好　吉林成氏

　　规格：72cm×16cm

卅五　行楷（石印）

　　　　自作诗一首

　　署款：还乡百余日，诸公载酒不辍，每以病谢，藉诗酬唱而已行

　　　　　将言近，赋此留别，并索大和诗一首　澹厂成多禄初稿

　　印章：澹堪居士　规格：54cm×43cm

卅六　擘书

　　　　悔过轩

　　署款：仲祥世大兄正　成多禄

　　印章：成多禄印　澹堪居士

　　规格：158cm×46cm

卅七　行楷（四幅）

　　　　寿魁陞六十初度诗（入诗集五）

　　署款：辛酉八月二十五日为星阶三哥六十初度作此奉祝，即乞指

正　澹厂弟多禄拜稿

　　　　　规格：49cm×37cm　质地：珊瑚笺

卅八　行书

　　　　录陶潜诗《饮酒二十首》之一

　　　　署款：丁巳春录陶诗　澹厂

　　　　印章：多禄　规格：58cm×30cm

卅九　行楷

　　　　录前人诗

　　　　署款：丁未三月　竹山

　　　　印章：多禄长寿　规格：34cm×21cm

四十　行楷（四幅）

　　　　录米芾帖

　　　　署款：癸丑五月　澹厂

　　　　印章：多禄　规格：164cm×44cm

四十一　行楷

　　　　节录韩愈诗

　　　　署款：节录韩诗　澹厂　规格：77cm×20cm

四十二　行楷（三幅）

　　　　仿翁同龢书札六通

　　　　规格：71cm×17cm

楹联

一　行楷

　　　　此地有崇山峻岭茂林修竹

　　　　是能读三坟五典八索九丘

　　　　署款：丙辰十月　澹厂

　　　　印章：澹堪居士　规格：154cm×12cm

二　楷书

　　　　吟廓四周林疏水澈

　　　　奇石一品咫屈尺拳

　　署款：庚申冬十一月书付六儿世坚时寓京师贤良寺　澹厂居士

　　印章：无　规格：154cm×37cm

　　质地：粉蜡笺

三　楷书

　　　　散髹茗余舒襟酒既

　　　　刻烛星晚张筵雪初

　　署款：庚申冬十一月书付士坚　澹厂居士时寓京师

　　印章：无　规格：205cm×48cm

四　行楷

　　　　绮席象床珊玉枕

　　　　琅函绛简蕊珠编

　　署款：晴帆三兄大人法家教　乙丑七月　小弟成多禄

　　印章：成多禄印　诗龛居士　规格：220cm×55cm

五　楷书

　　　　兴来一挥百纸尽

　　　　神游八极万缘虚

　　署款：乙丑秋七月　澹厂　成多禄

　　印章：还读佛书　一勺水　澹中有味　澹堪成多禄印

　　规格：180cm×48cm

六　行书

　　　　经济有常荣

　　　　风云入壮怀

　　署款：乙丑嘉平　成多禄

　　印章：成多禄印　澹堪居士　规格：200cm×53cm

七　行楷

放鹤云千顷

卷帘花万重

署款：仲祥世大兄正　丙寅五月　成多禄

印章：多禄长寿　澹堪　规格：215cm×55cm

八　行楷

呼龙耕烟种瑶草

招鹤下云眠古松

署款：成多禄

印章：澹厂居士　规格：168cm×43cm

九　楷书

万卷诗书宜子弟

十年种树长风云

署款：成多禄

印章：多禄　成澹堪　规格：165cm×43cm

十　行楷

晚入奉常陪仗履

欲呼稚子整冠巾

署款：成多禄

印章：澹厂居士　规格：168cm×43cm

十一　楷书

供家米少因添鹤

买宅钱多为见山

署款：成多禄

印章：澹厂居士　规格：198cm×43cm

十二　行楷

有子才如不羁马

知君心似后凋松

署款：成多禄

印章：成多禄印　澹堪　规格：198cm×43cm

十三　楷书

门外桃花自开落

墙头荔子正斑斓

署款：成多禄

印章：成多禄印　澹堪　规格：163cm×43cm

十四　行书

尚有读书净清业

我是识字耕田夫

署款：成多禄

印章：澹堪居士　规格：168cm×43cm

十五　行楷

不知谁作蛟龙吼

羡君超然鸾风姿

署款：澹厂居士

印章：澹厂居士　规格：18cm×43cm

十六　楷书

要伴前人作诗瘦

自叹平生为口忙

署款：成多禄

印章：多禄长寿　规格：168cm×43cm

十七　楷书

开道骓骝光日月

车声轹辘走风云

署款：品余仁兄属　成多禄

印章：澹堪居士　规格：130cm×32cm

十八　行楷

数亩荒园自锄理

一瓯花乳浮轻圆

　　　　　署款：成多禄

　　　　　印章：多禄长寿　规格：168cm×43cm

十九　楷书

欲求南宗一勺水

暂借僧房半日闲

　　　　　署款：成多禄

　　　　　印章：澹中有味　成多禄　旧雨轩　规格：160cm×39cm

二十　行楷

代北狂生尽狂简

堂东多士作儒林

　　　　　署款：成多禄　规格：180cm×48cm

廿一　行楷

春风绿剪桃花水

夕照红烧燕子泥

　　　　　署款：成多禄

　　　　　印章：成多禄印　澹堪　规格：163cm×43cm

廿二　行楷

香稻熟时秋叶嫩

杜鹃花发鹧鸪啼

　　　　　署款：成多禄

　　　　　规格：180cm×48cm

廿三　行楷

君家自有元和脚

与世聊为西子矉

　　　　　署款：成多禄

　　　　　规格：180cm×48cm

廿四　行楷

　　　　　　文严字丽皆可喜

　　　　　　水清石瘦便能奇

　　　　署款：成多禄

　　　　规格：180cm×48cm

廿五　行楷

　　　　　　一池浓墨生吟思

　　　　　　半岭天风有啸声

　　　　署款：成多禄

　　　　规格：180cm×48cm

廿六　行楷

　　　　　　此地有崇山峻岭茂林修竹

　　　　　　是能读三坟五典八索九邱

　　　　署款：书付世坚儿　澹厂老人

　　　　印章：澹堪　规格：172cm×20cm

廿七　行楷

　　　　　　清风动岩穴

　　　　　　大气橐山川

　　　　署款：澹翁

　　　　印章：澹堪　规格：87cm×20cm

廿八　楷书

　　　　　　立脚怕随流俗转

　　　　　　留心学到古人难

　　　　署款：铁海四哥法家正　弟成多禄

　　　　印章：臣多禄印　祝三一字竹山　规格：126cm×31cm

廿九　行楷

　　　　　　相与观所尚

　　　　　　时还读我书

署款：澹翁

印章：成多禄　规格：85cm×20cm

三十　行楷

梅花百树鼻功德

茅屋三间心太平

署款：汕沅先生　成多禄

印章：多禄长寿　规格：163cm×43cm

卅一　行楷

且从少傅论中隐

拟向灵君乞上池

署款：澹厂成多禄

印章：多禄长寿　澹堪　规格：160cm×39cm

卅二　行楷

至人旧隐白云谷

短棹未转黄茅岗

署款：仲祥世大兄正　成多禄

规格：165cm×43cm

卅三　行楷

放万丈眼光出去

收一腔心血回来

规格：14.3cm×38cm

卅四　行楷

蜗牛入座问奇字

凫雁亲人识夜镫

署款：成多禄

印章：多禄长寿　澹堪　规格：135cm×38cm

卅五　　草书

　　　　　　　狂如宋晋之宜客
　　　　　　　历识嬴秦以后书
　　　　署款：成多禄
　　　　规格：130cm×33cm

卅六　　行楷

　　　　　　　总发抱孤念
　　　　　　　清歌散新声
　　　　署款：澹翁
　　　　印章：成多禄　规格：85cm×20cm

卅七　　行楷

　　　　　　　结发抱奇策
　　　　　　　焚香读道书
　　　　署款：澹厂
　　　　印章：澹堪所作　规格：90cm×26cm
　　　　质地：粉宣

卅八　　行楷

　　　　　　　何日扬雄一廛足
　　　　　　　却追范蠡五湖中
　　　　署款：午云贤侄女属　成多禄
　　　　规格：230cm×50cm　质地：蜡笺

馆藏目录
吉林省博物馆

一　中堂（行书）

　　　　　　　杨凝式《韭花帖》
　　　　署款：丙寅十月　成多禄
　　　　规格：1290cm×56cm
　　　　质地：蜡笺

二　楹联（行楷）

欲求南宗一勺水

暂借僧房半日闲

署款：师乾仁兄雅正　弟成多禄

印章：多禄长寿　澹堪

吉林市博物馆

一　楹联（行楷）

青山县里传诗卷

黄叶声中到酒船

署款：百生七侄正　成多禄

印章：澹堪居士　规格：169cm×42.5cm　质地：粉笺金纹纸

二　楹联（行楷）

同参龙象一林意

闲看貔貅万灶烟

署款：成多禄

印章：澹堪居士　规格：133cm×30cm

三　楹联（行楷）

何日扬雄一廛足

却追范蠡五湖中

署款：杰三仁兄正　成多禄

印章：澹堪居士　规格：大幅

质地：虎皮宣

四　楹联（行楷）

万卷藏书宜子弟

十年种树长风烟

署款：甲子嘉平　澹厂成多禄

印章：多禄长寿　澹堪

规格：23.5cm×57cm

五　楹联（行书）

　　　　苔藓多古意
　　　　风泉有清音
　　署款：杰三仁兄正　成多禄
　　印章：澹堪居士　规格：131cm×32cm

六　楹联（行书）

　　　　邕导中欢古春自盎
　　　　抱此孤赏今雨不来
　　署款：静山老弟精于赏鉴，在南中时所得金石书画甚夥，归来尤好
　　　　余书，每相过辄必为作字。今冬余伏处里门，静山驰专足负
　　　　缄而至，余为尽一日夜之功了之。它日视之，亦一纪念也。
　　　　丙辰冬十月　澹堪成多禄记
　　印章：竹山　吉林成氏多禄　规格：162cm×26cm

七　楹联（行楷）

　　　　怡然有余乐
　　　　缅焉起深情
　　署款：澹厂
　　印章：吉林成氏　规格：小幅

八　条屏（行书）

　　　　青松在东园，众草没其姿。凝霜殄异类，卓然见高枝。连林
　　　　人不觉，独树众乃奇。提壶挂寒柯，远望复何为。吾生梦幻
　　　　间，何事绁尘羁。
　　署款：己未冬十月录陶靖节先生诗　耕三仁兄雅正　成多禄
　　印章：多禄长寿　规格：142cm×31cm

九　条屏（行书）

　　质地：高丽洒金笺
　　规格：27cm×85cm
　　其一：录元好问五言诗五首
　　署款：元遗山诗　澹厂

印章：多禄之印

其二：录元好问七言诗六首

署款：元遗山游天坛诗　澹厂居士

印章：多禄之印

其三：录元好问七言诗七首

署款：元遗山杂诗九首　岁在乙丑五月　书于京师十三古槐馆　星
阶三哥大人正　澹厂弟多禄

其四：录元好问五言诗五首

署款：录遗山诗。乙丑五月，星阶三哥来都门相聚月余，口："茫
茫世局中得与白头亲旧共此晨夕，至足乐也。行将东去，凄然不可
为怀，大有逍遥堂夜听风雨之意。"出纸索余书，因杂录遗山诗归
之，亦它日相逢一鸿雪也　弟禄并识

印章：多禄长寿

十　条幅（行书）

录自作诗

署款：戊午夏六月，同宋铁梅先生游香界寺，得七古一首录呈秀峰
三哥两正　澹厂弟成多禄时寓京师贤良寺

印章：澹堪居士　规格：32.5cm×23.5cm

十一　条幅（行草）

我欲黄山去采薇　江南秋雨正霏霏
仙家已解逡巡手　一筋西风落翠微

署款：文方仁兄正　澹厂居士多禄

十二　五姊七十寿序拓片

全拓四张，颜体大楷，录入文集。

十三　录岳飞词五首拓片

行楷。录岳飞《满江红》《小重山》等。

署款：鄂王忠义，冠绝人寰，即其文章亦足千古，以之配汉寿侯，
洵无愧也。丙寅十月，多禄归自京师，友人李敬山嘱抄王之杂作。
寓中无书，祇录数首。先是在京时，曾为吾友敬宜书壮缪诸札，

敬山见而爱之，欲与此并泐诸石，俪金珏璧，辉映后先。后有兴者，当知古之忠臣义士，虽一歌咏之微，亦莫非乾坤正气也。题竟，钦向无已。嘉平十日　成多禄谨识

印章：成伯子　成多禄

宝熙跋（节录）：敬山浣澹堪录武穆之诗词与其所书关壮缪诸札并刻石以示后，是实有所见而为之，非率然好事者比也。刻竟，为敬识数语于左方。庚午立秋　宝熙谨题

十四　录王士祯诗拓片

行楷。署款：丙寅嘉平归自京师，敬山老弟出纸索书，杂录渔洋绝句应之，亦不计字之工拙也。澹厂　成多禄

十五　自作诗拓片

行楷。录《小室新成》《简谈保帆》等六首。均收入诗集五。

十六　吉林铭军宪遗爱碑（全拓）

十七　吉林希爵帅德政碑（全拓）

上二碑见书碑目录

吉林市图书馆

一　悚斋诗存（影印）

悚斋，成多禄之师于荫霖（1838—1904年）的书室名。有《于中丞遗集》二十四卷行世，唯无诗集。1926年初，从其日记中摘诗二十二首，并亲笔恭缮，题曰"悚斋诗存"，一册。书体为小行楷。

署款：门人成多禄谨钞　印章：多禄

册后附柯劭忞、张朝墉跋。

柯跋：右澹厂手抄于次棠中丞《悚斋诗存》一册　都廿有二首。中丞理学名臣，不以古咏见长，然有德有言，其诗格乃仿佛司马温公。澹厂惓惓师门，不愧古人风义，况法书妙绝，尤可宝重乎。敬识数言，挂名简端，窃自忻幸焉。丙寅夏四月朔日

张跋：悚斋老伯，理学名臣，生平学有独到。不沾沾于章句，亦不常为诗，然兴到之作，置之六一、君实集中几不可辨。其承学弟子

成君澹堪，特从日记中钞出廿余章，传播艺林，以诏后学，贵精不贵多也。敬诵一过，用书数语以志景行。丙寅初秋

二　张伦褒扬证书
　　拓本，经折装，楷书。民国九年以总统徐世昌和内务部的名义颁给，褒扬吉林人士张伦的善行。署款：吉林成多禄书北京文楷斋刻

三　代省长王公维宙德颂碑拓册
　　经折装。拓本时间较早，但在粘剪上有微误。

四　马遁庵生圹铭拓册
　　拓册凡三种，经折装。

五　五姊七十寿序拓册
　　仅存后半部残本。馆藏著录为《赵母座右铭》，当为今名。

联语

从散见民间墨迹和成氏"杂记"中辑出，或属自撰，或为集句、成句。前已述及者，不复录出。

赠仲兰二弟

欧风亚雨群龙战
侠魄儒魂万象归

赠仲兰仁弟

且从少傅论中隐
拟向灵君乞上池

赠朗斋仁兄

欹鞍憩古木
弹剑拂秋莲

挽赵尔巽

比前贤书局自随　　万卷丛残悲涑水
以当代诗人相许　　十年荒落愧昌黎

奇觚甘挂汲古绠
豪气一洗儒生酸

泥笙收郭索
山纲落钩辀

诗人猛士杂龙虎
月斧云斤琢肺肝

采药忙犹寻白醿
种蔬早已赋黄门

采香径湿鸥迷梦
和瑟声迟蟹上沙

庵拟胡忠简
园同焦弱侯

胡蝶洁如脱
岗峦气不奴

不辞万里长为客
何处老翁来赋诗

今日朝廷须汲黯
几时书札待潜夫

忆昨赐沾门下省
自称臣是酒中仙

先生才有过屈宋
指挥若定失萧曹

甫也诸侯老宾客
宗之潇洒美少年

国初以来画鞍马
高山之外皆培塿

晚节渐移诗律细
殊方又喜故人来

谢安舟楫风还起
庾信文章老更成

扁舟不独如张翰
载酒无人过子云

十里松篁参羽仗
五更鼓角满霜天

天风萧森入诗律
青山偃卧如高人

及身强健且行乐
任性逍遥不学禅

老子犹堪绝大漠
将军卧获真长城
老农欢喜有春事

厄酒从容向蜕斠

老逢乐事心犹壮
醉有真乡我可侯

先生古心冶金铁
南极一星在江湖

自扫竹根培志节
尽驱春色入毫端

自种黄桑三百尺
安得广厦千万间

论诗未觉国风远
载酒时作凌云游

杨柳搀春出新意
明月入户寻幽人

到门不敢题凡鸟
梵字何人辨鲁鱼

明月来投玉川子
使君疑是郑康成

余杭自是山水窟
此老真成夔铄翁

欲雕好句乞春色
独与长松凌岁寒

附录四　交往录

按：时称成氏"素孤介，寡交游"，此指鲜与政界往来，至于翰墨之交，则大有人在。即使达官显贵，亦有订为文字交者。本表列主要友人一百六十名，以姓氏笔画为序。简历一般止记于1928年。另附亲属录于后。

缘资料匮乏，编者孤陋，有的栏目只好暂缺。

姓名	字	号	室园名	籍贯	简历	关系	交往情况
丁传靖	秀夫 修甫	简公 湘舲 沧桑 词客	秋华堂 豹隐庐	江苏丹徒	1870—1930年。光绪副贡。1916年任总统冯国璋秘书。能诗善文。著有《简公诗存》《闇公堂诗文》等。	诗友	始交于1916年后，互有赠诗。
三多（汉姓张）	六桥		可园	浙江杭州府，蒙古正白旗驻防，钟依氏。	1875—1940年后。光绪举人，杭州知府，归化副都统，库伦办事大臣。民国任东北边防司令长官咨议、国务院铨叙局长等。清季著名学者俞樾弟子。善诗文，绘画。有《可园诗钞》等。	诗友	1922年贺氏六十寿诗有"无许故人今复见"句，可推知故交尚早。
于荫霖	次棠 樾亭		悚斋	吉林榆树	1838—1904年。咸丰翰林，历任广东按察使、云南布政使、湖北巡抚、河南巡抚、都察院副都御史，有《于中丞遗书》。	师	1893年任京官成民为门生，贺从其日记中搜辑佚诗，手抄后影印刊出。
于驷兴	振甫			安徽寿县	1862—1937年。光绪诸生。清末黑龙江铁路交涉总局总办。民国任黑龙江都督府秘书长，政务厅长，教育厅长，代省长。	友	民国后识交于黑龙江。
于省吾	思泊	夙兴叟	螺泽居	辽宁海城	1896—1984年。奉天高等师范学校毕业，早年从事古典文献研究。生前任吉林大学历史系教授。中国考古学会名誉理事等职。在古文字、古史考证方面成就卓越。	友	民国后介未玉奎、袁金铠与于结识。

姓名	字	号	室园名	籍贯	简历	关系	交往情况
于翰笃	筠厚			吉　林	1870年—? 光绪诸生。事迹不详。	密友	1893年缔交，多有唱酬。
于　芹	朗昆			辽宁铁岭	1875年—? 光绪岁贡。1915—1925年任吉林县知事，有治绩。	友	民国后识交，成氏回昔时，多有过从。
马其昶	通伯	抱润翁	抱润轩	安徽桐城	1855—1930年。清末著名桐城派古文家。光绪副贡，任学部主事，京师大学堂教习。民国任安徽高等学堂校长，参政院参政、清史馆总纂。有《抱润轩文集》等。	师	二十世纪二十年代识于北京。代马题诗。成归，为赠诗。
马忠骏	荩卿	无闷主人	通庵通园晚稼轩	辽宁海城	1870—1937年后。清末任营口厘金局总办、转运局总办，吉林省屯垦局局长。民国任黑龙江省交涉驻哈尔滨总办，东省特别区市政管理局局长。后辞官归隐。	密友	始交于出山之际，唱酬颇多，去哈时常寓马家。
马德恩	纶阁			吉林双阳	1877—1958年。清季摄理承德府知府。民国任蒙边剿匪总司令部参谋、农商部参事，吉林永衡官银钱号总办，吉林实业厅厅长。	友	在吉时有过从。迹较多。
王大圻	冠山	冰铁		江苏吴县	近代篆刻家，江南"四铁"之一。	友	辛亥前始交，为成治印多方。
王文珊	少石			吉林榆树	1845—1915后。光绪举人，崇文书院院长。近代吉林教育家。于荫霖外甥。	师	1896年前在崇文书院任山长时识交，与成相知爱。

姓名	字	号	室园名	籍贯	简历	关系	交往情况
王凤年	桐阶	秋堂		辽宁盖县	1822—1894年。光绪诸生，屡试不售。善诗文，有《松花吟草》。	受业师	1876—1885年在成家设馆。入《思旧集》。
王永江	岷源			辽宁金县	1873年—? 官至东三省官银号督办，奉天财政厅长、省长，东三省交通委员会委员长。	友	二十世纪二十年代识交于沈阳。
王式通	书衡	志庵		山西汾阳（原籍浙江绍兴）	1864—1931年。光绪进士，内阁中书，大理院少卿。民国任司法部次长、国务院秘书长、全国水利局总裁，清史馆纂修，礼制馆总纂，故宫博物院管理委员会副委员长，有《珥兵古议》《志庵遗稿》《永吉县志》总纂之一。	诗友	1919年始交于晚晴移诗社。1922年有祝成氏六十寿诗。
王光烈	希哲昔则博简		松韵楼悦生轩双丁香馆	祖籍山西太原；生于沈阳。	1881—1953年。光绪举人。任《东三省公报》经理，《盛京时报》《斯民主报》《麒麟杂志》主编及晚年居北京。善篆刻，精鉴赏，广收刀布。与夫海清、荣孟枚世誉"辽东三才子"。有《印学今义》等。	友	民国后始交。1926年同游昭陵。
王杜	晦如			浙江杭州	1884年—? 光绪举人，黑龙江绥化、黑河、龙江知府，徐世昌任大总统时聘为顾问。	友	龙沙旧友。

姓名	字	号	室园名	籍贯	简历	关系	交往情况
王树枏	晋卿	陶庐	文莫室	河北新城	1850—1936年。光绪进士，官至新疆布政使。民国任国史编纂处总纂。总纂《新疆图志》《清史稿》。有《陶庐丛刻》。近代史学家、散文家。	师友	辛亥后交于北京，"诗酒往还无虚日"，王引为"平生第一知己"。为成诗作序两篇，成选其文刻《陶庐百篇》并为序。
王树翰	维宙			辽宁凤城	1884年—? 光绪诸生，捐知府衔。民国历任奉天南三省军械制造厂厂长，浙江内务司长，龙江道尹，吉林财政厅长，代吉林省长。	友	20世纪20年代交于沈阳。成为其德政碑书丹。
王闻长	酌笙				郭宗熙任吉林省长时（1916—1920年）的幕友。	社友	1917年同在吉林松江修禊社。
王家璧	孝凤			湖北江夏	道光进士，顺天府丞，吉林提学使。	师	1888年壬子童子试院试，选取成氏为第一名。
王彭	觉三爵三	屈领		湖北武昌	早年任职于黑龙江。	友	龙沙友。1922年同在九九社。
王福庵	维季	持默老人		浙江杭州	1879—1960年。著名书法家、篆刻家。西泠印社创始人之一，有《福庵藏印》《王福庵书说文部首》等。	友	为成氏治印多方。

姓名	字	号	室园名	籍贯	简历	关系	交往情况
王荸林	可耕			吉林榆树	1866年—? 光绪举人，由内阁中书调赴黑龙江，官至呼伦兵备道。民初任黑龙江都督府秘书长、吉林内务司司长兼实业司长，政务厅长，江苏苏常道尹，1923年任外交部特派吉林交涉员。	友	龙沙旧友。
邓廉喜	洁三 节珊	东湖 东湖渔者		吉林	光绪诸生，有《东湖集》。	诗友	1891年同在雪蕉吟社人《恩旧集》。
邓镕	守瑕	忍堪	垄蔡余斋	四川成都	1875年—? 光绪三人，民国任参议院议员。	诗友	1922年同在九九社。
世荣	仁甫		慎始基斋	内蒙古	民国任奉天国文专科学校主讲。	友	始交于二十世纪二十年代，互有唱酬。
卢弼	慎之			湖北沔阳	1879年—? 光绪优贡生。早年任职黑龙江，民国任国务院秘书长。	友	龙沙旧友。互有唱酬。
白永贞	佩行			辽宁辽阳	1868年—? 光绪拔贡生。民国任奉天省议会议员，海龙府知府。《奉天通志》馆长。	友	约交于二十世纪二十年代。
朱以增	研（砚）生			江苏新阳	同治进士，1882—1884年任吉林学政。1885年任顺天府丞。	师	乙酉拔贡主考，选成名列第一，遂称之为师。1908年南游时专程访之，并有诗记。

496

姓名	字	号	室园名	籍贯	简历	关系	交往情况
朱庆澜	紫樵子桥			浙江绍兴	1874—1941年。清末任第十七镇镇统。民国历任黑龙江护军使兼民政长、巡按使、广东省长、广西省长、东三省铁路护军总司令兼特别区行政长官。	友	民初始交，在中东铁路董事会亦有往来。
朱祖谋（孝臧）	古微	强村 沤尹		浙江归安	1857—1931年。光绪进士，官至礼部侍郎。辛亥后不仕。清末四大词家（王鹏运、况周颐、郑文焯、朱祖谋）之一，有《强村语业》《强村丛书》。	友	1910年始交于苏州，同游唱酬，往来较密。
成本璞	琢和	棹渔		湖南湘乡	1878年—？北京法政学堂毕业，奉天将军公署秘书。郭宗熙任吉林省长时邀为幕友。	诗友	1917年同在吉林修暇社。
乔树枬	茂萱 孟仙	损庵		四川华阳	1850—1917年。以拔贡，举人至清学部左丞。	友	1910年为《吉林成氏家谱》作跋。
向迪宗	仲坚			四川双流	1890年—？善词，精医。	诗友	1921年同在漫社合社。
齐耀琳	震岩			吉林伊通	1864年—？光绪翰林，官至河南巡抚。民国历任吉林民政长、江苏省长兼代督军使、江苏巡按使，江苏巡按	友	辛亥后始交，书简多及之。

姓名	字	号	室园名	籍贯	简历	关系	交往情况
齐耀珊	照岩			吉林伊通	1866年—? 光绪进士，授内阁中书，官至湖北提学使。民国历任参政院参政、内务总长、农商总长、浙江省长、山东省长。	密友	在京时始交，过从甚密，有唱酬。
齐耀珺				吉林伊通	徐鼐霖任吉林省长时（1919—1920年）委任财政厅长兼永衡官银钱号监理官。	友	在京时始交。书简多及之。
齐耀琳	斐章			吉林伊通	民国时任内务次长。	友	在京时始交，曾联名致祭赵尔巽。
齐耀瑄	武干			吉林伊通	1880年—? 光绪诸生。民国任众议院议员。	友	在京时始交。
安海澜	瀛澄			辽宁本溪	民国在财政部和奉天任职。	友	1926年在沈阳同游昭陵，1927年联名致祭赵尔巽。
刘志森	叔蓉			吉林	光绪诸生，二十九岁殁。工诗文、书画，精篆刻。《永吉县志》有传。	诗友	青年时代密友。入《思旧集》。
刘葆森	仲（种）兰	菊陀、伧石		吉林	光绪诸生，呼兰厅同知。民国任黑河镇守使。	诗友	青年时期密友。为成早年诗集作序，成赠其书作颇多。

姓名	字	号	室园名	籍贯	简历	关系	交往情况
刘恩格	鲤门		今勇斋	辽宁辽阳	1891—1937年后。奉天法政大学毕业，留日生。民国任众议院议员、众起草委员，宪哈尔法兴和道尹、特别区和道尹，曾代表张作霖出席南北议和会议。	诗友	任京时始交。
刘（福姚？）	伯崇					诗友	1910年在苏州同游唱酬。
关赓麟	颖人			广东南海	1880年—？光绪进士。民国任京汉铁路局长等职。	友	1922年有祝成氏六十寿诗。
江瀚	叔海		慎所立斋	福建长汀	1859年—？光绪举人。民国任北京图书馆馆长，四川盐运使，参议院参政。	友	同上。
汤寿潜	蛰仙			浙江山阴	1857—1917年。光绪进士，早年主张变法，任浙江咨议局局长。民国任浙江都督，后与张謇组织统一党，任参事。有《尔雅小辨》《说文集》等。	友	1908年南游时结识。为《吉林成氏家谱》作序。
许叶芬	少鹤			河北宛平	光绪翰林，参与编纂《吉林通志》。后出守镇江，卒于任。精书法，善诗文。	师友	早年相识。入《思旧集》，称许为"良师益友"。

姓名	字	号	室园名	籍贯	简历	关系	交往情况
许成琮	稚簧			河南固始	1881年—？光绪举人。民国任黑龙江督军省长公署参议，库玛尔河金矿局总办、长岭县税捐征收局长。	友	辛亥后在黑龙江曾跋成氏遗札。
许宝蘅	继湘	夬庐		浙江杭州	1877年—？光绪举人。民国任统府、国务院秘书，法制局长、内务次长、奉天省政府秘书长。	友	1922年冬，"余始获交于澹翁，每过十三古槐馆谈艺，辄流连不能去"（跋《澹翁遗训》）。
孙 雄	师郑	郑斋	诗史阁	江苏常熟	1866年—？光绪翰林，清末任京师大学堂教习，瓶社、漫社的组织者。有《瓶社诗》《清史绝句》《郑斋诗文集》逝诗》等。	诗友	1918年始交于北京，唱酬颇多。
杨诚一	简斋	竹溪		吉林	1836—1896年。同治进士，历官河北成安、卢龙、永年等县知县，以政绩卓异加同知衔。晚年去官归里，主吉林崇文书院。	师	成文荣素旧友。成氏八岁时，杨曾命题令作诗，受到奖掖。早年赴京途经卢龙县时访之，作诗称其为师。
李文蔚	味秋	适园		辽宁海城	1883—1937年。吉林省法政专科学校毕业。1926年任吉林高等审判庭长。1928年任吉林地方审判厅长。	友	1926年回吉时有诗赠之，并题门楣。

姓名	字	号	室园名	籍贯	简历	关系	交往情况
李庆荣	静山			吉林	著名邑绅，曾任吉林永衡官银钱号副经理。1924年主修《永吉县志》，出力甚多。后为编印《永吉县志》贡献甚大，"奔走北京，吉林之间，中经几许波折，心力交瘁"，并代为保存志稿。	友	辛亥后始交。颇爱成氏书法，酬石者甚多。
李××	仲都	次公		安徽		友	1923年始交，多有诗赠之。
李祖荫	竹吾 檾寿			安徽巢县		友	1926年前始交，有诗赠之。
李葆光	子健		涵象轩	河北南宫	任东北为官十五载，著有《涵象轩集》。	诗友	1917年同在吉林松江修暇社，继交于北京、哈尔滨，唱酬颇多。
李鸿谟	虞臣	右轩（？）		山东牟平	1874年—？ 北京同文馆毕业。在东北铁路交涉部门任职。金城门生。	友	龙沙旧友。
吴文杰	心存 星鹤			辽宁辽阳	1850—1914年。光绪进士，曾入盛京将军依克克唐阿幕，宋星五之师。	友	出山后识交，成有悼亡诗。
吴用威	董卿		兼葭里馆	浙江杭州	1872年—？光绪举人，任知县。民国任财政部秘书等职。	友	始交不晚于1918年，吴有贺成六十寿诗。

姓名	字	号	室园名	籍贯	简历	关系	交往情况
吴廷燮	向之	次夔		江苏江宁	1865—1937年。光绪举人，官至弼德院参议。民国任政事堂主计局长，统计局长，后应张学良之邀，充奉天通志馆主讲，旋升奉天图书馆》总纂。著有《历代方镇年表》等，近代著名史学家。	友	民国初年交于沈阳，有像赞诗悼成氏。
吴俊卿	昌硕 仓石	缶庐 苦铁	芜园	浙江安吉	1844—1927年。早年曾任江苏安东县令，旋去官长上海，潜心学艺。1904年在杭州创建西泠印社，任社长。近代著名书画家、篆刻家。	友	辛亥前交于苏州，为成治印多方，并赠画。
吴俊陞	兴权			山东历城	1863—1928年。早年投军，任奉天后路巡防队统领。民国历任旅长、师长，黑龙江督军兼省长、东三省保安副司令、安国军第六方面军团长，1928年被日军炸死于皇姑屯车站。	友	1921年前后识交于哈尔滨。成诗中提及与之同宴等事。
吴闿生	北江 辟疆			安徽桐城	1878年—? 清末古文家吴汝纶之子。早岁游学日本，从事古译述，民国任总统府内史，任教于京师大学堂。有《北江先生文集》。	诗友	二十世纪二十年代交于北京，有唱和。有像赞诗悼成氏。
吴家禄	玉如	茂林 居士 迂叟		安徽泾县	1898—1982年。1917年后任黑龙江交涉局，中东铁路理事会、监事会秘书。学者、书法家。	诗友	1920年始交于哈尔滨。

502

姓名	字	号	室园名	籍贯	简历	关系	交往情况
吴恩培	冠一 灌依			辽宁辽阳	1877—1937年后。北京军需学校毕业,任东三省官银号会办。	友	1926年在沈阳同游昭陵。
延鸿	逮臣(程、忱)	茧土	小西涯 渐斋	满洲镶红旗	1884—? 光绪生,平政院评事。善诗画。	诗友	二十世纪二十年代卒于北京。
延清	子澄			内蒙古		友	所编《遗逸清音集》(商务印书馆1916年印),收成氏之诗六首。
沙韫琛	砚斋		味鞠庵	吉林	光绪贡生,累试不第,以馆谷自养。选官宾州教谕。有《味鞠庵诗文集》。《永吉县志》有传。	诗友	青年时期密友。成称:"余之好友也,自束发时同逐名场,即同以古学相砥砺。"入《思旧集》。
宋小濂	铁梅(某) 友梅	更生 三生	古欢室 止园 晚学斋	吉林	1860—1926年。光绪附生,任呼伦兵备道、黑龙江民政使,巡抚、民国龙江都督兼民政长,参议院参政,中东铁路督办,授上将衔。能诗文,有《北徼纪游》《边声》《晚学斋诗草》等。《永吉县志》有传。	密友	1904年始交于黑龙江。一生过从甚密,系金兰交。末为成刻诗作存,成为末书墓志。唱酬颇多。
宋玉奎	星五 惺吾			辽宁辽阳汉军正白旗	1872—1919年。监生。民国任清史馆名誉协修,奉天国文专修学校主讲,奉天省公署掌案牍。	诗友	1914年应邀在成家授馆。唱和较多。入《思旧集》。

姓名	字	号	室园名	籍贯	简历	关系	交往情况
宋伯鲁	芝田 子钝 芝栋 芝友 竹心		海棠仙馆	陕西醴泉	1854—1932年。光绪翰林。任监察御史。参与百日维新，失败后被革职通缉。后入伊犁将军长庚幕。民国通志局总府顾问，参议院议员，陕西通志馆总纂。工诗，善书画。有《海棠仙馆诗集》《新疆建置志》等。	诗友	1919年同在晚晴簃诗社。唱酬颇多。为成氏诗集作跋。
宋惟清	伯泉			吉林	布衣。	诗友	1891年同在雪蕉诗社。入《思旧集》。
张之汉	仙舫	石琴 辽海画禅 辽海老樵	石琴庐	辽宁沈阳	1865—1931年。早年任张学良的家庭教师。民国历任奉天省长兼屯垦督办，奉天实业厅长，东三省银行督办，东三省盐运使。有《石琴庐诗集》等。	诗友	二十世纪二十年代交于沈阳。成为其诗集之多。"为书联甚多"，张为成画《十三古槐馆图》。
张元奇	午贞 君常	董斋	知稼轩	福建闽侯	1866年—? 光绪进士，岳州知府，奉天巡按使。民国任参议院参政、经济调查局总裁。	诗友	1922年同在几九社。
张伯英	公溥 少溥	云龙 山民 悲翁		江苏铜山	民国任国务院秘书厅帮办秘书，《黑龙江志稿》总纂。书法家。	友	民国初年交于北京。张称："（与成）共事枢桓，过从无虚日。"

成多禄集

姓名	字	号	室园名	籍贯	简历	关系	交往情况
张国淦	乾若 仲嘉	石公		湖北蒲圻	1876—1959年。光绪举人，考取内阁中书，入黑龙江将军程德全幕。民国任国务院铨叙局局长、国务府秘书长、总统府秘书长、参政院参政，教育总长、农商总长、司法总长、平政院院长等职。后移居天津，长期编撰文自养。有《辛亥革命史料》《中国古方志考》等。	友	龙沙旧友。
张焕相	召棠		棠园	辽宁抚顺	1882—1937年后。日本陆军士官学校毕业。历任奉天都督府参谋、黑龙江督军公署参谋长，滨江镇守使、中东铁路护路军司令，中东铁路代理督办、东省特别区行政长官，航空军代理总司令等职。	友	始交不晚于1925年，时任奉天天有唱酬。
张朝墉	北墙 北翔 白翔	半园		四川奉节	1860—1931年后。1906年入黑龙江将军程德全幕。民国后仍充幕职，任黑龙江通志局纂修。晚居北京，任漫社社长。有《半园诗集》。	密友	龙沙旧友，唱酬颇多。张称："谵墈初选吟草子一二集，遂词检韵，今义其事；今又选第三集。"皆其事。为卷三作序。
张謇	季直	啬庵	骈室	江苏南通	1853—1926年。光绪状元，弃官办实业、教育。清末参与发起立宪运动，推为江苏咨议局长。民国任南京临时政府实业总长，后人熊希龄内阁任农林、工商总长，袁世凯称帝，辞职南归。	友	辛亥前交于苏州。为《吉林成氏家谱》作序。

姓名	字	号	室园名	籍贯	简历	关系	交往情况
陈士廉	翼牟	南眉		湖南湘乡	1876年—?	诗友	1921年同在漫社。有贺成氏六十寿诗。
陈云浩	紫纶			河北易县		友	二十世纪二十年代在京始交，陈称："一见如旧识，自是相过从谈艺，益订合无间。"
陈宝琛	伯潜 伯泉	弢庵 橘隐 听水老人	沧趣楼 海螺庵	福建闽侯	1848—1935年。同治翰林，官至弼德院顾问大臣，宣统帝"帝师"。民国后仍留故宫充"帝师"。1924年随溥仪避入日本使馆，次年移居天津。善书法，工画松。有《德宗本纪》《德宗实录》等。	师	1923年陈作《澹堪年谱》序称："予交澹堪逾十年。"有贺成氏六十寿诗。
陈 浏	亮伯 定山	寂者 垂叟	寂园 浦堂雅堂 国史楼 绣诗楼 瓷香馆	江苏江浦	1863—1930年。光绪拔贡，户部主事，总理各国事务衙门章京，通政部秘书，民初任交通顾问。旋出游东北，聘为黑龙江省工任国史编纂处编纂，善诗文、工书法，精于古物鉴赏（尤善对瓷器）。	密	陈称："知名夙矣，始相识于漫社。"成称之为"数十年来有数挚好"，唱酬颇多，陈作《澹园记》及挽诗多首。
陈德清	镜如	秋水		河南许昌	近代掌故家。	友	1918年，陈在京住高庙，成数访之，有诗。
陈 锐	伯弢		琼海楼 抱碧斋	湖南武陵		诗友	辛亥前交于苏州，同游唱酬。

姓名	字	号	室园名	籍贯	简历	关系	交往情况
陈紫澜	樵岑	呢园		福建闽侯	1884—1937年后。民国任黑龙江省公署秘书长，秘书顾问，参事官。	友	互相闻名已久，1928年始晤于黑龙江。陈为成氏遗墨作跋。
林开谟	诒书 夷微	放庵		福建长乐	1862—1937年。光绪翰林。工书法。	友	漫社特别诗友。1922年有贺成六十寿诗。
林 纾	琴南 畏卢 践卓翁	冷红生	春觉斋	福建闽侯	1852—1924年。光绪举人，任教京师大学堂。民国尝任北京大学教授，致力古文借他人口译，以古文翻译欧美小说一百七十余种。工书法。有《畏卢文集》《畏卢诗存》等。	密 友	始交不晚于辛亥。人《思旧集》。林称："余居京师得友三人，成为其一。"过从甚密，唱酬颇多，并为成绘画作跋。为成年谱作跋。
易顺豫	由甫		琴思楼	湖南汉寿		诗 友	1922年同在九九社。
依克唐阿	尧山		厚德堂	吉林伊通满洲镶黄旗扎拉里氏	1832—1899年。以军功累官黑龙江将军、盛京将军，卒谥诚勇。	从 幕	1898年，受依之招入幕，主文案。
金 城	拱北	北楼 藕湖 湖渔隐		浙江吴兴	1878—1926年。早年留学英国，习法律。后在清廷及民国历任公职，创办中国画学研究会。近代画家、学者。	友	1919年，成题金之《苕溪秋泛图》，后屡有唱酬。

姓名	字	号	室园名	籍贯	简历	关系	交往情况
金毓黻	静庵	千华山民	静晤室	辽宁辽阳旗籍	1888—1962年。北京大学文科毕业。历任奉天省议会秘书、东北政务委员会秘书、辽宁省政府委员兼教育厅长、辽宁省政府秘书长。近代东北史专家，有《东北通史》等。	友	民国初年，介东玉奎（字星五）与金识交。
周玉柄	斗钦			四川成都	1879—1937年后。民国历任黑龙江高等审判厅长，吉林政务厅长、教育厅长，吉林自来水局总办，吉长道尹，长春交涉员兼长春市政筹备处长。	友	辛亥后始交，后多有来往。
周贞亮	子干	退舟	沈观斋泊园	湖北汉阳	1870年—? 光绪进士。民国任平政院评事。早年任职龙江。	诗友	1921年同在漫社。
周树模	少朴	沈观		湖北天门	1860—1925年。光绪翰林，奉天左参赞、黑龙江巡抚，民国任会办盐务大臣，平政院长。	友	始识于1908年，后居北京，多有往来。周贺金六十寿诗。
周德至	让三			河北涿县	同治进士，1882—1893年任吉林府教授，主雪蕉诗社。	师	1891年，成从周学古文、古诗。
周肇祥	养庵			浙江绍兴	1870年—? 光绪举人，湖南省长。善画，民国奉天警务局总办，推任中国画会会长。	友	民国初年始交于沈阳。

姓名	字	号	室园名	籍贯	简历	关系	交往情况
郑文焯	俊臣	小坡 叔问 瘦碧 大鹤山人		山东高密 汉军正黄旗	1856—1918年。光绪举人，辛亥后，侨居苏州，不仕。工词善画，兼治金石、训诂，清末四大词家之一。有《大鹤山房全集》。	友	辛亥前交于苏州，同游唱和。北归后，成有怀人诗多首。
郑孝胥	苏戡 太夷	海藏		福建闽侯（生于苏州）	1860—1938年。光绪解元，官至湖南布政使。民国后居上海，以鬻书自给。翌年奉召来京，溥仪被逐出宫，随去天津，任顾问。工诗善画，书法成就很高。有《海藏楼诗》。	师 友	1909年始识于沈阳。为《吉林成氏家谱》作序。在京时多有唱和，为成氏书高题匾，画松。
郑沅	叔进			湖南长沙	1866年—？	友	漫社特别社友，有贺成六十寿诗。
郑国华	馥山				清末任龙江黑水厅同知。	友	龙沙旧友。
法安					北京贤良寺僧。	密友	1916年前后识交，借寓贤良寺多年，关系甚洽。
宝熙	瑞臣	沈庵		清宗室京旗	1871—1937年后。光绪进士，宪政编查馆馆提调，修订法律大臣，总理禁烟事务大臣，实录馆副总裁。民国任总统府顾问，参政院参政。	友	约交于晚年，有文跋成氏遗墨。

姓名	字	号	室园名	籍贯	简历	关系	交往情况
赵尔巽	公镶	次珊 无补老人		汉军正蓝旗	1844—1927年。同治翰林，累官盛京将军、湖广总督、四川总督，东三省总督。民国任清史馆馆长，临时参政院议长。1925年任善后会议议长。	友	辛亥前相识，任京时有唱酬。赵逝世，成为挽联，与徐鼒霖、齐耀珊等联名致祭。
赵熙	尧生	香宋		四川荣县	1867—1948年。光绪进士，任国史馆纂修，江西道监察御史。民国后不仕，以馆谷自给。工诗善书，有《香宋诗前集》。	诗友	辛亥前交于苏州，唱和。
赵×		湘帆				诗友	成致其书札甚多，许成琮跋称："湘帆先生与澹庵主人为莫逆交。"
胡念修	右皆				近代诗人、画家。	诗友	辛亥前交于苏州唱和。
柯劭忞	凤荪	蓼园			1850—1933年。光绪翰林，湖南学政，湖北、贵州提学使，京师大学堂总监督。辛亥后任清史馆代馆长，东方文化事业委员会委员长。对经史、小学、词章、天文、历算、金石均有研究，对蒙古史尤深，撰成《新元史》257卷。著述颇多。	师	1919年始交于晚晴诗社，唱和较多，为成诗作序。

姓名	字	号	室园名	籍贯	简历	关系	交往情况
冒广生	鹤亭		小三吾亭	江苏如皋	1873年—？光绪举人，民国任财政部顾问，在福建、江苏海关任职。	友	始交不晚于1918年，成诗称："忆昔卜定交始，同客在长安。"
钟广生	逊庵　笙叔		湖滨朴读庐	浙江杭州	1875—1936年。光绪举人，考取内阁中书，加侍读衔。1911年，新疆巡抚袁大化召至抚署总文案。民国先后人黑龙江督署军鲍贵卿，孙烈臣幕，吉林省长公署聘为顾问。有《西疆交涉志》《逊庵文录》等。	友	辛亥后交于黑龙江。为成诗作序，有挽诗。多唱和。
钟祺	寿符			吉林		诗友	1893年缔交于吉林。
贺良朴	履之	南荃居士	箕庐	湖北蒲圻	1864年—？画家，能诗。	诗友	1921年同在漫社。
秦树声	又（有）衡	乩庵		河南固始	？—1927年。光绪进士，清史馆纂修。	诗友	1919年，同在晚晴簃诗社。
秦望澜	少（绍）观			甘肃会宁	1874年—？光绪进士，兵部主事。辽沈道监察御史，参议院议员。	诗友	1919年在京同游，后同在九社。

姓名	字	号	室园名	籍贯	简历	关系	交往情况
袁金铠	洁珊 洁三	兆佣	佣庐	辽宁辽阳	1870—1945年。光绪岁贡，候选训导，奉天咨议局副议长，民国任参政院参政，奉天督军张作霖的秘书长，黑龙江督军孙烈臣的秘书长，镇威上将军公署高等顾问，清史馆编修，东省铁路公司重董等。东北地方保险联合会副会长等职。	密友	1921年交于哈尔滨，时同任中东铁路理事会。袁请成为其年谱作序。过从较密。
夏孙桐	闰枝		观所尚斋 闰庵		光绪翰林。民国任清史馆编纂。	友	交于晚年，有诗跋成氏遗鉴。
夏敬观	剑丞 鉴诚 剑臣	映厂	忍古楼		1875—1953年。民国任浙江教育厅长。	诗友	辛亥前交于苏州，借游唱和。
贾景德	玉如			山西沁水县	1882年—？光绪进士，黑龙江行省公署吏治民政科参事兼秘书，济宁道尹，山西政务厅长。	友	辛亥前后始交。
顾肇熙	缉庭			江苏吴县	咸丰举人，吉林分巡道尹兼吉林崇文书院院长。	师	1884年就读崇文书院时始识，1910年又晤于苏州。

姓名	字	号	室园名	籍贯	简历	关系	交往情况
徐世昌	卜五	东海菊人 水竹村人 退耕老人	竢养斋	河北天津	1855—1939年。光绪翰林，1907年任东三省首省任总督。1914年被安福国会选为政府国务卿。1918年下野，1922年下野，移居天津，以诗书自娱。有《清儒学案》《东三省政略》《水竹村人诗集》等。	诗友	徐任东三省总督时相识。1919年入徐主建的晚晴移诗社。
徐宗浩	养吾	石雪居士 遂园	石雪斋	江苏常州	1880—1957年。久居北京。工书画，精篆刻。任中国画研究会评议。有《石雪斋诗稿》。	诗友	识交不晚于1924年，有唱酬。为徐诗集题签、题诗。
徐鼎霖	敬宜 敬一 镜岑	退思	憩园	吉林	1865—1940年。光绪副贡，1898年投盛京将军依克唐阿麾下任交涉事，后入黑龙江将军程德全幕。民国任黑龙江都督府参谋长，升至东兴兵备道、民政使，后调京充总统府顾问，参政院参政。1919年特任吉林省省长，未至一年离职，息影都门。有《憩园诗草》，息影县志》总裁。	密友	1893年在吉林缔交，后数十年任来蓉密之交。
钱荣青	仲仙	看镜楼		湖北谷城	光绪举人，候补道员，京师大学堂讲师。民国任参议院议员。	诗友	1920年同任参议院议员时始识。1922年同在吉林诗社。互有贺寿诗。
栾骏声	佩石 睡石			辽宁海城	1879年—？光绪进士。民初任吉林高等审判厅厅长。	诗友	1917年同在吉林松江修禊社。

姓名	字	号	室园名	籍贯	简历	关系	交往情况
郭则沄	啸麓 蛰云	龙顾 山人		福建闽侯	1885年—? 郭曾炘子。光绪翰林，民国任国务院秘书长，政事堂参议，铨叙局长。	友	1923年前，与其父同时交于北京。
郭宗熙	侗伯	颐庵		湖南长沙	1864—1937年后。光绪翰林，日本法政大学毕业，署珲春副都统，吉林提学使，民国初任吉长道尹，1916—1919年任吉林省长。1924年任江苏督办杨宇霆的秘书长，后为山东督办张宗昌的参赞。晚年隐居天津。	诗友	1916年同在吉林修禊。后任京同游唱唱酬。
郭曾炘	春榆	匋庵	瓶花簃	福建闽侯	1855—1928年。光绪翰林，在礼部、工部、户部、邮传部任职，军机领班章京。	诗友	1919年同在晴簃诗社，1922年又为漫社社友。
涂凤书	子厚	石城 山人 愿庵	端芝书屋	四川云阳	1875年—? 光绪举人，内阁中书，龙江府知府，黑龙江提学使，龙江府参议，政务院参议，国史编纂处长兼通志高等惩戒委员会委员。有《石城山人全集》。	密友	龙沙旧友，唱和颇多。
谈国桓	铁闇	玉庵 主人		广东驻防汉军镶白旗，寄籍沈阳	光绪举人，锦州知府。民国事略不详。	姻友	介乃兄国楫相交。谈作像赞诗有"谊兼师友倍相亲"语。

成多禄集

姓名	字	号	室园名	籍贯	简历	关系	交往情况
谈国桓	饱帆	暂堪		广东驻防汉军镶白旗，寄籍沈阳	1870年—? 光绪翰林，后经黑龙江将军程德全委调充文案处总办，奉天筹济局总办、黑龙江度支支使。民国任奉天东道尹，奉天东三省屯垦总局副局长，本溪煤铁公司总办。有《暂厂诗集》。	密友	龙沙旧友。成称"相交二十余年如一日"，入《思旧集》。
黄武叙	黎雏	松客		辽宁辽阳	1885—1937年。沈阳高师毕业，历任奉天省立二师教员，吉林省财政厅秘书，中东铁路督办公署秘书、奉天省政府秘书。有《求正诗稿》。	诗友	始交于二十世纪二十年代。成有赠诗，黄有挽诗。
黄维翰	申甫	稼溪		江西崇仁	1867—1930年。光绪进士，呼兰、龙江知府，民国参加编纂，兵部主事、清史馆主事，《清史稿》、民国史编辑部主任。有《黑水先民传》等，《永吉县志》《总纂之一。	诗友	龙沙旧友，1919年同在漫社。代漫社撰祭文悼成氏。
黄浚	秋岳 哲维	四素老人 蜇公	心安乐窝	福建闽侯	1892—1937年。北京译学馆毕业，民国任财政部佥事，奖举人。为"宣南七子"之一，擅诗名，书法清秀有致，著《花随人圣庵摭忆》对于清末民初掌故，知之甚详。	友	识交不晚于1924年。成曾在澹园宴请之，所著《摭忆》一书，多处言及成氏。
萧方骏	龙友	息翁 不息翁 息公	息园	四川三台	1870—1960年。北京四大名医之一，能诗。	友	识交不晚于1922年。有唱酬，为成氏疗疾。

姓名	字	号	室园名	籍贯	简历	关系	交往情况
萧廷平	北承	武湖渔隐		湖北黄陂	1860年—？1920年任参议院议员。	诗友	1921年同在漫社。
曹云祥	纪（季）武	云纪武		吉林汉军镶蓝旗	1875—1920年。年十八中举，二十四中进士，任翰林院侍读，实授江南道。辛亥后隐居乡里。	诗友	1891年同在吉林雪蕉诗社。
曹经沅	宝融	镂衡		四川绵竹	1891年—？	诗友	1921年同在漫社。
曹秉章	理斋	社庵		浙江嘉善	1866年—？清末任东三省督署文案兼督练处总办，海龙府税捐总局总办，汉阳府知府，民国任津浦铁路管理局科长，政事堂机要处提调，政事堂充礼制馆帮办，印铸局长。	诗友	1919年同在晚晴移诗社，过从较密。
章华	曼仙		倚山阁	湖南长沙	1872—1930年。光绪翰林，国史馆协修，工部主事，邮传部主事，宪政筹备处股长。民国任参议厅厅长，国务院秘书厅佥事，众议院议员，国务院参议院议员。《永吉县志》总纂之一。	诗友	1920年前在北京识交，唱酬较多。
商言志	笙白	安庐		浙江嵊县	1869—1962年。能诗善画。	友	1910年始识于苏州，同游唱和。

姓名	字	号	室园名	籍贯	简历	关系	交往情况
梁鼎芬	星海 心海	节庵		广东番禺	1859—1919年。光绪翰林，以劾李鸿章，降五级。1900年始任武昌知府，后被张之洞延入幕中，任广雅书院、钟山书院院长，官至湖北按察使。曾劝庆亲王奕劻及直表总督袁世凯，诏阿贵引退。辛亥后被废帝溥仪召充毓庆宫行走。卒谥文忠。书法别具风格。	师友	辛亥后交识，成氏诗中多处言及，成有怀人诗。
屠寄	敬山		结一庐主人	江苏武进	1856—1921年。光绪进士，工部主事。任黑龙江舆图局总纂，大学堂正教习，奉天大学堂总教习和京师国文专修馆馆长。民国任国史编纂处编辑主任。长于史地研究，尤致力蒙古史、元史研究。撰有《蒙兀儿史记》等。	诗友	1910年交于苏州，同游唱和。为《吉林成氏家谱》作跋。成有怀人诗。
彭×	綦仲					友	1910年交于苏州，有唱酬。
曾有翼	子敬			辽宁沈阳	1870—1937年后。大学堂毕业。民国任参议院议员，总统府政治咨询，1917年任东三省盐运使，山海关监督。	友	1918年同在参议员时交识。曾挽诗："夫子闻名久，都门始识荆。"
靳云鹏	翼青			山东济宁（一说邹县）	1877—1951年。北洋武备学堂毕业，陆军中将，1919年任陆军总长，代理国务总理。1921年去职，寓居天津。	友	1919年参加晴修诗社前后识交，有酬诗。

姓名	字	号	室园名	籍贯	简历	关系	交往情况
程炎震	笃原病笃	顿迟		安徽歙县	1875年—？	诗友	1921年同在漫社。
程德全	纯如	雪楼蛮侯默察		四川云阳	1860—1930年。早年多试不中，遂入三姓副都统幕，1900年任黑龙江营务处总办，奉派与俄国侵略者哈尔滨交涉，颇具胆识，被清廷破格擢任齐齐哈尔副都统，后署将军、巡抚，调任奉天巡抚，江苏巡抚。民国自任江苏都督，旋离居上海。脱离政界，有《程中丞奏稿》等。	友	1904年入程德全幕，辛亥前"分虽僚属，谊犹兄昆"，辛亥后绝交。1920年云阳程云阳程公以身御难之碑》书丹。
傅增湘	淑和	沅叔	双鉴楼藏园	四川江安	1872—1950年。光绪翰林，直隶学使。1911年11月聘为袁世凯内阁全权代表唐绍仪的顾问，出席南北和议。1917年任王士珍内阁教育总长。以后长期从事图书收藏和版本目录研究，晚年隐居。	诗友	1919年同在晚晴移社。
舒正曦	春华	实斋		四川奉节	1863年—？	友	二十世纪二十年代认识于北京。
逸梅		法号明净	止园		北京龙泉寺僧。	友	成居京时常访龙泉寺，与之关系甚洽，称作"梅上人"，有诗赠之。
雷飞鹏	季子	艾叟		湖南	1907年任铁岭知县，后转西安（今辽源）知县。民国任德惠知县。有《止园杂诗》。	诗友	1917年同在松江修暇社。

517

続表

姓名	字	号	室园名	籍贯	简历	关系	交往情况
路朝銮	金坡	匏庵		贵州毕节	1879年—? 光绪举人。民国任四川军政府及督府秘书，巡按使，国史编纂处编纂。	诗友	1921年同在漫社。
霍文选	羲人 熙人			黑龙江林甸	1877年—? 光绪举人。民国任参议院议员，东三省盐运使，奉天省长。	密友	民国后交识，1918—1920年同任参议院议员。晚年过从甚密，霍闻成逝，叹曰："澹翁殁，不复闻吾逝矣。"
蔡运升	品山 品三			黑龙江双城	1879—1937年后。光绪拔贡，保定法政学堂毕业，充浙江都督府参事。民初任黑龙江抚署文案，龙江道尹，政务厅长，秘书长，吉林省实业厅兼吉林永衡官银号总办，中东铁路坐办，吉林道尹，财政厅长，东省特别区行政长官公署政务厅长等职。	友	民国后在黑龙江交识，过从较多。赠蔡多及之。书简中多及之。墨迹较多。
樊增祥	云门 嘉父	樊山 天琴	五十麝斋	湖北恩施	1846—1941年。光绪进士，官至江宁布政使，署理两江总督。民国任参议，曾师事张之洞、李慈铭，工诗。并曾骈文、判牍和词。近代文学家，有《樊山全集》。	师	始交不晚于1921年，樊为漫社特别社友。有贺成六十寿诗。
阚敏泽	润斋			安徽合肥	1917年任吉林检查厅厅长。	诗友	1917年同在吉林松江修暇社。

姓名	字	号	室园名	籍贯	简历	关系	交往情况
瞿方梅	根约	非园		湖南保靖	1873年—? 光绪举人，吏部郎中，宾州知府，五常知府。民国任五常县知事，长春县知事，吉林政务厅长。	诗友	1917年同在吉林松江修暇社。
瞿启甲	良士	铁琴道人		江苏常熟	1873—1940年。民国任众议院议员。中国四大藏书家之一，著有《铁琴铜剑楼书影》等。	友	1922年，成为其家藏图卷题诗。

成多禄主要亲属

附

称谓	姓名	字（号）	简 历 及 其 他
父	成荣泰	保卿	1821—1886年。汉军正黄旗人。打牲乌拉总管衙门笔帖式，六品骁骑校。赠中宪大夫。
生母	荣氏		1826—1902年。瓜尔佳氏。成荣泰继室。
伯舅	荣全	润庭	?—1879年。瓜尔佳氏，满洲正黄旗人，袭威勇公。1866—1876年任伊犁将军。
七舅	文全	秀峰	?—1894年。瓜尔佳氏，满洲正黄旗人，同治诸生，能诗。
姑	成氏		?—1895年。聘于赵家。
岳父	金福	午堂	吉林将军铭安部将，孟庆贞之父。
姐	成氏		适赵锡臣。

称谓	姓 名	字（号）	简 历 及 其 他
姐夫	赵锡臣（富森保）	（西岑）	1857—1913年。吉林汉军正白旗人。光绪诸生，乌拉五品翼领。其父云生（字奇峰）曾任打牲乌拉总管，伯都讷副都统。
元配	孟庆贞	淑卿	1864—1897年。孟苏哩氏，金福之女。
内弟	庆恒	咸庭	甲午战争之际，从戎奉天。出征前，成氏有送别诗。后有悼亡诗。
继室	唐淑	静可	1868—1940年。他他拉氏，魁陞之妹。
内兄	魁陞	星阶	1862年—？满洲镶红旗人，诸生。清末任黑龙江财政厅厅长，奉天政委厅长，代省长，吉林省长等职。民国历任黑龙江省财政司司长兼广信公司督理。
长子	成世奇（玺荣）	玉初	1882—1920年（？）。国学生。子一，永康。
次子	成世英（夔荣）	雪岑	1889—1947年（？）。国学生，在黑龙江铁路部门任职。妻马氏，无嗣。
三子	成世伟（荫荣）	雨叔	1891年—？妻赵氏，无嗣。
四子	成世杰（柽荣）	季云（剑北）	1893—1966年。民国任吉林实业厅第一科科长。中华人民共和国成立后任吉林市民委、民革委员，书法家。妻袁氏为黑龙江将军寿山（字眉峰）之女。有子三人：永文（子一：其昌），永业（子一：林昌；女一：慧），永斌（子一：其昌；女三：萍、箴、欣），永武。

称谓	姓名	字（号）	简历及其他
五子	成世超（通葆）	（般若）	1902—1980年。书法家。早年在锦州铁路局供职。姜崔氏。有子五人：永千（子二：文江，立；女一：恩），永炮（子二：晴江，明江；女一：敬江），永光（女二：茜，辰），永龙（子一：效；女一：硕），硕）。有子女二人：龙，凤。
六子	成世坚	（土肖，小竹）	1910年—? 书法家。在北京市政部门供职。姜唐若兰为民国冯玉祥部将唐之道女。有子二：麟（女二：卫，×），功。有女二：立，功。
长女	成世芗		1885年—? 适衣乃绅。
次女	成世惠		1890年—?
三女	成世兰		1905年—?
四女	成世芸		1906—1907年。
甥	赵海荫	午楼	1890—1954年。赵锡臣长子，书法家。曾任东三省铁路督办公署科长。有子女三人：群，勤，滨。
甥	赵一鹤	松巢（余庐）	1895—1967年。赵锡臣次子。曾任吉林省省长公署秘书，东三省银行司库，县银行行长。有子女九人：同，洵，洵……。
姨丈	富森	文楼	依尔根觉罗氏。清咸丰间诸生，能诗，有《文楼剩稿》。

附录五　今人评介文章目录

沈延毅：咏述前代东北四大书家

《辽宁书法》1979年2期

张　林：成多禄及其诗歌创作

《吉林师院学报》1983年1期

康意春：吉林书法家成多禄

《江城日报》1983年12月13日

羽　佳：也谈成多禄

《江城日报》1984年1月16日

翟立伟：诗书冠群彦　孤忠究可哀——纪念吉林近代名人成多禄诞辰
　　　一百二十周年

吉林市史学会《史学简报》1984年春，9期。《吉
林师院学报》1986年2期转载。《九台县文物志》
节录。

齐庆礼、孟晓冬：九台县发现成多禄遗物

《红色社员报》1985年4月11日

齐庆礼、孟晓冬：九台发现"四大书圣"之一成多禄遗物

《吉林日报》1985年6月×日

赵廷贵：成多禄传

《吉林市市区文物志》

李国芳：成多禄诗歌创作初探

成多禄诗歌创作编年（初稿）

《长白学圃》1985年创刊号

张万鑫：历史上的吉林书法家——成多禄

《江城日报》1986年6月26日

成其昌："吉林三杰"的由来

《江城日报》1986年11月30日

成其昌：成多禄研究杂考

《长白学圃》1986年2期

翟立伟：新发现成多禄后期诗稿

《长白学圃》1986年2期

李国芳：长翁老作江湖长　苦忆升平六十年

《长白学圃》1987年3期

翟立伟：蹑乡贤旧踪　寻才人遗迹

《长白学圃》1987年3期

郑逸梅：书林片叶

《书法报》1987年5月13日

翟立伟：赵清兰老人为《成多禄集》提供重要资料

《江城日报》1987年5月14日

刘　志：澹庵居士成多禄事略及生卒年考

《社会科学战线》1987年2期

成其昌：吉林三杰的别称

《江城日报》1987年6月6日

成其昌：成多禄的两块匾

《江城日报》1987年6月23日

李澍田、翟立伟：成多禄生卒年及事略订补——兼与刘志同志商榷

《社会科学战线》1988年2期

李国芳：一曲昆明桑海情

《长白学圃》1988年4期

韩历君：成多禄书法艺术探微

《长白学圃》1988年4期

"长白文库"出版书目：